The GLORY of PREACHING
-Participating in God's Transformation of the World-

설교의 영광
-세계를 변화시키는 하나님의 사역에 동참하라-

대럴 W. 존슨 지음
류근상 옮김

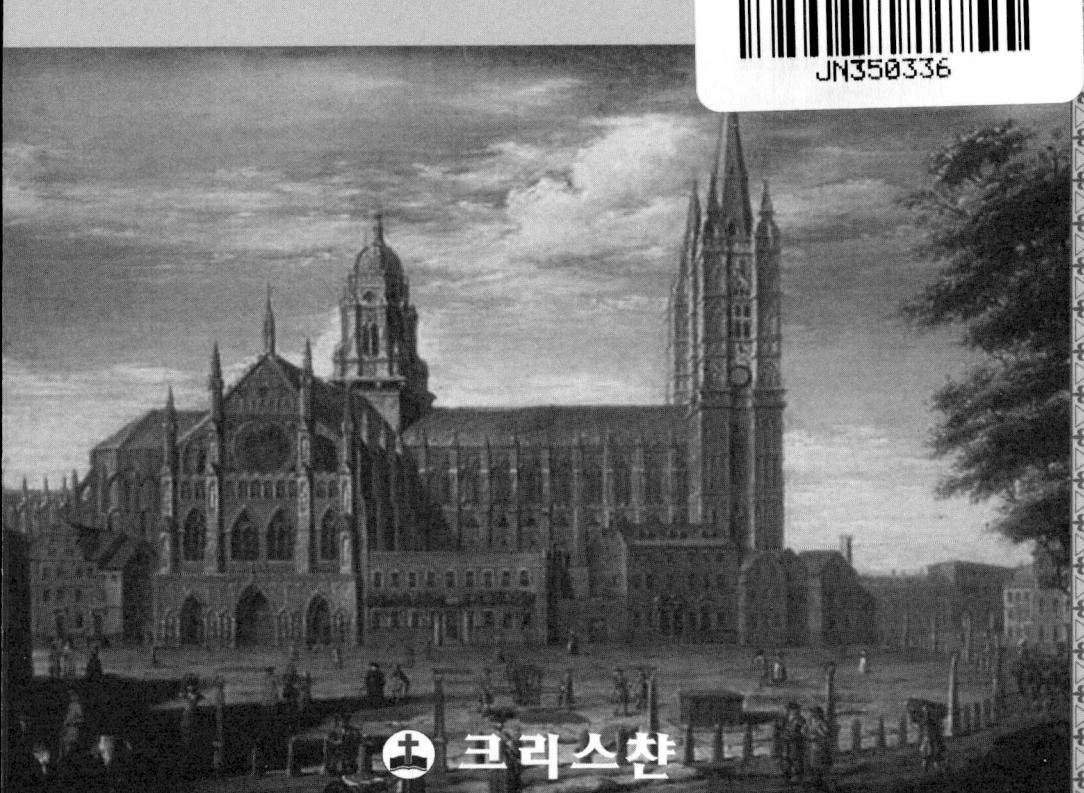

크리스챤

The Glory of Preaching
Participating in God's Transformation of the World

by Darrell W. Johnson
translated by Keun-Sang Ryu

Copyright ⓒ 2009 by Darrell W. Johnson
Originally published in USA under the title
the Glory of Preaching
by InterVarsity Press
P.O. Box 1400, Downers Grove, Il 60515-1426
All rights reserved.

2010년 8월 15일 1판 1쇄 발행
지은이: Darrell W. Johnson
옮긴이: 류근상
발행인: 류근상
발행처: 크리스챤출판사
주 소: 경기도 고양시 덕양구 토당동 364
       현대 107-1701호
전 화: 031) 978-9789, 070) 7717-7717
핸드폰: 011) 9782-9789, 011) 9960-9789
팩 스: 031) 978-9779
등 록: 2000년 3월 15일
등록번호: 제 79 호
판 권: ⓒ 크리스챤출판사 2010
정 가: 15,000원
ISBN: 978-89-89249-75-7

Korean Edition
Copyright ⓒ 2010 by *Christian Publishing House*,
Seoul, Korea

본 저작물의 한국어판 저작권은 IVP출판사와 독점 계약한 크리스챤출판사에 있습니다. 신저작권법에 의하여 한국 내에서 보호받는 저작물이므로 무단 전재와 무단 복제를 금합니다.

The Glory of Preaching

목회자와 신학생을 위한 설교학의 필독서

설교의 영광

데럴 W. 존슨 지음
류근상 옮김

크리스챤출판사

[목차 Contents]

역자서문 _ 5

서문: 언제나 무슨 일인가 일어난다 _ 6
제1부: 동참을 위한 이론적 기초 _ 19
    제1장 왜 일어나는가? _ 21
    제2장 언제나 일어나는가? _ 37
    제3장 어디서 일어나는가? _ 63
    제4장 어떻게 일어나는가? _ 93

제2부: 동참의 인간적 역학 _ 125
    제5장 본문에서 설교로 _ 127
    제6장 설교 작성 _ 163
    제7장 설교와 삶 _ 201
    제8장 설교자의 인격 _ 219
    제9장 설교자의 삶 _ 245

제3부: 설교의 실제 _ 281
    제10장 신비로 들어서라 _ 283
    에필로그: 설교 _ 311

[역자서문 Translator's Prologue]

Darrell Jonson 박사의 『설교의 영광』(Glory of Preaching)을 한국어로 번역하여 출판하게 됨을 먼저 하나님께 감사드리며 매우 기쁘게 생각한다. 존슨 박사는 캐나다 벤쿠버에 소재한 리젠트대학(Regent College) 설교학 교수이다. 그는 가르치는 사역과 함께 수많은 나라에서 복음을 전파하며 세상을 변화시키는 하나님의 사역에 동참하고 있다.

본서의 구성은 다음과 같다.

1. 서론: 저자는 설교자가 하나님의 말씀을 전할 때 반드시 무슨 일인가 일어난다고 말한다.
2. 제1부: 그 일이 무엇이며, 언제, 어디서, 어떻게, 왜 일어나는지 설명한다.
3. 제2부: 강해설교를 중시하는 그는 설교자의 인격과 삶에 초점을 맞추어 설교 작성의 실제를 제시한다.
4. 제3부: 설교자가 강단에 서는 순간 그는 신비로 들어선 것이다. 그것은 전적으로 성령하나님이 이끌어 가시는 신비이다.
5. 에필로그: 마태복음 11장 25-30을 본문으로 한 설교 원고 전문이다. 그의 심오한 해석학적 통찰력과 치밀함을 엿볼 수 있다.

본서는 목회자와 신학생을 위한 설교학의 길잡이요 필독서이다.

2010. 8
류근상 교수

[서문 Prologue]

언제나 무슨 일인가 일어난다

우리가 성경을 들고 다른 사람들 앞에 서서 살아계신 하나님께서 본문을 통해 말씀하신 것을 신실하게 전달하려고 하면 반드시 무슨 일인가 일어난다. 그것은 변화와 능력과 생명을 주는 일이다.

나는 이것이 대담한 주장이라는 것을 안다. 이러한 주장에 대해 뻔뻔하다고 생각하는 사람도 있을 것이고 지나치게 순진하고 어리석은 주장이라고 생각하는 사람도 있을 것이다. 나도 모르는 것은 아니다. 나 자신 그러한 생각을 할 때가 있기 때문이다. 그러나 나는 확실히 그렇다고 생각한다. 그것이 설교의 영광이다.

나는 하나님의 말씀에 대한 선포가 세상을 변화시킨다고 믿는다. 나는 모든 개인과 이웃과 도시와 나라들이 예수 그리스도에 대한 복음을 통해 변화된다고 믿는다. 예수 그리스도에 대한 복음을 전할 때(궁극적으로 성경 본문의 전달을 통해) 우리는 살아계신 하나님께서 세상을 변화시키는 사역에 동참하게 되는 것이다. 물론 설교가 하나님께서 사용하시는 유일한 수단인 것은 아니다. 하나님은 소그룹 목회, 일대일 양육 사역, 찬양집회, 사회봉사, 치유, 상담, 예배 및 기도를 통해서도 변화의 역사를 일으키신다. 그러나 하나님은 무엇보다 성령으로 영감된 본문을 성령의 능력으로 해설하는 설교사역을 통해 세상을 변화시킨다. 바울은 "하나님께서 전도의 미련한 것으로 믿는 자들을 구원하시기를 기뻐하셨도다"(고전 1:21)라고 했다. 하나님은 십자가와 "십자가의 도"(고전 1:18)를 통해 세상을 구원하신다. 하나님은 예수님의 고난과 그 시간에 대한 실교를 통해 세상을 구원하신다. 이처럼 설교는 구원적 사건인 것이다.

다시 한번 말하지만 나는 이러한 주장이 대담한 것인 줄 알고 있다. 그럼에도 불구하고 나는 하나님께서 불완전한 인간의 불완전한 언변을 통해 변화의 기적을 일으키신다고 확신한다.

다음의 글을 읽어보면 여러분은 왜 내가 이 책을 쓰게 되었는지 알게 될 것이다.

나는 요한복음 2장 1-11절을 본문으로 갈릴리 가나의 혼인잔치에서 물을 포도주로 만드신 예수님에 관해 설교를 한 후 한 친구와 함께 예배당을 나서고 있었다. 우리는 성령께서 설교 내내 놀랍도록 역사하신 것에 대해 기뻐하였다. 그날 예배에 참석한 사람들은 대부분 깊은 감동을 받고 새로운 소망으로 넘쳐나는 것처럼 보였다.

나는 그날 설교에서 예수께서 가나의 혼인잔치에서 행한 일은 그가 부활절 새벽에 행하신 기적 다음가는 위대한 기적이었음을 강조하였다. 그 사건은 예수께서 행한 다른 기적과 달리 유에서 유를 만들어내신 것이 아니라 무에서 유를 만들어내신 것이다. 예를 들어 예수님은 치유사역을 행하실 때 항상 현장에 존재하는 것 가운데 문제가 있는 부분에 손을 대어 회복시키셨다.[1] 가령 오천 명을 먹이신 사건(사복음서에 동시에 기록된 중요한 사건이다)에서 예수님은 그곳에 있는 것-보리떡 다섯 개와 물고기 두 마리-를 가지고 훨씬 많은 떡과 고기를 만드셨다. 이것은 매우 인상적인 행위이다. 그러나

---

1) 놀랍게도 나는 이러한 소재를 David Strauss의 1831년 저서 *The Life of Jesus Critically Examined*, ed. Peter C. Hodgson, trans. George Eliot(Ramsey, N.J.: Sigler Press, 1972), pp. 219-27 로부터 얻었다. Strauss는 복음서 저자가 일어났다고 주장하는 것이 실제로는 일어나지 않았다고 생각한다. 그럼에도 불구하고 그는 놀랍게도 본문을 믿는 많은 사람들보다 훨씬 더 정확하게 저자의 의도를 파악하였던 것이다.

가나에서 예수님은 이미 존재하는 것을 더 많게 하신 것이 아니라 그곳에 없는 것을 만들어내셨다. 나는 이러한 사실을 설교에 접목하면서 "물이 든 항아리에는 포도주의 성분이 없었다"는 점을 부각시켰다. 나는 요한복음 2장 1-11절에 대해 설교하는 많은 사람들이 성 어거스틴의 말을 인용한다는 것을 알고 있다. 어거스틴은 본문에 나타난 기적적 행위에 대해 연구하면서 "창조주는 언제나 느리고 자연적인 과정을 통해 물을 포도주로 변화시킨다. 그러나 가나에서 창조주는 우리의 살과 피를 통해 이 과정을 급속히 진행하셨다"고 언급한 바 있다. 그러나 그것은 사실과 전혀 다르다. 창조주는 언제나 느리고 자연적인 과정을 통해 물과 포도를 포도주로 변화시키며 물만으로 포도주로 변화시키는 것은 아니다. 또한 가나에서 예수님은 이러한 자연적 과정을 급속히 진행하신 것이 아니다. 어떤 자연적 과정도 물만으로 포도주를 만들지 못한다. 물 항아리에는 포도주의 성분이 들어 있지 않았다. 그곳에는 포도가 없었으며 물만 있었다. 예수님은 그곳에 있는 것을 변화시킨 것이 아니다. 그는 전혀 새로운 것을 존재케 하셨다.

나는 여러분이 본문을 통해 그곳에서 샘솟는 기쁨을 목도할 수 있기를 바란다. 개인적으로 특히 우리가 본문에 함축된 여러 가지 의미 가운데 하나를 깨달았을 때 그러한 기쁨을 느낄 수 있었다. 즉, "예수께서 우리 안에서 새로운 일을 하시겠다고 약속하실 때 그 일에 해당하는 요소가 우리 안에 있어야 하는 것은 아니다"라는 것이다. 나는 "주님은 비록 내 안에 그러한 요소가 없을지라도 새로운 일을 이루실 것입니다"라고 대답하였다.

그녀와 나는 이런 이야기를 하며 교회를 나섰으며, 그날 참석한 대부분의 사람들이 지금쯤 그러한 소망을 가져다 준 "실재에 대한 대안적 해석"(alternative reading of reality)[2]에 젖어들고 있을 것이라는 생각에 우리의

---

[2] 이 구절은 Walter Brueggeman이 설교 본문과 본문의 역할에 대해 강의할 때 사용되었다. *Cadences of Home: Preaching Among Exiles*(Louisville, Ky.: Westminster John Knox Press, 1997)을 참조하라.

마음은 다시 한번 소망으로 넘쳤다. 내가 설교학에 관한 책을 쓸 달라는 요청을 받고 그것을 위해 기도하고 있는 것을 잘 알고 있는 그녀는 "다렐, 오늘 설교에서 일어났던 일을 글로 쓰는 것은 쉽지 않을 것 같아요"라고 말했다.

나는 왜 그렇게 생각하느냐고 물었다.
"오늘 일어난 일은 설교자로서 당신의 능력을 넘어서는 무엇인가 전혀 새로운 '어떤 것'이라고 생각하기 때문입니다."

나의 마음은 기쁨으로 뛰었다. 나는 그녀에게 오늘 일어난 일은 언급조차 해서는 안 된다는 말이냐고 다시 물었다.

"아닙니다." 그녀는 부드럽게 대답하였다.[3] "내 말은 그것이 가능하지 않을 것이라는 뜻입니다. 당신이 학생들이나 다른 설교자와 대면하여 말을 하는 경우라면 그것을 잘 전달할 수 있을 것입니다. 그러나 당신이나 다른 누구라도 그것을 글로 표현하는 것은 불가능할 것이라는 것입니다."

여러분은 내가 불가능할 것이라고 생각하는 것을 손에 들고 있다. 여러분은 내가 탐구하고 표현하려는 하나님의 영광을 붙들고 있는 것이다.

나는 설교 전문가로서 글을 쓰고 있는 것이 아니다. 여러분은 본서의 내용을 통해 왜 내가 아무도 설교 전문가가 될 수 없다고 생각하는지 알게 될 것이다. 이 글을 쓰고 있는 지금 나는 40년 동안(1970년 봄부터) 설교를 해오고 있다. 따라서 여러분은 나를 노련한 설교자나 설교를 가르칠 수 있을만한 사람으로 생각할 수 있을 것이다. 여러분은 나를 경험 많은 설교자로 생각할 수 있지만 전문가라고 생각해서는 안 된다. 전문가라는 말은 그 일을 마스터한 사람으로 그 주제에 관한 한 대가가 되어야 한다. 나는 설교를 마스터하지 못하였으며 여러분은 이 책을 통해 내가(그리고 어느 누구도) 설교 시간을 지배한다고 생각하지 않는다는 사실을 알게 될 것이다. 나는 아직도 배우고 있

---

[3] 이 친구는 리젠트 대학에서 헬라어신약을 가르치고 있는 Polly Long이다. 그녀는 매우 훌륭한 설교자이기도 하다.

는 설교 사역의 동역자일 뿐이다. 나는 단지 위대한 설교자이신 예수님의 제자이다. 그것은 전적으로 하나님의 은혜이다. 나는 그의 학생이며 앞으로도 언제나 그럴 것이다.

이제 서론적으로 본서의 내용을 낳게 한 몇 가지 근본적인 확신에 대해 제시하고자 한다.

1. 살아계신 하나님께서 말씀하실 때 언제나 무슨 일인가 일어난다.

"빛이 있으라" 하시니 빛이 있었다. 이러한 예는 수 없이 많다. "잠잠하라" 하시니 파도와 바람이 잠잠하였다. "나사로야 나오라" 하실 때에 죽은 자가 무덤에서 걸어 나왔다.

2. 설교자가 하나님의 말씀을 전할 때 하나님은 말씀하신다.

이것은 마틴 루터의 말이다.4) 필자를 비롯한 개혁주의 전통에 서 있는 사람들의 중심에는 이러한 확신이 있다. 제2 스위스 신앙고백은 Praedicatio verbi Dei est verbum Dei("하나님의 말씀에 대한 선포는 곧 하나님의 말씀이다")라고 선언한다.

3. 그러므로 설교자가 하나님의 말씀을 선포할 때 언제나 무슨 일인가 일어난다.

항상 그런가? 이제 나는 이러한 확신들에 대해 점차 발전시키고 그것에 대해 변론할 것이다. 1장에서 3장까지는 이러한 확신에 관한 내용을 주제로 다룬다.

우선 이러한 내용에 대해 서론적 형태로 조금 더 설명하는 것이 유익할 것이다. 정확히 무슨 일이 일어나는가? 나는 우리가 설교할 때5)(하나님의 말씀을 전달하는 시간에) 다음과 같은 일이 일어난다고 믿는다.

---

4) 그의 책(또는 에세이)에는 "설교자가 설교할 때 하나님이 말씀하신다"라는 언급이 등장한다.
5) 이것은 주일날 강단에서 설교하는 것만 해당되는 것이 아니라 주중에 가정에서 모이는 모임이나 대학가에서 학생들을 대상으로 말씀을 전하는 사역 등이 모두 포함된다.

· 예수(그는 모든 성경의 주제이시며 따라서 어떤 본문에 대한 설교에도 해당된다)를 통해 살아계신 하나님에 대한 더욱 분명한 비전을 가지게 된다.[6]

· 예수님에 관한 복음, 즉 하나님께서 성취하신 기쁜 소식의 내용과 예수 안에서 하고 계신일과 하실 일을 더욱 잘 이해하게 된다.

· "실재에 대한 대안적 해석" 즉, 실제 생활에서 경험하는 도전이나 두려움 및 구체적인 상황에 대해 구속사적 이해를 하게 된다.

· 보다 분명한 비전을 통해 새로운 사고방식과 감정과 행동을 형성하며 보다 나은 통찰력과 대안적 해석을 가능하게 된다.

· 설교 본문이 인도하는 새로운 실재로 향하는 능력을 소유하게 된다.

이러한 확신에 대해서는 3장과 4장 및 10장에서 자세히 다룰 것이다.

이 책의 제목 가운데 핵심적 언어는 동참이다. 나는 두 가지 이유에서 이 단어를 선택하였다. 첫째로, 예수 그리스도의 복음은 예수께서 이미 모든 것을 성취하셨기 때문에("다 이루었다"[요 19:30]) 우리를 그의 생명(즉, 삼위 하나님의 내재적 생명)에 동참하도록 부르실 수 있으며 또한 부르신다는 기쁜 소식이기 때문이다. 나는 이 말씀을 전하거나 기록할 때마다 환희에 젖거나 '아멘' 이라고 화답한다. 예수님 때문에, 그가 십자가에서 이루신 일 때문에, 그의 부활과 승천 때문에, 죄 많은 인간인 우리가 삼위 하나님의 생명을 입게 된 것이다. 우리는 예수님과 그가 아버지라 부르는 성부 하나님과의 사랑의 관계 속에 포함된다. 우리는 예수님과 그가 보혜사라 부르는 진리와 생명의 영과의 관계 속에 포함된다. 우리는 "아들"로서 그의 지위에 포함되며[7] 따라서 "아들"로서 그

---

6) 요 5:39; 눅 27:27, 44.

의 사역에 포함된다.[8] 그는 선지자, 제사장 및 왕(또는 계시자, 구속자 및 통치자)으로서의 사역에 우리가 동참하도록 초청하신다.[9] 중보기도 사역으로 부르심을 받는다는 것은 그의 중보기도 사역에 동참하는 것이다. 치유 사역으로의 부르심은 그의 치유 사역에 동참하는 것이며 가르치는 사역으로의 부르심은 그의 가르치는 사역에 동참하는 것이다. 이와 같이 예수님의 모든 사역에 부르심을 받는다는 것은 그 사역에 동참한다는 것이다. 설교사역에 부르심을 받았다는 것은 그의 설교 사역에 동참한다는 것이다.

동참이란 단어를 선택한 두 번째 이유는 설교자의 부담을 들어주고 능력을 준다는 이유 때문이다. 결국 성공적인 설교에 대한 부담은 진정한 전도자의 어깨, 즉 예수님의 어깨로 넘어가는 것이다. (나는 성경에서 전도자라는 말이 전도서 저자라는 의미로 사용되었음을 알지만 이 말을 나사렛 예수에게 사용하여 조금도 어색할 것이 없다고 생각한다.) 설교 사역을 주관하고 그것을 능력 있게 만드는 것은 본문과 설교자와 청중 안에서 성령으로 역사하시는 전도자이시다. 설교는 설교의 대상이신 그분, 부활하시고 승천하신 전도자가 직접 자신을 증거할 때 능력 있는 설교가 되는 것이다. 우리는 성경을 들고 혼자 회중 앞에 설 수는 없다. 우리는 예수님 안에서 그와 함께 강단에 서야 한다. 우리는 그의 활동에 동참하는 것이다.

우리는 설교할 때 예수께서 성부에 대해 증거하시는 사역에 동참한다. 우리가 설교하는 동안 예수께서 성부 하나님에 대해 전하시고 계시하시는 것이다. 우리는 설교할 때 성부 하나님께서 자신의 아들에 대해 전하시는 사역에 동참한다. 우리가 설교하는 동안 성부 하나님 자신이 그의 아들에 대해 가르치시고 계시하신다. "이는 내 사랑하는 아들이요 내 기뻐하는 자라"(마 3:17). "이는 내 사랑하는 아들이요 내 기뻐하는 자니 너희는 그의 말을

---

7) Larry Hurtado, *At the Origins of Christian Worship*(Grand Rapids: Eerdmans, 1999), p. 107.
8) N. T. Wright, *The Lord and His Prayer*(Grand Rapids: Eerdmans, 1996), p. 81.

들으라"(마 17:5). 또한 우리가 설교할 때 우리는 성령께서 예수님을 증거하시는 사역에 동참한다. 우리가 설교하는 동안 성령께서는 예수님을 보여주시고 그에 대해 증거하시며 확신과 믿음을 주신다(요 16:8-15). 이와 같이 우리는 신적 사역, 삼위 하나님의 사역에 동참하며 따라서 그 결과에 대한 책임은 우리가 떠맡지 않아도 된다.

그러나 이것은 인간 설교자가 중요치 않다는 말이 아니다. 그렇게 말하는 것은 이와 같이 능력과 자유를 주는 동참의 의미를 왜곡하는 것이다. 설교자는 주어진 역할을 가능한 능력 있고 신실하게 감당할 수 있도록 최선을 다해야 한다. 이 주제에 관해서는 5장부터 9장까지 다룰 것이다.

이어서 10장에서는 설교를 "신비 앞에 서는 것"으로 제시할 것이다. 나에게는 설교의 멘토가 일일이 거명하기 힘들만큼 많이 있다(이들에 대해서는 차차 소개할 것이다). 그러나 여기서는 나에게 특별히 많은 가르침과 용기를 준 사람들에 대해 알파벳순으로 소개하고자 한다. 그들은 데일 브루너(F. Dale Bruner), 맥신 핸콕(Maxine Hancock), 스탠리 존스(E. Stanley Jones), 월트 루디(Walter Luthi), 캠벨 모건(G. Campbell Morgan), 얼 파머(Earl F. Palmer), 플래밍 루틀릿지(Fleming Rutledge), 제임스 스튜어트(James S. Stewart), 존 스타트(John R. W. Stott) 및 로드 윌슨(Rod K. Wilson)이다. 나는 가끔 이들의 설교적 재능을 모두 가졌으면 하는 마음을 품은 적이 있다. 존 스타트의 정확

---

9) Bruce Metzger of Princeton Seminary.
10) 내 생각에 John Stott는 역사상 가장 순수한 주석가이다. 나는 산상수훈, 사도행전 및 에베소서에 대한 그의 저서에서 많은 도움을 받았다. 그는 저 유명한 존 크리소스톰이나 마틴 루터나 존 칼빈보다 나은 설교가인 것 같다. 이유는 한 가지뿐이다. 그들과 달리 스타트의 설교의 내용과 어조에는 그들과 문제가 될 만한 요소가 전혀 없다는 것이다.
11) 리젠트 대학 교수인 Maxine Hancock는 단어와 이미지를 통해 회중을 본문 속으로 끌어들여 예수의 발아래 모이게 하는 요령을 알고 있다. 나는 그의 창세기 1장에 관한 설교 "On Being Human"을 듣고 큰 감동과 기쁨을 맛보았다.
12) Earl Palmer는 본문이 매력적이고 기쁨을 주는 내용이 되도록 다루는 방법을 알고 있다. 나는 1976년에 로스엔젤레스의 Forest Home Christian Conference Center에서 있었던

한 주석,[10] 맥신 핸콕의 문학적 상상력,[11] 얼 파머의 독창성,[12] 데일 브루너의 성경에 대한 사랑,[13] 캠벨 모건[14]과 월트 루디[15]의 논리정연한 질서, 제임스 스튜어트의 수사학적 능숙함,[16] 찰스 스윈돌(Charles Swindoll)의 긍휼히 여기는 마음,[17] 플래밍 루트릿지의 문화적 인식,[18] 및 로드 윌슨의 "실재"에 대한 인식[19]을 모두 갖춘다면 얼마나 훌륭한 설교가 될 것인가? 물론 그것은 잘못된 생각이다. 내가 이들 멘토들에게서 배울 수 있으며 또한 그렇게 한다고 해도 결국은 우리 모두가 발견해야 하는 것을 발견하는 수밖에 없을 것이다. 나는 창조하심을 입고 구속하심을 받은 대로 나 자신의 음성으로 전하는

College Breifing Conference에서 그의 설교를 처음 들었으며 그가 켈리포니아의 버클리 장로교회(First Presbyterian Church of Berkeley) 및 워싱턴 시애틀의 대학 장로교회(University Presbyterian Church in Seattle)에서 목회할 때에도 그의 설교를 들었다.

13) Dale은 필리핀에 있는 Union theological Seminary에서 가르치다가 Spokane에 있는 Whitworth College에서 가르치기 위해 필리핀을 떠났다. 나는 그가 필리핀을 떠난 후에 만났다. 나는 그처럼 본문의 풍성함을 끌어내는 설교자는 만나보지 못하였다. 그는 우리에게 필요한 모든 예화적 자료가 본문에 들어있다는 사실을 보여주었다.

14) Morgan은 본문을 40-50번 읽은 후에야 설교를 했다. 그의 설교는 *The Westminster Pulpit: The Preaching of G. Campbell Morgan*, 10 vols. (1906-1916; reprint, Grand Rapids: Baker Book House, 1954-1955)에서 찾아볼 수 있다. *Studies in the Four Gospels* (Westwood, N.J.: Fleming H. Revell, 1927)도 참조하라.

15) Luthi's St. John's Gospel: *An Exposition*, trans. Kurt Schoenenberger(Richmond, Va.: John Knox Press, 1960) and *The Letter to the Romans*(Edinburgh and London: Oliver and Boyd, 1961). 나는 복음서나 서신서 전장을 즉석에서 그처럼 명료하고 간결하게 설교하는 사람을 보지 못하였다.

16) 많은 사람들은 James S. Stewart가 "20세기(영국)의 가장 위대한 설교자"라고 말한다. 특히 그의 두 권의 설교집, Heralds of God(1946; reprint, Vancouver, B.C.: Regent College Publishing, 2001) and *A Faith to Proclaim*(1953; reprint, Vancouver, B.C.: Regent College Publishing, 2002)을 참조하라. 나는 그의 설교를 읽고 복음에 대한 열정으로 타올랐다. 나는 유명한 설교가인 나의 삼촌 Emmett Johnson을 통해 Stewat를 알게 되었다. 그는 나를 Minnesota St. Paul에 있는 Luther Seminary 책방으로 데려가 Stewart에 관한 책을 모두 사 주었다.

17) Charles Swindoll은 타고난 이야기꾼이다. 그는 어떤 본문이든-산문이 아니더라도-살아 있는 이야기로 승화시킨다.

18) 나는 최근에야 Fleming Rutledge의 사역에 대해 알게 되었다. 그녀는 순식간에 사람들을 본문의 핵심으로 인도하며 우리의 문화를 구속사적 차원에서 해석한다. 그녀의 사역에 대해 더 일찍 알지 못한 것이 아쉬울 뿐이다. 여러분은 *The Bible and the New York Times*

수밖에 없다.[20] 이것은 설교하는 방식은 사람에 따라 모두 다르다는 것이다 (이 주제에 관해서는 8장에서 상세히 다룰 것이다).

아마도 독자들은 내가 강력한 개혁주의적 관점에서 설교의 의미와 사역에 접근하고 있다는 것을 알 것이다. 내가 이러한 이론과 실제에 도달한 것은 사도 바울의 주장처럼 선포된 말씀은 사람의 말이 아니라 "믿는 자 가운데에서 역사"(살전 2:13)하는 하나님의 말씀이라는 분명한 확신에서 나온 것이다. 설교는 그만큼 존귀하다는 것이 나의 생각이다.

내가 리젠트 대학에서의 강의(2000년 가을학기부터 시작되었다)를 수락하자 당시 풀러신학교의 총장을 역임하고 명예교수로 있던 로버트 메이에(Robert Meye)박사가 나에게 이메일을 보내왔다. 그는 내가 로스앤젤레스를 떠나는 것을 아쉬워하면서도 새로운 소명을 위해 축하해주었다. 그는 나에게 자신이 여러 번 읽은 책 한 권을 소개해 주면서 꼭 반복해서 읽어볼 것을 권유하였다. 그것은 로벗슨 니콜(W. Robertson Nicoll)의 『교회의 왕자들』(Princes of the Church)이라는 책이었다. 이 책은 니콜이 당시의 중요한 설교가들-대부분 그의 친구들인-의 탁월함에 대한 찬사를 모은 것이다. 메이에박사는 나에게 보낸 서신에서 니콜이 영국 애브리스위스(Aberystwyth) 대학 총장인 찰스 에드워즈에 대해 기록한 내용을 인용하였다.

(Grand Rapids: Eerdmans, 1999)나 *Help My Unbelief*(Grand Rapids: Eerdmans, 2000)을 통해 그녀의 설교를 접할 수 있다.
19) Rod Wilson은 리젠트 대학 총장이자 기독교 상담학 교수이다. 그는 지금까지 나와 함께 일한 사람들 가운데 가장 훌륭한 지도자이다. 그는 "실재"를 무엇보다 강조한다. 그의 설교는 이러한 실재에 초점을 맞춘다.
20) Phillips Brooks, "Preaching is truth through personality," *in Lectures on Preaching* (New York: E. P. Dutton, 1977), p. 5. 그는 "설교는 인격에서 인격으로 진리를 전달하는 것이다. 그것은 진리와 인격이라는 두 개의 중요한 요소로 구성된다... 설교는 인격을 통해 진리를 전달하는 것이다"라고 하였다.

에드워즈 총장은 모든 것 가운데 설교가 가장 우선한다는 확신을 가지고 있었으며 설교는 그리스도인의 믿음이라는 근본적인 신비를 다루는 한 결코 그 가치를 잃어버리지 않을 것이라고 믿었다. 그는 "위대한 설교자는 그리스도의 남은 자산이다"라는 구절을 종종 인용한다. 믿음이 소멸되고 교회가 식어갈 때 위대한 설교자의 출현을 바라는 소망은 더욱 커진다. 그는 그리스도께서 자기 백성을 죽어 가도록 버려두시지 않기 때문에 교회에서 설교는 영원히 계속된다고 말한다.[21]

메이에박사는 "다렐, 나는 이 진리를 교회에 전하는 것이 당신에게 주어진 특별한 사명이라고 생각하네"라고 덧붙였다. 나는 이러한 정신으로 이 책을 쓰게 되었다.

나는 마틴 루터 킹(Martin Luther King Jr.)이 암살되던 1968년 4월 4일 저녁 늦은 시간에 설교자로 부르심을 받았다. 그날 라디오 방송에서는 저녁 내내 킹 박사의 설교가 흘러 나왔다. 나는 지금도 우레와 같이 선포되는 그의 음성을 들을 수 있다. "나는 산에 올라갔습니다. 나는 약속의 땅을 보았습니다. 나는 죽는 것이 두렵지 않습니다. 나는 꿈을 꾸었습니다."[22] 나는 밤중에 침상을 박차고 나와 무릎을 꿇고 "주님, 나는 한 평생 당신의 말씀을 전하고 싶습니다. 당신의 말씀으로 개인과 나라를 변화시키겠습니다"라고 기도하였다. 다음날 아침 나는 할머니 앨리나 존슨(Alina Johnson[1900-1987])에게 어젯밤 일을 말씀드렸다. 내 말을 들은 그녀는 울었다. 그녀는 내가 세 살적에 할머니 댁에서 몇 주간 함께 보낸 적이 있다고 말했다. 어느 주일 오후 그녀는 나를 무릎에 앉히고 "찰스 풀러와 함께 하는 시간"(The Old Fashioned Revival Hour with

---

21) W. Robertson Nicoll, *Princes of the Church*(London: Hodder and Stoughton, 1921), pp. 128-29. 에드워즈 총장의 담대한 주장은 역사적 사실이다. Yngve Brilioth, *A Brief History of Preaching*, trans. Karl E. Mattson(Philadelphia: Fortress, 1965), pp. 161-70을 참조하라.
22) *Strength to Love*(Philadelphia: Fortress, 1963)에 들어 있는 그의 설교 모음을 참조하라. 다음 두 권의 책은 킹박사에 관해 많은 것을 알려준다. Mervyn A. Warren, *King Came Preaching*(Downers Grove, Ill.: InterVarsity Press, 2001); Richard Lischer, *The Preacher King: Martin Luther King, Jr. and the Word That Moved America*(Oxford: Oxford University Press, 1997).

Charles E. Fuller)23)을 들었다. 메시지가 끝난 후 그녀는 나에게 기도를 시켰는데 내가 창가로 올라서더니 "내가 크면 예수를 전하겠습니다"라고 했다는 것이다. 그 후로 할머니는 그 기도의 응답을 위해 기도했다고 한다. 1968년 4월 그날 아침 그녀는 기도가 응답된 것을 알고 기쁨의 눈물을 흘렸던 것이다. 그것이 이 책을 그녀에게 헌정하는 이유이다.

또한 나는 이 책을 지난 40년 동안의 여정에 이정표를 제시해 주었던 한 사람에게 바친다. 캘리포니아 대학에서 물리학을 공부할 때 나는 샌디에이고에 있는 솔라나비치(Solana Beach) 장로교회에서 예배를 드렸다. 당시 부교역자는 홀리스 알렌(H. Hollis Allen)이었다. 그는 나에게서 설교의 은사를 불러 내었다. 그는 내 안에 성경을 가르치고 전하는 은사가 있음을 발견하고 이러한 은사를 활용할 수 있는 첫 번째 기회를 주었다.

나는 소명을 받고 훈련을 통해 설교자가 되었기 때문에 이 책의 내용도 자칫 설교 형식으로 흐를 수 있다는 것을 안다. 나는 이 글이 연설조가 되지 않도록 최선을 다했다. 따라서 구두 전달에 효과적인 감탄사나 토막 난 문장(sentence fragment), 반복 및 수사학적 기법은 가능한 사용하지 않았다. 문학적 기법이 부족한 부분이 있으면 이해해 주기 바란다. 어쨌든 나는 대학 교육을 받은 젊은 설교자들로 하여금 눈을 위한 글에서 귀를 위한 글로 옮기는 것을 돕는 일에 대부분의 시간을 보내는 사람이다(이 문제는 6장에서 상세하게 다룬다).

이 책이 나오기까지 도움을 주신 많은 분들에게 감사드린다. 교육학 교수로 은퇴한 켄 닉슨(Ken Nixon)과 서로 다른 분야에 종사하는 브라이언(Brian Buhler), 마이크 리(Mike Lee) 및 딕(Dick Wiedenheft)은 본서를 읽고 유익한 조언을 해 주었다. 로메로(Mary Romero)는 본서를 세심히 읽으면서 철자와

---

23) 이 감동적인 역사적 사역에 대해서는 Daniel P. Fuller, *Give the Winds a Mighty Voice* (Waco, Tex.: Word Books, 1972)를 참조하라.

문법 및 구문론적 오류를 수정해 주었다. 리젠트 대학의 비서인 더그 힐스(Doug HIlls)는 내 힘으로는 역부족인 문헌 자료를 찾는 일에 큰 도움이 되었다. 출판사(InterVarsity Press)측의 요청으로 이름을 밝힐 수 없는 두 명의 설교학 저자 역시 본서를 다듬어 주었으며 통찰력 있는 비평과 조언을 아끼지 않았다. 에밀리 바너(Emily Varner)는 귀를 위한 글로 기울어지려는 습성을 효과적으로 교정해 주었다. 특히 InterVarsity 출판사의 편집장인 게리 데도(Gary Deddo)는 책이 나올 때까지 여러 가지 조언과 격려로 도와주었다. 물론 이 책의 어떤 오류에 대한 책임도 필자에게 있음을 밝힌다.

나는 어떤 것도 설교가 하나님의 지상 사역에서 차지하는 특권을 빼앗을 수 없다고 확신한다. 전달에 관한 이론이나 실제가 아무리 바뀔지라도 성경을 들고[24] 회중 앞에 서서 본문을 통해 말씀하시는 살아계신 하나님의 말씀을 전하는 자를 대신할 수 있는 것은 없다. 설교는 다른 의사전달 형식이나 연설과 같은 방식으로는 관심을 모을 수 없다. 설교가 어리석고 약한 구세주에 대한 어리석고 약한 메시지가 된다면 어리석고 약하다는 평가를 받을 수밖에 없을 것이다. 그러나 만일 그런 것이 아니라면 캐나다인들의 자주 쓰는 말처럼 "걱정할 필요 없다." 이 메시지는 살아계신 하나님의 지혜와 능력이 될 것이며(고전 1:18-25) 창조주이자 구속자이신 그는 이처럼 지혜롭고 능력 있는 도구를 사용하여 세상을 변화시키실 것이다.

중국의 한 목사는 "설교해보라... 그러면 무슨 일인가 일어나는 것을 볼 것이다"라고 말했다.

언제나 무슨 일인가 일어난다.

---

24) 가능한 메모나 스크린을 사용하는 것을 지양하고 성경으로 본문을 읽을 것을 권장한다. 우리는 "성경의 백성"이며 따라서 그러한 모델이 필요하다.

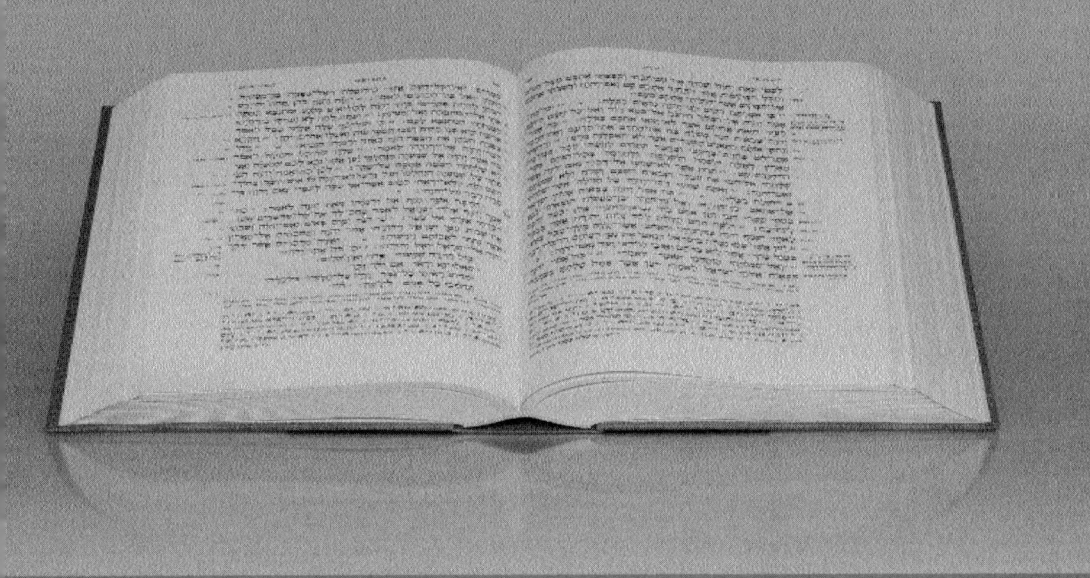

PART 1
동참을 위한 이론적 기초

제1장 왜 일어나는가?
제2장 언제나 일어나는가?
제3장 어디서 일어나는가?
제4장 어떻게 일어나는가?

1

왜 일어나는가?
(환상: 에스겔 37장)

듀크신학대학교의 리차드 리셔(Lichard Lischer)는 "설교는 이해하기 전에 효력을 발휘한다"고 했다.[1] 나도 동의한다. 사람과 사람 사이에 일어나는 모든 의사전달과 마찬가지로 설교도 완전히 이해하기 전에 영향을 미치는 것이다. 대화를 많이 하는 부부에게서 볼 수 있듯이 많이 이해하면 할수록 더욱 큰 효과를 얻는 것은 물론이다. 그러나 설교는 우리가 설교자와 청중과 본문과 성령이 행하는 것을 완전히 이해하기 오래 전에 효력을 발휘한다.

1. 환상

먼저 설교할 때 왜 무슨 일인가 일어나는지를 이해하는데 도움이 되는 성경 본문 한 곳에 관심을 집중시켜주기 바란다. 본문은 선지자 에스겔(주전 592-570년)이 에스겔서 37장에 기록한 내용으로 흔히 "마른 뼈 골짜기에 대한 환상"이라고 불린다. 본문에 대한 설교는 길게 하면 할수록 더욱 본문에 깊이 젖어드는 것을 발견한다. 에스겔 37장의 계시는 나에게 회중 앞에 서서 살아계신 하나님께서 본문을 통해 말씀하신 것을 전할 수 있는 용기를 주며 청중의 삶에 무슨 일인가 일어날 것을 기대하게 한다.

에스겔 37장에 대해 함께 나누기 전에 먼저 본문을 자세히 읽고 떠오르는 생각이나 에스겔에게 묻고 싶은 질문은 없는지 점검해 보자.

여호와께서 권능으로 내게 임재하시고 그의 영으로 나를 데리고 가서 골짜기 가운데 두셨는데 거기 뼈가 가득하더라 나를 그 뼈 사방으로 지나가게 하시기로 본즉 그 골짜기 지면에 뼈가 심히 많고 아주 말랐더라 그가 내게 이르시되 인자야 이 뼈들이 능히 살 수 있겠느냐 하시기로 내가 대답하되 주 여호와여 주께서 아시나이다 또 내게 이르시되 너는 이 모

---

[1] Richard Lischer, *A Theology of Preaching: The Dynamics of the Gospel*(Nashville: Abingdon, 1986), p. 66.

든 뼈에게 대언하여 이르기를 너희 마른 뼈들아 여호와의 말씀을 들을지어다 주 여호와께서 이 뼈들에게 이같이 말씀하시기를 내가 생기를 너희에게 들어가게 하리니 너희가 살아나리라 너희 위에 힘줄을 두고 살을 입히고 가죽으로 덮고 너희 속에 생기를 넣으리니 너희가 살아나리라 또 내가 여호와인 줄 너희가 알리라 하셨다 하라

이에 내가 명령을 따라 대언하니 대언할 때에 소리가 나고 움직이며 이 뼈, 저 뼈가 들어맞아 뼈들이 서로 연결되더라 내가 또 보니 그 뼈에 힘줄이 생기고 살이 오르며 그 위에 가죽이 덮이나 그 속에 생기는 없더라 또 내게 이르시되 인자야 너는 생기를 향하여 대언하라 생기에게 대언하여 이르기를 주 여호와께서 이같이 말씀하시기를 생기야 사방에서부터 와서 이 죽음을 당한 자에게 불어서 살아나게 하라 하셨다 하라

이에 내가 그 명령대로 대언하였더니 생기가 그들에게 들어가매 그들이 곧 살아나서 일어나 서는데 극히 큰 군대더라 또 내게 이르시되 인자야 이 뼈들은 이스라엘 온 족속이라 그들이 이르기를 우리의 뼈들이 말랐고 우리의 소망이 없어졌으니 우리는 다 멸절되었다 하느니라 그러므로 너는 대언하여 그들에게 이르기를 주 여호와께서 이같이 말씀하시기를 내 백성들아 내가 너희 무덤을 열고 너희로 거기에서 나오게 하고 이스라엘 땅으로 들어가게 하리라 내 백성들아 내가 너희 무덤을 열고 너희로 거기에서 나오게 한즉 너희는 내가 여호와인 줄을 알리라 내가 또 내 영을 너희 속에 두어 너희가 살아나게 하고 내가 또 너희를 너희 고국 땅에 두리니 나 여호와가 이 일을 말하고 이룬 줄을 너희가 알리라 여호와의 말씀이니라(겔 37:1-14)[2]

---

[2] 본서는 NASB(New American Standard Bible) 역본을 사용한다. 이 성경은 전체적으로 다소 경직된 면이 있지만 히브리어 및 헬라어 원본의 실제적인 문법적 구조를 유지하려고 노력했다는 점에서 설교준비에 가장 유익한 역본이라고 생각한다. 나는 히브리어나 헬라어 원문을 이해할 수 없을 때 NASB의 도움을 얻는다. 나는 그 외에도 NIV, TNIV, ESV, RSV 및 NRSV등을 사용한다. 특히 NRSV의 경우 공적인 낭독에 가장 742적합하다고 생각한다.

본문은 소망이 전혀 없는 상태에서 소망을 불러일으킨다. 본문의 하나님은 말씀하시기만 하면 무슨 일인가 일어난다.

에스겔이 직면한 절망적 상태를 기억해 보라. 오늘날 많은 설교자들이 강단에 설 때마다 경험하는 절망감이 아닌가? 본문의 내용은 예수께서 나시기 전, 말씀이 육신이 되어 우리 가운데 거하신 때(요 1:14)로부터 약 1600년 전의 일이다. 이스라엘은 강대국 바벨론에 의해 포로가 되었으며, "큰 왕의 성"(시 48:2) 예루살렘은 파괴되었다. 참 신이신 여호와를 위한 예배의 중심지였던 솔로몬 성전은 돌무덤이 되었다. 경제적, 사회적, 도덕적 하부 구조는 붕괴 위기에 직면하였다. 이스라엘은 이러한 자신의 비참한 처지에 대해 "우리의 뼈들이 말랐고 우리의 소망이 없어졌으니 우리는 다 멸절되었다"(겔 37:11)라고 탄식하였다.

여러분은 이러한 경험이 있는가? 소망이 없어지는 경험을 한 적이 있느냐는 것이다. 나는 있다. 나는 자주 그런 경험을 한다. 그것은 인간이 경험하는 가장 숨 막힐 듯한 상황 가운데 하나이다.

하나님은 이처럼 소망 없는 상황에 처한 에스겔을 그의 영으로 골짜기 가운데로 데려가신 것이다. 이러한 골짜기가 실제로 존재하는지 아니면 선지자의 마음의 눈으로 본 것인지는 하나님께서 의도하시는 목적에 중요하지 않다.[3] 하나님은 패배한 군대의 썩어져 가는 뼈의 모습을 통해 이스라엘의 상황을 보여주신다. 하나님은 무덤에 대한 언급으로 그들이 얼마나 소망 없는 상태에 있는지를 강조하신다(더욱 심화시키신다). 에스겔아 무덤이 보이느냐? 이스라엘이 소멸되어 말라가고 있다. 이스라엘은 죽었다.

여러분 자신은 그런 경험이 있는가? 여러분은 그러한 상태에 있는 회중 앞에 서 본 적이 있는가? 우리가 설교하는 현장은 이렇지 아니한가?

---

3) Douglas Stuart는 우리가 "환상적인 장소에 대한 환상적인 방문"에 대해 다루고 있다고 주장한다. *Ezekiel: Mastering the Old Testament*(Dallas: Word, 1988), p. 343.

에스겔이 골짜기를 돌아보고 그것이 자신과 이스라엘 백성의 상황이라는 사실을 깨달았을 때 하나님은 그에게 "인자야"라고 부르셨다. 여기서 인자(son of man)라는 말은 단지 "사람"이라는 뜻이다. 즉, "사람아 이 뼈들이 능히 살 수 있겠느냐"(겔 37:3)라는 것이다. 여러분은 어떻게 생각하는가? 죽은 뼈가 살아날 수 있겠는가?

에스겔은 "주 여호와여[영역성경은 '주 하나님이여'라고 번역하나 문자적으로는 '주 여호와'이다] 주께서 아시나이다"라고 대답하였다. 이것은 "당신만이 그 질문에 답하실 수 있습니다"라는 뜻이다. 적어도 에스겔의 입장에서-즉, 인간적 관점에서 볼 때-지금의 상황은 전혀 소망이 없는 상태였던 것이다. 에스겔이나 이스라엘 백성 누구도(온 이스라엘이 힘을 합할지라도) 마른 뼈를 살릴 수는 없다. 그들 손에 맡겨두면 영원히 말라 죽은 채로 있을 것이다.

이것이 모든 인간의 본질적인 상황이 아닌가? 오늘날 설교자들이 회중 앞에 설 때마다 직면하는 것은 바로 이러한 상황이 아닌가? 끊임없이 온전한 영적 삶을 사는 일이 전적으로 나에게 달린 일이라면 마른 뼈처럼 메마른 나의 영혼은 결코 살아나지 못할 것이다. 지역 교회를 살리는 일이 나와 여러분과 같은 설교자의 손에 달린 것이라면 우리는 지금 즉시 교회 문을 닫아야 할 것이다. 오늘날 우리를 묶고 있는 모든 사슬을 끊는 도덕적 혁신을 가져오는 작업이 나와 여러분과 모든 설교자의 손에 달려 있다면 세상은 참으로 암울한 절망밖에 없을 것입니다.

"사람아 이 뼈들이 능히 살 수 있겠느냐?" 사람으로서는 할 수 없다. 그들 스스로의 힘으로는 불가능하다. 사람에게 맡겨두면 그들은 영원히 말라 죽은 채로 있을 것이다. "그러나 오 주 여호와여... 당신은 아십니다."

그래서 살아계신 하나님은 에스겔에게 대언하기를 명하셨다. 본문의 의미는 "하나님의 말씀을 전하라"는 것이다. 에스겔아 말씀을 선포하라. 그렇다. 설교는 예언 이상이며 모든 설교가 예언인 것은 아니다(4장에서 자세히 살펴보겠지만 그것은 '동참하다' 라는 동사와 관련된다). 여기서는 에스겔이 받은 명령과 오늘날 이곳에서 우리가 받고 있는 명령의 내재적 상호관계에 대해 살펴보기로 한다. 에스겔아 마른 뼈들에 대해 말씀을 선포하라.

에스겔은 이렇게 물어볼 수도 있었을 것이다. "그러면 무슨 소용이 있습니까? 내가 전하는 하나님의 말씀이 이러한 국가적 위기에 무슨 영향을 줄 수 있다는 것입니까? 설교가 마른 뼈에 어떤 결과를 야기할 수 있다는 말입니까? 당신의 성읍과 나라, 내 나라와 성읍에는 어떤 영향을 줄 수 있다는 말입니까? 주여 이것은 보통 심각한 위기가 아닙니다. 말씀 선포만으로 해결될 일이 아닙니다. 이와 같은 절체절명의 위기와 총체적인 붕괴와 몰락에 직면하여 설교가 무슨 유익이 있겠습니까?"

그러나 에스겔은 이 이상한 명령에 순종하였다. 그는 마른 뼈를 향하여 말씀을 전했다. 그는 뼈에게 설교한 것이다. "마른 뼈들아 여호와의 말씀을 들을지어다." 에스겔은 그것이 어리석은 일이라고 생각하지 않았을까? 여러분은 죽은 자에게 생명의 말씀을 전하는 것이 어리석다고 생각하지 않는가? 나는 가끔 그런 생각이 들 때가 있다. 그러나 에스겔은 말씀을 전하였다. "주 여호와께서 이 뼈들에게 이같이 말씀하시기를 내가 생기를 너희에게 들어가게 하리니 너희가 살아나리라"(겔 37:5).

이어지는 본문은 에스겔이 살아계신 하나님의 말씀을 전한 후 과연 어떤 일이 벌어졌는지를 보여준다. "내가 또 보니"(And behold[겔 37:8])라는 말씀은 '보다' 라는 동사의 명령형(보라[behold])이 사용되었다. 즉, 우리게게 이 광경을 보라고 명령하고 있는 것이다. 에스겔은 당시에 일어난 일로 인하여 매우 놀랐으며 우리에게 이 놀라움에 동참할 것을 권하고 있는 것이다. "보아라! 뼈들이 소리를 내며 움직이고 있지 않느냐? 뼈와 뼈가 들어맞아 서로 연결되고 뼈에 힘줄이 생기고 살이 오르며 그 위에 가죽이 덮이는 것이 보이지 않느냐?(겔 37:7-8[저자 사역]).

에스겔의 예언이 그러한 결과를 가져온 이유는 무엇인가? 왜 설교는 그러한 힘이 있는가? 에스겔에게만 해당되는 특별한 무엇인가가 있는가? 그의 위대한 수사학적 기법 때문인가? 그렇지 않다. 그렇다면 마른 뼈들의 반응 때문인가? 이 질문에 대해 조금 더 생각해 보자. 오늘날의 설교에 매우 중요하기 때문이다. 말씀 전파가 생기를 가져다 준 것은 뼈들이 반응했기 때문인가? 아니다. 뼈는 반응할 수 없다. 그들은 말라 죽었다. 뼈들은 이미 죽어 있다는 사실을 직시해야 한다. 그들의 반응은 고사하고라도 어떻게 그들이 말씀을 들을 수 있다는 말인가?

그렇다면 말씀이 그러한 결과를 낳은 이유는 무엇인가? 그것은 말씀의 본질적 성격 때문이다. 여호와의 말씀은 능력이 있고 살아 역사할 뿐만 아니라 창조적이다. 하나님의 말씀은 단순히 전달되기만 하는 것이 아니라 역사를 일으키며 변화를 가져온다. 하나님의 말씀은 일을 일으킨다.

다음은 마태가 전하는 로마 백부장의 통찰력에 관한 내용이다. 본문은 마태복음 8장 5-13절이다. 이것은 설교자들에게 격려가 되는 또 하나의 본문이라고 할 수 있다. 백부장은 자신의 하인의 병을 위해 예수님을 찾아간다. 그는 예수님에게 "다만 말씀으로만 하옵소서 그러면 내 하인이 낫겠사옵나이다"(마 8:8)라는 놀라운 고백을 한다. 누가 그것을 그에게 말해주었는가? 그는 어떻게 그것을 알았는가? "말씀만 하옵소서!" 그때 예수께서는 "이스라엘 중 아무에게서도 이만한 믿음을 보지 못하였노라"(마 8:10)라고 하셨다.

백부장의 생각은 그의 경험으로부터 획득한 것이다. 군인으로서 그는 상관의 권한에 복종하면서 동시에 부하들을 다스리는 권한이 있었다. 그가 부하 중 하나에게 "가라" 하면 가고 "오라" 하면 왔다. 그가 종에게 이렇게 하라고 하면 그대로 했다. 백부장은 이 자비한 선생에게는 "고침을 받으라"는 말만으로도 충분히 병고침을 받을 수 있다는 사실을 알았던 것이다. 백부장은 자신이 백 명의 부하에 대한 권한이 있듯이 예수님에게는 생명과 죽음에 대한 권한이 있다는 것을 알았다. 존 칼빈은 백부장의 통찰력을 다음과 같이 해석한다. "나에게 부하들이 있듯이 당신에게는 영적인 권능과 병과 죽음을 치유하는 사자들이 있습니다."[4] 백부장이 명령하면 그들은 즉시 복종했다. 그는 이와 같이 예수께서도-그가 계시든 계시지 않든-인간에 관한 어떤 명령도 그대로 시행될 것이라고 믿었던 것이다.[5]

"말씀만 하옵소서." 그는 어떻게 이러한 사실을 알았는가? 그는 어떻게 나사렛 예수께서 이러한 권위를 가지고 계신다는 사실을 알았는가? 그는 이러한 권위를 가지신 예수께 나아와 자신을 던졌으며 그때 예수님은 "이만한 믿음을 보지 못하였노라"고 말씀하셨다. 그는 결코 좌절하지 않았던 것이다. 예수님은 말씀하셨고 백부장의 하인은 온전함을 받게 되었다. 여기서 우리가 유의해야 할 사항은 백부장의 하인은 예수님과 백부장이 말하는 장소 근처에 있지도 않았다는 사실이다. 예수께서 말씀하시는 것을 듣지도 보지도 못한 사람이 온전함을 받은 것이다. 이것이 예수님의 말씀의 능력이다.

"말씀만 하옵소서." 설교자는 자신에게 그리고 상호간에 자주 말을 해야 한다. 내가 아는 한, 설교 사역에서 가장 필요한 것 가운데 하나는 예수 그리스도의 말씀에 대한 확신의 지속적인 회복이다. 예수께서 말씀만 하시면 무슨 일인가 일어난다. 우리의 말의 능력을 안다. 말 한 마디가 방 안의 모든 분위기를 바꾸어 놓는다. 말 한 마디로 전혀 새로운 시각을 가지게 할 수 있다. 우리의 말이 이러한 능력을 가지고 있다면 말씀이 육신이 되신 그 분의 말씀이야말로 얼마나 큰 능력을 가지겠는가?

---

4) John Calvin, *A Harmony of the Gospels, Matthew, Mark and Luke*, Calvin's New Testament Commentaries, ed. David W. Torrance and Thomas F. Torrance, trans. A. W. Morrison(Grand Rapids: Eerdmans, 1972), 1:248. "우리가 이와 같은 말씀의 권위-즉, 하나님이 한 번 말씀하시면 우리의 죄는 사함 받고 생명을 회복하게 된다-를 인정하지 않으면, 구원에 대한 모든 확신은 붕괴되고 말 것이다."(p. 250).
5) R.G.V. Tasker, *The Gospel According to Matthew: An Introduction and Commentary*(Grand Rapids: Eerdmans, 1976), p. 88.

반복되는 말인 줄 알지만 거듭해서 말하지 않을 수 없다. 예수님의 말씀은 전달만 되는 것이 아니라 역사를 일으킨다. 그의 말씀은 선포될 뿐만 아니라 선포된 것을 성취한다. "깨끗함을 받으라"고 하실 때 문둥이가 깨끗해졌다. "잠잠하라"고 할 때 바다가 잠잠해졌다. "나오라"고 했을 때 귀신이 달아났다. "나사로야 나오너라"고 했을 때 죽은 자가 무덤에서 걸어 나왔다. 복음서 저자들은 우리가 예수님의 말씀을 통해 세상을 창조하신 원래적 말씀, 혼돈과 공허와 흑암이 깊음 위에 있을 때 "빛이 있으라"고 하실 때 빛이 있었던 바로 그 말씀을 듣기를 원한다. 예수님의 말씀은 혼돈 가운데 들려진 창조주의 말씀이며 선포된 말씀을 성취하는 말씀이다.

우리가 그의 약속을 중요하게 생각하는 이유도 여기에 있다. 그가 말씀하신 것은 그대로 이루어진다. 어부 시몬에게 하신 첫 번째 말씀을 기억하는가? "네가 요한의 아들 시몬이니 장차 게바라 하리라"(요 1:42). 이 말씀은 그대로 되었다. 예수께서 초대 교회에 하신 말씀을 기억하는가? "오직 성령이 너희에게 임하시면 너희가 권능을 받고 예루살렘과 온 유대와 사마리아와 땅 끝까지 이르러 내 증인이 되리라"(행 1:8). 이 말씀도 그대로 이루어졌다. 예수께서 말씀하신 것은 말씀하신 대로 성취되었다.

또한 이것은 그의 말씀을 이해하는 방법을 제시해 준다. 예를 들어, 우리는 대부분 십계명(출애굽기 20장 및 신명기 5장)을 이렇게 읽는다. "나는 너를 애굽 땅, 종 되었던 집에서 인도하여 낸 네 하나님 여호와니라. 너는 나 외에는 다른 신들을 네게 두지 말라. 살인하지 말라, 간음하지 말라." 우리는 명령에 초점을 맞추는 경향이 있다. 그렇게 하는 이유는 하나님의 말씀의 성취적 본질-즉, 말씀한 대로 이루어진다는 것-을 제대로 인식하지 못하기 때문이다.

나는 우리가 십계명을 다음과 같이 읽어야 한다고 생각한다. "나는 너를 애굽 땅, 종 되었던 집에서 인도하여 낸 네 하나님 여호와니라. 너는 나 외에는 다른 신들을 네게 두지 말지니라(shall...). 살인하지 말지니라(shall...). 간음하지 말지니라(shall...)."[6] 이러한 표현에는 명령에 대한 순종이 함축되어 있다.

"너희는 거룩하라(You shall be holly) 이는 나 여호와 너희 하나님이 거룩함이니라"(레 19:2). 우리는 이 본문을 "나는 거룩하다. 그렇기 때문에 너도 나 자신처럼 되도록 노력해라"라는 식으로 해석한다. 그러나 그런 식으로 해석해서는 안 된다. 하나님의 말씀은 명령을 성취한다. 그러므로 "너희는 거룩할지니라... 나처럼"이라고 해석해야 옳다. "그러므로 하늘에 계신 너희 아버지의 온전하심과 같이 너희도 온전하라"(마 5:48). 우리는 대부분 본문을 "이것이 제자도이다. 성부와 같이 되려고 노력하라"고 해석한다. 그러나 이 본문 역시 그렇게 해석해서는 안 된다. 하나님의 말씀은 명령한 것을 성취한다는 것을 알고 "너희는 온전할지니라"고 해석해야 한다. 그가 말씀하신 것은 언젠가 그렇게 되고 만다.

언제나 그렇다는 말인가? 설교에서 중요한 것은 바로 이것이다. 그렇지 않은가?

말씀을 들을 때 언제나 무슨 일인가 일어난다. 즉, 말씀을 이해하고 받아들이며 순종할 때 언제나 무슨 일인가 일어난다는 것이다. 그러나 말씀을 들을 때에만 그런 것인가? 그의 말씀은 우리가 들을 때에만 역사하는가? 그렇다면 백부장의 하인은 예수께서 말씀하시는 것을 들었는가?

에스겔의 환상에 나타난 골짜기로 돌아가 보자. "뼈들에게 대언하라." 마른 뼈, 죽은 뼈에게 말하라. 그가 명령에 순종하여 대언하자 뼈들이 살아났다. 이것은 뼈가 그 말을 들었기 때문인가? 그것이 그들이 살아난 이유인가? 이 문제를 더욱 깊이 살펴보자. 이 질문과 대답은 매우 중요하다. 뼈가 살아

---

[6] '...지니라'(shall...)는 불가피성 및 결심을 나타내고 "will"은 기대와 명령을 나타낸다.

난 것은 말씀을 들었기 때문인가? 그렇지 않다. 뼈는 생명이 없다. 그들은 영적으로 죽어 아무 반응도 할 수 없는 이스라엘 백성을 나타낸다. 그렇다면 그들이 살아난 이유는 무엇인가? 그것은 말씀의 역사하는 능력 때문이다.

창세기 1장으로 가보자. 우리는 "하나님께서 가라사대... 하나님께서 가라사대... 하나님께서 가라사대..."라는 말을 수 없이 듣는다. 1장에서 "하나님께서 가라사대..."라는 말은 10번이나 나온다. 하나님은 말씀으로 만물을 창조하셨다. 그렇다면 하나님은 누구에게 말씀하셨는가? 말을 한다는 것은 누군가 대상이 있어야 한다. 그렇지 않은가? 하나님은 태초에 누구에게 말씀하셨는가? 아무도-아무 것도-없다. 그것이 중요하다. 돈 맥컬로(Don McCullough)는 "하나님의 말씀은 능력이 있어 아무도 듣지 않아도 효력을 발휘한다."[7]고 했다. 하나님의 말씀은 선포된 대로 창조한다.

그 말씀은 지금 이 순간도 진행되고 있다. 이 사실을 깨닫고 있는가? 여러분과 나와 모든 만물이 예수 그리스도의 말씀에 의해 지금도 유지되고 있다는 사실을 알고 있는가? 이것이 히브리서 저자의 주장이다. "이는 하나님의 영광의 광채시요 그 본체의 형상이시라 그의 능력의 말씀으로 만물을 붙드시며"(히 1:3). 결국 우리는 비인격적 자연의 법에 따라 유지되고 있는 것이 아니라는 것이다. 한 인격체와 그의 역사하는 말씀이 만물을 붙들고 있는 것이다. 자연의 법칙은 단지 만물을 붙드시는 예수 그리스도의 말씀을 시행하고 있을 뿐이다. 그가 말씀을 멈추시면 만물은 산산이 부서져 혼돈과 공허로 돌아가고 말 것이다.

체스터톤(G.K. Chesterton)은 날마다 새 날이 오는 것은 냉엄한 기계적 과정의 산물이 아니라 하나님께서 "다시 반복하라"는 명령에 의한 것이라고 했다.[8] 그는 태양에게 "다시 운행하라"고 하시고 달에게 "다시 운행하

---

7) 나는 1987년 강림절에 그가 솔로나 비치(Solona Beach) 장로교회에서 행한 요한복음 1장 1-18절에 대한 설교에서 이 말을 들었다.

라"고 하시며 우리의 심장을 향해 "다시 뛰라"고 말씀하시며 우리의 폐를 향해 "다시 호흡하라"고 명하신다. 이것이 바로 인간이 하루를 시작하고 진행하고 마칠 때마다 마땅히 "감사합니다"라고 해야 하는 이유이다.

하나님이 말씀하시면 반드시 무슨 일인가 일어난다. 마태에게 물어보자. 그는 어느 날 세관에 앉아 있었다. 그때 나사렛 예수께서 그에게 오사 그를 보시고 말씀하시기를 "나를 따르라"(마 9:9)고 하셨으며 마태는 즉시 일어나 그를 따랐다. 그는 그렇게 해야만 했다. 말씀하신 것을 반드시 성취하시는 분의 말씀이었기 때문이다.

어느날 안드레와 그의 형제 시몬 베드로는 갈릴리 해변에서 그물을 던지고 있었다. 그때 예수께서 그들에게 나아와 "나를 따라오라"(마 4:19)고 말씀하셨으며 그들은 즉시 예수를 따랐다. 그들은 그렇게 하지 않을 수 없었다. 그것은 말씀하신 대로 모든 것을 이루시는 분의 말씀이었기 때문이다.

삭개오는 어떤가? 예수께서 여리고를 지나가시다가 한 부자가 나무에 앉아 있는 것을 보았다. 예수님은 그를 보시고 "삭개오야 속히 내려오라 내가 오늘 네 집에 유하여야 하겠다"고 하셨다. 그는 그렇게 하였다. 그럴 수밖에 없는 것은 말씀하신 대로 반드시 이루시는 분이 말씀하셨기 때문이다.

나사로에게 물어보라. 그는 죽었다. 그의 시신은 무덤에서 나흘이나 안치되어 있었다. 그러나 예수님은 무덤 앞에 서서 큰 소리로 "나사로야 나오너라"(요 11:43)고 외치셨다. 그러자 죽은 시체가 그 말씀에 순종하였다. 나사로가 살아나온 것이다. 말씀대로 이루시는 분이 말씀하셨기 때문이다.

아무 것도 일어나지 않은 때는 어떻게 설명할 수 있습니까? 나는 이 문제에 대해 다음 장에서 이 문제와 관련된 씨 뿌리는 자의 비유를 통해 심도 있게 살펴볼 것이다.

---

8) G.K. Chesterton, Orthodoxy(New York: Dodd, Mead & Co., 1908), p. 52

그러나 현재로서는 다음과 같이 정의하고 넘어가도록 한다. 즉, 살아계신 하나님의 말씀은 역사하는 능력이 있다. 우리가 설교에 대해 확신을 가질 수밖에 없는 근거는 바로 이것이다. 주께서는 다음과 같이 말씀하셨다.

> 이는 비와 눈이 하늘로부터 내려서 그리로 되돌아가지 아니하고 땅을 적셔서 소출이 나게 하며 싹이 나게 하여 파종하는 자에게는 종자를 주며 먹는 자에게는 양식을 줌과 같이
> 내 입에서 나가는 말도 이와 같이 헛되이 내게로 되돌아오지 아니하고 나의 기뻐하는 뜻을 이루며 내가 보낸 일에 형통함이니라
> (사 55:10-11)

> 나는 여호와라 내가 말하리니 내가 하는 말이 다시는 더디지 아니하고 응하리라
> (겔 12:25)

그러므로 뼈들이 서로 연결되었으며 힘줄이 생기고 살이 오르며 가죽이 덮였던 것이다.

그러나 무엇인가 놓친 것이 있다. 그 이상의 일이 일어난 것이다. 에스겔은 연결된 뼈가 인간처럼 보였다는 것이다. 그들은 아직 생기가 없는 상태였다. 그들은 마치 피노키오-어린 아이처럼 보이지만 자기를 만든 게페토(Gepetto)와 인격적으로 연결된 실제가 아닌 꼭두각시-와 같다.

따라서 하나님은 에스겔에게 다시 한번 하나님의 역사하는 말씀을 대언할 것을 명하셨다. 그러나 이번에는 생기-바람, 혼-에게 대언해야 했다. 즉, 그는 영에게 말씀을 선포한 것이다.

하나님이 말씀하신 생기란 무엇을 의미하시는가? 죽어 마른 뼈가 되어 있는 저들의 혼이나 정신을 말하는가? 하나님은 그들의 혼이 다시 한번 돌

아와 피노키오같은 그들의 몸속에 들어갈 것을 명하셨는가? 아니면 생기는 거룩한 영, 하나님의 영을 의미하는가? 즉, 하나님께서 에스겔에게 "너희 속에 두어 너희로 내 율례를 행하게 하리니 너희가 내 규례를 지켜 행할지라"(겔 36:27)고 하신 그 영을 의미하는가? 나는 후자라고 생각한다. "하나님의 영에게 대언하라," "성령에게 말씀을 전하라"는 것이다.

뼈들에게 대언하는 것이 어리석은 일이라고 생각했다면 거룩한 생기에게 대언하는 것은 두려운 일이다. 인간이 어떻게 하나님의 생기에게 대언할 수 있다는 말인가? 그것이 말씀을 전파하는 일-설교-의 영광이다.

다시 한번 선지자는 명령받은 대로 대언하였다. 에스겔은 순종하였다. 그는 다시 하나님의 말씀을 대언하였으며 영에게 말씀을 전한 것이다. "인자야 너는 생기를 향하여 대언하라 생기에게 대언하여 이르기를 주 여호와께서 이같이 말씀하시기를 생기야 사방에서부터 와서 이 죽음을 당한 자에게 불어서 살아나게 하라"(겔 37:9). 에스겔은 그렇게 하였다. 그것은 특별하고 두려운 말씀이었지만 그는 그대로 순종했던 것이다.

이번에는 무슨 일이 일어났는가? "이에 내가 그 명령대로 대언하였더니 생기가 그들에게 들어가매 그들이 곧 살아나서 일어나 서는데 극히 큰 군대더라." 모든 뼈가 살아났을 뿐만 아니라 새로운 집단을 이루어 군대가 되었으며 살아계신 하나님의 열방에 대한 목적을 위해 사용될 준비를 하였던 것이다.

오! 이러한 하나님의 생기가 이 시간 우리에게 임하소서. 나는 여러분이 이 '짧은 본문을 통해 용기를 가지기를 바란다. 여러분은 아마도 많은 의문을 가지고 있을 것이며 그 중에 얼마는 이 책을 통해 대답을 찾게 될 것이다. 그러나 나는 여러분이 이 환상을 통해 큰 격려를 얻기 바란다. 살아계신 하나님의 말씀은 반드시 선포된 대로 성취된다. 그것은 듣는 자에게 무엇인가 있기 때문이 아니다. 나는 무엇보다 이 점을 강조하고 싶다. 죽어 소멸해

가는 뼈들은 그들 속에 무엇인가 있어서 살아난 것이 아니다. 그들은 하나님의 말씀 속에 내재된 역사하는 능력과 영적 생기로 말미암아 소생하였다.

말씀과 성령은 언제나 함께 다닌다. 말씀은 그것을 운반하는 기운과 분리될 수 없다. "여호와의 말씀으로 하늘이 지음이 되었으며 그 만상을 그의 입 기운으로 이루었도다"(시 33:6).

우리가 설교할 때, 우리가 감히 살아계신 하나님의 말씀을 전할 때 말씀과 성령은 반드시 무슨 일인가 일어나게 한다. 하나님은 말씀을 전달하고 성령을 보내심으로 무슨 일인가 일어나게 하시고 우리의 구원을 이루신다. 독일의 목사이자 신학자인 야곱 피렛(Jacob Firet)은 "하나님의 말씀은 공중의 대기를 진동할 뿐만 아니라 상황에 개입하여 새로운 것을 만들어 낸다"[9]고 주장하였다. 뼈와 뼈가 연결되고 그 속에 생기가 들어가 살아난 것이다.

설교할 때 많은 요소들이 작용하며 우리는 이 모든 요소에 대해 고려해야 한다. 설교자가 본문에 얼마나 깊은 영향을 받았으며 받고 있느냐에 따라 설교에 영향력을 미치는 역할을 할 수 있다는 것은 물론이다. 설교자가 얼마나 본문에 충실하느냐도 동일한 영향력을 미친다. 나는 말씀과 성령에 문을 활짝 열면 열수록 설교의 영향력이 커진다는 사실을 알고 있다. 확실히 설교자와 청중의 관계는 설교시간에 일어나는 일에 영향을 미친다. 주의를 집중시키는 방법 또한 영향을 미친다. 확실히 문화적 역동성은 본문에 쉽게 다가서게 하든 그것을 가로막는 장애가 되든, 설교에 영향을 미친다. 또한 우리가 설교할 때마다 죄와 악이 작동하는 것도 분명하다. 그러나 가장 근본적이고 중요하며 확실한 두 가지 요소는 하나님의 말씀의 내재적 능력과 성령의 역사이다. 하나님의 말씀은 듣지 못하는 자, 마음을 열지 않는

---

[9] Jacob Firet, *Dynamics in Pastoring*(Grand Rapids: Eerdmans, 1986), p. 33. 이 책은 소명의 특권에 관해 신학적으로 생각해보기를 원하는 모든 설교자들이 반드시 읽어야 할 고전이다.

자, 죄와 악과 문화에 의해 소경된 자들에게 생명을 불어넣는다. 하나님의 말씀은 말씀된 대로 이루어지기 때문이다.

이것이 설교의 영광이다. 또한 이것은 우리가 설교를 기적이라고 부르는 이유이기도 하다.

이제 서문에서 제시한 확신을 다시 한번 반복해 보자.

- 살아계신 하나님께서 말씀하실 때 언제나 무슨 일인가 일어난다.
- 설교자가 하나님의 말씀을 전할 때 하나님은 말씀하신다. 언제나 그렇다.
- 설교자가 하나님의 말씀을 선포할 때 언제나 무슨 일인가 일어난다. 정말 언제나 그런가?

에벨링(Gehard Ebeling)은 마틴 루터의 생애와 사역에 관한 일련의 강좌를 제공한다(이 강좌는 나중에 '루터' [Luther]라는 제목으로 발간되었다). 그는 이렇게 질문한다. "왜 루터의 개혁주의는 이전의 모든 개혁 시도와 달리 말로만 나타난 것이 아니라 행동으로 나타났는가?" 여러분은 이 질문에 어떻게 대답하겠는가? 에벨링은 이렇게 대답한다. "루터의 개혁주의가 말과 행동으로 나타날 수 있었던 것은 어떤 행동도 믿지 않고 오직 말씀만 믿었기 때문이다."[10]

저 위대한 설교자의 담대한 외침을 들어보자. "진실로 진실로 너희에게 이르노니 죽은 자들이 하나님의 아들의 음성을 들을 때가 오나니 곧 이 때라 듣는 자는 살아나리라"(요 5:25).

이 골짜기에서 들리는 덜그럭 거리는 저 소리는 과연 무슨 소리인가?

---

10) F. Dale Bruner, *The Christbook*(Waco, Tex.: word, 1984), p. 135.

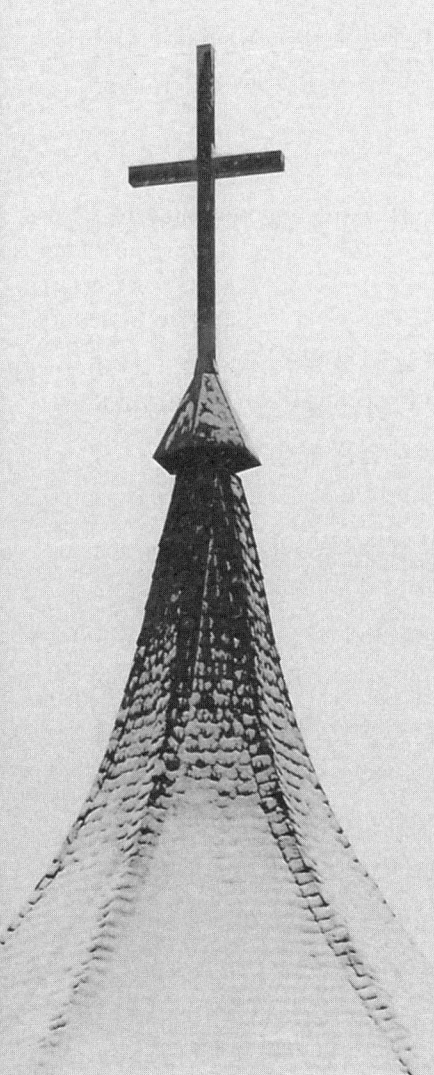

2

언제나 일어나는가?
(비유: 마태복음 13장)

제2장은 앞에서 제시한 의문에 대해 다루고자 한다. 즉, 말씀을 전파했는데도 아무 일도 일어나지 않는 경우는 어떻게 된 것인가? 말씀과 성령이 역사하지 않았기 때문인가?

이 질문은 설교자가 회중 앞에 설 수밖에 없는 신비, 설교의 신비로 우리를 인도한다.[1]

그러나 우리는 "언제나" 그런가라는 질문을 하지 않을 수 없다. 하나님이 말씀하실 때 언제나 무슨 일이 일어난 것은 아닌 것처럼 보이기 때문이다. 사실 많은 사람들에게는 아무 일도 일어나지 않는 것처럼 보인다.

리차드 리셔(Richard Lischer)는 "하나님의 말씀으로서의 설교"(Preaching as the Word of God)라는 제목의 장(chapter)에서 이 문제에 도움이 되는 여러 가지 내용을 제시한다. 그는 설교를 통해 변화된 수많은 사람들의 이야기를 들려준다. 이어서 그는 "우리는 이처럼 살아 역사하는 말씀을 보았기 때문에 그것의 진리와 능력에 대한 신학적 근거로 되돌아간다. 그렇게 함으로써 나는 하나님의 말씀에 대한 과장된 논쟁(바르트나 바르트주의자를 염두에 둔 언급이다)[2]을 피하고자 한다. 그들은 말씀은 신비적이고 객관적이기 때문에 실재-특히 완고한 회중과 어리석은 설교자의 세속적 실제-와 연결되지 못한다는 관점을 가진다. 그러나 우리는 이 모든 실재에 대해 너무 잘 알고 있다."[3]

"언제나"라는 문제를 해결하기 위해 가장 좋은 방법은 리셔가 말하는 실재와 연결되는 또 하나의 성경 본문을 찾는 것이다. 그것은 에스겔 37장과 함께 설교하면 할수록 더욱 많은 통찰력과 소망을 발견하는 말씀이다.

---

1) "신비 안에서 서는" 문제에 대해서는 10장에서 다룬다.
2) Karl Barth의 말씀 교리 및 설교에 관한 함축에 대한 상세한 내용은 William H. Willimon's *Conversations with Barth on Preaching*(Nashville: Abingdon, 2006)을 참조하라.
3) Richard Lischer, *A Theology of Preaching: The Dynamics of the Gospel*(Nashville: Abingdon, 1986), p. 66.

이 본문은 마태복음 13장 1-23절이다. 본문에서 위대한 설교자이신 예수님은 비밀이라는 단어를 사용하신다. "천국의 비밀을 아는 것이 너희에게는 허락되었으나"(마 13:11). 세리에서 복음전도자가 된 마태는 본문에서 "천국"[4]에 관한 예수님의 비유를 몇 가지 제시한다. 예수님의 설교에 관한 기록을 읽으면서 우리는 그의 설교가 모두 천국에 관한 것이라는 사실에 초점을 맞추어야 한다. 그것은 천국에 들어가는 것, 천국의 본질, 천국의 하나님과 천국의 신비에 관한 내용이다.[5] 마태복음 13장에서 예수님은 이 신비를 여신다.

첫째로, 마태복음 전체에 대해 개관해보자. 마태는 세리로서 배운 회계 기법을 사용하여 예수께서 가르치시고 설교하신 자료 다섯 가지를 모았다. 마태복음에는 "예수께서 비유를 마치신 후"라는 표현이 다섯 번 나오며(마 7:28; 11:1; 13:53; 19:1; 26:1) 특히 다섯 번째는 말씀을 '다' 마치셨다고 기록한다(이것은 이 다섯 개의 자료로 예수님의 모든 가르치는-설교-사역이 끝났음을 보여준다). 이와 같이 예수님의 가르침(설교)은 다섯 가지로 구성된다. 우리는 이 다섯 가지 가르침을 모세오경과 같은 다섯 가지 책으로 생각할 수 있다. 마태는 예수님을 새롭고 더욱 위대한 모세로 제시한다. 또한 이 다섯 권의 자료는 다섯 편의 설교로도 생각할 수 있다.[6] 예수님의 설교는 교회가 그의 메시지를 설교할 수 있도록 작성되었다. 이것은 다음과 같은 제목을 붙일 수 있다.

산상설교 I: 마태복음 5-7장
(천국이 우리의 삶에 들어올 때 무슨 일이 일어나는가?)

---

4) 또는 Dallas Willard가 옳게 주장한 대로 "하늘나라"로 해석할 수 있다. *The Divine Conspiracy*(San Francisco: HarperSan Francisco, 1998), pp. 14-33.
5) 예수님의 천국 복음을 설교 할때 가장 유익한 자료는 다음과 같다. Mortimer Arias, *Announcing the reign of God*(Philadelphia: Fortress, 1984); George Ladd, *New Testament Theology*, ed. Donald A Hagner, rev. ed. (Grand Rapids: Eerdmans, 1974); Howard Snyder, *Models of the Kingdom*(Eugene, Ore.: Wipf & Stock, 2001).
6) F. Dale Bruner, *The Christbook*(Waco, Tex.: Word, 1984).

선교에 관한 설교: 마태복음 10장
(세상 속에서 제자의 삶)

비밀에 관한 설교: 마태복음 13장
(천국은 어떻게 역사하는가에 대한 이해)

삶에 관한 설교: 마태복음 18장
(공동체 안에서 제자의 삶)

(여러분은 마태가 우리를 위해 매우 완전한 설교 프로그램을 제시하는 것을 볼 수 있다. 우리는 첫 번째 설교부터 시작하여 순서대로 진행하면 된다)

마태복음 13장에는 일곱 개의 비유가 나타나며 각각 "천국의 비밀"에 대해 드러내고 발전시킨다.

씨 뿌리는 자의 비유(마 13:3-9)
   예수님의 해석(마 13:19-23)
두 가지 씨 뿌림에 관한 비유(마 13:24-30)
   예수님의 해석(마 13:36-43)
겨자씨 비유(마 13:31-32)
누룩에 관한 비유(마 13:33)
숨은 보화에 관한 비유(마 13:44)
값진 진주에 관한 비유(마 13:45-46)
그물에 관한 비유(마 13:47-50)

이제 우리는 예수님의 비유에 대해 공부하거나 가르칠 때마다 예수께서 그것에 관해 처음 말씀하신 정황 안에서, 그리고 그것으로부터 시작해야 한다. 물론 이 본문에는 1세기, 특히 1세기 팔레스타인의 삶이라는 정황이 포함되어 있다. 로마의 세계 지배, 유대교와 바리새인 및 사두개인과의 긴장, 도시와 농촌의 상이한 삶, 음식에 관한 규례, 그리고 오늘날과 마찬가지로 죄와 악이 만연된 사회였다.

그러나 예수께서 마태복음 13장을 통해 설교자에게 가르치는 내용을 이해하기 위해서는 특히 두 가지 정황적 요소를 파악하는 것이 중요하다. 한 가지는 예수님 자신의 복음 제시가 마태복음 13장을 형성하게 된 배경이며 또 한 가지는 그의 설교가 분명히 효과를 거두지 못한 것처럼 보인다는 사실과 관련된 정황이다. 또한 이것은 설교자로서 우리의 관심을 집중해야 하는 이유이기도 하다.

1. 복음을 전하시는 예수님

예수님의 복음은 무엇이었는가? 그가 전하신 복음의 내용은 무엇이었는가? 그것은 가장 기본적으로 "천국이 가까이 왔다"는 것이다. "이 때부터 예수께서 비로소 전파하여 이르시되 회개하라 천국이 가까이 왔느니라 하시더라"(마 4:17). 마태는 예수님의 의도에 대해 분명히 전한다. 예수님의 첫 번째 말씀, 짧은 설교를 기록하기 전에 마태는 이사야의 글을 인용한다.

> "이는 선지자 이사야를 통하여 하신 말씀을 이루려 하심이라
> 일렀으되 스불론 땅과 납달리 땅과
> 요단 강 저편 해변 길과 이방의 갈릴리여
> 흑암에 앉은 백성이 큰 빛을 보았고
> 사망의 땅과 그늘에 앉은 자들에게
> 빛이 비치었도다 하였느니라"(마 4:14-16).

마태는 예수께서 오심을 빛이 흑암을 비추고 생명이 사망을 비추는 것으로 보았다. 이와 같이 마태는 예수께서 "천국이 가까이 왔다"고 설교하실

때 그로 말미암아 빛의 세력이 어둠의 세력을 몰아내고 생명의 세력이 사망의 세력을 정복하고 몰아내었다는 위대한 선언을 하신 것으로 보았던 것이다.

마가는 이 모든 것을 더욱 분명히 제시한다. 그는 우리에게 세례요한이 감옥에 갇힌 후 "예수께서 갈릴리에 오셔서 하나님의 복음을 전파하여 이르시되 때가 찼고 하나님의 나라가 가까이 왔으니 회개하고 복음을 믿으라 하시더라"(막 1:14-15)고 전한다. 예수님에 관한 복음은 오랜 시간을 기다려 오다가 살아계신 하나님께서 역사에 개입하심으로-이제 성취된 것이다. 이것은 예수께서 세계 역사의 새로운 기원을 이루어 가심을 보여준다. "때가 찼고." 무슨 때가 찼다는 것인가? 하나님의 나라가 세계 속에 들어올 때가 되었다는 것이다. 그것은 하나님의 새로운 세계 질서가 인간에 의해 세워진 세계 질서 속에 들어와 온 세상에 확산될 것이라는 것이다. 데이비드 웬함(David Wenham)의 해석처럼 예수께서 말씀하신 것은 "사실상 오랫동안 기다려온 새로운 혁명이 진행되고 있다는 뜻"이다.[7] 선지자가 말세에 나타날 것으로 기대했던 일이 역사의 중간에 개입한 것이다. 조지 래드(George Ladd)는 "예수님은 미래의 현현을 전하려 오셨다"[8]고 주장한다. 그것은 미래가 현재 속으로 넘쳐흐르는 때이며 하늘이 땅으로 들어오는 때이다.

따라서 마태와 마가는 예수님의 짧지만 폭발적인 복음 선포 후에 즉시 예수님의 놀라운 능력에 대해 기록한다. 예수님은 모든 병을 고치고 귀신의 압제로부터 해방시키시며 불구된 몸을 치유하셨다. 왜 그렇게 하셨는가? 이러한 행위는 그의 복음이 참되다는 것을 보여준다. 빛과 생명이라는 하나님의 새로운 세계 질서가 도래한 것이다. 그러나 예수님의 행위는 복음의 또 한 가지 모습을 제시한다.[9] 즉, 하나님의 새로운 세계질서는 치유와 자

---

7) David Wenham, *The Parables of Jesus*(Downers Grove, Ill.: InterVarsity Press, 1989), p. 22.
8) Ladd, *New Testament Theology*, pp. 101-2.
9) "복음서 기자에게 있어서 이러한 기적은 현실적으로 하나님의 나라가 도래했다는 의미에서 천국을 보여주고 있을 뿐만 아니라 그것을 상징하고 있다는 점에서도 천국

유와 회복과 관련된다는 것이다. 한스 쿵(Hans Küng)이 말처럼 하나님의 나라는 "치유된 피조세계"이다.10) 예수님은 갈릴리로 오셔서 복음을 전하셨으며 그의 말씀은 반드시 성취되기 때문에 천국이 시작된 것이다.

그러나 이 일은 대부분의 사람들이 기대하는 방식으로 일어나지 않았다. 이러한 생각은 특히 세례요한에게서 찾아볼 수 있다. 요한은 예수님과 그의 설교에 대해 실망하였다. 요한의 생각에는 예수님의 설교가 큰 영향을 주지 못하는 것처럼 보였던 것이다.

잘 아는 대로 요한은 예수께서 복음을 전하기 전에 동일한 말씀을 선포하였다. "회개하라 천국이 가까이 왔느니라." 요한은 인간 세계의 거짓된 오만함과 무질서를 벗어나 수년 동안 광야에서 지냈다. 광야 밖으로 나온 요한은 무엇인가 엄청난 일이 일어나고 있음을 알았다. 그의 사촌의 도래는 곧 새로운 시대의 시작을 알렸던 것이다. 그때 요한은 자신이 기대하고 있던 것이 일어날 것이라고 외쳤다. 사람들이 자신의 말을 듣기 위해 모여들자 그는 "나는 너희로 회개하게 하기 위하여 물로 세례를 베풀거니와 내 뒤에 오시는 이는 나보다 능력이 많으시니 나는 그의 신을 들기도 감당하지 못하겠노라 그는 성령과 불로 너희에게 세례를 베푸실 것이요"(마 3:11)라고 하였다. 더구나 요한은 예수님의 세례와 관련하여 "손에 키를 들고 자기의 타작마당을 정하게 하사 알곡은 모아 곳간에 들이고 쭉정이는 꺼지지 않는 불에 태우시리라"(마 3:12)고 기대하였다.

그는 이중적 세례를 기대하였다. 그것은 생명과 빛을 가지고 오실 성령세례와 악을 제하시고 불의를 심판하실 불세례이다.

을 보여준다." C.E.B. Cranfield, *The Gospel According to St Mark: The Cambridge Greek Testament Commentary*(Cambridge: Cambridge University press, 1959), pp. 84-85.
10) Hans Küng, *On Being a Christian*(Garden City, N.J.: Image Books, 1966), p. 214.

요한은 예수님의 말씀과 사역에 대해 듣고 예수님의 설교의 결과를 목도하면서 근본적으로 만족할 수 없었다. 모든 일이 그가 설교한 대로 일어나지 않았던 것이다. 물론 그는 예수님의 치유 사역에 대해 들었다. 나는 그가 그 일에 대해 기뻐하였을 것이라고 확신한다. 그러나 그것으로는 충분치 않았던 것이다. 아직도 치유 받지 못한 사람들이 많았던 것이다. 요점을 말하면 요한은 불에 관해 아무 것도 듣지 못하였던 것이다. 예수님은 쭉정이를 제거하지 않으셨다. 실제로 요한은 예수께서 불로 심판하실 것으로 믿었던 쭉정이에 의해 감옥에 붙잡혀 있었다(이것이 메시아를 예비하는 자의 모습이란 말인가?). 그는 예수께서 쭉정이와 함께 잔치에 참석하시고 그들에게 손을 내미시며 치유하셨다는 소식을 듣는다.

따라서 요한은 감옥으로부터 예수께 사람을 보내어 물었다. "오실 그이가 당신이오니이까 우리가 다른 이를 기다리오리이까"(마 11:3). 천국은 요한이 기대하던 방식으로 오지 않았다. 이것이 예수께서 비유를 베푸실 당시의 정황이다. 예수님은 복음을 전하셨으나 그가 전파하는 말씀은 대부분의 사람들이 기대하는 것을 가져오지 않았던 것이다. 마태복음 13장의 비유는 이러한 정황과 관련된 말씀이다.

이러한 정황은 우리가 처한 상황과도 유사하다. 우리는 최선을 다해 성령의 능력으로 가능한 충실하게 말씀을 전하려고 한다. 그러나 모든 일은 언제나 우리가 기대하는 대로 일어나는 것이 아니다. 데이비드 웬함(David Wenham)은 "예수께서 하나님의 나라와 거룩한 혁명을 선포하시고 그것을 성취하셨다는 것은 맞는 말이다. 그러나 우리가 주변 세상이나 심지어 교회 안을 돌아볼 때 그러한 주장을 할 수 있는가? 사탄이 완전히 추방되고 하나님의 새로운 시대가 임하였다는 확신을 가질 수 있는가?[11]

---

11) Whenham, *Parables*, p. 41.

마태복음 13장의 비유를 마태의 순서와 역순으로 생각해보라. 여섯 개의 설교에 나타난 함축을 간략히 제시한 후 씨 뿌리는 자의 비유에 모든 초점을 맞추어보겠다.

그물에 관한 비유(마 13:47-50): 물론, 예수님은 요한(그리고 우리)에게 "불"이 올 것이라고 말씀하셨다. 불의에 대해서는 심판하실 날이 있다. 그러나 지금 당장은 아니다. 그 날은 언젠가 올 것이다.

값진 진주에 관한 비유(마 13:45-46): 물론, 예수님은 요한(그리고 우리)에게 천국 복음에 대한 가장 유용한 반응에 대해서도 말씀하신다. 모든 사람이 지금 즉시 그렇게 되는 것은 아니다. 그러나 결국 전심으로 하나님의 통치를 받아들이는 것 외에는 대안이 없게 될 것이다.

숨은 보화에 관한 비유(마 13:44): 물론, 요한과 우리는 천국 복음을 들을 때에 그것을 위해 우리가 가진 모든 것을 바친다. 우리는 "그 앞에 있는 기쁨을 위하여"(히 12:2) 얼마든지 천국생활을 추구할 것이다. 새로운 기원의 선포에 대한 기쁨은 확실하다. 우리의 실망이 천국의 기쁨을 앗아가게 해서는 안 된다.

두 가지 씨 뿌림에 관한 비유(마 13:24-30, 36-43): 물론, 요한과 하나님의 새로운 세계 질서의 "씨앗"들은 모든 곳에 뿌려져 열매를 맺게 될 것이다. 그러나 동시에 다른 씨앗도 뿌려지고 있다는 사실을 잊어서는 안 될 것이다. 예수님에게는 "원수"(마 13:28)가 있으며 그는 예수님과 예수께서 창조하시고 구속하신 모든 것을 싫어한다. 원수는 예수님을 대적한다. 그도 자신의 세계의 씨를 뿌린다. 참으로 교활한 것은 그가 예수께서 씨를 뿌린 곳에 같이 씨를 뿌린다는 사실이다. 그렇게 함으로써 원수의 씨가 예수님이 뿌린 씨와 함께 자라는 것이다. 보리와 밀의 생김새가 유사한 것처럼 그들도 자라는 동안에는 거의 식별하지 못할 만큼 비슷한 모양을 가진다. 그러므로 둘을 가리기 위해서는 "추수 때까지" 기다려야 한다. 마지막 심판 때가 되면 모든 것이 드러난다. 만일 어떤 사람이나 설교자가 다소의 사울(기독교를 박해하던 당시의)을 일찍 판단했다고 생각해보라. 세상은 어떻게 되었겠는가? 세례요한이 기다렸던 불은 마지막 날이 오기까지는 임하지 않을 것이다.

누룩에 관한 비유(마 13:33): 물론, 요한에게도 천국은 확산되고 있다. 그러나 그처럼 확실한 모습으로는 아니다. 그것은 처음부터 달려드는 식은 아니다. 그것은 괜찮다. 천국은 누룩이 빵을 부풀리듯 서서히 부풀어가기 때문이다. 우리는 누룩을 볼 수 없다. 누룩이 빵을 눈에 보일만큼 커지게 만드는 데에는 시간이 필요하다. 모든 것은 눈에 보이는 것과 다르다. 우리는 언제나 복음을 전한 결과를 즉시 알 수 있는 것은 아니다.

겨자씨 비유(마 13:31-32): 물론, 요한에게 천국은 자라고 있다. 다만 기대만큼 빨리 자라지 않을 뿐이다. 때때로 설교의 효과는 미미하고 외견상 거의 드러나지 않는 것처럼 보일 때도 있다. 때때로 그것은 "모든 씨보다 작아" 눈에 띄지도 않는다. 그러나 자세히 보라. 모든 복음의 역사는 그렇게 작은 것-열두 명의 제자와 몇 명의 여인-으로부터 시작되었다. 그중 한 사람은 배신자가 되었다. 또 한 사람은 이 운동이 시작되지 마자 죽임을 당하였다. 그러나 지금은 어떤가? 수십억의 사람들이 회개하고 돌아왔으며 지구 곳곳에 교회들이 서 있다. 이처럼 거대한 결과에 비하면 한 없이 작은 씨이지만 그것은 상상할 수도 없는 힘을 가진 것이다. 작은 것에 대한 믿음을 가지라.

씨 뿌리는 자의 비유(마 13:3-23): 물론, 예수님은 요한에게 나는 온 천하에 천국 복음을 뿌린다고 말씀하신다. 그러나 이 일은 우리가 생각하는 것보다 다소 복잡하다.

씨 뿌리는 자의 비유에 대해 살펴보자. 예수님은 본문을 통해 요한과 및 모든 설교자에게 왜 우리의 설교가 효과를 얻지 못하며 우리가 역사하는 말씀을 전할 때마다 반드시 무엇인가 일어나는 것은 아니라는 사실에 대한 이유를 제시한다.

여러분은 예수님의 비유와 비유에 대한 설명을 읽을 때 특히 '깨닫다'(understand)라는 단어를 주의 깊게 보고 들어야 한다. 이 단어는 본문의 핵심적 동사이다. 마태복음 13장은 다음과 같이 기록한다.

13절: 그러므로 내가 그들에게 비유로 말하는 것은 그들이 보아 도 보지 못하며 들어도 듣지 못하며 깨닫지 못함이니라
14절: 너희가 듣기는 들어도 깨닫지 못할 것이요 보기는 보아도 알지 못하리라
15절: 이는 눈으로 보고 귀로 듣고 마음으로 깨달아 돌이켜 내 게 고침을 받을까 두려워함이라
19절: 아무나 천국 말씀을 듣고 깨닫지 못할 때는
23절: 좋은 땅에 뿌려졌다는 것은 말씀을 듣고 깨닫는 자니

예수께서 어떤 의미로 '깨닫다' 라는 말을 사용하셨는지를 알면 이 비유에 나타난 '말씀 전파' 에 관한 예수님의 가르침(그리고 사실상 그의 모든 비유)을 이해할 수 있다. 우리는 예수께서 씨 뿌리는 자의 비유에 대해 말씀하신 후 제자들이 그에게 설명해 줄 것을 요청하였다는 사실에 유의해야 한다. 이것은 제자들이 처음에는 그의 가르침을 즉시 깨닫지 못하였다는 사실을 보여주는 것이 아닌가? 예수님은 "너희가 이 비유를 알지 못할진대 어떻게 모든 비유를 알겠느냐"(마 4:13)라고 하셨다.

깨닫다(syniēmi)는 문자적으로 "종합하다"(put together)[12]라는 뜻이다. 이것은 정신적으로 이해한 것을 연결한다는 의미를 가진다. 그러나 "깨닫

다"라는 단어는 여기서 한 걸음 더 나아가 "조정하다"(get in line with)나 "따르다"(yield to)라는 의미까지 가진다. 사도 바울은 에베소서 5장 17절에서 이 단어를 후자의 의미로 사용하였다. "그러므로 어리석은 자가 되지 말고 오직 주의 뜻이 무엇인가 이해하라." 여기서 이해하라는 뜻을 파악할 뿐만 아니라 '따르다' 라는 의미를 가진다. 즉 지적으로 완전히 이해하지 못할지라도 그것을 따른다는 것이다.

데일 브루너(F. Dale Bruner)는 마태복음 13장에 대한 주석에서 본문의 핵심적 동사를 "stand under"(아래에 서다)로 번역한다.13) 이해하는 방법은 그것 아래에 서는 것, 즉 순종하는 것이다. 이러한 통찰력이 본문의 요소들을 어떻게 변화시키는지 살펴보자.

> 15절: 이는 눈으로 보고 귀로 듣고 마음으로[순종하여] 돌이켜 내게 고침을 받을까 두려워함이라
> 19절: 아무나 천국 말씀을 듣고[순종하지] 못할 때는
> 23절: 좋은 땅에 뿌려졌다는 것은 말씀을 듣고[순종하는] 자니

이제 본문에 함축된 의미에 대해-특히 "언제나"에 관한 질문을 중심으로- 살펴보자.

예수께서 말씀을 전하시던 시대와 지금 시대 사이에는 복음의 진리에 대한 증거가 부족하지 않다. 천국의 도래에 관한 표지는 곳곳에서 발견할 수 있다. 예수님에 대한 문제는 천국의 복음 아래 서는 것만으로는 충분치 않다. 문제는 예수님의 천국복음에 대해 듣고 실제로 그것을 따르는 자들이 적다는데 있다.

---

12) συνίημι *A Greek-English Lexicon of the New Testament and other Christian Literature*, ed. Frederick William Danker, 3rd ed. (Chicago: University of Chicago Press, 2000), p. 972.
13) F. Dale Bruner, *The Churchbook: Matthew 13-28*(Waco, Tex.: Word, 1990), p. 491.

"기쁘다 구주오셨네." 이 복음은 크리스마스가 되면 온 세계 도처에서 울려 퍼진다. 우리에게 생명을 주시기 위해 구주가 오셨다. "기쁘다 구주 오셨네. 만백성 맞으라. 온 마음 다해 그를 맞으라." 문제는 여기에 있다. 이 노래를 부르고 듣는 자들이 실제로 그를 왕으로 맞이하지 않는다는 것이다. 이 복음을 알고 실제로 복음의 원리를 받아들이는 자는 많지 않다. "그러므로 내가 그들에게 비유로 말하는 것은 그들이 보아도 보지 못하며 들어도 듣지 못하며 순종치[깨닫지] 못함이니라(마 13:13). 그들은 말씀을 듣지만 그 후에 다른 주, 다른 나라, 다른 세계, 다른 통치를 따라간다.

설교자 예수님은 우리가 천국을 보지 못하는 것은 우리의 마음 때문이라고 말씀하신다. "그들이 마음으로 깨달아 돌이켜 고침을 받을까" 즉, 천국 복음을 마음으로 순종하여 고침을 받을까 두려워한다는 것이다.

성경 기자들에게 마음은 우리의 몸속에 흐르고 있는 피를 박동하는 심장 기관 이상의 것을 의미한다. 마음은 우리의 삶을 관장하는 중심이며 우리의 모든 자료(두뇌든 감정이든 상상력이든 무엇을 통한 것이든)를 종합하고 그것을 분류하여 결정을 내리는 장소이다. 예수님은 우리가 듣는 복음이 이 마음 중심을 장악하지 못하는 것이 문제라고 말씀하신다. 무엇인가 또는 누군가 다른 것이 마음을 지배하고 있는 것이다. 문제는 복음이 아니다. 복음은 진리의 소식이다. 문제는 복음을 전하는 자가 아니다. 예수님은 결코 설교자로서 실패한 것이 아니다. 그에 대해 반박할 것이 있다면 그것은 그가 너무 씨를 과하게 뿌렸다는 것이다. 1세기 농부들은 그에게 좀 더 신중하고 전략적으로 뿌렸어야 했다고 조언하는지도 모른다. "주님은 씨를 너무 많은 곳에 뿌렸습니다." 그러나 문제는 씨도 씨를 뿌리는 자도 아니다. 씨나 씨를 뿌리는 자에게는 아무런 문제도 없다. 씨에는 아무런 결함이 없으며 씨 뿌리는 자가 씨를 많이 뿌린 것도 문제가 되지 않는다. 문제는 밭이다. 듣는 자의 마음 밭이 문제인 것이다.

그렇다면 이것은 설교의 성공은 전적으로 듣는 자에게 달려 있다는 말인가? 이것은 우리가 에스겔 37장에서 본 내용과 모순되지 않는가? 그렇지 않기를 바란다. 왜냐하면 그렇게 된다면 설교나 설교자에게 아무런 소망도 없어질 것이기 때문이다.

예수님의 천국복음에 관한 비유에는 네 종류의 땅이 등장한다. 이것은 매우 중요하다. 네 종류의 땅은 모두 듣는다. 그들은 모두 천국이 이 땅에 들어오는 시간, 미래가 현재로 들어오는 시간, 하나님의 새로운 세계가 들어오는 시간에 듣는다.

네 종류의 땅 가운데 어느 땅도 더 이상의 정보에 대해서는 제공하지 않는다는 사실에 유의해야 한다.[14] 복음은 반드시 복잡해야 하는 것은 아니기 때문이다. "하나님 나라가 가까이 왔다. 통치권이 바뀔 때가 되었다. 이곳의 책임자는 바뀌었다." 이 말씀을 이해하는 것이 왜 어려운가? 나는 마태가 우리에게 "통치권의 변화라는 말이 무슨 말인지 몰라서 그러느냐"라고 묻는 것 같다. 나의 아내 샤론(Sharon)은 "저녁 먹을 시간이에요"라고 부른다. 그것은 어려운 말도, 복잡한 말도 아니다. 그 말의 의미는 분명하다. "지금은 저녁 먹을 때"라는 것이다. 그러나 아무도 움직이지 않는다. 그들은 들으나 들은 것을 따르지 않는다. "오늘은 비가 올 것 같다." 이 말이 무슨 뜻인지 알려고 사전을 뒤적일 사람은 없을 것이다. 그러나 우리는 우산 없이 집을 나선다. 우리는 듣지만 따르지 않는 것이다. 사용자 편람에 보면 "오일은 삼천 마일 또는 오백 킬로마다 교환하시오"라고 되어 있다. 이것이 무슨 말인지 알기 위해 우주과학자가 될 필요는 없다. 문제는 분명하다. 우리는 듣지만 순종하지 않는 것이다. "때가 되었다. 천국이 도래하였으니 회개해야 한다. 죄의 길에서 돌이켜 이 놀라운 복음을 받아들이라." 우리는 듣지만 그대로 따르지 않는다. 그러나 한 가지 확실한 것은 우리가 따르기만 한다면 반드시 무슨 일인가 일어난다는 것이다.

---

14) 이러한 관점에 대해서는 누군가에게 들었으나 기억이 나지 않는다.

'깨닫다' 라는 단어는 네 종류의 땅에 대한 묘사를 앞뒤에서 양괄식으로 묶고 있다. 첫 번째 땅은 "깨닫지 못하나" 네 번째 땅은 "깨닫는다." 나는 예수께서 두 번째 땅과 세 번째 땅에 대해 말씀하신 내용이 바로 우리가 깨닫지 못하는 이유를 제시한다고 생각한다. 그러므로 두 번째 땅과 세 번째 땅에 대한 예수님의 말씀은 우리를 깨닫게 함으로써 복음을 순종하여 열매를 맺게 할 것이다. 또한 그것은 천국의 도래에 합당한 삶을 살게 할 것이다.

나는 우리가 이 비유를 읽고 "그렇다면 나는 어느 땅에 해당합니까?"라고 물어야 한다고 생각하지는 않는다. 정도의 차이는 있겠지만 우리 모두의 마음 속에는 네 종류의 땅이 있다. 나는 우리가 이 비유를 읽고 "그렇다면 나는 들은 것을 순종하고 있습니까?"라고 물어야 한다고 생각한다.

첫 번째 땅(길 가)은 굳은 마음을 나타내며 천국의 씨앗을 빼앗겨 버렸다. 두 번째 땅(돌밭)은 얕은 마음으로, 씨가 자라기 시작하나 환난이나 박해로 인해 마음을 거둬들였다. 세 번째 땅(가시떨기)은 어수선한 마음으로, 씨가 자라지만 세상의 염려와 유혹으로 인해 말씀이 막혔다. 네 번째 땅(좋은 땅)은 순종하는 마음이다. 천국의 씨를 받아들여 순종함으로써 마음은 풍성한 천국의 열매를 맺는다. 굳은 마음과 얕은 마음과 어수선한 마음은 순종하는 마음을 가지기만 하면 열매를 맺을 수 있다. 듣고 순종하면 열매가 맺힌다. 먼저 우리의 마음은 굳어질 수도 있고 얕아지거나 어수선해질 수도 있다는 사실을 알아야 한다. 그리고 말씀을 순종하는 길을 선택해야 한다. 말씀은 우리의 마음을 부드럽게 하고 깊게 하며 온전하게 함으로써 열매를 맺게 한다.

1) 첫 번째 땅(마 13:19)

"아무나 천국 말씀을 듣고 깨닫지[순종하지] 못할 때는 악한 자가 와서 그 마음에 뿌려진 것을 빼앗나니 이는 곧 길 가에 뿌려진 자요." 이러한 땅에 대해 예수님은 천국에 대한 의도적이고 인격적인 반대가 있다고 말씀하신다. 세상은 중립적인 장소가 아니다. 천국이 들어와 세상을 변화시키기는 것을 방해하고 가로막는 악한 인격적 세력이 존재한다. 이유는 천국의 도래는 곧 사단의 나라의 멸망을 의미하기 때문이다. 예수님은 우리가 말씀을 들을지라도 순종하지 않으면 실패할 것이라고 경고하신다. 악한 자가 말씀을 빼앗아버리는 것이다. 이것은 그가 예수님의 말씀보다 힘이 세다는 말인가? 사도 바울의 말처럼 "결코 그럴 수 없다." 예수님은 말씀에 대한 불순종은 악한 자에게 역사할 빌미를 제공한다고 말씀하신다. 우리가 말씀을 듣고 순종하면 악한 자가 접근할 수 없다. 우리가 말씀을 순종할 때 사단은 말씀을 빼앗아갈 수 없다.

2) 두 번째 땅(마 13:20-21)

"돌밭에 뿌려졌다는 것은 말씀을 듣고 즉시 기쁨으로 받되 그 속에 뿌리가 없어 잠시 견디다가 말씀으로 말미암아 환난이나 박해가 일어날 때에는 곧 넘어지는 자요." 예수님은 우리가 천국을 받아들일 때 환난이나 박해가 따른다고 말씀하신다. 이것이 기쁜 소식인가? 환난이나 박해를 당해야 한다는 것인가? 그렇다. 예수님은 우리가 이 땅에서 천국을 받아들이면 어려움이 따라온다고 말씀하신다. 물론 천국을 받아들이면 축복과 죄사함과 평안과 기쁨과 씻음과 교제와 영생을 얻는다. 그러나 그와 함께 환난이나 박해도 만나게 된다. 어떻게 다른 방법이 있겠는가? "정권이 바뀌는 시기"가 아닌가? 우리는 지금 마음의 혁신에 관해 말하고 있다. 마음이 이러한 사실을 깨닫고 순종하면 열매를 맺게 된다.

예수님은 두 가지 어려움에 대해 말씀하신다. 그것은 환난과 박해이다. 이것을 깨달으면 어려움이 닥칠 때 물러나지 않을 것이다.

---

15) Heinrich Schlier, "θλίβω, θλῖφις" in *Theological Dictionary of the New Testament*, ed. Gerhard Kittel and Gerhard Friedrich(Grand Rapids: Eerdmans, 1964-1976), 3:139-48. 반드시 읽어야 할 필독서이다.

(1) 환난

환난(thlipsis)은 신약성경에 나오는 전문용어이다.15) 이 단어는 "압박하다"라는 뜻이다. 정확히 말하면 "누르는 압박"이라는 의미를 가진다. 이러한 압박감은 대치중인 두 세력이 상대를 정복하기 위해 전력투구할 때 경험할 수 있다. 예수님은 우리가 하늘나라를 붙잡으면-누가 그것을 원하지 않겠는가-이러한 압박(무거운 중압감)을 느끼게 된다고 말씀하신다. 환난(thlipsis)은 두 나라가 충돌할 때 경험하는 압박감이다. 두 나라가 부딪쳐 싸울 때 이러한 압박감이 발생한다. 다시 한번 말하지만 어떻게 다른 방법이 있을 수 있겠는가? 이러한 압박감은 결코 '잘못된 것'이 아니다. 바울은 로마 제국 전역에 있는 새로운 신자들에게 "또 우리가 하나님의 나라에 들어가려면 많은 환난을 겪어야 할 것"(행 14:22)이라는 말로 격려하였다. 다른 방법은 없다. 이 땅에 하나님의 나라가 들어오면 긴장이 고조될 수밖에 없는 것이다. 이 땅에서 예수님과 함께 살아간다는 것은 바로 이러한 긴장 가운데 사는 것을 말한다.16)

(2) 박해

예수님은 말씀으로 인해 박해를 받을 것이라고 말씀하신다. 우리 자신 때문이 아니라 "말씀 때문에" 박해를 받는다는 것이다. 이유는 간단하다. 천국에 관한 말씀이 현재의 체제(status quo)를 허물기 때문이다. 예수께서 가시는 곳마다 그랬다. 그는 민중선동가가 되려고 한 것이 아니다. 사실 그는 대중의 관심으로부터 벗어나 있기를 원했다(종려주일까지). 그러나 예수께서 복음을 전하시는 곳마다 선포된 말씀과 복음을 구현하는 삶은 자동적으로 천국과 배치되는 모든 것에 강력히 도전하였다. 아리아스(Mortimer Arias)의 말과 같이 "천국의 도래는 세상과 영원한 전선이 형성되었음을 의미한다. 인간 사회가 구축한 기존의 사상이나 방법적인 관점에서 보면 천국

---

16) 이 내용은 예수 그리스도의 계시에 관한 필자의 저서 *Discipleship on the Edge: An Expository Journey Through the Book of Revelation*(Vancouver, B.C.: Regent College Publishing, 2004)에 상세히 제시하였다.

은 영원한 의문부호일 수밖에 없다."17) 예수님은 자신의 복음을 따라 산 것만으로 현 체제에 의해 위험인물로 낙인찍혔다. 그러므로 그는 박해를 받으신 자이다. 예수님은 자기를 따르는 모든 사람에게도 동일한 박해가 있을 것이라고 말씀하신다. 그는 물론 축복-풍성한 축복-을 약속하셨으나 그와 함께 이런 저런 박해가 따라올 것이라고 말씀하셨던 것이다.

복음은 언제나-그리고 당연히-우상이나,18) 인간이 신으로 삼은 물건이나 사람 또는 살아계신 하나님이 앉아야 할 자리에 대신 갖다놓은 물건이나 사람과 전선을 형성할 수밖에 없다. 이처럼 복음은 우상에 키초한 모든 삶의 방식을 무너뜨린다. 하나님의 나라를 받아들이고 그것에 순종하는 삶에는 언제나 박해가 따른다. 이것을 깨닫고 순종하기만 하면 결코 뒤로 물러나지 않고 계속해서 천국의 삶을 짊어질 것이다.

3) 세 번째 땅(마 13:22)

여기서 예수님은 왜 우리가 들은 말씀을 순종하는 것이 어려운지에 대해 설명하신다. 우리 주변 곳곳에는 천국 말씀을 가로 막는 요소가 널려 있다. "가시떨기에 뿌려졌다는 것은 말씀을 들으나 세상의 염려와 재물의 유혹에 말씀이 막혀 결실하지 못하는 자요." 이것은 그 이유 가운데 하나이다. 21세기 초의 서구 사회에서 진행되는 모든 말씀 전파에 대해 이 세상은 복음과 무관한 것처럼 보인다. 서구의 많은 그리스도인들은 말씀을 듣지만 그 말씀을 따르지 않는다. 예수님은 우리 주변에 "세상의 염려"-문자적으로는 '시대의 염려' (worry of the age)-가 많기 때문이라고 말씀하신다. 또한 예수님은 "재물의 유혹" 때문이라고 말씀하신다. 문제는 이 시대나 재물이 아니라는 사실에 유의해야 한다. 문제는 시대에 대한 "염려"이며 재물에 대한 "유혹"이다.

---

17) Arias, *Announcing the Reign of God*, p. 460.
18) Bob Goudzwaard, *Idols of Our Time*, trans. Mark Vander Vennen(Downers Grove, Ill.: InterVarsity Press, 1984); 책이 나올 당시와 마찬가지로 오늘날과도 연관이 되는 내용이다.

(1) 세상의 염려

염려에 정관사가 붙어 있다는 사실(the worry)에 유의해야 한다. 예수님은 무엇인가 구체적인 것을 염두에 계신 것으로 보인다. 예수님은 이 시대-1세기와 21세기-의 근본적 특징이 염려와 근심이라고 말씀하시는 것으로 생각된다. 왜 그런가? 이 시대는 살아계신 하나님을 모든 삶에서 배제함으로써 매우 불안전한 기초 위해 서 있기 때문이다. 그러나 참으로 이 시대는 그렇게 생각하지 않는다. 이 시대는 자신이 든든한 기초 위에 서 있다고 생각한다. "우리가 배의 선장이다"라는 것이다. 그렇다면 왜 이러한 허세에도 불구하고 이 시대가 그처럼 염려가 많은가? 그것은 인간의 정신이 은연중에 지금의 기초가 든든하지 못하다고 생각하기 때문이다.

솔직히 말하면 이 시대는 살아계신 하나님께 의지하는 대신 우상을 의지한다. 이러한 선택은 양자택일을 요구한다. 살아계신 하나님이냐 죽은 우상이냐라는 것이다. 어떤 시대도 우상을 택할 경우 심각한 염려에 빠질 수밖에 없다. 인간의 마음은 결국 우상은 아무 것도 할 수 없다는 것을 은연중에 알고 있기 때문이다. 만일 기초가 흔들리면 상부구조는 와해될 수밖에 없다. 흔들리는 자는 끊임없는 염려에 빠지게 된다. 이사야가 선포한 대로 살아계신 하나님을 중심에 모시지 않는 사회는 온갖 염려로 인해 엉터리 신을 세우는 일에 모든 힘을 쏟아 붓는다. 이사야는 백성들에게 장인을 택하여 "우상을 만들어 흔들리지 아니하도록"(사 40:20) 세우라고 비웃는다. 그는 못을 단단히 박아 우상이 흔들리지 않도록 해야 할 것이라고 말한다(사 41:7). 이사야는 세상이 살아계신 하나님의 품에 안기어 다니는 대신 우상을 "떠메고" 다닌다고 말한다(사 46:1-7).

세 번째 땅의 이미지를 통해 예수님은 우리가 자기 식대로-누구나 이러한 자유를 누리려 한다-따르기를 원한다고 말씀하신다. 그러나 우리는 "세상 방식으로(시대를 따라)" 먹고 마시고 숨쉬기 때문에 세상 염려에 사로잡히고 복음은 가로막히게 되는 것이다. 또한 우리는 세상에서 필요한 것들만

추구하게 된다. "무엇을 먹을까 무엇을 마실까 무엇을 입을까"(마 6:31). 그렇게 된다면 마땅히 나타나야 할 천국의 열매는 나타나지 않는 것이다.

(2) 재물의 유혹

예수님은 세상의 염려와 함께 재물의 유혹에 대해 언급하신다. 우리는 이 말을 이해하기 위해 어떤 도움도 받을 필요가 없다. 재물이 우리를 속이는 것이다. 재물은 우리로 하여금 그것이 모든 것의 원천이 될 수 있다고 생각하게 한다. 그것은 불확실하고 알 수 없는 미래에 대한 확실한 보장이 된다고 속인다. 그리고 우리는 천국에 관한 것들로부터 서서히 멀어지게 되는 것이다. 모세는 이스라엘 백성들에게 다음과 같이 경고하였다.

> 네 하나님 여호와께서 네 조상 아브라함과 이삭과 야곱을 향하여 네게 주리라 맹세하신 땅으로 너를 들어가게 하시고 네가 건축하지 아니한 크고 아름다운 성읍을 얻게 하시며 네가 채우지 아니한 아름다운 물건이 가득한 집을 얻게 하시며 네가 파지 아니한 우물을 차지하게 하시며 네가 심지 아니한 포도원과 감람나무를 차지하게 하사 네게 배불리 먹게 하실 때에 너는 조심하여 너를 애굽 땅 종 되었던 집에서 인도하여 내신 여호와를 잊지 말고 네 하나님 여호와를 경외하며 그를 섬기며 그의 이름으로 맹세할 것이니라(신 6:10-13)

하나님께서 주시는 재물이 우리를 하나님으로부터 멀어지게 할 수 있다는 것이다. 재물은 우리로 하여금 온전함과 안전을 보장할 것이라고 생각하게 한다.

나는 1998년에 TV로 방영된 SUV(스포츠 차량) 광고방송을 기억한다. 한 어머니와 아들이 폭풍우가 치는 날 교외로 차를 몰고 간다. 바람이 불고 폭우가 쏟아지며 나무가 길바닥을 뒹군다. 그러나 그 와중에 SUV 안은 지극히 평온했다. CD 플레이어에서는 조용한 음악이 흐르고 뒷 좌석의 아이는 강아지와 토닥거린다. 어머니는 아이를 돌아보며 부드럽게 속삭인다. 이

때 "불안한 세상 속에 작은 안전을 느껴보세요"라는 내레이터의 음성이 들린다. 그 순간 나는 "제발 그만"이라고 소리치고 싶었다. 나는 필리핀에서 태풍이 치는 어느 날 차를 몰고 폭우가 내리는 시골길을 달리고 있었다. 물론 차 안은 따뜻하였다. 그러나 그것은 결코 안전하지 않았다. 바람이 차를 도로 밖으로 밀어내었던 것이다.

폭우는 재물의 거짓말이 만들어 낸 환상을 깨뜨린다. 미국이 뉴욕의 무역센터가 붕괴되는 끔찍한 사건을 목격한 2001년 9월 11일이 지난 다음 주일날 설교들을 살펴보면 많은 교훈을 준다. 어떤 내용의 설교들이 전파되었을까? 그날 설교는 사람들에게 무엇을 요구했을까? 나는 미네소타(Minnesota)주의 미네아폴리스(Minneapolis)에 있는 베들레헴 침례교회(Bethlehem Baptist Church)의 존 파이퍼(John Piper) 목사의 설교에 그날 사건의 모든 의미가 담겨 있다고 생각한다. 다음은 이 설교의 서두 부분이다.

여러분은 이 아침에 제가 여러분에게 무슨 소망의 말씀을 전하기를 원합니까?

정치적인 소망을 던질까요? 그래서 미국은 여전히 강하며 모든 정당이 일치단결하여 민주주의를 강력히 지켜낼 수 있다는 사실을 통해 위안을 드릴까요?

군사적인 소망을 드릴까요? 그래서 미국의 최첨단 군대가 나라를 위협하는 모든 파괴적 세력을 소탕해버릴 수 있다는 말로 위로를 드릴까요?

경제적인 면에서 소망을 드릴까요? 그래서 월요일 증시가 개장되면 안정과 장기적 성장에 대한 확신으로 투자하신 금액에 아무런 영향을 주지 않을 것이라는 말로 위로해 드릴까요?

지리적인 소망을 드릴까요? 그래서 대적이 타깃으로 삼고 있는 정치적 군사적 금융적 목표로부터 멀리 떨어진 중서부 북부지역을 소개해 드림으로써 소망을 갖게 할까요?

심리학적으로 소망을 갖게 해 드릴까요? 그래서 여러분을 "재앙을 대비하는 방법"이라는 제목의 웹 페이지를 통해 "응급상황에 대처하는 요령.... 스스로에 대한 자신감을 가지고... 과거의 결정에 대한 후회를 피하라"는 문구를 제시해 드릴까요?

아니면, 하늘에서 불이 떨어질지라도 여러분은 그곳에 거하지 않을 것이라는 말씀으로 종말론적인 소망을 드릴까요?

나에게 있어서 이 여섯 가지 질문에 대한 대답은 매우 간단합니다. 그것은 '아니오'라는 것입니다. 나는 이상과 같은 방법으로 여러분에게 위로를 드리지 않겠습니다. 그 이유 역시 간단합니다. 그 가운데 어느 것도 사실이 아니기 때문입니다.

미국의 정치 체계는 영원하지 않습니다.

미국의 군사력은 우리를 모든 파괴적 세력으로부터 지켜줄 수 없습니다.

우리의 경제적 미래는 확실하지 않으며 여러분의 투자액은 언제든지 휴지조각이 될 수 있습니다.

중서부지역은 다음 테러의 안전지대가 될 수 없습니다. 어쩌면 더욱 치명적인 결과를 초래할 수 있습니다.

자신감을 심어주고 후회하지 않게 하려는 심리학적 노력은 결코 치유적 수단이 될 수 없습니다.

하나님의 종말론적 섭리로 무조건 환난을 벗어날 수 있다고 약속하는 종말론적 시나리오는 지난 화요일 무역센터 참사 현장에 있었던 그리스도인들에 적용되지 않았습니다. 그것은 여러분도 마찬가지입니다.

파이퍼는 계속해서 로마서 8장 35-39절을 본문으로 우리의 삶과 죽음을 통해 유일한 위로가 되시는 분에 대해 설교한다.[19]

예수님은 세 번째 땅을 통해 우리-청중과 설교자-에게 "세상의 염려"와 "재물의 유혹"이 가져올 엄청난 결과에 대해 경고하신다. 염려와 유혹은 우리에게 중립적인 자세를 취하게 한다. 또한 브루너(Dale Bruner)는 "이러한 중립적 신자는 교회 안에 머물고 있을지라도 완전한 이교도와 같은 불신자와 다를 바 없다."[20]고 주장한다. 세 종류의 땅은 우리-청중과 설교자에게 이것을 깨닫고 그 말씀에 순종하는 것만이 염려와 유혹을 이기는 길이라고 말한다.

4) 네 번째 땅(마 13:23)

"좋은 땅에 뿌려졌다는 것은 말씀을 듣고 깨닫는 자니 결실하여 어떤 것은 백 배, 어떤 것은 육십 배, 어떤 것은 삼십 배가 되느니라 하시더라." 1세기의 농부들은 이러한 결과에 대해 전혀 예상치 못하였다. 30배만 해도 놀랄만한 결과가 아닐 수 없었으며 육십 배, 백 배는 상상할 수도 없는 결과였다. 브래드 영(Brad Young)은 이러한 결과는 "충격이었으며" 그 이유는 "이처럼 풍성한 수확은 이 말씀을 듣는 대부분의 농부들에게 이룰 수 없는 꿈과 같은 것이었기 때문"[21]이라고 말한다.

우리는 "실제로 열매를 맺은 자"가 누구냐에 유의해야 한다. 우리는 이 것을 "저절로 자라나 열매를 맺는 자"로 보아야 한다(마가복음 4장 26-29

---

19) John Piper, "A Service of Sorrow, Self-Humbling, and Steady Hope in Our Savior and King, Jesus Christ," Desiring God Ministries website(September 2001),<www.desiringgod.org/ResourceLibrary/Sermons/ByDate/2001/65_A_Service_of_Sorrow_SelfHumbling_and_Steady_Hope_in_Our_Savior_and_King_Jesus_Christ/>.
20) Bruner, Churchbook, p. 493.
21) Brad H. Young, *The Parables: Jewish Tradition and Christian Interpretation*(Peabody, Mass.: Hendrickson, 1998), p. 258.

절의 비유를 참조하라). 놀라운 것은 열매의 양이 아니다. 열매를 만들어 낸 말씀이다. 네 번째 땅은 말씀을 순종함으로써 살아났다. 이것은 거룩한 혁신이 암암리에 진행되었다는 증거이다.

네 종류의 땅은 모두 말씀을 들었다. 그들은 "천국이 도래했다"는 예수님의 복음을 들은 것이다. 첫 번째 땅은 들은 것을 행하지 않았다. 두 번째 땅은 듣고 행하였으나 말씀으로 인해 환난이 오자 물러나 버렸다. 세 번째 땅은 듣고 행하였으나 세상에 사로잡혀 염려와 재물로 인해 말라버렸다. 네 번째 땅은 말씀을 듣고 의도적이고 의식적으로 그것에 순종하였다.

예수님은 우리가 설교할 때 네 종류의 땅 가운데 하나만 경청할 것이라고 말씀하시는가? 아니면 그의 비유는 천국을 더욱 잘 깨닫기 위해 필요한 것이 무엇인지 보여줌으로써 모든 듣는 자가 온전히 깨달을 수 있도록 도우시는가?

마태복음 13장을 연구하는 동안 나는 모든 땅이 말씀을 듣고 천국의 열매를 맺기를 원한다는 사실을 깨닫기 시작하였다. 그들은 설교자에게 유익한 깨달음을 준다. 각각의 땅이 설교자에게 요구하는 음성을 들어보자.

굳은 마음은 "나의 귀를 조금이라도 열어서 예수께서 나에게 하시는 말씀을 한 순간이라도 깨닫게 해 주시오"라고 외친다. 얕은 마음은 "예수님을 따를 때 환난이 있다는 사실과 그러한 환난이 닥칠 때 예수님을 따라야 한다는 것을 깨닫게 해 주시오"라고 외친다. 어수선한 마음은 우리 설교자에게 "세상은 우상에 기초하며, 이 우상은 어디에나 존재하며 매우 간교하기 때문에 예수님께 순종함으로써 모든 거짓에 기초한 염려를 몰아내어야 한다는 사실을 깨닫게 해 주시오"라고 외친다. 영접하는 마음은 우리 설교자에게 "예수님이 나의 왕이 되게 하시고 그의 말씀을 순종함으로써 내 안에 역사하게 해 주시오"라고 외친다.

따라서 사도 바울은 큰 환난 가운데 있던 데살로니가 성도들에게 "이러므로 우리가 하나님께 끊임없이 감사함은 너희가 우리에게 들은 바 하나님의 말씀을 받을 때에 사람의 말로 받지 아니하고 하나님의 말씀으로 받음이니 진실로 그러하도다 이 말씀이 또한 너희 믿는 자 가운데에서 역사하느니라"(살전 2:13)고 쓸 수 있었던 것이다. 우리가 하나님의 말씀을 순종하면 무슨 일인가 일어난다. 그것은 사람의 마음 때문이 아니라 생명을 주는 말씀의 능력 때문이다. 말씀 자체(또는 그분 자신)가 굳은 마음을 부드럽게 하고 얕은 마음을 깊게 하며 어수선한 마음을 온전케 하며 영접하는 마음을 더욱 번성케 한다.[22]

예수님은 마태복음 13장을 통해 "세례요한과 복음을 전하는 모든 자는 들어라. 나의 설교는 실패한 것이 아니다. 다만 인간의 마음이 너희들이 생각하는 것과 달리 복잡하기 때문이다. 말씀을 방해하는 것들이 많이 있다. 그러나 실망하지 말라. 천국은 이미 왔으며 지금도 오고 있고 앞으로 그럴 것이다"라고 말씀하신다. "누구든지 나로 말미암아 실족하지 아니하는 자는 복이 있도다 하시니라"(마 11:6). 예수님의 설교를 들은 사람들이 떠나가자 예수께서는 열 두 제자에게 너희도 그들과 함께 가겠느냐고 물었다. 이 때 베드로는 "주여 영생의 말씀이 주께 있사오니 우리가 누구에게로 가오리이까"(요 6:68)라고 하였다. 참으로 그의 말씀은 생명의 말씀이다(요 6:63).

---

[22] 사실 이쯤에서 이사야 6장 9-10절의 주석을 제시해야만 한다. 본문은 예수께서 마태복음 13장 14절, 마가복음 4장 12절, 누가복음 8장 10절 및 요한복음 12장 40절에서 인용하셨으며 바울도 사도행전 28장 26절에서 인용하였다. 그러나 아직까지는 이들 본문에 대해 살펴보는 것이 급하다. 물론, 전파된 말씀에 대해 마음을 닫고 귀를 막기도 하는데 이것은 말씀을 듣는 자가 말씀이 열매를 맺는 일에 매우 중요한 역할을 한다는 사실을 보여준다. 또한 본문은 설교가 하나님께서 사람의 마음을 굳게 하시는 역할을 하기도 한다는 것을 보여준다. 이 점에서 나는 설교자들이 마음을 깨고 열며 부드럽게 하는 말씀의 능력에 초점을 맞출 것을 권면한다. 우리는 말씀을 전한 후 그들의 마음을 어떻게 하실 것인지에 대해서는 전적으로 하나님께 맡겨야 한다.

캘리포니아의 버클리 장로교회(First Presbyterian Church)의 담임목사인 얼 파머(Earl Palmer)는 『강해설교에 관한 사례』(The Case for Expository Preaching)라는 자신의 에세이에서 내가 그로부터 여러 번 들은 말을 기록하였다. "만일 내가 사람들을 본문으로 인도할 수만 있다면 본문은 그들에게 확신을 심어줄 것입니다."[23] 말씀에게 기회(아무리 작은 기회일지라도)를 주면 말씀은 우리-마음의 상태가 어떠하든지-를 오직 말씀만이 줄 수 있는 생명으로 인도할 것입니다.

---

23) Earl Palmer, "The Case for Expository Preaching," *Theology, News and Notes*, December 1985, p. 9.

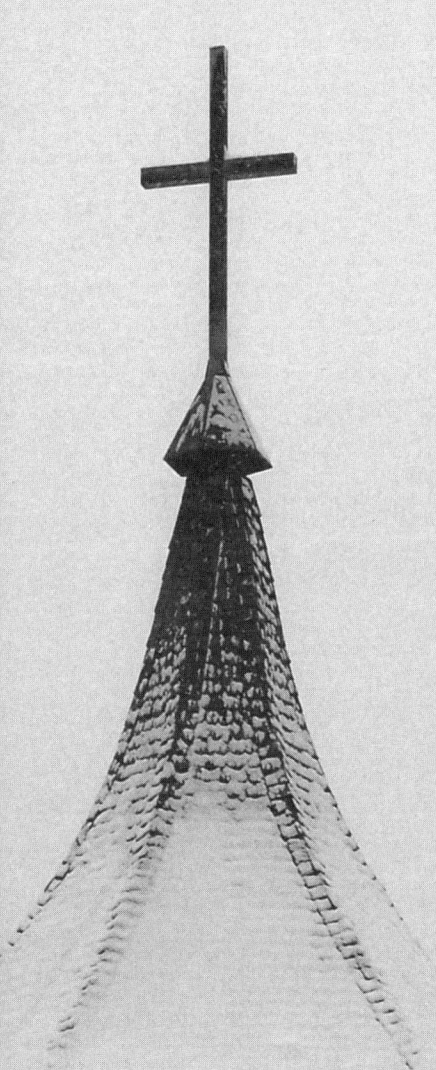

3

어디서 일어나는가?
(강해설교를 위한 패러다임)

그들이 서로 말하되 길에서 우리에게 말씀하시고 우리에게 성경을 풀어 주실 때에 우리 속에서 마음이 뜨겁지 아니하더냐 하고(눅 24:32). 그들은 눈이 밝아진 후(눅 24:31) 이렇게 물었다. 그들은 그들과 함께 예루살렘에서 엠마오까지 동행하신 그분이 부활하신 예수님이시며 그가 친히 "모세와 모든 선지자의 글로 시작하여 모든 성경에 쓴 바 자기에 관한 것을 자세히 설명"(눅 24:27)하셨다는 사실을 깨달은 후에 이렇게 물었던 것이다.

여기에 설교의 영광이 있다. 설교자는 성경을 들고 그것을 신실하게 "풀 때"마다 예수님 자신의 성경을 푸는 사역에 동참하고 있는 것이다. 설교 시간에 부활하신 주님 자신이(성령의 인격과 사역을 통하여) 본문을 손에 드시고 그것을 풀어주심으로 낙심하고 실망한 사람들의 "마음이 뜨거워"지게 하시는 것이다. 예수님은 설교자이자 설교의 대상이시다.

본 장에서는 어디서 일어나는가라는 질문을 던지고 그에 대한 답을 찾을 것이다. 설교의 기적은 어디서 일어나는가? 인간이 자신의 음성으로 전하는 말이 어떻게 하나님의 말씀에 대한 전파로 바뀌는가? 그 대답은 강해설교이다. 나의 말이 살아계신 하나님의 말씀이라는 사실을 알고 그러한 확신을 가지는 것은 오직 강해 설교를 통해서 이다. 강해설교는 인간이 감히 "하나님께서 가라사대"라고 말하거나 생각할 수 있는 유일한 현장이다.[1]

물론 설교는 강해 설교 이외의 형태로도 사용된다. 예를 들어 소위 제목설교(topical preaching)도 종종 하나님께서 자기 백성들을 변화시키는 사역에 동참한다. 그러나 이 경우 전달자는 두 가지의 위험성을 안게 된다. 첫째로, 제목설교는 설교 내용을 따라가기 위해 설교자에게 지나치게 많은 능력이 요구된다. 둘째로, 제목설교는 성경이 정확하지 않다는 인상을 심어줄 우려가 있다. 설교자는 관련된 성경 구절을 모두 파악하여 체계적으로 제시해야 한다. 또한 설교자가 메시지를 끌어내기 위해서는 설교자에게 많은 능력

---

1) James Daane, *Preaching with Confidence*(Grand Rapids: Eerdmans, 1980).

이 요구된다. 이러한 접근은 성경의 실제적인 모습, 즉 살아계신 하나님께서 그의 영광으로 가득한 세계를 위해 자기 백성을 창조하시고 구원하시는 이야기가 아니라 단지 다양한 주제의 경구를 모아놓은 삶의 지침서라는 인식을 심어주기 쉽다.

설교자가 제목설교의 필요성-공동체의 일상생활과 연계된 행사나 교회 전체가 직면한 중요한 이슈의 발생 등-을 인식한 경우, 주 본문(main text)에 나타난 주제를 중심으로 전개하되 다른 본문은 명백한 관련성이 있는 경우에만 활용하는 형태가 되어야 할 것이다. 즉, 청중에게 "이것이 이 주제에 대한 성경이 뜻입니다"라고 하는 대신 "성경 가운데 이 구절은 이 주제에 대해 이렇게 말합니다"라고 해야 한다는 것이다.

설교자가 하나의 제목으로 일련의 연속되는 설교를 해야 할 필요성을 인식한 경우 매 시간마다 하나의 주 본문을 선택하는 것이 최선이라고 생각한다. 예를 들어, "하나님의 가정에서의 관계"라는 제목으로 다섯 편의 연속된 설교를 하는 경우를 생각해볼 수 있다. 설교자가 용서, 축복, 순종, 교훈, 사랑이라는 주제를 전하고 싶다고 하자. 모든 주제는 각각 하나의 주 본문을 중심으로 전개되어야 한다. 가령, 용서는 마태복음 18장 21-35절, 축복은 누가복음 6장 27-36절을 선택하는 것이 용서와 관련된 여러 구절을 엮는 것보다 낫다. 제목설교를 위해 이러한 보호 조항(safeguard)을 제시하는 이유는 에스겔 37장의 기적이 성경의 특정 본문의 서두가 아닌 다른 곳에는 사용되지 않을 것이라는 확신이 없기 때문이다. 옛 속담에도 "땅을 깊이 팔수록 넓게 팔수 있다"는 말이 있지 않은가? 따라서 청중을 용서에 관한 하나의 본문 속으로 깊이 인도하는 것이 용서와 관련된 열 가지 짧은 구절을 열거하는 것보다 더 효과적이다.

하나님께서 사용하신-그리고 지금도 사용하고 계신-다른 설교방법도 있다. 일종의 공적인 영적 독서(lectio divina)라고 할 수 있는 내러티브 설교,

사색적 설교(reflection preaching)가 그것이다. 나는 이러한 방법을 받아들여 강단에서 시도하기도 했다. 그럼에도 불구하고 나는 가장 안전하고 확실한 것은 강해설교라고 생각한다.

왜 강해설교인가? 강해설교에 대한 필자의 주장을 제시하기 전에 먼저 몇몇 유능한 설교자들이 제시하는 강해설교의 정의에 대해 살펴보자.

존 스타트(John R.W. Stott)는 『두 세계 사이에서』(Between Two Worlds)라는 저서에서 다음과 같이 주장한다.

> 본문이 길든 짧든, 주석자의 책임은 그것에 가감하거나 왜곡하지 않고 **본문의 메시지를 분명하게**-쉽고 정확하며 적절하게- 전달하는 것이다. 강해설교에서 성경 본문은 주제가 전혀 다른 설교에 편리하게 사용되는 서론이나 잡동사니와 같은 사상을 뒷받침하는 도구가 아니라 **기록된 말씀을 지시하고 지배하는 주관자**가 되어야 한다.[2]

굵은 글씨체로 된 두 곳을 유의하라. 둘 다 우리를 설교의 핵심적 이슈로 인도한다. 우리는 누구의 메시지를 전하고 있는가? 그리고 기록된 말씀을 판단하고 결정하는 자는 누구인가?

해돈 로빈슨은 자신의 유명한 『성경적 설교』(Biblical Preaching)에서 다음과 같이 주장한다.

> 강해설교란 본질적으로 **방법이 아니라 철학**이다. 어떤 사람이 강해설교자냐 아니냐를 결정하는 것은 다음과 같은 질문에 대한 솔직한 대답과 그의 목적이 무엇이냐에 달려 있다. 당신은 설교자로서 **모든 생각을 성경에 맞추는가** 아니면 당신의 생각을 뒷받침하기 위해 성경을 이용하는가?

---

[2] John R.W. Stott, *Between Two Worlds: The Art of Preaching in the Twentieth Century*(Grand Rapids: Eerdmans, 1982), p. 26.

마찬가지로 굵은 글씨체로 된 두 곳에 유의해 보라. 둘 다 모두 설교와 작업과정의 본질적인 동기에 관한 것이다. 즉, 과연 나는 진실로 하나님과 그의 방식에 대한 나 자신의 생각을 버리고 오직 그의 말씀에 "맞추려고" 하는가라는 것이다.[3]

그러므로 시드니 그레이다누스(Sidney Greidanus)는 『현대 설교자와 고대 본문』(The Modern Preacher and the Ancient Text)-이 책에 대해서는 5장에서 자세히 살펴볼 것이다-에서 우리가 "누구의 권위로 설교하는가?" "누구의 말씀을 전하는가"라고 질문할 때 우리는 핵심적 이슈에 도달한 것이라고 주장한다.[4] 그는 이 질문에 대해 다음과 같은 탁월한 대답을 하였다.

> 설교자가 자신의 말을 전한다면 회중은 경청해서 들을 수도 있겠지만 다른 사람의 주장이라고 생각하여 무시할 수도 있다. 그러나 만일 오늘날 설교자가 권위를 가지고 전한다면 회중은 그들의 설교를 단순한 개인적 의견으로 폄하할 수 없을 것이며-회중은 그렇게 생각하지도 않을 것이다-틀림없이 권위 있는 메시지로 대할 것이다. 설교의 권위로 가장 적절하고 유일한 것은 신적 권위-하나님의 전령, 대사, 대리인으로서의 권위-이다. 잘 아는 대로 전령이나 대사는 자신의 말을 전하는 것이 아니라 보내는 자의 말을 전한다. 마찬가지로 오늘날 설교자가 신적 권위를 가지고 말씀을 전하려면 자신의 말이 아니라 보내는 자의 말을 전해야 한다.[5]

이것이 나사렛 예수의 설교가 아닌가? "나는 아버지께서 하시는 일과 말씀하신 것을 보고 들은 대로 행하고 말한다"(요 5:19-30 참조). 육신이 되신 말씀은 자기를 보내신 자의 말씀만 전하신 것이다. 이러한 사실은 나에게 설교의 가장 기본적인 동기는 청중의 마음을 얻는 것이 아니라(그것도 중요

---

3) Haddon Robinson, *Biblical Preaching: The Development and Delivery of Expository Messages*(Grand Rapids: Baker, 1980), p. 20.
4) Sidney Greidanus, *The Modern Preacher and the Ancient Text: Interpreting and Preaching Biblical Literature*(Grand Rapids; Eerdmans, 1988), p. 12.
5) Ibid.

하지만) 보내신 자를 기쁘게 하는 것임을 깨닫게 한다. 우리를 보내신 자는 주님이시며 따라서 우리는 모든 생각과 말을 그의 말씀에 맞추어야 한다. 그러므로 우리는 언제나 주님의 도우심을 구해야 한다. 도날드 코간(Donald Coggan)은 "복음의 위대한 전권"에 대해 제시한다. 기독교 설교자에게는 "정해진 영역"이 있으며 강단에 올라서면 전적으로 "자유한" 자가 되는 것이 아니라는 것이다.6) 참으로 그렇게 사로잡힌바 된 자가 되어야 한다.

브라이언 샤펠(Bryan Chapell)은 자신의 저서『그리스도 중심적 설교: 강해설교를 회복하라』(Christ-Centered Preaching: Redeeming the Expository Sermon)에서 다음과 같은 완전한 정의-필자도 동의한다-를 제시하였다.7)

강해설교는 본문으로부터 모든 제목과 요지와 대지를 얻는다. 설교자는 강해된 메시지를 통해 본문의 의미를 설명한다... 성경에 나오는 주제를 다룬다고 해서 강해설교가 되는 것은 아니다. 또한 많은 성경구절을 인용한다고 강해설교가 되는 것도 아니다(이러한 것들이 제목설교가 안고 있는 허점이다).

넓은 의미로 보면 성경의 개념을 탐구하는 설교가 강해설교이지만 전문적 의미에서 강해설교란 특정 본문으로부터 저자의 사상이 담긴 요지와 대지를 도출하고 본문 전체의 주제를 다루며 청중의 삶에 적용하는 석의 작업이다.8)

마지막 문장에 나오는 네 개의 동사-도출하다, 다루다, 적용하다, 석의하다에 유의하라. 이들은 전적으로 선택된 특정 본문의 지배를 받는다.

---

6) Donald Coggan, *Stewards of Grace*(London: Hodder & Stoughton, 1958), pp. 46, 48.
7) Bryan Chapell, *Christ-Centered Preaching: Redeeming the Expository Sermon* (Grand Rapids: Baker, 1994).
8) Ibid., p. 128.

제3장 어디서 일어나는가?   69

두 개의 정의를 더 살펴보자. 앞장 마지막 부분에 인용한 얼 파머(Earl Palmer)는 강해설교란 "예수 그리스도의 복음에 대한 전체적인 증거 안에서 본문이 가지고 있는 고유한 메시지를 드러내어 그것을 오늘날의 언어로 설득하고 촉구하는 작업"이라고 말한다.9) 이것은 마태복음 13장에 나타난 예수님의 비유의 핵심이다.

레슬리 뉴비긴(Lesslie Newbigin)은 20세기 인도의 세계관과의 대화로부터 나온, 요한복음에 대한 심오한 신학적 주석에서 강해설교를 비롯한 모든 설교에 대한 정의를 완성한다. "내가 할 일은 나 자신과 (가능하면) 다른 사람들에게 복음서에 기록된 말씀을 내가 속한 이 시대의 문화적 언어를 통해 분명히 밝히고 전달하는 것이다.10) 중요한 것은 먼저 자신이 말씀을 이해한 후 그것을 문화와 연결시킬 뿐만 아니라 문화에 대해서도 탐구해야 한다는 것이다." 이러한 내용에 대해서는 10장에서 보다 상세하게 제시할 것이다.

나는 이러한 정의가 강해설교에 대한 우리의 관점에 변화를 가져오기를 기대한다.

나는 다음과 같은 전제로부터 시작하고자 한다. 즉, 강해설교는 본문으로부터 메시지를 얻는 것이 아니다. 그것은 사람들을 본문으로 초청하여 본문으로 하여금 본문만이 할 수 있는 것을 하게 하는 것이다.

두 개의 그림이 있다. 하나는 대부분의 설교자가 강해설교에서 하고 있다고 생각되는 것을 묘사했고 다른 하나는 우리가 해야 한다고 생각하는 것을 묘사했다.

---

9) Earl Palmer, "The Case for Expository Preaching," *Theology, News and Notes*, December 1985, p. 11.
10) Lesslie Newbigin, *The Light Has Come: An Exposition of the Fourth Gospel* (Grand Rapids: Eerdmans, 1982), p. ix.

[그림 1]

회중은 설교자를 본문으로 보낸다(그림 3.1). 설교자는 본문으로부터 메시지를 가져와 회중에게 전달한다(그림 3.2)

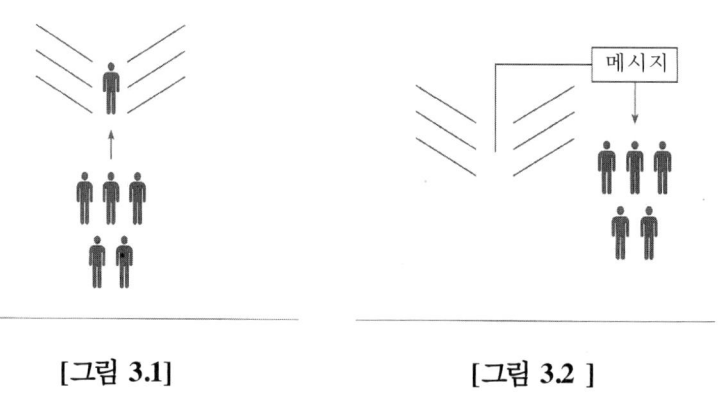

[그림 3.1]   [그림 3.2]

[그림 2]

회중은 설교자를 본문으로 보낸다(그림 3.3). 설교자는 일정 기간 진지하고 경건한 연구를 한 후에 회중을 초청하여 자신과 함께 본문으로 들어간다(그림 3.4).

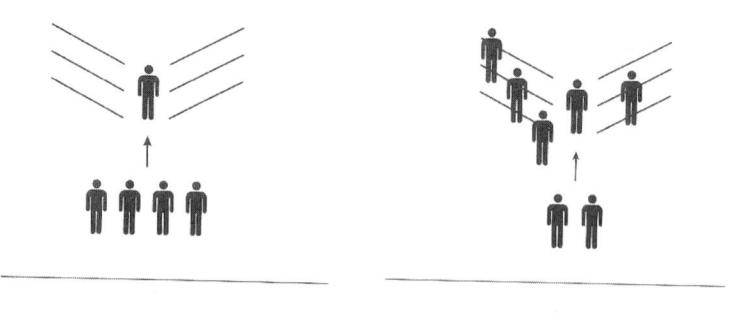

[그림 3.3]   [그림 3.4]

필자의 설교학 강의를 듣고 있는 제자 가운데 하나인 스쿠트 스크러스(Scott Scruggs)는 이러한 내용을 에세이 형식으로 제시하였다. "본문은 살아계신 하나님과의 친밀한 만남의 장소이며 설교자가 해야 할 일은 자신의 회중과 함께 이러한 실재로 들어가는 것이다.[11] 설교자가 하는 일은 전문가의 역할이 아니라 본문을 소개하고 핵심적 부분에 관심을 집중시키는 안내자의 역할(예술 작품에 대한 안내자나 탐험대의 인솔자와 같은)이다. 설교자가 이렇게 할 때 무슨 일인가 일어난다. 설교자와 회중은 부활하신 예수께서 성령을 통하여 본문 안에서 이루시는 사역에 동참하기 시작한다.

하나님이 하시는 일은 무엇인가? 우리가 던져야 할 질문은 바로 이것이다. 본문의 하나님은 본문 안에서 본문을 통해 무슨 일을 하는가?

나는 성경을 읽으면서 하나님께서 적어도 다섯 가지의 일을 하고 계신다는 결론을 내렸다. 어떤 본문을 택하든 강해설교는 다음 다섯 가지의 사역에 동참하고 있는 것이다. 그것은 만남, 소식, 관점, 순종하는 믿음 및 능력 주심이다. 어떤 본문이든, 성령께서는
　본문을 통해 예수님과 만나게 하시며
　　기쁜 소식을 전해주시며
　　　세계관의 변화를 가져오시며
　　　　새로운 단계의 순종하는 믿음을 요구하시며
　　　　　그 일을 능히 감당할 수 있는 능력을 주신다.

1. 만남

성령은 본문을 통해 예수 그리스도 안에 계신 하나님을 만나게 하신다.

---

11) Scott Scruggs, Advanced Preaching: The Christ Event, Regent College, Vancouver, B.C., 2004.

즉, 모든 본문은 본질적으로 예수에 관한 책이다. 예수님은 자신의 사역 초기에 이러한 사실을 말씀하셨다. 예를 들어, 예수님은 자신의 안식일에 대한 주장("내 아버지께서 이제까지 일하시니 나도 일한다"[요 5:17])과 관련하여 종교지도자들과 논쟁하시면서 "너희가 성경에서 영생을 얻는 줄 생각하고 성경을 연구하거니와 이 성경이 곧 내게 대하여 증언하는 것이니라 그러나 너희가 영생을 얻기 위하여 내게 오기를 원하지 아니하는도다"(요 5:39-40)라고 말씀하셨다. 누가는 예수께서 부활하신 후 엠마오 도상에서 동일한 요지의 말씀을 하셨다고 기록한다. "이에 모세와 모든 선지자의 글로 시작하여 모든 성경에 쓴 바 자기에 관한 것을 자세히 설명하시니라"(눅 24:27). 나는 본문을 읽을 때마다 그날 예수님과 함께 걷던 두 제자 가운데 하나라도 그것을 이해했으면 하고 생각한다. 우리는 본문이 "모든 성경에 쓴 바"라고 표현한 것에 유의해야 한다. 예수님은 성경이 자신에 관한 책이라고 말씀하셨던 것이다. 우리의 이해를 위해 누가는 이에 대한 예수님 자신의 말씀을 기록한다. "또 이르시되 내가 너희와 함께 있을 때에 너희에게 말한 바 곧 모세의 율법과 선지자의 글과 시편에 나를 가리켜 기록된 모든 것이 이루어져야 하리라 한 말이 이것이라"(눅 24:44). 이어서 누가는 부활하신 예수께서 성경이 자신에 관한 책임을 알게 하시기 위해 "그들의 마음을 열어 성경을 깨닫게"(눅 24:45) 하셨다고 말한다. 그는 성경의 핵심 메시지였던 것이다.

이것을 믿는가? 이러한 확신은 세상을 변화시키는 하나님의 사역에 동참하는 설교에 있어서 매우 중요한 요소이다. 모든 본문은 성령의 "감동"(딤후 3:16)으로 기록된 것으로 예수님과의 만남으로 인도한다.

스탠리 존스(E. Stanley Jones)는 성경 본문에 대해 이렇게 말한다. "나는 날마다 말씀 앞에 나아가 그를 향해 '나의 영혼이 사랑하는 그를 만났습니까' 라고 묻는다. 그러면 말씀은 나의 손을 붙잡고 말씀 너머에 계시는 말씀이신 그분께로 인도한다."12) 나는 우리가 본문을 통해 본문의 주님께로 인도함을 받기 전에는 본문을 설교할 준비가 끝났다고 생각하지 않는다.

이것은 모든 설교가 예수님에 관한 것이어야 한다는 의미인가? 당연히 그렇다. 제임스 스튜어트(James S. Stewart)가 강조한 대로 "여러분이 할 일은 성도들이 '훌륭한 설교였다' 라거나 '말씀을 잘하신다' 라고 칭찬하며 돌아가게 하는 것이 아니다. 중요한 것은 '그들이 오늘 하나님을 만났느냐 못 만났느냐' 라는 것이다."13) 그가 말하는 하나님은 예수님으로서의 하나님, 예수님을 통해 알게 되는 하나님이시다. 존 파이퍼(John Piper)의 설명은 더욱 마음에 와 닿는다. 즉, 설교는 본문의 그리스도 안에서 "하나님의 영광에 대한 해석적(expository) 환희"라는 것이다. 그것은 "하나님의 백성으로 하여금 공허하고 덧없는 죄의 낙을 벗어나 하나님을 기쁘시게 하는 고난과 순종의 길을 걷게 한다."14)

이것은 예수님과 구체적인 관련성이 없는 본문도 예수님에 관한 설교가 되어야 한다는 뜻인가? 물론이다. 말씀이신 예수님은(요 1:1) 모든 본문을 통해 우리와 만나신다. 로고스이신 말씀은 살아계신 하나님의 자기표현(self-expression)이다. "태초에 자기표현이 있었다. 이 자기표현은 하나님과 함께 계셨으며 그는 곧 하나님이시다." 다른 해석은 있을 수 없다. 오직 하나님만이 하나님을 표현할 수 있고 하나님만이 하나님을 계시하실 수 있으며 하나님만이 하나님을 알게 하실 수 있다. 하나님은 오직 말씀을 통해 자신을 알게 하셨다. 하나님이 계신 곳에는 언제나 말씀이 있다. 하나님께서 자신을 표현한 곳에는 언제나 말씀이 있다. 모든 계시적 본문에는 말씀이 존재한다. 이것은 설교자가 "예수님을 본문으로 이끌" 필요가 없다는 것이다. 그들에게 필요한 것은 그가 본문에 존재하는 방식에 대해 안내하는 것 뿐이다. "너

---

12) E. Stanley Jones, *The Word Made Flesh*(Nashville: Abingdon, 1963), p. 7.
13) James S. Stewart, *Heralds of God*(1946; reprint, Vancouver, B.C.: Regent College Publishing, 2001), p. 31.
14) John Piper, The Supremacy of God in Preaching(Grand Rapids: Baker, 1990), p. 39.

희가 성경에서 영생을 얻는 줄 생각하고 성경을 연구하거니와 이 성경이 곧 내게 대하여 증언하는 것이니라"(요 5:39)

따라서 설교에 있어서 가장 중요한 원리는 우리가 본문의 주님을 만날 때까지 본문에 머무는 것이다. 설교의 모든 것은 여기에 달려 있다. 본문의 변화시키는 능력은 바로 이러한 만남에 있다. "우리가 다 수건을 벗은 얼굴로 거울을 보는 것 같이 주의 영광을 보매 그와 같은 형상으로 변화하여 영광에서 영광에 이르니 곧 주의 영으로 말미암음이니라"(고후 3:18). 사진을 복사하기 위해서는 원판에 대한 강력한 노광(exposure)이 필요하다. 이와 같이 우리가 본문의 주님에 대해 말하기 위해서는 원판에 대한 노광이 완전히 끝날 때까지 본문에 머물러야 한다.

어쨌든, 이러한 원리는 설교와 관련된 모든 예배 행위를 고양시킨다. 모든 예배는 본문에 계시되고 살아계신 주님의 성품으로 초점을 맞추게 되며 그것을 누리게 된다. 예를 들어 모든 노래는 오늘의 본문을 통해 찾아오신 주님을 찬양할 수 있다.

라이트(N.T. Wright)는 "설교는 말하자면 하나님께서 일으키시는 사건이다. 그처럼 특이하면서도 친숙한 순간이 찾아오면 우리는 우리를 창조하시고 사랑하시는 그 분을 만나 치유함을 받고 감격에 젖는 자신을 발견하게 된다"고 했다.[15]

2. 소식

어떤 본문이든, 부활하신 예수님은 성령을 통해 소식(news)을 전하신다. 그것은 복음의 기쁜 소식이다. 본문은 때로는 명시적으로, 때로는 은밀하게

---

15) Donald Coggan, *A New Day for Preaching: The Sacrament of the Word*, rev. ed. (London: SPCK, 1996), p. 2.

소식을 전한다. 그러나 본문은 언제나 우리를 위한 소식을 가지고 있다. 그것은 단순히 다르게 살라는 권면이나 의견이나 충고나 관점이 아니다. 본문은 소식을 전한다.

그것은 예수님으로서, 그리고 예수님 안에서 하나님에 관한 소식이다. 하나님께서 우리가 할 수 없는 어떤 일을 행하셨으며 무슨 일을 하고 계시며 무엇을 하실 것인가에 관한 소식이다. 그러므로 본문의 소식에 기초하고 그것으로 가득 찬 설교가 본문에 신실한 설교이다.

그렇다면 21세기에 들어와 북아메리카 전역에서 선포된 수많은 "설교"(이 따옴표는 모든 설교가 진정한 설교였는가에 대한 의문을 반영한다)에도 불구하고 왜 오늘날 북아메리카의 문화는 그토록 비기독교적이며 심지어 반기독교적인 현상마저 보이는가? 왜 그 많은 "설교"가 문화에 큰 영향을 미치지 못하는가? 감히 대답하건대 그것은 많은 "설교"가 복된 소식을 전하는 것이 아니라 복된 권면(advice)에 머물기 때문이다. 복된 소식이 없는 복된 권면은 아무도 변화시키지 못한다. 복된 소식이 없는 복된 권면은 숨 막힐 듯한 율법주의나 억압적인 도덕주의, 또한 무능한 자조(self-help)에 불과하다. 1970년대 중반, 피트 왓슨(Ioan Pitt-Watson)은 캘리포니아 파사데나(Pasadena)에 위치한 풀러신학교에서 설교학을 가르치기 위해 스코틀랜드에서 미국으로 건너왔다. 그는 첫 해 약 반 년 동안 남부 캘리포니아의 설교에 대한 감을 잡기 위해 가능한 많은 회중을 방문하였다. 그는 모든 설교를 다음 한 마디로 요약할 수 있었다고 말했다. "좋은 것이 좋은 것이고 훌륭한 것이 훌륭한 것이다." 그는 하나님께서 예수 안에서 무엇을 하셨으며 무엇을 하고 계시며 무엇을 할 것인지에 관한 소식을 거의 들을 수 없었다고 했다.

세계 도처의 수많은 사람들이 하나님께서 하시는 일에 대한 소식에 목말라하고 있다. 그것은 그들의 일상적인 삶에 매우 중요한 소식이다. 모든 본문에는 그러한 소식이 담겨 있다. 설교자는 이 소식에 사로잡힐 때까지 본문에 머물러야 한다. 이 소식으로부터 모든 권면과 조언이 흘러나오고 이 소식을 통해 힘과 용기를 얻는다.

이것은 사도 바울의 설교 비법 가운데 하나이다. 그의 모든 권면은 복된 소식에 기초한다. 다르게 표현하면, 그의 모든 명령은 직설법으로부터 나온다. 그는 언제나 "...하라"(now do)라고 하기 전에 "...이다"(now is)를 앞세운다. 나는 이러한 예를 가장 기교적으로 보여주는 전형적인 사례가 에베소서라고 생각한다. 에베소 전반부는 거의 직설법으로 되어 있다. 그는 하나님께서 예수님을 통해 이루신, 그리고 지금도 이루시고 계시며 앞으로도 이루실, 풍성한 은혜의 사역을 직설법으로 제시한다. "찬송하리로다 하나님 곧 우리 주 예수 그리스도의 아버지께서 그리스도 안에서 하늘에 속한 모든 신령한 복을 우리에게 주시되"(엡 1:3). 1-3장은 삼위 하나님에 관한 소식으로 가득하다. 즉, 우리를 구속하시고 화목하게 하시며 아낌없는 사랑과 은혜를 베푸시고 세계를 변화시키는 성삼위 하나님에 관한 놀라운 소식을 전한다. 그런 후에야 비로소 바울은 권면으로 넘어간다. "그러므로 주 안에서 갇힌 내가 너희를 권하노니 너희가 부르심을 받은 일에 합당하게 행하여"(엡 4:1). 4-6장에 계속해서 이어지는 '그러므로"라는 표현은 1-3장의 하나님이 하셨고, 하고 계시며, 앞으로 하실 일과 연결될 때 비로소 의미를 가진다.

이것이 바로 모든 설교는 복음적인 설교가 되어야 하는 이유이다. 우리가 달리 무엇을 전하겠는가? 모든 설교는 복음으로 가득해야 하며 그렇지 않으면 생명의 역사는 일어나지 않을 것이다. 모든 권면은 복음의 말씀인 케리그마에 근거해야 하며 그것에 의해 뒷받침되어야 한다.

앞서 언급한 대로 많은 설교 역사가들은 제임스 스튜어트(James S. Stewat)를 20세기의 가장 위대한 영어권 설교자로 생각한다.[16] 스튜어트는 1946년에 출판된 그의 저서 『하나님의 전령』(Heralds of God)에서 19세기의 가장 위대한 설교가 가운데 한 사람인 헨리 워드 비셔(Henry Ward Beecher)의 경험에 관해 전한다. 비셔는 사역을 시작한 후 사역의 결과에 대해 매우 실망하였다고 한다. 그는 자신의 설교가 아무 것도 성취하지 못한다고 생각

---

16) 그가 가장 위대한 "강해 설교자"인가에 대해서는 의견이 분분하다. Timothy Warner's review of Stewart's *Walking with God, in Bibliotheca Sacra.*

하였다. 그러던 어느 날 그는 "사도들의 설교가 성공한 데에는 반드시 이유가 있을 것이다. 찾을 수만 있다면 그 이유를 반드시 밝혀내겠다"고 생각하였다.[17] 스튜어트는 우리도 그렇게 할 것을 권한다. "말씀을 전한 첫 번째 세대 설교자의 비법을 찾으라."[18] 그들을 "불처럼 타오르게 하고 그들을 통해 세상을 환하게 밝힌" 메시지는 과연 무엇이었는가?[19]

비셔와 마찬가지로 스튜어트도 그러한 메시지에 해당하지 않는 것이 무엇인지 찾아보았다. 먼저 그들의 설교는 이론이나 사상이 아니었다. 그것은 관찰이나 생각을 통해 도출되는 무엇이 아니었던 것이다. "그것은 이교도와의 논쟁도 아니고 형제애(brotherhood)에 대한 찬사도 아니다. 또한 윤리적 촉구나 종교도 교훈도 아니며 신비적 경험이나 영적 고양도 아니다. 그것은 산상수훈의 재생산도 아니다"[20] 특히 이 마지막 문장은 20세기의 1/3이 끝나갈 무렵, 스탠리 존스가 모든 시대를 향해 던진 말을 생각해 볼 때 여전히 충격적이다. 그는 교회가 가장 필요로 하는 것은 산상수훈을 통한 "수혈"이며 그로 말미암아 "근원적인 건강을 회복하여 모든 기생충을 제거하고 세상을 구원해야 한다"고 주장했다.[21] 그러나 첫 번째 세대 설교자들의 설교는 예수님의 위대한 설교에 나타난 권면과 교훈을 포함하고 있지만 많은 면에서 우리와 달랐다. 스튜어트의 주장에 의하면 "그것은 확실하고 구체적인 역사적 사실에 대한 선언이며 실제적이고 객관적인 사건에 대한 전파였다."[22] "그것은 전능하신 하나님의 행위에 대한 선포였다."[23] 특히 초기 기독교 설교는 우리의 죄를 위해 죽으시고 사망에서 부활하신 그리스도의 권능에 대해 선포하였다. 이러한 행위로 인해 하늘나라가 권능으로 세상에 임하게 된 것이다.

---

17) Stewart, *Heralds*, p. 62.
18) Ibid.
19) Ibid.
20) Ibid.
21) E. Stanley Jones, *The Christ of the Mount: A Living Exposition of Jesus' Words as the Only Practical Way of Life*(Nashville: Abingdon, 1931), p. 22.
22) Stewart, *Heralds*, p. 63.
23) Ibid.

스튜어트가 우리에게 "전하는" 소식을 들어보자.

> 보이지 않는 영역으로부터 한때 우리와 멀리 떨어져 있던 한 신적(divine) 사건이 역사 속으로 들어왔습니다. 전에는 하나의 종말론에 불과하였던 사건이 그들의 눈앞에 현실로 벌어진 것입니다. 초자연적 세계가 눈에 보이고 말씀이 육신이 되었습니다. 이제 천국은 더 이상 꿈이 아닙니다. 그것은 이미 이르렀습니다. 우리는 역사의 정점을 지나고 있는 것입니다... 그것은 다른 모든 것들을 왜소하게 만들어버리는 참으로 엄청난 소식입니다. 만유를 주관하시는 절대적 능력이 역사에 개입하여 그의 위대하신 능력과 구원을 경험하게 하신 것입니다... 그것은 사람들이 이상적 사회에서 행하여야 하는 방법에 대한 요약이 아니라 하나님께서 역사 안에서 결정적으로, 그리고 영원히 성취하신 방법에 대한 설명입니다... '너는 이러저러해야만 한다' 라고 촉구하기만 하고 기독교의 본질-하나님께서 영원히 행하신 일-에 대해서는 침묵하는 설교처럼 알맹이 없고 어리석으며 무익한 것도 없을 것입니다.[24]

이것을 가장 잘 제시한 사람은 마리안 메이에 톰슨(Marianne Meye Thompson)이다. "무엇보다 우선되어야 하는 것은 하나님이 하신 일에 대한 복음과 하나님에 관한 이야기와 피조세계에 대한 하나님의 주권적 구원이다. 복음은 하나님에 관한 이야기이며 따라서 복음을 전한다는 것은 하나님이 모든 동사의 주어가 되시는 문장이다. 이것은 설교자가 반드시 마음에 담아 두고 되새겨야 하는 말이다."[25] 우리는 하나님의 동사, 하나님을 주제로 하는 동사에 사로잡힐 때까지 본문에 머물러야 한다.

---

24) Ibid., pp. 64-66. 나는 이 글을 읽을 때마다 복음에 대한 열정이 용솟음치는 것을 느낀다.
25) Marianne Meye Thompson, "Just Preach the Gospel," *Theology, News and Notes*, Winter 2007, p. 10.

3. 세계관

하나님께서 본문을 통해 하신 일과 말씀은 우리의 세계관을 변화시킨다. 사실 하나님의 말씀과 사역은 우리가 깨닫지 못할지라도 세상을 변화시킨다.

부활하신 예수님은 성경의 모든 본문 안에서 성령을 통해 세계관의 변화를 가져오시며 우리를 새로운 삶의 방향으로 인도해 줄 수 있는 렌즈를 주신다. 모든 본문의 저자는 특정 준거의 틀을 제시하는데 이러한 틀은 회중이 가지고 있는 준거의 틀과 맞물려 그들을 저자의 하나님에 대한 이해와 세계관 속으로 끌어들인다. 모든 본문은 바울이 로마서에서 제시한 권면과 연결되어야 한다. "너희는 이 세대를 본받지 말고 오직 마음을 새롭게 함으로 변화를 받아"(롬 12:2). 또는 필립스(J.B. Phillips)의 번역처럼 "세상으로 하여금 여러분을 세상의 틀로 몰아넣지 않게 하고 오직 하나님께서 여러분 안에서 여러분의 마음을 개조하게"[26] 해야 한다. 하나님은 성령으로 영감된 본문을 통해 이러한 개조를 이루어 가신다. 즉, 우리가 예수 그리스도에게 모든 초점을 맞춘 세계에 살 때까지 본문을 따라 하나씩 하나씩 우리를 개조해 나가신다.

가톨릭 신부이자 심리학자인 존 파웰(John Powell)은 그의 책 『참된 인간, 참된 삶: 새로운 비전을 통한 새로운 삶』(Fully Human, Fully Alive: A New Life Through a New Vision)[27]에서 우리가 이 문제를 이해하는데 필요한 도움을 준다. 나는 사람들에게 세계관에 대한 개념을 설명할 때 종종 그의 글을 인용한다. "참되고 온전한 삶은 삼각대를 받치고 있는 세 개의 다리와 같은 세 가지 요소에 근거한다. 그것은 내면적 역동성(intr-personal dynamics)

---

26) J.B. Phillips, The New Testament in Modern English(London: Geoffrey Bles, 1960).
27) John Joseph Powell, Fully Human, Fully Alive: A New Life Through a New Vision(Nils, Ill.: Argus Communications, 1976), p. 10.
28) Ibid.

과 내면적 관계(intra-personal relationships) 및 준거의 틀이다."[28] 여기서 준거의 틀이란 소위 세계관을 의미한다. 그는 계속해서 "실재에 대한 여러분의 비전은 나의 것이 될 수 없으며 반대로 나의 비전은 여러분의 것이 될 수 없다. 우리의 비전은 둘 다 한계가 있고 불완전하지만 결코 같은 것은 아니다. 우리는 둘 다 실재를 잘못 이해하고 왜곡하지만 결코 동일한 것은 아니다. 중요한 것은 우리의 세계의 범위와 삶의 질을 결정하는 것은 이러한 비전의 범위와 명확성이라는 사실이다."[29] 결론적으로 파웰은 "우리가 성숙하여 온전한 인간, 온전한 삶을 살기 위해서는 기본적 비전에 변화가 있어야 한다"[30]고 주장한다. 모든 본문에서 하나님의 영은 세계관-실재에 대한 비전-의 변화를 야기하신다.

리차드 보캄(Richard Bauckham)은 계시록에 대한 자신의 탁월한 저서에서 이러한 묵시 영역의 이미지가 어떻게 우리의 세계관을 변화시키는지 보여준다. 그가 성경의 마지막 책에 대해 말한 것은 모든 성경에 해당된다. 그는 계시록의 환상적 이미지가 "상징적 세계를 창조하여 독자들을 그곳으로 인도하여 그들의 세계관을 변화시키는" 능력이 있다고 말한다.[31] 보캄은 우리에게 예수 그리스도에 관한 계시(성경의 마지막 책의 제목이다)를 읽는 독자들이 그동안 어떻게 "로마제국의 강력한 힘과 찬란한 이방 종교"를 주입시키려는 화려한 이미지의 "로마의 세계관"과 마주해 왔는지를 상기시킨다.[32] 이어서 보캄은 본문의 목적 및 본문의 전파에 대해 언급한다. "계시록은 이러한 본문을 통해 독자들에게 또 하나의 세계관을 위한 기독교 묵시적 반대 이미지를 제공한다."[33] 두 세계관은 참으로 다르다. 계시록

---

29) Ibid.
30) Ibid.
31) Richard Bauckham, *The Theology of the Book of Revelation*(Cambridge: Cambridge University Press, 1993), p. 17.
32) Ibid.
33) Ibid.
34) Ibid. 필자의 *Discipleship on the Edge: An Expository Journey Through the Book of Revelation*(Vancouver, B.C.: Regent College Publishing, 2004)를 참조하라. 이 자료에는 계시록 본문을 통해 실재에 대한 우리의 이해를 변화시킨 30개의 설교가 수록되어 있다.

의 이미지는 끊임없이 "그리스도인의 상상력을 정확하고 그것을 세계의 현재와 미래에 대한 대안적 비전으로 새롭게 단장한다."34) 모든 본문마다, 부활하신 예수님은 어느 날 우리가 전혀 다른 실재에 살고 있을 때까지 실재에 대한 우리의 관점을 바꾸어 가신다.

제임스 사이어(James Sire)는 세계관을 "세계의 형성에 관해 우리가 가지고 있는(의식적이든 무의식적이든) 일련의 전제(또는 가정)"35)라고 정의한다. 라이트(N.T. Wright)는 세계관이란 개인이나 사회가 "다양한 삶의 경험으로 점철된" 자신의 세계를 바라보는 "렌즈"라고 말한다.36) 그는 세계관은 "특징적인 이야기, 근본적인 상징, 습관화 된 연습, 일련의 질문과 대답"이라는 네 가지의 요소를 통해 이해할 수 있다고 주장한다.37)

모든 인간, 인간의 모든 문화, 모든 저자, 영화제작자, 예술가, 의사, 과학자, 교사, 주부, 부모 및 정치가는 특정 세계관을 가지고 있다. 우리 모두는 무의식적으로 자신의 내면 깊이 뿌리내린 가정에 따라 살아가고 있다. 모든 본문은 그러한 가정과 맞물려 그것을 재강화하거나 그것에 대한 의문을 가지게 한다.

보다 구체적으로 말하면 모든 세계관은 다음 아홉 가지의 질문에 대해 묻고 대답을 시도한다. 아래와 같은 편집은 사이어와 라이트에게서 힌트를 얻었다. 설교자가 본문을 들고 강단에 서면 청중은 다음과 같이 묻는다. 대부분의 경우 무의식적인 질문이지만 때로는 매우 의도적으로 묻기도 한다.

---

35) James Sire, *The Universe Next Door*(Downers Grove, Ill.: InterVarsity Press, 1976), p. 18.
36) N.T. Wright, *Jesus and the Victory of God*(Minneapolisz: Fortress, 1997), p. 138.
37) Ibid.

1. 가장 근본적인 실재는 무엇인가? 무엇이 "참 실재"인가?
2. 우리는 누구며 어떠한 존재인가? 인간으로 존재한다는 것은 무엇을 의미하는가?
3. 옳고 그런 것에 대한 "도덕성"과 같은 것이 존재하는가? 그렇다면, 그것의 근거는 무엇인가? 우리는 어떻게 선한 것과 악한 것을 구별할 수 있는가?
4. 역사의 의미는 무엇인가? 의미가 있기는 한가?
5. 인간의 문제는 무엇인가? 우리는 과연 무엇으로부터 단절되어 있는가?
6. 해결책은 있는가? 만물은 회복될 수 있는가? 누구에 의해, 어떻게, 언제 회복되는가?
7. 하나님은 계신가? 그렇다면 우리가 이 하나님을 알 수 있는가? 그는 세상-특히 인간사에 개입하시는가?
8. 인간은 죽으면 어떻게 되는가? (이 질문은 설교자가 생각하는 것보다 더 자주 제기된다. 그러므로 설교자는 자신이 생각하는 것보다 더 자주 대답을 해야 한다.
9. 지금은 어떤 시대인가? "범사에 기한이 있고 천하 만사가 다 때가 있나니"(전 3:1)라고 하였다. 우리는 역사의 어느 시점에 와 있는가?

복음은 이 모든 문제에 대해 대답한다. 그것은 한 번에 한 본문씩 대답한다. 오래 전(1997년)에 나는 커피숍에 앉아 신문을 읽는 중에 "스타워즈의 대중 종교화"(Star Wars' Our Public Religion)[38]라는 기사를 읽은 적이 있다. 저자인 오슨 스코트 카드(Orson Scott Card)는 왜 수백만 명의 인파가 스타워즈 3탄의 개봉을 기다리며 장사진을 치고 있느냐라는 문제로 고심했다. 그것은 영화촬영기술과는 무관하다는 것이 카드의 주장이었다. 1977년에 많은 사람들을 현혹시켰던 특별한 노력은 1997년에는 이미 구식이 되었던 것이다. 또한 그것은 향수나 오락이나 예술과도 무관하다고 주장

---

38) Orson Scott Card, " 'Star Wars' Our Public Religion," *USA Today*, March 17, 1997, p. 13A.

한다. 카드에 의하면 이러한 현상은 전적으로 인간은 어쩔 수 없는 종교적 존재라는 사실을 반영한다는 것이다.

그는 다음과 같이 말한다. "우리 미국인은 겉으로 보이는 것과 달리 종교를 포기하지 않았다. 우리는 단지 그것의 이름을 바꾸었을 뿐이다." 카드는 미국의 대학이 수십 년 동안 기독교를 경멸해왔다는 사실을 상기시키면서 "그러나 특정 종교에 대한 단념이 고난과 보잘 것 없는 삶에 의미를 주는 '심오한 이야기'(Deep Story), 즉 종교에 대한 내면적 욕구를 지우는 것은 아니다"라고 말한다. 진지한 이야기라는 표현이야말로 복음과 관련된 위대한 용어가 아닌가? 그는 계속해서 "오늘날 제오파디(퀴즈프로그램)에 나오는 간단한 성경 문제의 답을 맞힐 수 있는 사람은 거의 없지만 오비완(Obi-Wan), 케노비(Kenobi), 다스 베이더(Darth Vader), 요다(Yoda) 및 포스(Fordce)에 대해 모르는 사람은 없다. 스타워즈는 대중 종교의 성경이다"라고 주장한다.39)

이 기사에서 카드는 1997년 당시 미국의 삶은 스타워즈를 "기성 종교"(the established religion)로 보기에 충분하다고 말한다. 이러한 주장에 대해서는 누구든 의문을 가질 수 있다. 그러나 분명한 것은 그가 무엇인가 근본적인 것을 깨닫고 있었다는 것이다. "스타워즈의 제작자인 조지 루카스(Georg Lucas)는 우리가 지켜야 할 도덕적 세계관을 만들지 않았다. 그러나 그는 모든 새로운 종교가 필수적으로 가지고 있어야 할 것을 제공한다. 성경은 도덕적 세계관을 명확히 하고 그것을 받아들일 것을 촉구한다. 이런 점에서 스타워즈는 종교적 경전이다."40)

이러한 주장과 관련하여, 그렇다면 대부분의 문학과 예술과 과학은 종교가 아닌가?

---

39) Ibid.
40) Ibid.

나는 카드의 견해에 동의하는 부분도 있고 동의하지 않는 부분도 있다. 내가 동의하지 못하는 부분은 스타워즈가 1997년 당시의 기성종교였다는 주장이다. 보다 정확히 말하면 스타워즈는 당시미국의 삶을 이해하려는 수많은 "심오한 이야기" 가운데 하나였다는 것이다. 스타워즈는 대단하다. 그러나 스타트랙(Star Trek)도 마찬가지이다. 다이아네틱스(Dianetics/일종의 심리요법[역자주])도 대단하고 사이엔톨로지(Scentology)도 그렇다. "아메리칸 드림"(American Dream)은 물론이다.

그러나 나는 카드의 기본적 사상에는 전적으로 동의한다. 즉, 인간에게는 종교-Deep Story-에 대한 내적 욕구가 있다는 것이다. 인간은 자신의 신상에 관한 이야기를 이해하도록 도와주는 일종의 거대담론(matanarrative)이 없이는 살 수 없다. 세계 도처에 산재한 모든 문화는, 날마다의 삶에 방향을 제시하고 모든 삶의 영역과 관계의 역학(dynamics of relationships)을 형성하며 죽음이라는 거대한 문제에 대해 알려주는 담론을 통해 실재에 대한 비전을 끊임없이 들려준다. 그 주간에 나는 부활절 설교를 통해 이렇게 말했다. "여러분, 나는 사도 바울이 고린도전서 15장을 통해 들려주는 심오한 이야기에 대해 전하고자 합니다. 막달라 마리아가 처음에는 동산지기로 착각했으나 결국 무덤에서 부활하신 나사렛 예수임을 깨달았던 그날 새벽에 일어났던 심오한 이야기를 전하고자 합니다." 모든 본문은 하나님의 심오한 이야기에 관한 내용이며 우리의 삶에 필요한 심오한 이야기를 전한다.

내가 처음 설교를 시작한 때는 불트만(Rudolf Bultmann)의 사상에 대한 관심이 고조되던 시점이다. 불트만은 어떻게 복음을 "현대" 세계에 이해시킬 수 있느냐는 문제와 진지하게 씨름하고 있었다. 그는 1961년에 발표한 『신약성경과 신화』(The New Testament and Mythology)라는 에세이를 통해 설교는 복음에서 신화적 요소를 벗기는 "탈신화화"(demythologize)를 추구해야 한다고 주장하였다. 설교는 예수와 그의 복음으로부터 성경이 말하는 모든 "신화적" 치장을 걷어내야 한다는 것이다. 불트만은 "우리는 더 이상 신조(creeds)가 당연히 여기는 삼중 세계(하늘과 땅과 땅 아래[빌 2:10 참조])를 믿을 수 없다"41)고 말한다. "스스로 생각할 나이가 된 성인이 하나님이 공간적 하늘에 살아계신다고 믿을 사람은 없다. 전통적 개념의 하늘은 더 이상 존재하지 않는다. 그렇다면 그리스도의 승천에 관한 기사는 제거되어야 마땅하다. 우리는 더 이상 인자가 구름을 타고 다시 오실 것이라는 희망이나 공중에서 그를 만날 것이라는 소망을 가질 수 없다"42)(살전 4:17 참조).

많은 기독교 학자와 설교자들은 이러한 불트만의 견해에 동의하며 공개적으로 말한다. 불트만의 견해에 동의하지 않는 학자나 설교자 가운데서도 그의 주장이 옳은 것처럼 행동하고 말하는 사람이 얼마나 많은지 모른다. 즉, 하늘은 그들의 사역이나 제자도에 아무런 실제적 중요성이 없다는 것이다. 나도 원래는 그런 사람 가운데 하나였다. 나는 성경적 세계관을 믿는다고 말하면서도 불트만의 영향으로 은연중에 현대적 세계관에 젖어 있었던 것이다. 나는 은밀한 탈신화론자였으며 마귀에 대한 모든 개념을 인간의 악과 병리현상으로 설명할 수 있다고 생각하였다. 그러나 그 후에 나는 이 세상-당시 나처럼 물리학과 이론 수학 분야의 학위를 가진 "계몽된" 학자가 충분히 이해할 수 있다고 생각했던 세계-에는 천사나 마귀와 같은 영적 존재가 활동하고 있다는, 오직 성경적 세계관으로만 설명할 수 있는 많은 경험을 하였다.

나는 설교는 복음을 탈신화화 하는 것이 아니라 세상을 복음으로 재신화화 하는 작업이라는 사실을 깨닫게 되었다. 나는 이것이 우리가 전해야 하는 영감된 본문이 하는 일이라고 생각한다. 이러한 표현은 에베소서에 나오

---

41) Rudolf Bultmann, "The New Testament and Mythology," in *Kerygma and Myth*, ed. H.W. Bartsch(London: SPCK, 1972), p. 4.
42) Ibid.
43) Andrew T. Lincoln, *Paradise Now and Not Yet: Studies in the Role of the Heavenly Dimensions in Paul's Thought with Special Reference to His Eschatology* (Grand Rapids: Eerdmans, 1981).

는 하늘에 관한 앤드류 링컨(Andrew T. Lincoln)의 학문적 연구[43]로부터 나온 것이다. 링컨은 불트만의 도전에 대해 교회는 신학이나 우주론을 탈신화화 할 필요가 없다고 반박한다. 오히려 교회는 이러한 것들을 재신화화 해야 한다. 나아가 우리의 해석학도 재신화화 되어야 한다.[44] "현대인이 자신의 삶을 상징이나 신화로 해석하느냐의 여부가 중요한 것이 아니다. 중요한 것은 어떤 상징 또는 신화를 받아들이거나 선택할 것인가이다. 성경적 관점으로부터 나오는 것들에 뿌리를 내릴 것인가 아니면 다른 세계관으로부터 나오는 것들에 기초할 것인가?"[45]

한 본문씩 설교가 선포될 때마다, 부활하신 예수님은 성령을 통해 세계관에 변화를 일으키신다. 그는 우리로 하여금 개인이나 사회의 핵심적 준거의 틀로부터 벗어나 부활하시고 승천하신 예수님의 준거의 틀로 옮기게 하신다. 그는 그리스도 중심적(Christocentric) 우주관으로 변화시키신다. "그리스도는 인간의 모든 사상과 경험의 존재론적, 인식론적, 구원론적 초점이다."[46] 나는 참으로 그렇게 되기를 간절히 원한다.[47]

4. 순종하는 믿음

이러한 관점(vision)의 변화는 자연히 새로운 삶의 방식을 요구한다. 사도 바울이 로마서 서두와 끝 부분에서 밝힌 대로 복음은 "믿어 순종케"(롬 1:5; 16:26)한다. 즉, 순종하는 믿음, 믿음으로부터 나오는 순종을 가지게 한다. 실재에 대한 대안적 해석-사실상 대안적 실재-을 받아들인 자는 새로운 삶을 살아야 한다. 모든 본문은 우리를 새로운 단계의 순종하는 믿음으

---

44) Ibid., p. 4.
45) Ibid., p. 5.
46) Michael P. Knowles, " 'Christ in You, the Hope of Glory' : Discipleship in Colossians," in *Patterns of Discipleship in the New Testament*, ed. Richard N. Longenecker (Grand Rapids: Eerdmans, 1996), p. 180.
47) 이 문제에 관해서는 10장 "신비에 서라" 에서 자세히 다룰 것이다.

로 인도한다. 나의 친구인 딕(Dick Whedinhelft)의 말처럼 "우리는 자신의 세계관을 믿기 때문에, 또한 우리는 우리가 믿는 대로 살기 때문에, 우리의 세계관을 따라 살지 않을 수 없다."48)

이 문제에 대해 조금 더 살펴보자. 성경에 나오는 대로 살아계신 하나님은 인간에게 오직 한 가지 명령만을 주셨다. 다른 모든 명령은 이 한 가지 명령에 대한 구체적인 표현 또는 설명이라고 할 수 있다. 이 명령은 태초에 하나님께서 동산에서 주셨다. "여호와 하나님이 그 사람에게 명하여 이르시되 동산 각종 나무의 열매는 네가 임의로 먹되 선악을 알게 하는 나무의 열매는 먹지 말라 네가 먹는 날에는 반드시 죽으리라 하시니라"(창 2:16-17). 금지된 식물은 선악을 알게 하는 나무였다.

본문을 설교할 때마다 우리는 설교의 초점을 정확히 해야 할 필요가 있다. 우리는 마치 하나님께서 인간이 아는 것을 싫어하기라도 하듯, 아니면 우리가 많이 알면 하나님께 위협이라도 되듯, "지혜롭게 하는 나무"에 초점을 맞추어서는 안 된다. 또한 마치 하나님이 우리에게 악을 제시하시면서 그것을 택하지 말라고 말씀하시는 것처럼, 선과 악 가운데 하나를 고르라는 양자택일의 의미에서 제시된 "선악과"에 초점을 맞추어서도 안 된다. 우리가 전해야 하는 것은 '선악을 알게 하는 나무'이다.

이 구절 전체는 특별한 의미를 가진 히브리 숙어이다. 다니엘 풀러(Daniel P. Fuller)는 구약성경에서 이 숙어는 특별한 종류의 지혜를 나타내며 의롭게 살려는 사람들이 갈망하는 지혜로 사용되었음을 보여주었다. 미발간된 그의 비망록을 살펴보면 그는 이 구절의 용례를 전부 확인했다는 사실을 알 수 있다. 하나님은 그러한 지혜를 가지고 계시고(창 3:22) 하나님의 사자도 가지고 있으며(삼하 14:17) 솔로몬은 그것을 위해 기도하였다

---

48) 친구와의 대화 중에.
49) 그의 해석학 강의에서, Fuller Theological Semianry, 1970.

(왕상 3:9). 그러나 아이들은 그것을 가지고 있지 않으며(신 1:39; 사 7:15), 노인들은 그것을 잃어 버렸다(삼하 19:35).[49] 풀러는 계속해서 이렇게 결론 내린다. " '선악을 알게 하는 나무' 라는 표현은 지혜롭게 행하는 방법을 위해 다른 사람에게 의존하지 않아도 될 정도의 성숙함을 소유하는 것을 말한다. 미성년자나 노인들은 이러한 성숙함이 없다. 그러나 솔로몬을 비롯하여 지도력을 발휘해야 하는 사람들은[어느 정도] 소유할 수 있었다." 따라서 선악을 알게 하는 나무를 먹지 말라고 하신 명령은 "아담과 하와가 하나님 자신이 소유하신 성숙함을 바라지 말라는 뜻이다. 그로 말미암아 하나님을 의존하지 않고 지금 누리고 있는 모든 것을 스스로 취할 수 있다고 생각해서는 안 되기 때문이다."[50]

그러므로 우리는 하나님의 명령을 이렇게 제시할 수 있다. "아담아 나는 너를 모든 피조물 가운데 가장 영광스러운 존재로 만들었다. 나는 너에게 생명을 주었다. 그것은 영원히 소멸되거나 쇠약하거나 죽지 않는 나의 생명이다. 너는 나를 신뢰함으로, 한 가지 명령만 지킴으로 이 생명을 누릴 수 있다. 그것은 나를 떠나 살려고 하지 말라는 것이다. 나는 네가 모든 생명과 능력과 지혜를 나에게 맡기고 나만 의지하며 살도록 만들었다. 그러므로 너는 너 되게 나는 나 되게, 즉 너는 피조물이 되어야 하고 나는 창조자가 되어야 한다. 네가 나처럼 되려 할 경우, 즉 네가 나 없이 홀로 살려고 하는 날에는 너는 정녕 죽을 것이다. 나는 너를 죽이지 않을 것이며 너를 죽일 필요도 없는 것은 네 스스로 선택한 죽음이기 때문이다. 오직 이 한 가지 명령만 지키라. 나만 믿고 의지하라. 그러면 살 것이다."

그 후에 계속되는 모든 명령은 또 하나의 "나를 신뢰하라"는 명령이다. 십계명을 살펴보자. 율법의 첫 마디는 무엇인가? 많은 사람들은 "너는 나 외에는 다른 신들을 네게 두지 말라"(출 20:3)라고 대답할 것이다. 그것은

---

50) Daniel P. Fuller, "Unity of the Bible," syllabus, Fuller Theological Semianry, 1969, pp. viii-3.

첫 마디가 아니다. 율법은 "나는 너를 애굽 땅, 종 되었던 집에서 인도하여 낸 네 하나님 여호와니라"(출 20:2)라는 말씀으로 시작한다. 하나님은 계명에 대해 말씀하시기 전에 먼저 이미 형성된 관계와 성취하신 자유에 대해 선언하고 계신 것이다. "나는 네 하나님 여호와니라"는 말씀은 언약의 말씀이다. 이것은 "나는 너의 하나님이 되기로 정하였다. 나는 너에게 나를 주기로 정하였다. 나의 모든 존재와 하나님으로서의 속성은 너를 위한 것이 되게 하겠다."라는 것이다. 이어서 명령이 제시된다. 여기에는 "이제 이미 형성된 우리의 관계와 너를 위해 이루어 놓은 자유 안에서 사는 것이 어떠한 것인지 제시하겠다. 내가 여호와임을 믿어라, 너에게는 더 이상 다른 신이 필요치 않다."

마틴 루터는 믿음에 대한 생생한 정의를 내린다. 그는 믿음은 복음 진리에 대한 단순한 정신적 동의가 아니라 "하나님께 자신을 온전히 맡기는 것"이라고 했다. 성경의 모든 본문은 –정황을 바로 이해하기만 한다면– 자신을 하나님께 맡기라고 말한다. 성경 어디에도 우리를 우리 자신에게 맡기라고 말하는 본문은 없다. 모든 본문은 하나님께 순종함으로 의지하고 의지함으로 순종하라고 말한다. 설교란 특정 본문이 또 하나의 "너 자신을 하나님께 맡겨라"라는 권면임을 보여주는 작업이다.

다음은 내가 종종 인용하는 예화로 다니엘 풀러의 강의를 통해 착안한 것이다.

여러분은 자신의 몸에 이상이 있는 것 같아 병원을 찾았다.

그녀는 여러분을 진단한다. 그녀는 유능한 의사이기 때문에 즉시 원인을 발견하고 처방전을 제시한다. "이 약을 드릴 테니 하루에 두 알씩 먹으세요. 사탕은 드시지 말고 매일 세 종류의 야채를 섭취하고 1마일 이상 걸으셔야 합니다."

당신은 "예, 매우 합리적인 처방이라고 생각합니다. 그렇게 하겠습니다"라고 대답한다.

사무실을 나서면서 여러분은 접수원에게 "저분은 매우 훌륭한 의사입니다. 참으로 대단하신 분입니다. 나를 잘 보살펴주었습니다. 그 분에게 치료를 받아 다행입니다"라고 말한다.

집으로 간 당신은 다음 날 두 개의 알약 가운데 하나만 먹는다. 당신은 몰래 스니커즈를 한 입 베어 물고 야채는 두 종류만 섭취한다. 그리고 반마일을 걷는다. 당신은 "이쯤하면 충분할거야. 내 몸은 의사보다 내가 더 잘 알지"라고 생각한다.

당신은 한 주일 내 그렇게 하였다.
그리고 주말이 되어 다시 의사를 찾았다.

그녀가 "굿 모닝"이라고 인사한다.
당신도 "굿 모닝"이라고 대답한다.
"몸은 좀 어떠십니까?"
"별로 좋지 않습니다."
"이상한 일이네요. 제가 처방해준 대로 하면 대부분 낫는데, 혹시 말씀 드린 대로 하지 않았습니까?"
"대충이요."
"대충이라니, 그것이 무슨 뜻입니까?"
"말씀 드린 대로 대충 그렇게 했습니다."
"약은 매일 두 알씩 드셨습니까?"
"대충이요."
"대충이라니요?"
"매일 한 알씩 먹었습니다."
"한 알요?"

"예, 한 알"
"두 알씩 드시라고 했을 텐데요."
"알고 있습니다."
"사탕은 안 먹었지요?"
"대충이요"
"또 대충입니까?"
"예, 매일 스니커즈 한 입씩만 먹었습니다."
"사탕은 안 된다고 말씀드렸는데요."
"물론 알고 있습니다."
"다렐씨, 정말 낫고 싶습니까?"
"물론입니다"
"글세요... 야채는 세 종류를 섭취했습니까?"
"그것이..."
"대충이라고 말씀하지 마십시오."
"좋습니다. 두 종류만 먹었습니다."
"매일 1마일씩 걸었습니까?"
"...아닙니다...반마일 걸었습니다."
그때 의사는 "나를 정말로 믿습니까?"라고 물었다.
"내 물론입니다. 당신은 최고의 의사입니다."
"알고 있습니다. 나는 당신이 접수원에게 말하는 것을 들었습니다. 내가 최고라면 왜 나를 믿지 못합니까?"
"당신을 믿습니다."
"아닙니다. 당신은 나를 믿지 않습니다."
"왜 그렇게 생각합니까?"
"당신은 내 말대로 하지 않기 때문입니다."

이것이 "순종하는 믿음"이다. 모든 본문에서 명령하고 있는 "하라"는 "나를 신뢰하라"는 명령의 또 다른 형태일 뿐이다. 본문은 삶을 변화시킨다. 본문에 대한 설교도 마찬가지이다. 모든 본문은 하나님의 말씀에 대한 순종을 통해 하나님에 대한 새로운 단계의 믿음을 요구하기 때문이다.

5. 능력

　부활하신 예수님은 모든 본문 안에서, 성령을 통해 우리를 부르신 목적을 감당하게 하신다. 이러한 사실은 본 장에서 살펴본 모든 내용을 생각할 때 놀랍지 않은가? 육신이 되신 말씀이 우리의 설교를 통해 말씀하신다면-우리의 설교가 본문에 신실하기만 하면 그렇게 하실 것이다-그가 말씀하신 일이 일어날 것이다. 또한 그의 말은 전달만 되는 것이 아니라 변화를 가져오고 역사를 일으킨다. 본문을 영감하신 성령께서는 본문을 따라 살도록 우리에게 힘을 주실 것이다(이러한 내용의 적용에 관해서는 7장에서 더욱 상세하게 살펴볼 것이다).

　강해설교는 신적 변화의 기적이 발생하는 현장이다. 설교자는 강해설교를 통해 부활하신 예수께서 성령을 통해 본문 안에서, 본문과 함께, 본문을 통해 하고 계신 일에 동참한다.

　그는 본문을 통해 예수님과 만나게 하시며,
　　　기쁜 소식을 전해주시며,
　　　세계관의 변화를 가져오시며,
　　　새로운 단계의 순종하는 믿음을 요구하시며,
　　　그 일을 능히 감당할 수 있는 능력을 주심으로
　　　본문을 통해 제시된 새로운 실재를 따라 살게 하신다.

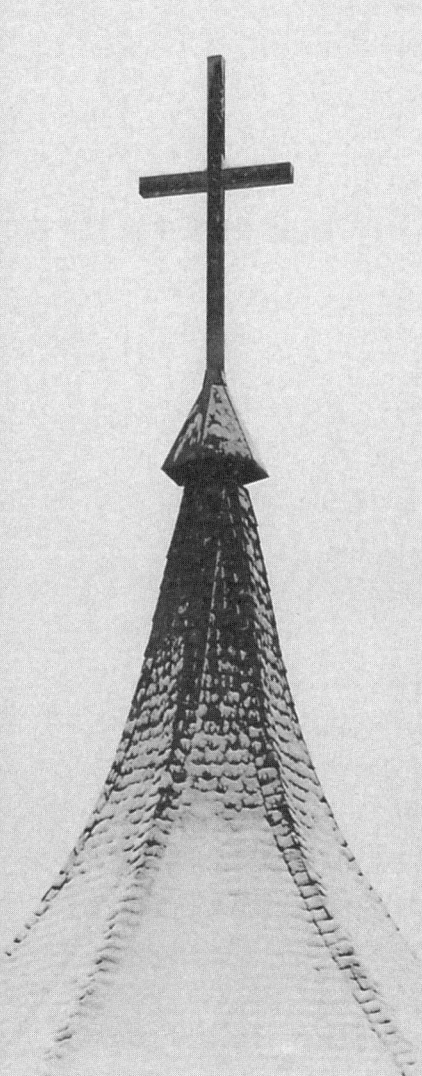

4

어떻게 일어나는가?
(동참과 관련된 동사)

지금까지 나는 '말씀을 전하다'(preach[설교하다])라는 동사를 일반적 의미로 사용해 왔다. 그러나 나는 이 단어가 성경에서 말씀을 전한다는 의미로 사용된 유일한 동사가 아니며 더욱이 수많은 예수 그리스도의 교회들이 이것을 다양한 의미로 사용하고 있다는 사실을 알고 있다. 본장에서는 이 단어의 보다 정확한 의미와 설교라고 불리는 활동에 대해 규명할 것이다.

나는 가끔 설교와 가르침 사이에 차이가 있느냐는 질문을 받는다. 즉 두 단어 사이에 다른 점(요소)이 있느냐는 것이다. 로버트 스티븐 레이드(Robert Stephen Reid)는 그의 통찰력 있는 저서 『설교의 네 가지 음성』(Fore Voices of Preaching)에서 월트 웡게린 쥬니어(Walter Wangerin Jr)가 어느 주일 아침 설교를 마친 후에 경험했던 이야기를 전해준다. 회중 가운데 한 여성 중직자가 설교와 가르침에 관한 문제를 제기했던 것이다.

> 그때 미즈 릴리안(Miz Lillian)은 일로 단련된 손으로 절대로 놓지 않을 듯이 내 팔을 꽉 붙들었다. "당신이 가르치면" 그녀는 말했다. "나는 그날 무엇인가를 배워서 그것을 가지고 집으로 돌아갈 수 있을 것이며 하나님의 뜻이면 그것을 실천할 수도 있을 것입니다. 그러나 만일 당신이 설교를 하면" 그녀는 음성을 낮추고 더욱 깊은 눈으로 나를 응시하며 말했다. "하나님은 우리와 함께 이곳에 계실 것이며 때로는 웃으시고 때로는 얼굴을 찌푸리실 것입니다."[1]

그녀는 지혜로운 여성이다. 그녀는 같은 설교자가 다른 "의사전달 동사"(verbs of communicating)를 사용할 수 있다는 것과 각각의 동사는 다른 수사학적 문제를 가지며 청중에게 다른 결과를 야기한다는 사실을 알았던 것이다.

---

1) Walter Wangerin Jr., *Miz Lil and the Chronicles of Grace*(San Francisco: Harper and Row, 1988), p. 37, quoted in Robert Stephen Reid, *The Four Voices of Preching: Connecting Purpose and Identity behind the Pulpit*(Grand Rapids: Brazos, 2006), p. 15.

나에게 설교와 가르침 사이에 차이가 있다고 생각하느냐고 묻거나 설교는 복음적이고 권면적이어야 하느냐고 질문하는 경우 질문자의 대부분은 주님 계실 당시 예배에서 시행된 설교에 합당한 전통적인 표현이 있는가에 대해 궁금해 하는 사람들이다. 특히 질문자가 기독교 전성기(지금은 와해되었으나 기독교 신앙이 사회전반을 지배하던 당시)에 교회에서 자라난 경우에 이러한 경향이 두드러진다.[2]

기독교의 전성 시대에 주일 설교는 "말씀을 전하는" 시간이었으며 주일학교 과정이나 주중 모임은 "가르치는" 시간이었다. 이것은 설교 시간에는 설교자가 "가르치는" 일에 치중할 필요가 없었다는 뜻이다. 설교자는 대부분의 사람들이 성경의 큰 흐름과 그 안에 들어 있는 대부분의 이야기에 대해 파악하고 있다는 사실을 알고 있었기 때문이었다. 예를 들어 설교자는 설교를 시작하기 전에 "고래 뱃속과 같은 세상에서 지낸지 사흘이 되었습니다"라고 하면 대부분의 사람들은 무슨 말인지 알아들었다. 21세기에 들어와 처음으로 맞는 10년간 만일 그런 식으로 설교를 시작했다면 "이것이 무슨 소리인가"라고 황당해 하는 모습을 보게 될 것이다. 기독교의 체계가 잡혀 있던 시절, 주일 설교는 소위 "웅변"(oration)식이었으며[3] 교육적 요소는 거의 찾아볼 수 없었다. 그 이유 역시 성경에 대한 풍성한 지식이 감안되었기 때문이다. 그러나 오늘날은 전혀 그렇지 못하다. 오늘날 설교자는 많은 '가르침'이 없이 복음을 전하는 것이 어렵다는 것이 나의 판단이다. 그 외에도 다양한 동사로 지칭되는 다양한 사역이 포함되어야만 한다.

지금까지 나는 "설교 시간"(preaching moment)이나 "설교 사건"(preaching event)이라는 표현을 사용해 왔다. 이제 보다 확장된 개념인 "복

---

2) Stanley Hauerwas and William H. Willimon, *Resident Aliens: Life in Christian Colony*(Nashville: Abingdon, 1989).
3) O.Cl. Edwards, *A History of Preaching*(Nashville: Abingdon, 2004); Richard Lischer, *The Company of Preachers: Wisdom on Preaching, Augustine to the Present*(Grand Rapids: Eerdmans, 2002); David Dunn-Wilson, *A Mirror for the Church: Preaching in the First Five Centuries*(Grand Rapids: Eerdmans, 2005).

음을 전달하는 시간"(communicating-the-gospel moment)이라는 구절을 통해 그 속에 담긴 다양한 동사의 용례에 대해 살펴보겠다. 게하르드 프레드릭(Gerhard Friedrich)이 자신의 『신약성경 신학사전』(The Theological Dictionary of The New Testament)이라는 제목의 논문에서 지적한 대로 우리는 오늘날 전파하다(preach)라는 동사만 사용하는데 반해 신약성경은 "훨씬 다양하고 역동적인 표현 방법을 사용했다."4) 그는 이어서 "그러나 우리가 'preach'를 배타적으로 사용하는 것은 어휘가 모자라기 때문이 아니라 초대 기독교의 살아 있는 실재에 해당하는 무엇인가를 잃어버린 때문이다"5)라고 덧붙인다. 나는 그의 말에 동의하며 아울러 복음의 방대한 규모나 전달 시간의 역동성을 감안할 때6) 설교자의 다양한 스타일은 물론 이처럼 다양한 전달 방법을 더 이상 회피할 수 없다고 생각한다.

세계를 변화시키는 신적 사역에 동참(participating)하는 일과 관련된 주요 동사(main verb)로는 복음을 전하다(evangelize), 포고하다(herald), 가르치다(teach), 권면하다(exhort), 예언하다(prophesy), 시인하다(confess), 증거하다(witness)가 있다.

이들에 대해 다루기 전에 먼저 표 4.1을 살펴보자. 이것은 복음 전달과 관련된 동사들이 사용될 수 있는 네 가지 상황이다.7)

---

4) Gehard Friedrich, "κῆρυξ, κτλ," in *Theological Dictionary of the New Testament*, ed. Gerhard Kittel and Gerhard Friedrich(Grand Rapids: Eerdmans, 1964-1976), 3:703.
5) Ibid.
6) 본서를 집필하는 중에 출간된 두 권의 책을 소개하고자 한다. 두 책은 각각 본 장에서 다룰 주제를 다른 관점에서 제시하며 두 권 모두 유익한 내용이라고 생각한다. 한 권은 이미 언급한 바 있는 Robert Stephen Reid의 책으로 그는 전달 이론에 대한 풍성한 연구를 통해 "전달 시간"이라는 개념을 제시한다. 그의 책은 *The Four Voices of Preaching*이다. 또 한 권은 설교학 교수로 유명한 사람의 책이다. Kenton Anderson, *Choosing to Preach: A Comprehensive Introduction to Sermon Options and Structures*(Grand Rapids: Zondervan, 2006), 나 자료에 대해서는 다시 한번 다루게 될 것이다.

[표 4.1]

I. · 의도된 신성한 장소 · 복음적 지식 존재	III. · 의도되지 않은 신성한 장소 · 복음적 지식 존재
II. · 의도된 신성한 장소 · 복음적 지식 없음	IV. · 의도되지 않은 신성한 장소 · 복음적 지식 없음

I은 전통적으로 말씀이 전해지는 상황이다. 즉 예배당이나 교회로 사용되는 건물 안에서 적어도 주요 회중은 복음을 알고 있는 상황이다. II는 대부분의 사람들이 예수나 복음에 대해 거의 모르지만 예수나 복음에 대한 언급을 기다리고 있는 특별 행사나 결혼 예배나 추도예배와 같은 경우이다. III은 말하자면 공원이나 시민회관 같은 곳에서 적어도 복음을 알고 있는 핵심적 회중이 나머지 사람들에 대한 복음화 의지를 갖고 있는 경우이다. (필자의 경우 1999년에 할리우드 볼[원형극장]에서 있었던 부활절 새벽예배 설교를 맡은 적이 있으며 밴쿠버 오르페움극장에서 밴쿠버 제일침례교회가 주관한 부활절 예배 설교를 3년 연속 맡는 영광을 누렸다.) IV는 기념이나 추도를 위한 모임이나 시민 모임과 같이 기독교 단체가 주관하지 않는 행사로, 극소수의 사람들만이 복음을 알고 있으며 예수나 복음에 관한 말을 기대하지 않는 상황이다. (나는 이런 상황에서 말씀을 전하는 것을 좋아한다.)

복음 전달과 관련된 동사들은 이 네 가지 영역 가운데 하나에 속한다. 복음을 전하다(evangelize)는 IV에, 증거하다(witness)는 III에, 가르치다(teach)나 권면하다(exhort)는 I에, 포고하다(herald)는 II 또는 IV이다. 이러한 분류는 어느 정도 합리적이다. 각 영역은 전달자가 다양한 전달 양식 가운데 한두 가지의 특정 양식으로 전달하기를 바란다. 그러나 나는 본 장에서 살펴볼 모든 동사가 모든 영역에 나타난다고 주장한다. I에는 확실히 모

---

7) 감사하게도 누군가 이 아이디어를 제시해 주었으며 이 표는 그것을 약간 수정한 것이다.

든 동사가 기능한다. 그러므로 설교자는 마치 강단에 해당하는 동사가 하나 밖에 없는 것처럼 그 한 가지 "적절한" 동사에만 매여 애태울 필요가 없다.

이 책에서는 I영역에 초점을 맞춘다. 그러나 다른 세 영역에서 전해지는 내용도 원천은 동일하다. 즉, 청중이 알든 모르든 성경의 구체적 본문이 공통된 원천이다. 나는 그들이 본문에 대해 알아야 한다고 생각하지만 "설교의 영광"은 반드시 성경을 들고 본문을 읽어야만 경험되는 것은 아니다. 즉 전달되는 메시지가 본문으로부터 나오는 것이면 된다는 것이다. 에스겔 37장의 기적을 행할 수 있는 유일한 원천은 에스겔 37장이다. 이것은 어떤 영역에서건 마찬가지이다. 이제 일곱 가지의 동사에 대해 하나씩 살펴보자. 각 동사는 복음을 전달하는 행위와 관련된다.

1. 복음을 전하다(evangelizō)

이것은 간단히 말해 "좋은 소식을 전하다"(evangelize)라는 뜻이다. 천사는 "나는 하나님 앞에 서 있는 가브리엘이라 이 좋은 소식을 전하여 네게 말하라고 보내심을 받았노라"(눅 1:19)고 했다. 예수께서 탄생하신 날 하늘의 천사장은 "무서워하지 말라 보라 내가 온 백성에게 미칠 큰 기쁨의 좋은 소식을 너희에게 전하노라"(눅 2:10)고 했다. 누가복음 3장 18절은 세례요한이 "또 그밖에 여러 가지로 권하여 백성에게 좋은 소식을 전하였으나"라고 말한다. 예수님은 나사렛 설교에서 이사야의 글을 인용하여 "주의 성령이 내게 임하셨으니 이는 가난한 자에게 복음을 전하게 하시려고 내게 기름을 부으시고"(눅 4:18)라고 선포하셨다. 또한 예수님은 "내가 다른 동네들에서도 하나님의 나라 복음을 전하여야 하리니 나는 이 일을 위해 보내심을 받았노라"(눅 4:43)고 하셨다. 그 후 예수님은 "각 성과 마을에 두루 다니시며 하나님의 나라를 선포하시며 그 복음을"(눅 8:1) 전하셨다. 예수님은 그의 첫 번째 제자들을 보내시며 이 일을 하게 하셨다. "제자들이 나가 각 마을에 두루 다니며 곳곳에 복음을 전하며 병을 고치더라"(눅 9:6). 초대교회 역시 그렇게 했다. "그 흩어진 사람들이 두루 다니며 복음의 말씀을 전할 새"(행 8:4). 그들은 실로 복음이 되는(good-news-ing) 말씀을 전했던 것이다. 사마리아 성 사람들은 "빌립이 하나님 나라와 및 예수 그리스도의 이름에 관하여 전도함을"(행 8:12) 믿었다. "바울이 그 환상을 보았을 때 우리가 곧 마게도냐로 떠나기를 힘쓰니 이는 하나님이 저 사람들에게 복음을 전하라고 우리를 부르신 줄로 인정함이러라"(행 16:10). 이와 같이 천사, 세례 요한, 예수님, 예수님의 제자 및 사도들은 이 마을에서 저 마을로, 이 성읍에서 저 성읍으로, 이 나라에서 저 나라로 다니며 복음을 선포하였다.

신약성경이 사용하는 에반겔리온(evangelion)이란 단어는 영어로는 evangel(복음)로 번역되었으며 이것은 복음을 전하다(evangelize)나 복음의(evangelical)라는 단어의 원형으로 사용된다. 복음은 기쁜 소식으로도 바꾸어 쓸 수 있다(good-news-ize나 good-news-ical). 복음적이 된다(새 be evangelical)는 말은 전도에 열심을 낸다(evangelistic)는 뜻이다. 즉 기쁜 소식에 사로잡혀 세상이 그 소식을 듣고 받아들이기를 원한다는 것이다. 원래 '에반겔리온'은 가이사(Caesar)의 등극이 기쁜 소식이라는 의미에서 사용되었던 세속적 단어이다. 예를 들어, 가이사 아구스도(Caesar Augustus)는 '신의 아들'로서 세상에 왔으며 세상은 새로운 시대를 맞이하게 되었기 때문에 그것이 기쁜 소식(에반겔리온)이라는 것이다. 사실 아구스도는 "복음 또는 기쁜 소식이라는 헬라어를 처음 빌려와 그것을 자신의 통치로 말미암는 새로운 세계 질서에 적용한 당사자"[8]이다. 황제는 온 제국에 사신과 전령을 보내어 자신에 관한 에반겔리온(복음)을 전했던 것이다. 마찬가지로 위대한 황제이신 예수님도 자신의 사신, 복음전도자를 보내어 온 세상에 자신에 관한 기쁜 소식을 알리시는 것이다.

복음을 전하다(evangelize)라는 동사와 언제나 함께 사용되는 세 가지의 개념이 있다. 그것은 기쁨과 승리와 변화된 실재이다.

---

8) Philip Yancey, *The Jesus I Never Knew*(Grand Rapids: Zondervan, 1995), p. 33.

1) 기쁨

"보라 내가 온 백성에게 미칠 큰 기쁨의 좋은 소식을 너희에게 전하노라"(눅 2:10). 기쁨은 복음을 선포하는 자의 지배적 감정이다. 이것은 회중 가운데 기쁨이 없다는 것은 복음을 충분히 듣지 못한 결과임을 보여준다. "복음이 선포될 때 기쁨이 지배한다."9) 왜 그런가?

2) 승리

구약성경이나 세속 사회에서 복음(evangel)은 승리-대적에 대한 승리-의 선언이었다. "전쟁터에서 오는 사신은 대적의 죽음이나 대적에 대한 승리를 전하였다."10) 이 동사는 주로 승리의 소식을 선포할 때 사용되었다. "사신이 나타나 기뻐하며 오른 손을 들고 큰 소리로 외쳤다."11) "기뻐하십시오... 우리가 이겼습니다!" 마가도 우리에게 예수께서 광야에서 하나님의 대적에게 시험을 받고 돌아오셨다고 말한다. 마가는 "요한이 잡힌 후 예수께서 갈릴리에 오셔서 하나님의 복음을 전파하여 이르시되"(막 1:14). 가이사가 자신에 관한 복음을 가지고 있었듯이 살아계신 하나님께도 복음이 있었다. 마가는 계속해서 하나님의 복음의 내용에 대해 전한다. "때가 찼고 하나님의 나라가 가까이 왔으니 회개하고 복음을 믿으라"(막 1:15). 예수님은 전장에서 승리를 거두시고 갈릴리로 오셨다. 마가의 생각에 예수님은 광야에서 악한 자에게 승리하셨던 것이다. 예수님은 광야에서 승리자가 되셔서 위대한 복음 전도자로 갈릴리로 오셔서 복음을 전하신 것이다. "기뻐하라. 내가 승리하였노라."

3) 변화된 실재

승리와 승리의 선언은 모든 상황을 바꾸어 놓았다. 로마의 사신이 성읍으로 들어와 가이사의 복음을 전할 때 성읍 사람들의 삶이 바뀌었다. 이제 가

---

9) Gerhard Friedrich, "εὐαγγελίζομαι, κτλ.," in *Theological Dictionary of the New Testament*, ed. Gerhard Kittel and Gerhard Friedrich(Grand Rapids: Eerdmans, 1964-1976), 2:720.
10) Ibid., 2:707.
11) Ibid., 2:722.

이사는 그 지역의 주인이 되었으며 가이사의 방법이 곧 성읍 사람들의 삶의 방식이 된 것이다. 예수님은 갈릴리로 오셔서 하나님의 복음을 전하셨다. 이제 예수님은 그곳의 주인이 되셨으며 예수님의 방식은 곧 그곳 사람들이 살아가야 할 방식이 되었던 것이다. 가이사 아구스도는 "신의 아들"로 태어났으며 그의 출생은 새로운 시대의 시작으로 환영받았다. 마찬가지로 새로운 통치자의 탄생은 "온 세상을 위한 새로운 시대의 도래"를 알렸다.[12] 하나님의 복음은 새로운 통치자, "하나님의 아들"의 탄생에 관한 것이 전부였다. 그는 이 땅에 오셔서 하나님을 대적하는 모든 세력들에게 승리를 거두시고 세상의 모든 방식을 영원히 바꾸셨다. 이러한 실재의 변화야말로 복음을 전하다라는 동사(evangelize)의 핵심이다. 왜냐하면 승리를 쟁취함으로써 이제 새로운 삶의 방식으로 바뀌어야 하기 때문이다. 매트릭스: 레볼루션(Matrix: Revolutions)이라는 영화에 보면 기계와의 전쟁이 끝난 후 한 청년이 소식을 들고 달려와 "전쟁이 끝났다, 전쟁이 끝났다"라고 외치는 장면이 나온다. 이것이 바로 복음이라는 단어의 의미이다.

이사야 선지자는 여호와께서 승리하시고 보좌에 앉으사 새로운 주권자로 통치하시며 새 시대를 여실 그 날을 학수고대하였다. 이제 드디어 그날이 온 것이다. "좋은 소식을 전하며 평화를 공포하며 복된 좋은 소식을 가져오며 구원을 공포하며 시온을 향하여 이르기를 네 하나님이 통치하신다 하는 자의 산을 넘는 발이 어찌 그리 아름다운가"(사 52:7). 사도 바울은 로마서에서 복음 전파에 관해 언급하는 가운데 이 구절을 인용한다. 그러나 바울은 본문에 나타난 "그"(단수) 대신 "그들"(복수)을 사용함으로써 하나님의 복음을 듣고 산을 넘는 특권을 받은 자들이 많이 있을 것임을 보여준다.

20세기 중반 인도, 중국 및 일본 지역에 복음을 전하였던 감리교 선교사 스텐리 존스(E. Stanley Jones)-인도의 그리스도인은 그를 사도 바울 이후 가장 위대한 선교사라고 불렀다-는 내가 아는 한 복음을 전하다(evangelize)

---

12) Ibid., 2:725

라는 동사의 정신을 가장 훌륭하게 구현한 인물이다. 그는 "초기의 신자들은 '세상이 왜 이 지경이 되었는가' 라고 낙심하지 아니하고 '세상에 무슨 일이 일어났는가 보라' 고 기뻐하였다"13)고 말한다. 초기 신자들도 우리와 마찬가지로 세상이 무섭고 도발적이며 혼란스럽고 완전히 엉망진창이 되었다고 생각하였다. 그러나 그들은 "세상이 왜 이 지경이 되었는가?"라고 낙심치 아니하였다는 것이다. 세상이 아무리 악하고 부도덕하며 혼란스러울지라도 그러한 한탄과 낙심은 성경적 가르침이 아니다. 성경은 결코 그렇게 가르치지 않는다. 오히려 복음적 가르침은 눈앞에 보이는 세상의 모든 광경에도 불구하고 "보라, 세상에 무슨 일이 일어났는가"라고 해야 한다는 것이다. 진정한 왕, 하나님의 독생자가 오셨으며 승리하셨다. 존스는 계속해서 이렇게 말한다. "그들은 파괴만 본 것이 아니라 이러한 파괴를 회복할 수 있는 원천을 보았다. 그들은 가득한 죄만 본 것이 아니라 그보다 풍성한 은혜를 보았던 것이다."14) 이것이 하나님의 복음이다.

그렇다면 이러한 동사적 의미에서 동참한다는 것은 회중 앞에서 말씀을 들고(또는 말씀을 가슴에 품고) 근본적인 변화의 소식, 새로운 영역의 세계, 만물의 새로운 질서에 관한 소식 및 이 새로운 질서에 부응하라는 요구에 관한 소식을 선포하는 것이다.

주여, 우리의 설교에 이러한 능력을 허락해 주옵소서.

2. 포고하다(kēryssō)

이것은 신약성경에서 "전파하다"(preach)라는 말로 가장 자주 번역되며 가끔 "선포하다"라는 말로도 번역된다. 이것은 새로운 공적 실재를 공개적으로 선포하는 것이다. 세례 요한이 그렇게 하였다. "그 때에 세례 요한이

---

13) E. Stanley Jones, *Abundant Living*(Nashville: Abingdon, 1942), p. 183.
14) Ibid.

이르러 유대 광야에서 전파하여 말하되"(마 3:1). 예수님도 마찬가지이다. "이 때부터 예수께서 비로소 전파하여 이르시되 회개하라 천국이 가까이 왔느니라 하시더라"(마 4:17). "예수께서 온 갈릴리에 두루 다니사 그들의 회당에서 가르치시며 천국 복음을 전파하시며 백성 중의 모든 병과 모든 약한 것을 고치시니"(마 4:23). "주의 성령이 내게 임하셨으니... 포로 된 자에게 자유를, 눈 먼 자에게 다시 보게 함을 전파하며 눌린 자를 자유롭게 하고 주의 은혜의 해를 전파하게 하려 하심이라 하였더라(눅 4:18-19). "갈릴리 여러 회당에서 전도하시더라"(눅 4:44). 예수님은 다른 사람들을 보내어 이 일을 하게 하셨다. "하나님의 나라를 전파하며 앓는 자를 고치게 하려고 내보내시며"(눅 9:2). 초대 교회도 그렇게 하였다. "빌립이 사마리아 성에 내려가 그리스도를 백성에게 전파하니"(행 8:5). "우리에게 명하사 백성에게 전도하되 하나님이 살아 있는 자와 죽은 자의 재판장으로 정하신 자가 곧 이 사람인 것을 증언하게[preach] 하셨고"(행 10:42). "우리는 십자가에 못 박힌 그리스도를 전하니 유대인에게는 거리끼는 것이요 이방인에게는 미련한 것이로되"(고전 1:23). "너는 말씀을 전파하라"(딤후 4:2).

kēryssō(포고하다)라는 동사의 핵심적 의미는 전령(kēryx)이라는 명사로부터 나온다. 전령은 원래 황제의 권위로 황제의 메시지를 전하기 위해 보냄을 받은 사신이다. 이 메시지는 공적인 메시지로 공적인 장소에서 공포되어야 한다.15) 전령은 마을이나 성읍에 도착하여 포고문을 손에 들고 광장에 나가 큰 소리로 "들으라"고 외친 후 왕의 조서를 읽는다. 전령(kēryx)은 제국의 삶에 대한 자신의 견해나 자신의 말이나 자신이 발견한 것이나 자신의 통찰력을 전하는 것이 아니라 다른 사람의 말을 가감 없이 선포한다. 케리그마(kērygma)는 이 광장에서 선포된 내용을 말한다.

게르하르드 프리드리히(Gerhard Friedrich)에 의하면 kēryssō(포고하다)에 관한 중요한 사실 가운데 하나는 그것의 "사건성"(eventness)이다. 이 동사

---

15) Lesslie Newbigin, *Truth to Tell: The Gospel as Public Truth*(Grand Rapids: Eerdmans, 1991).

는 사건-하나님께서 예수 그리스도를 통해 세상에 오셨다-에 대한 선포를 포함한다. 그러나 kēryssō의 효력을 발휘하게 하는 것은 사건 자체이다. 케리그마는 선포 행위를 통해 발생한다. "중요한 것은 선포 행위 자체이다. 신적 개입은 선포 행위를 통해 발생한다. 그것을 통해 하나님의 나라가 실제로 온다."16) 따라서 예수님이 나사렛 회당에서 설교하실 때 자신에게 성령이 임하여 "포로 된 자에게 자유를, 눈 먼 자에게 다시 보게 함을 전파하며... 주의 은혜의 해를 전파하게 하려 하심"이라고 말씀하신 후 "이 글이 오늘 너희 귀에 응하였느니라"(눅 4:21)고 말씀하실 수 있었던 것이다. 물론 포고하는 행위(kēryssō)는 그것이 선포하는 것을 발생시킨다. 이 동사가 성취하는 것은 현재성(todayness)이다. 즉, '전령'이 성읍 광장에 서서 황제의 포고문을 공포하면 공포된 내용은 그때 그곳에서 즉시-오늘-새로운 실재가 된다. "전령들이 나팔소리와 함께 그 땅 전역에 은혜의 해를 선포하면 새로운 해가 시작되며 죄수들이 풀려나고 모든 채무를 탕감 받는다. 예수님의 선포는 이러한 나팔소리이다. 그 결과는 선포된 말씀이 실재가 되는 것이다."17)

그리고 이러한 선포에 적절하게 반응하는 유일한 방법은 그것을 온전히 이해하는 것이 아니라 믿음이다. 그것에 대한 이해는 때가 되면 자연히 이루어진다. 메시지는 듣는 자들의 결단을 요구한다. 믿음은 유일한 논리적 결단이다. 즉, 메시지에 의해 창조된 새로운 실재로 들어가 사는 것을 배우는 것이다.

또한 이 메시지는 공적인 메시지이다. 그것은 "거리에서나 지붕에서 공포되었음을 의미한다."18) 나는 다니엘서에 대한 시리즈 설교를 준비하는 중에 이러한 사실을 깨달았다. 나는 1장과 8-12장이 히브리어로 기록되었으나 2-7장은 당시의 국제 혼성어(lingua franca)인 아람어로 기록되었다는 사실을 알았다. 2-7장에서 다니엘은 당시 세상 통치자들-특히 느부갓네살과 벨

---

16) Ibid, p. 704
17) Ibid, p. 704
18) Ibid, p. 704

사살-에 대한 일련의 환상을 기록한다. 그의 환상은 하니님의 나라의 도래와 본질에 대해 제시한다. 하나님은 왜 이 내용을 아람어로 기록하였을까? 히브리어로 기록하지 않은 이유는 무엇인가? 그것은 이 환상이 회당에서뿐만 아니라 모든 통치권자들이 들어야 할 내용이기 때문이다. 이 환상은 공적인 영역에 필요한 공적인 소식이다. 복음은 공적인 광장에서 모든 사람의 유익을 위해 선포되는 공적인 내용이다.

이러한 포고의 특성 때문에 많은 학자들은 이 동사가 설교자들이 주일날 아침에 예배당 안에서 행하는 사역의 한 요소가 될 수 없다고 주장한다. 예를 들어 에반스(craig Evans)는 kēryssō의 의미와 용례에 대해 관찰한 후 "복음을 모르는 자들에게 말씀을 전하는 자로서 전파자와 양떼를 돌보는 목양자로서 목회자는 동일하지 않다는 것이 이 연구의 주제이다"[19]라고 말한다. 에반스는 디모데후서 4장 2절에 대한 연구를 통해 목회자에 해당하는 디모데가 "종종(참된) 복음을 포고했다(herald)는 것은 분명한 사실"이라고 인정한다.[20] 그러나 그는 "목회자의 가장 중요한 사역과 회중이 하는 일 가운데 가장 중요한 역할이 이러한 개념에서 말씀을 선포하고 그것을 듣는 것이라고 생각한다면 이는 말씀전파자나 전령의 신약성경적 개념을 오해한 것이다"라는 결론을 내린다."[21] 그는 계속해서 교부들 가운데 kēryx를 목회자와 연관시킨 사람은 아무도 없다는 사실을 지적한다. 신약성경에서는 바울(딤전 2:7; 딤후 1:11)과 노아(벧후 2:5)만이 그러한 명칭으로 불렸다는 것이다.[22] "이 단어는 지역 회중에게 '말씀을 전하다'라는 의미로는 결코 사용된 적이 없다."[23] 다른 학자들 역시 유사한 언어적 연구를 통해 목회자의 사역과 관련하여 이와 유사한 결론을 내린다.

---

19) Craig A. Evans, " 'Preacher' and 'Preaching' : Some Lexical Observations, *JETS* 24, no. 4(1981): 315."
20) Ibid., p. 318.
21) Ibid.
22) Ibid.
23) Ibid., p. 319. 그러나 이것은 그의 주장과 다르다. 누가는 예수께서 회당에서 말씀을 전하시는 장면에 이 동사를 세 번이나(눅 4:18, 19, 44) 사용하신다.

우리는 이러한 연구에 대해 어떻게 생각해야 하는가? 이러한 연구결과는 오늘날 목회자가 복음을 포고하려고 해서는 안 된다는 사실을 보여주는가? 한편으로 이러한 주장은 엄밀한 의미에서 보면 옳다. 이 동사는 일반적 의미에서 말씀을 전하는 사역에 규칙적으로 사용되지 않았다. 그러나 다른 한편으로, 사용 빈도수가 낮다고 해서 포고를 목회자의 합법적 사역으로 보지 않을 이유는 없다. 필자의 주장은 포고하는 행위(kēryssō) 역시 다른 동사들과 함께 말씀을 전하는 사역의 하나가 되어야 한다는 것이다. 서신서에서 '찬송하다'라는 동사(sing)는 회중 예배와 관련하여 사용된다. 그러나 이 동사는 가령 주일 찬양을 위해 목요일 밤에 만나 파트 연습을 하는 사람들에게는 사용되지 않을 것이다. 그러나 이것은 신약성경이 '찬양하다'라는 동사를 사용하지 않았기 때문에 성가대는 주일날 찬송할 수 없다(회중이 함께 부르는 경우가 아닌 한)는 의미가 아닌 것이다. 마찬가지로 신약성경이나 교부들이 목회자의 활동과 관련하여 '포고하다'라는 동사를 사용하지 않았다고 해서 목회자는 포고할 필요가 없으며 회중은 그것이 필요치 않다고 해서는 안 되는 것이다. 교회사를 읽어보면 대부분의 교회는 이러한 동사의 기능에 갈급한 것을 볼 수 있다.

주일 예배에 말씀을 포고하는 행위는 적어도 다음 세 가지 이유에서 필요하다. 첫째로, 주일 예배에 사람들이 모이는 것은 공적인 행사이며 누구든지 예배에 참석할 수 있기 때문이다. 우리는 누가 올 것이며 누구에게 이러한 포고 사역이 필요한지 모른다. 베이커(J.T. Bakker)의 통찰력에 대해 연구한 야콥 피렛(Jacob Firet)은 이렇게 말한다. "한편으로 선교적 상황과 또 한편으로 기독교 공동체 안에서의 설교적 상황 사이에 엄격한 구분은 존재하지 않는다. 만일 케리그마와 설교(homilia)가 유사하면서도 독립된 실체라면 교회는 폐쇄된 모임이 되고 말 것이다."[24] 둘째로, 우리는 들은 것도 잘 잊어먹기 때문이다. 우리는 케리그마의 본질적 내용에 대해 거듭해서 상기할 필요가 있다. 그러므로 우리는 예배로 모일 때마다 나팔을 불어 포고해

---

24) Jacob Firet, *Dynamics in Pastoring*(Grand Rapids: Eerdmans, 1986), p. 49.

야 할 필요가 있다. 셋째로, 우리는 지난 번 예배 이후 언제나 새로운 상황을 맞이하며 따라서 새로운 말씀, 새로운 케리그마적 말씀을 필요로 한다. 야곱 피렛의 말을 다시 인용해보자.

> 케리그마가 특히 교회적 상황과 무관할 수 없는 이유는 지금과 그때가 결코 같지 않기 때문이다. 오늘 설교를 듣는 회중은 그때의 회중이 아니며 오늘의 상황은 그때의 상황이 아니기 때문이다. 하나님의 모든 말씀은 케리그마 안에 집약되어 있으며 특별한 현시에 초점을 맞춘다. 그것이 아무리 어제의 일이라 할지라도, 그것이 아무리 내일의 일이라 할지라도 "보라 지금은 구원의 날이라"고 했다.
>
> "오늘날 그의 음성을 듣거든 너희 마음을 강퍅케 말라."
> "보라 내가 오늘 생명과 복과 사망과 화를 네 앞에 두었나니"(신 30:15).
>
> 이제 구원은 이 사람의 상황과 직결되어 있으며 '메바세'(mebasser, 히브리어로 '사신')는 "너희 하나님을 보라"(사 40:9)고 외친다.[25]
>
> 따라서 '포고하다'라는 동사는 회중 앞에서 성경을 들고(조서를 펴서 '들으라'고 외칠 때처럼) 공적인 영역을 위해 공적인 내용을 담은 공적인 소식을 선포하는 것을 의미한다.

3. 가르치다(didaskō)

이 동사는 복음-케리그마-에 함축된 것을 내용과 행위라는 두 가지 측면에서 드러내고 밝히는 것이다. "예수께서 온 갈릴리에 두루 다니사 그들의 회당에서 가르치시며"(마 4:23). "입을 열어 가르쳐 이르시되"(마 5:2). 산상수훈을 마치신 후에는 "무리들이 그의 가르치심에 놀라니 이는 그 가르치

---

[25] Ibid., p. 50.

시는 것이 권위 있는 자와 같고"(마 7:28-29)라고 하였다. "예수께서 다시 바닷가에서 가르치시니... 이에 예수께서 여러 가지를 비유로 가르치시니"(막 4:1-2). 예수님은 제자들을 보내시며 모든 족속으로 제자(학생, 배우는 자)를 삼고 "내가 너희에게 분부한 모든 것을 가르쳐 지키게 하라"(마 28:20)고 하셨다. 초대 교회도 이러한 일을 하였다. "그들이 듣고 새벽에 성전에 들어가서 가르치더니"(행 5:21). "교회에 일 년간 모여 있어 큰 무리를 가르쳤고"(행 11:26). "일 년 육 개월을 머물며 그들 가운데서 하나님의 말씀을 가르치니라"(행 18:11). "우리가 그를 전파하여 각 사람을 권하고 모든 지혜로 각 사람을 가르침은 각 사람을 그리스도 안에서 완전한 자로 세우려 함이니"(골 1:28).

이 동사는 모든 사람으로 "심오한 지각26)으로 가르친다는 의미를 가진다. 가르친다는 것은 하나님의 나라의 도래와 본질에 대해 이해하도록 돕는다는 뜻이다. 특히 하나님의 뜻에 따라 명령하신 관계-하나님과 인간 및 인간과 인간의 관계-를 이해하고 그렇게 사는 것을 돕는다.27) 이와 같이 복음을 전달하는 동사는 교리(목회서신에서 말하는 "바른 교훈")와 관련되지만 사실상 윤리적 측면이 강하다고 할 수 있다. 즉, "가르쳐 지키게"하는 것이다. 가르침은 교훈을 배우는 자가 실제로 그 교훈에 따라 살지 않으면 목적을 달성했다고 볼 수 없다. 사실 가르치는 자가 자신이 가르치는 진리에 따라 살지 않으면 그것은 진리가 아니다. 가르침은 복음에 대한 신실하고 체계적인 제시를 통해 위대한 선생이신 예수님처럼 살기 시작하는 성숙한 제자로 만든다.

따라서 '가르치다' 라는 동사는 성경을 들고(성경을 더욱 잘 이해하기 위해 사용되는 여러 가지 도구와 함께) 선포되고 전파된 새로운 실재가 일상생활에서 어떻게 나타나야 할 것인가에 대해 제시하는 것을 말한다.

---

26) Karl Heinrich Rengstorf, "διδάσκω," in *Theological Dictionary of the New Testament*, ed. Gerhard Kittel and Gerhard Friedrich(Grand Rapids: Eerdmans, 1964-1976), 2:137.
27) Ibid.

오 주여, 설교자에게 이러한 가르침의 능력을 허락하소서.

4. 권면하다(parakaleō)

예수께서 성령을 지칭하는 명사로 사용하신 보혜사(Paraclete)와 마찬가지로 이 동사는 넓은 의미를 가진다. 따라서 이 동사를 '호소하다'(exhort)로 번역하는 것은 지나치게 의미를 축소시키는 것이다. 이 단어는 문자적으로 "보조로 부르다"라는 뜻이 있다. para는 보조법관(paralegal)이나 '보조의사'(paralegal)와 같이 '보조하다'라는 뜻을 가진다. kaleō 는 '부르다'라는 뜻이 있다. 또한 parakaleō 는 여러 가지 많은 일들을 보조하도록 부르심을 받았다는 뜻으로도 해석할 수 있다. 따라서 이 동사는 "부르다," "간청하다," "호소하다," "확신하다," "위로하다," "충고하다" 등의 의미를 가진다. 이러한 의미들은 소위 "괴로운 사람들을 위로하고 편안히 지내는 사람들을 괴롭게 한다"는 말과 관련된다.

세례요한은 이러한 권면 사역을 하였다. "또 그밖에 여러 가지로 권하여 백성에게 좋은 소식을 전하였으나"(눅 3:18). 이 동사는 예수님의 지상 사역에 사용되지는 않았지만 그는 항상 이 일을 하셨다. 초대교회도 마찬가지이다. 베드로는 첫 번째 설교에서 "또 여러 말로 확증하며 권하여 이르되 너희가 이 패역한 세대에서 구원을 받으라 하니"(행 2:40). 바나바는 안디옥의 이방인에게 성령의 사역이 처음으로 임하는 것(그는 이것을 '하나님의 은혜'라고 부른다)을 본 후 "굳건한 마음으로 주와 함께 머물러 있으라 권"하였다(행 11:23). "유다와 실라도 선지자라 여러 말로 형제를 권면하여 굳게 하고"(행 15:32). 바울은 이 동사를 여러 번 사용한다. "그러므로 형제들아 내가 하나님의 모든 자비하심으로 너희를 권하노니"(롬 12:1). "형제들아 내가 우리 주 예수 그리스도의 이름으로 너희를 권하노니"(고전 1:10). "그러므로 내가 너희에게 권하노니 너희는 나를 본받는 자가 되라"(고전 4:16). "그러므로 주 안에서 갇힌 내가 너희를 권하노니"(엡 4:1).

"너는 말씀을 전파하라 때를 얻든지 못 얻든지 항상 힘쓰라 범사에 오래 참음과 가르침으로 경책하며 경계하며 권하라"(딤후 4:2). (이 한 구절 안에 얼마나 많은 전달 동사가 여러 번 사용되었는지 생각해보라.) 신약성경의 중요한 설교라고 할 수 있는 히브리서는 "권면의 말"(히 13:22)이다. 히브리서 기자는 "내가 너희를 권하노니"(히 13:22)라고 말한다. "오직 오늘이라 일컫는 동안에 매일 피차 권면하여"(히 3:13).

이 동사의 특징적 요소는 "구원을 위한 간절한 권면"으로 표현할 수 있다.[28] 이러한 권면은 하나님의 간절한 권면 사역에 동참하는 것이다. "그러므로 우리가 그리스도를 대신하여 사신이 되어 하나님이 우리를 통하여 너희를 권면하시는 것 같이 그리스도를 대신하여 간청하노니"(고후 5:20). 바울의 본문 역시 이러한 동사의 특징적 요소를 제시한다. 즉, 이미 기존의 제시된 내용에 따라 살 것을 간절히 촉구한다. 신약성경 어디에도 구원을 실제화 하기 위해 행하라는 권면은 없다. 모든 본문은 이미 이루어진 구원 속으로 들어가 그 안에서 행하라고 호소한다. 권면에 대한 명령은 언제나 그리고 끊임없이-복음과 케리그마에 관한 직설법으로부터 제시된다. 하나님은 예수 그리스도를 통해 이미 우리를 향해 다가오고 계시기 때문에 우리는 이처럼 이미 존재하는 실재를 좇아 살라는 간절한-때로는 옷깃을 붙잡히는-권면을 받고 있는 것이다. "권면은 그것의 전제이자 기초가 되는 구원사역으로 돌아가라고 언급한다는 점에서 단순한 도덕적 호소와는 다르다."[29] 그렇다면 권면은 다른 사람들이 은혜로 말미암아 제자도의 다음 단계로 나아가려는 노력을 돕기 위해 우리가 할 수 있는 모든 것-위로하거나 확신과 자신감을 불어넣는-을 다 하는 것이다.

따라서 권면으로 동참한다는 것은 성경을 들고 회중 앞에 서거나 때로는 무릎을 꿇고 앉아 근심과 걱정과 낙심과 갈등에 사로잡혀 힘들어 하는 제

---

28) Otto Schmitz, "παρακαλέω, κτλ.," in *Theological Dictionary of the New Testament*, ed. Gerhard Kittel and Gerhard Friedrich(Grand Rapids: Eerdmans, 1964-1976), 5:795.
29) Ibid.

자들이 순종하는 믿음을 통해 다음 단계로 나아갈 수 있도록 말씀을 전하는 것이다.

오 주여, 우리의 설교에도 이러한 권면의 능력을 허락하옵소서!

5. 예언하다(prophēteuō)

이 동사는 하나님께서 화자에게 직접 말씀을 전할 때 사용된다. 구약의 선지자는 "여호와의 말씀이 내게 임하니라"(렘 1:4, 11, 13 참조)고 말한다. 그들은 오랜 연구나 사고 또는 주변 세상에 대한 관찰을 통해 무엇인가 할 말을 찾은 것이 아니다. "말씀이 내게 임하였다"는 것은 "나와 나의 지적 활동 밖으로부터 왔다"는 것이다. 이것은 그린(Canon Michael Green)에 의하면 "특정한 장소, 특정한 때에 특정인에게 하나님으로부터 특정한 말씀이 임했다"는 것이다.30) 세례 요한의 부친 사가랴는 이 일을 했다. "그 부친 사가랴가 성령의 충만함을 받아 예언하여 이르되"(눅 1:67). 그는 소위 "사가랴의 노래"(The Benedictus)를 불렀다. 대제사장 가야바도 예언하였다. "이 말은 스스로 함이 아니요 그 해의 대제사장이므로 예수께서 그 민족을 위하시고"(요 11:51). 복음서 기자는 예수께서 말씀을 전파하시는 행위에 이 동사를 사용하지 않는다. 그러나 그 말씀을 듣는 사람들은 그가 예언한 것으로 생각했다. 우물가에 앉아 있던 사마리아 여자는 예수께서 자기와 이야기도 나누지 않고 자신의 과거를 아는 것을 보고 "주여 내가 보니 선지자로소이다"(요 4:19)라고 하였다. 사람들은 예수께서 나인성 과부의 아들을 살리는 것을 본 후 두려움에 사로잡혀 하나님께 영광을 돌리며 "큰 선지자가 우리 가운데 일어나셨다 하고 또 하나님께서 자기 백성을 돌보셨다"(눅 7:16)고 하였다. 많은 무리는 예수께서 초막절에 가르치시는 것을 듣고 "이 사람이 참으로 그 선지자라"(요 7:40)고 하였다. 그는 모세와 같이 약속된

---

30) Michael Green, *I Believe in the Holy Spirit*(Grand Rapids: Eerdmans, 1977), pp. 168-74.

선지자였다(신 18:15 참조). 예수께서 말씀하시면 사람들은 "선지자의 말"로 들었다. 초대 교회는 이러한 예언을 성취하였다. "너희의 자녀들은 예언할 것이요"(행 2:17). "방언도 하고 예언도 하니"(행 19:6). 빌립에게는 "예언하는" 네 딸이 있었다(행 21:9). 사도 바울은 제자들에게 예언의 중요성에 대해 언급하였다. "사랑을 추구하며 신령한 것들을 사모하되 특별히 예언을 하려고 하라"(고전 14:1). "그런즉 내 형제들아 예언하기를 사모하며"(고전 14:39).

예언을 하는 것은 화자에게 달린 것이 아니다. 아무도 "오늘 오후 4시에 내가 예언하겠다"고 말할 수 없다. "말씀이 나에게 임하였다"고 했다. 아무도 그 말씀에 대해 미리 알 수 없다. 물론 우리는 앞으로 일어날 일에 대해 오랜 시간 생각해 왔을 수 있으며 그것에 대해 열심히 읽고 부지런히 기도해 왔을 수 있다. 그러나 예언할 때 임하는 말씀은 자신의 밖, "위로부터" 온다. 이것은 우리가 일상적인 설교에서 하는 일과 예언할 때 일어나는 일은 일대일 관계가 아니라는 것을 말해준다.[31]

성경과 역사 및 경험을 통해 관찰해 볼 때 이 동사는 세 가지의 다른 개념과 연결된 것을 볼 수 있다. 그것은 '직접,' '초월적,' '대면하여' 이다.

1) 직접

이러한 전달 방법은 성령께서 직접적으로 주시는 통찰력을 포함한다. 화자가 예언할 말씀에 대해 알 수 있는 다른 방법은 전혀 없다. 예수께서 종교 지도자들 앞에서 고난을 받을 때에 예수를 붙들고 있던 군인들은 그를

---

31) 이 동사의 역학이나 그것에 대한 의문은 복잡하고 다양하다. 다음의 관점을 참조하라. Walter Brueggemann, *The Prophetic Imagination*(Minneapolis: Fortress Press, 2001); Jack Deere, *Surprised by the Power of the Spirit*(Grand Rapids: Zondervan, 1993); Wayne Grudem, *The Gift of Prophecy*(Wheaton, Ill.: Crossway, 2000); David Hill, *New Testament Prophecy*(Atlanta: John Knox Press, 1979), and *Prophesy Past and Present*(East Sussex, U.K.: Highland Books, 1989); Ben Witherington III, *Jesus the Seer*(Peabody, Mass.: Hendrickson, 1999).

조롱하고 때렸다. 그는 눈을 가렸기 때문에 어느 모로 보나 누가 자기를 괴롭히는지 알 수 없는 상태이다. 이때 군인 가운데 하나가 불쑥 우리에게 예언의 의미에 대해 제시한다. 그는 예수께 "선지자 노릇 하라 너를 친 자가 누구냐"(눅 22:64)라고 묻는다. 그것은 "인간적 수단으로는 알 수 없는 상태에서 무슨 일이 진행되고 있는지에 대해 말해보라는 것이다." 설교자는 가끔 설교 후에 이렇게 말하는 사람들을 만난다. "목사님은 마치 우리 집에 다녀가신 것처럼 말씀하시네요." "오늘 설교 나에게 직접 하신 말씀이지요?" 나는 이런 경우 속으로 "이 사람에 대해 생각조차 해본 적이 없습니다"라고 말한다. 그리고 그에게는 "네, 하나님은 여러분에게 직접 말씀하실 것입니다. 하나님은 당신을 사랑합니다"라고 말한다.

2) 초월적

이 동사(예언하다)로 인해 전해지는 말씀은 화자가 의식을 초월한다. 앞에서 언급한 "그 해의 대제사장" 가야바는 공회에서 예수님에 대해 "너희가 아무 것도 알지 못하는도다 한 사람이 백성을 위하여 죽어서 온 민족이 망하지 않게 되는 것이 너희에게 유익한 줄을 생각하지 아니하는도다"(요 11:49-50)라고 말한다. 그 순간 가야바는 정치적 의도를 가지고 말한 것이다. 만일 로마 사람들이 그를 죽이면 그것으로 만족하여 나머지 사람들을 놓아줄 것이라는 것이다. 그러나 한편으로 그는 그 순간 자신도 모르게 마음에도 없는 이야기를 하고 있었던 것이다. 그는 복음을 전하고 있었던 것이다. 요한은 "이 말은 스스로 함이 아니요 그 해의 대제사장이므로 예수께서 그 민족을 위하시고 또 그 민족만 위할 뿐 아니라 흩어진 하나님의 자녀를 모아 하나가 되게 하기 위하여 죽으실 것을 미리 말함이러라"(요 11:51-52)고 말한다. 그러므로 많은 경우 설교자는 자신이 아는 것보다 훨씬 많은 것을 말하고 있는 것이다. 때때로 우리는 자신도 알 수 없는 것을 깨닫기도 한다. 이런 일은 확실히 일어난다. 살아계신 하나님께서 자기 백성을 사랑하시며 그들이 빵만으로 살 수 없다는 것을 아시기 때문이다. "하나님의 입으로부터 나오는 모든 말씀으로 살 것이라"(마 4:4[신 8:3 인용]).

3) 대면하여

이 전달 동사는 "대면성"(in-your-face-ness)을 가진다. 우리는 이러한 사실을 선지자 나단에게서 볼 수 있다. 하나님은 나단을 불러 밧세바와의 은밀한 죄를 감추고 있는 다윗왕에게 말씀을 전하게 한다. 나단은 왕에게 한 가지 비유를 들어 이야기를 전한 후 왕이 불의에 대해 진노하자 그를 쳐다보며 "당신이 그 사람이라"(삼하 12:7)고 말한다. 이러한 "대면성"은 우물가 여인이 예수께서 자신의 괴로운 과거와 복잡한 현재에 대해 드러내실 때 경험한다. 이것은 사도 바울이 이 동사를 사용할 때 일어날 것이라고 예고했던 일이다. "그러나 다 예언을 하면 믿지 아니하는 자들이나 알지 못하는 자들이 들어와서 모든 사람에게 책망을 들으며 모든 사람에게 판단을 받고 그 마음의 숨은 일들이 드러나게 되므로 엎드리어 하나님께 경배하며 하나님이 참으로 너희 가운데 계신다 전파하리라"(고전 14:24-25). 미즈 릴(Miz Lill)이 월트 윈게린(Walter Wangerin)에게 말한 대로 "만일 당신이 설교를 하면-그녀는 정확한 용어에 대해서는 모른다-하나님이 이곳에 계실 것이다." 이것은 놀라운 증거이다. 설교자는 설교 후에 "하나님께서 오늘 나에게 말씀하셨습니다. 이제 나는 새로운 삶을 살겠습니다"라는 말을 얼마나 자주 듣는지 모른다.[32]

여러분은 왜 내가 설교자는 하나님께서 세상을 변화시키는 예언적 사역에 주도적으로 동참할 수 없다고 말하는지 알 것이다. 우리가 할 수 있는 일은 하나님께서 직접, 우리의 지식을 초월하여, 대면하여 말씀해주시기를 기도하는 수밖에 없다.

따라서 예언 사역에 동참한다는 것은 성경을 들고 회중 앞에 서서 복음을 전하거나 말씀을 공포하거나 가르칠 때에 부활하시고 승천하신 예수께서 우리가 생각할 수 없는 방법으로 말씀해 주시기를 기대하는 것이다.

---

[32] 우리는 이러한 설교의 역학 및 회중의 반응에 대해 민감해야 한다. 하나님은 설교자에게 "잠잠하라, 내가 네가 생각지 못하는 무엇인가를 하고 있다. 내가 사역할 여지를 남겨두라"고 말씀하신다.

오 주여, 이러한 예언의 능력을 우리의 설교에도 허락하옵소서!

6. 시인하다(homologeō)

이것은 "일치된 진술을 하다" "동일한 것을 말하다"라는 의미이다.[33] Homo는 '같다'는 뜻이고 logeō는 '말하다'라는 뜻이다. 세례 요한은 이와 같이 시인(고백)하는 일을 하였다. "요한이 드러내어 말하고 숨기지 아니하니 드러내어 하는 말이 나는 그리스도가 아니라 한대"(요 1:20). 예수님도 그렇게 하셨다. 그는 자신에게 "주여 주여" 하면서도 행하지 않는 자에게는 "그 때에 내가 그들에게 밝히 말하되 내가 너희를 도무지 알지 못하니 불법을 행하는 자들아 내게서 떠나가라 하리라"(마 7:22-23)고 말씀하신다. "누구든지 사람 앞에서 나를 시인하면 나도 하늘에 계신 내 아버지 앞에서 그를 시인할 것이요"(마 10:32). 초대교회도 그렇게 하였으며 우리에게도 그와 같이 시인하기를 요구한다. "네가 만일 네 입으로 예수를 주로 시인하며 또 하나님께서 그를 죽은 자 가운데서 살리신 것을 네 마음에 믿으면 구원을 받으리라"(롬 10:9). "만일 우리가 우리 죄를 자백하면 그는 미쁘시고 의로우사 우리 죄를 사하시며 우리를 모든 불의에서 깨끗하게 하실 것이요"(요일 1:9). "예수 그리스도께서 육체로 오신 것을 시인하는 영마다 하나님께 속한 것이요"(요일 4:2). "누구든지 예수를 하나님의 아들이라 시인하면 하나님이 그의 안에 거하시고 그도 하나님 안에 거하느니라"(요일 4:15). "많은 증인 앞에서 선한 증언을 하였도다"(딤전 6:12). 언젠가 온 우주는 "예수 그리스도를 주라 시인하여 하나님 아버지께 영광을" 돌릴 것이다(빌 2:10-11). 시인한다는 것은 "신앙을 엄숙히 진술하는 것"이다.[34]

---

33) Otto Michel, "ὁμολογέω," in *Theological Dictionary of the New Testament,* ed. Gerhard Kittel and Gerhard Friedrich(Grand Rapids: Eerdmans, 1964-1976), 5:219-219.

신약성경은 이 동사가 사용되는 여섯 개의 다른 상황을 제시한다.35) 첫 번째 상황은 신앙공동체에서 가령 선교 파송이나 세례를 통해 신앙을 고백할 때 발생한다. 두 번째는 사도신경이나 니케아신경처럼 예배 때 다른 신자들과 함께 신앙을 고백하는 경우이다. 세 번째는 법정에서 자신이 믿는 바를 선언하라는 요청에 의해 진술하는 경우이다. 네 번째는 논쟁적 상황에서 자신이 믿는 바를 제시함으로 대화를 진행시키기 위한 경우이다. 다섯째는 영적 전쟁에서 사단과 싸우는 경우("예수 그리스도의 이름으로")이다. 여섯째는 모든 인류가 고백해야 하는 "그날"이다.

미네소타주 세인트 폴에 있는 루터 신학교의 데이비드 로스(David Lose)는 21세기를 시작하는 오늘날 우리에게는 바로 이러한 동사가 기능하는 설교가 요구된다고 주장한다.36) 모든 신앙적 주장과 메시지(특히 종교적 메시지)를 의심하며 유일한 거대담론이란 존재할 수 없다고 주장하는 포스트모던 사회에서 복음을 전하는 시간에 반드시 필요한 것은 오랜 전통을 가진 예수 그리스도에 고백이다. 로스는 이렇게 주장한다. "나는 기독교 전통에 충실하면서도 오늘날처럼 다원적인 포스트모던 상황에도 적응할 수 있는 설교란 예수 그리스도를 고백하는 공적인 관습과 연계할 때 가장 잘 이해할 수 있다고 생각한다."37) 그는 설교자에게 "경험적인 증거와 살아 있는 신앙고백에 근거한" 이 오랜 관습을 회복할 것을 권한다. 이러한 관습은 "확실성이 아니라 확신으로 인도하며 지식의 영역에 머무는 것이 아니라 신실한 확신 가운데 살게 한다."38)

---

34) Ibid., 5:209
35) Oscar Cullman, The Earliest Christian Confessions, trans. J.K.S. Reid(London: Lutterworth Press, 1949), pp. 18-34. 쿨만은 다섯 가지 상황을 열거하며 본서에서 제시하는 처음 다섯 가지와 동일하다.
36) David Lose, *Confessing Jesus Christ: Preaching in a Postmodern World*(Grand Rapids: Eerdmans, 2003).
37) Ibid., p. 3. 그의 책 본문에는 이 부분이 특히 강조되어 있다.
38) Ibid., pp. 145-88. 그는 이 말의 의미에 대해 특히 "신앙고백과 성경적 기준"에서 자세히 설명한다.

로스는 이 동사가 성경이나 전승에서 어떻게 사용되어 왔는지 자세히 살펴본 후 이러한 "고백"과 관련된 특유의 "설교적 언어"에 대해 제시한다.[39] 그는 이러한 전달 방식과 관계된 네 가지 형용사를 제시한다. '궁극적인'(ultimate), '긴급한'(urgent), '관계적인'(relational), '취약한'(vulnerable).[40] 나는 이러한 언급이 오늘날 고백의 성격과 유관하다고 생각한다.

1) 궁극적

말씀을 전한다는 것은 진지한 사역이다. 그것은 우리가 궁극적 진리를 고백하고 있기 때문이다. 예수님은 주님이시며 하나님께서는 그의 죽음과 부활을 통해 온 세상을 구속하는 일을 행하셨다. "이러한 주장을 회피하는 설교는 복음을 부인하는 것이다."[41] 기독교 설교는 궁극적 진리를 선언할 뿐만 아니라 "모든 설교의 무게 중심이 그곳에 실려야 한다."[42]

2) 긴급한

상대방이 말을 하면 어떤 식으로든 반응을 해야 한다. "누군가 '당신을 사랑합니다'라고 하는 경우 나타낼 수 있는 반응은 한 가지 종류밖에 없다. 그것은 질문과 유사한 성격의 고백이어야 한다. 즉, '나도 당신을 사랑합니다'라고 하거나 '나는 당신을 사랑하지 않습니다'라고 해야 한다. 그렇지 않고 '흥미로운 말씀입니다'라거나 '시인들은 사랑에 관해 많은 말을 합니다'라거나 빌라도처럼 '사랑이 무엇이냐'라고 대답하는 것은 이치에 맞지 않는다."[43]

3) 관계적인

고백은 인격과 인격 간의 언어이다. 이러한 언어는 듣는 사람이 어떻게

---

39) Ibid., p. 220.
40) Ibid., p. 221.
41) Ibid., p. 222.
42) Ibid.
43) Ibid., p. 224.

반응하느냐에 관심을 가진다. 왜냐하면 우리는 우리가 아는 것을 듣는 사람도 알고 우리가 보는 것을 듣는 사람도 보고 우리가 듣는 것을 듣는 사람도 듣고 우리가 느끼는 것을 듣는 사람도 느끼기 원하기 때문이다.

4) 취약한

"고백된 언어는 새로운 실재를 확인하지만 그것이 이러한 실재를 입증할 수 있다는 것은 아니다(이에 관해서는 본서의 첫 장에서 언급한 바 있다).[44] 설교자는 다른 사람들 앞에 나와 가능한 명확하게 담대하게 진리를 진술한 후 돌아선다. 말하자면 그들은 자신이 전한 진리를 청중에게 실제화 하는 문제에 있어서 자신이 얼마나 무력한 존재인지를 깨닫는 것이다.

따라서 이러한 시인(고백)을 통해 말씀 사역에 동참한다는 것은 성경을 들고 회중 앞에서 "나는 이제 더 이상 다른 할 말이 없습니다"라는 자세를 취하는 것이다. 또한 고백은 청중의 마음과 생각을 얻기 위해 오직 진리 자체를 신뢰하는 것을 의미한다.

오 주여, 우리의 설교에도 이러한 능력을 허락하옵소서

7. 증거하다(martyreō)

이 동사의 의미는 그것과 관계된 명사 '증인'(martys)을 통해 살펴볼 수 있다. "증인은 자신의 기억에 남아 있는 무엇인가를 기억하여 그것에 관한 말을 할 수 있는 사람이다."[45] 이 단어는 주로 법정 용어로 사용되며 자신이 행위의 당사자나 목격자로 연루된 사건에 관해 말을 할 수 있는 증인을 지칭한다.[46] 이것은 어떤 성경저자보다 요한이 즐겨 사용하는 용어 가운데

---

44) Ibid., p. 228.
45) H. Strathmann, "μάρτυς, κτλ.," in *Theological Dictionary of the New Testament*, ed. Gerhard Kittel and Gerhard Friedrich(Grand Rapids: Eerdmans, 1964-1976), 4:475.

하나이다. "요한이 그에 대하여 증언하여 외쳐 이르되"(요 1:15). "요한이 또 증언하여 이르되"(요 1:32). "내가 보고 그가 하나님의 아들이심을 증언하였노라"(요 1:34). 이러한 요한의 증거는 모두 자신보다 먼저 계신 자, 메시야, 하나님의 어린 양, 하나님의 아들, 성령으로 세례를 주는 자이신 예수님에 관한 것이었다.

예수님도 이러한 증거 사역을 행하셨다. "진실로 진실로 네게 이르노니 우리는 아는 것을 말하고 본 것을 증언하노라"(요 3:11). "내가 나를 위하여 증언하는 자가 되고"(요 8:18). "내가 이를 위하여 태어났으며 이를 위하여 세상에 왔나니 곧 진리에 대하여 증언하려 함이로라"(요 18:37). "또한 나를 보내신 아버지께서 친히 나를 위하여 증언하셨느니라"(요 5:37). "나를 보내신 아버지도 나를 위하여 증언하시느니라"(요 8:18).

보혜사도 마찬가지이다. "내가 아버지께로부터 너희에게 보낼 보혜사 곧 아버지께로부터 나오시는 진리의 성령이 오실 때에 그가 나를 증언하실 것이요"(요 15:26). "너희도 처음부터 나와 함께 있었으므로 증언하느니라"(요 15:27).

예수님은 제자들이 이러한 증거 사역을 행할 것이라고 말씀하셨다. "오직 성령이 너희에게 임하시면 너희가 권능을 받고 예루살렘과 온 유대와 사마리아와 땅 끝까지 이르러 내 증인이 되리라 하시니라"(행 1:8).[47]

또한 이 동사에 대한 "고전적" 본문은 다음과 같이 말한다. "태초부터 있는 생명의 말씀에 관하여는 우리가 들은 바요 눈으로 본 바요 자세히 보

---

46) Ibid., 4:476.
47) 우리는 본문을 설교할 때 예수님이 본문에서 강조하신 부분을 강조해야 한다. 즉, 그는 우리에게 "증인이 되라"고 명령하시지 않고 "성령이 너희에게 임하시면" 너희가 그렇게 될 것이라고 약속하셨다는 것이다. 이와 같이 우리가 증인이 되는 것은 예수께서 우리를 위해, 우리에게, 그리고 우리 안에서, 무엇인가를 행하신 결과인 것이다.

고 우리의 손으로 만진 바라 이 생명이 나타내신 바 된지라 이 영원한 생명을 우리가 보았고 증언하여 너희에게 전하노니 이는 아버지와 함께 계시다가 우리에게 나타내신 바 된 이시니라"(요일 1:1-2).

우리가 이러한 증거 사역을 실제로 하든 그렇지 않든, 진정으로 복음이 전달되는 곳에는 이러한 증거가 반드시 있다고 생각하지 않는가? 물론 진리는 그것을 말하는 자가 실제로 그것을 믿느냐와 상관없이 스스로 그것을 증거한다. 그러나 만일 전하는 자가 그것을 믿는다면 말씀을 전하는 시간은 훨씬 더 큰 변화를 일으킬 것이다. 청중에게 감화를 주는 설교는 모두 이와 같이 참된 증거로부터 나온다.[48] 토마스 롱(Thomas Long)은 이러한 사실에 대해 잘 설명한다. "법정은 오직 증거를 통해 진리에 다가간다. 법정은 진리를 찾지만 그것은 반드시 증인의 증거를 통해 추구되어야 한다. 증인의 모든 삶은 이러한 증거와 결부되어 있다. 증인은 그 자리를 피할 수 없으며 객관적인 증언을 해야 한다. 증인이 사실로 믿고 있는 것은 증거의 일부이다."[49]

리차드 보캄(Richard Bauckham)은 스웨덴의 신약성경학자인 사무엘(Samuel Byrskog)의 연구[50]를 근거로 "이상적인 증인은 냉정한 관찰자가 아니라 그 사건에 관계된 자"로서 사건 현장에서 자신이 보고 들은 것에 대해 "직접적인 경험"을 통해 이해하고 해석하는 자라고 주장한다.[51] 보캄은 사복음서에 증언을 남긴 목격자들에 대해 언급하면서 "사건에 개입되었다고 하는 것은 그들이 역사적 진리로 받아들인 것에 대한 바른 이해에 장애가 되지 않는다. 오히려 이러한 개입은 실제로 발생한 사건을 바른 이해하기 위한 중요한 수단이 된다"[52]고 했다. 따라서 처음 목격자들에 의해 기록된 말씀

---

48) Thomas Long, *The Witness of Preaching*(Philadelphia: Westminster, 1989).
49) Ibid., p. 44.
50) Samuel Byrskog, *Story as History-History as Story*, repr. ed. (Leiden: Brill, 2002).
51) Richard Bauckham, *Jesus and the Eyewitnesses: The Gospels as Eyewitness Testimony* (Grand Rapids: Eerdmans, 2006), p. 9.
52) Ibid.

도 마찬가지이다. 설교자가 진리에 열정적으로 동참하는 것은 청중이 메시지를 받아들이는 것에 장애가 되지 않는다. 그것은 성령께서 진리를 증거하기 위해 사용하시는 도구의 일부이다. 청중이 메시지의 진리를 멸시할 때 증인은 그러한 증거의 결과로 고통을 받거나 죽임을 당할 수도 있다. 증인에 해당하는 신약성경의 단어가 martyr(순교자)라는 사실은 결코 우연이 아니다.[53] 때때로 증인은 신실한 증거의 대가로 이러한 죽임을 당하기도 한다.

이 경우 우리는 기뻐해야 한다. 우리는 "본디오 빌라도를 향하여 선한 증언을 하신"(딤전 6:13) "충성된 증인"(계 1:5; cf. 19:11)의 사역에 동참한 것이기 때문이다.

따라서 증거 사역에 동참한다는 것은 성경을 들고(성경을 강제로 빼앗긴 경우가 아니라면)-때로는 성경에 손을 얹고-자신은 복음에 대해 보고 듣고 만져보았다고 증언한 후, 우물가의 여인처럼 "내가 행한 모든 일을 내게 말한 사람을 와서 보라 이는 그리스도가 아니냐"(요 4:29)라고 증거하는 것이다. 윌리엄 템플(William Temple)은 캔트베리의 주교로 섬길 때 이렇게 말했다고 한다. "사람들에게 '십자가를 지시오'라고 말하는 것은 유익을 주지 못합니다. 우리는 사람들에게 '십자가로 오시오'라고 말할 수 있어야 합니다. 감동을 주는 초청에는 두 가지 음성이 있습니다. 하나는 죄 없는 구속자의 음성입니다. 그러나 우리는 그렇게 말할 수 없습니다. 또 하나는 용서 받은 죄인의 음성입니다. 그는 자신이 용서받았다는 사실을 알고 있습니다. 그것이 우리의 할 일입니다."[54] 오 주여, 우리의 설교에도 이러한 능력을 허락하소서!

설교 시간에 지금까지 살펴본 모든 동사와 관련된 사역을 통해 얼마나 많은 일들이 일어나는지 모른다. 공격을 받고 있는 모든 삶에 하나님께서

---

53) Long, *Witness*, p. 44.
54) John R.W. Stott, *The Preacher's Portrait: Some New Testament Word Studies*(London: Tyndale Press, 1961), p. 66.

승리하셨다는 기쁜 소식이 전해진다. 그것은 우리의 상황을 영원히 바꾸어 놓는 승리이다. 공적인 삶에 대해 요구하는 하나님의 위대한 공적 소식이 "오늘날" 공포된다. 날마다의 삶에 필요한 소식에 대한 자세한 설명이 제시된다. 사람들 곁으로 다가와 그들이 믿음으로 성장하도록 돕는다. 우리는 무의식인 가운데 우리가 생각할 수도 없는 말씀, 하나님께서 직접 그들을 대면하여 하시는 말씀을 전한다. 우리는 긴급성을 가지고 자신의 취약점을 인정하면서 진리를 시인한다. 우리는 자신이 겪은 하나님의 놀라운 복음에 대한 경험을 증거한다.55)

다음은 각각의 동사에 내재된 심리적 요소와 그것이 기대하는 결과이다.

· 복음을 전하다: 주된 요소는 기쁨이다. 바람직한 결과는 "예수를 영접하고" 그의 새로운 세계 질서로 들어가는 것이다.

· 포고하다: 주된 요소는 진리이다. 기대하는 결과는 "예수에 관해 듣고" 새로운 실재에 대한 진술을 신뢰하는 것이다.

· 가르치다: 주된 요소는 이해이다. 기대하는 결과는 "예수님께 순종하여" 그가 말씀하신 것을 지키는 것이다.

· 권면하다: 주된 요소는 자유이다. 기대하는 결과는 "예수를 따라" 그와 함께 새로운 삶의 방식으로 행하는 것이다.

· 예언하다: 주된 요소는 계시이다. 기대하는 결과는 "예수를 보고" 그로 말미암아 새로운 삶을 사는 것이다.

---

55) 이것에 대한 학문적 방식의 해석에 대해서는 Firet, *Dynamics*, pp. 82-83를 참조하라.

- 시인하다: 주된 요소는 "전하지 않을 수 없는 마음"이다. 기대하는 결과는 "예수님과 하나가 되어" 그 안에서 의지할 바위를 발견하는 것이다.

- 증거하다: 주된 요소는 삶이다. 기대하는 결과는 "예수님의 생명을 사는 것"이며 나에게 행하신 것을 다른 사람에게도 행하시지 않는가 확인한다.

그렇다면 말씀을 전달하는 시간과 관계된 이처럼 광범위한 이해에 대해 어떻게 해야 할 것인가?

하나님은 이 모든 동사를 통해-보다 정확히 말하면 이러한 동사에 해당하는 방식으로-말씀하신다. 그러므로 하나님은 이 모든 복음 전달 방식을 통해 인간의 삶을 변화시키신다. 말씀이 전달되는 대부분의 시간에 모든 동사는 어느 정도 작동한다. 그러나 하나의 동사가 설교를 지배하고 주관한다. 로버트 레이드(Robert Reid)의 "설교의 음성"에 대한 분석에 따르면 모든 동사는 "함께 작동하지만 그 가운데 특히 한 가지 동사가 운전사의 역할을 한다."56) 이 한 가지 동사는 설교자가 청중에 대해 가지고 있는 목적이 무엇이냐에 따라 다르다. 이상적으로는 이 동사가 설교할 본문을 "운전"해야 한다. 설교를 움직이는 동사는 본문을 움직이는 동사가 되어야 한다. 또는 설교의 음성은 본문의 음성이 되어야 한다. 여기서 음성이란 내용, 궤도, 정책, 기대하는 결과를 의미한다. 물론 설교자는 모든 작업(주석부터 설교법에

---

56) Reid, Four Voices, p. 32. 그는 설교자가 설교에 접근하는 방식을 가리키는 말로 '음성'이라는 단어를 사용한다. 그는 이 용어를 "특정 문화적 의식," "진리 문제에 대한 개인적 관점," "언어의 본질 및 권위의 본질에 관한 가정"처럼 사용한다(p. 22). 그는 이어서 나름대로 회중에게 기대하는 결과를 가진 네 가지의 "원형적 음성"에 대해 제시한다. 가르치는 음성은 "의미를 설명하고" 격려하는 음성은 "만남을 촉진하며" 지혜의 음성은 "통찰력을 개발하고" 시험하는 음성은 "회중의 정체성에 관한 문제"를 다룬다(pp. 23-24).
57) 다음 장, "본문에서 설교로"에서 더욱 자세히 살펴볼 것이다.

이르기까지[57])에 대한 나름대로의 성향을 가지고 있으며 회중의 성향도 주변 문화처럼 특정한 성향을 가지고 있지만 설교 작업은 본문의 성향에 맞추어야 한다. 따라서 본문이 가르치면 설교도 가르치는 설교가 되어야 한다. 본문이 고백하면 설교도 고백하는 설교가 되어야 한다. 설교자가 자신의 은사나 한계를 벗어나기는 어렵지만 본문의 권위에 힘입어 본문의 동사적 경향에 맞추어 전달해야 한다.[58])

따라서 우리는 본문이 요구하는 동사를 사용해야 한다. 우리는 우리의 마음이 본문을 통해 감동을 받아 요구하는 동사를 사용해야 한다. 우리는 살아계신 하나님께서 자신의 복음을 전하는 사역에 동참할 뿐이다.[59])

---

58) 제8장, "설교자의 인격"에서 자세히 다루게 된다.
59) 자세한 내용은 John R. W. Stott's *The Preacher's Portrait: Some New Testament Words Studies*(Grand Rapids: Eerdmans, 1961)을 참조하라. 그는 이러한 동사들을 많이 연구하고 그들의 명사형에 대해서도 상세하게 밝힌다.

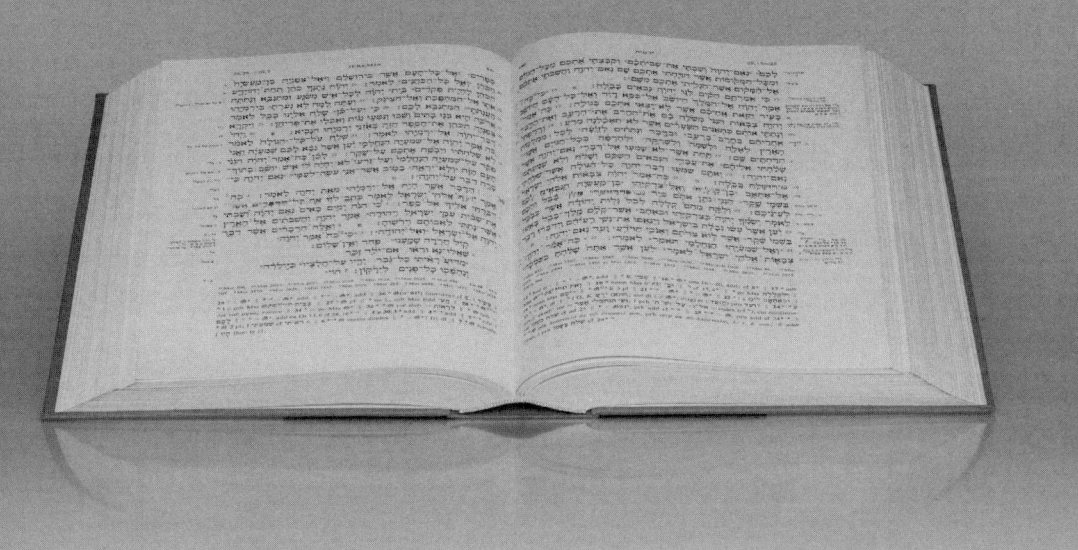

PART 2 동참의 인간적 역학

제5장 본문에서 설교로

제6장 설교 작성

제7장 설교와 삶

제8장 설교자의 인격

제9장 설교자의 삶

5

본문에서 설교로
(본문 연구)

우리는 이제 "동참을 위한 기초"로부터 "동참의 역학"으로 옮겨왔다. 다시 말하면 우리는 설교에 대한 철학으로부터 설교의 실제로 옮겨온 것이다.

왜 '역학'(mechanics)이란 말을 사용하였는가? 왜 '기법'(technique)이나 '작업'(labor) 또는 우리가 흔히 사용하는 '연습'(praxis)이란 말을 사용하지 않았는가? 왜 역학인가? 그 이유는 본문에서 설교에 이르는 과정이 기계적이기 때문이 아니다. 결코 그런 것이 아니다. 또한 이것은 우리가 일련의 단계를 따라 신비적으로 설교를 만들어 내기 때문도 아니다. 내가 이 단어를 선택한 것은 비록 우리가 살아계신 삼위 하나님의 사역에 동참할지라도 우리에게는 우리가 감당해야 할 쉽지 않은 몫이 있기 때문이다. 기법이란 단어를 피한 것은 그것이 대부분 손으로 이루어지는 작업임에도 불구하고 조작적 능력을 의미하는 기술이라는 단어와 연관되기 때문이다. 작업이란 단어를 피한 것은 적어도 나에게는 이것이 하나님께서 원하지 않는 '무거운 짐'을 연상시키기 때문이다.

아마도 두 개의 단어는 이러한 표현보다는 나을 것이다. 하나는 전례(liturgy)이다. 이 단어는 '레이투르지아'(leitourgia)라는 헬라어에서 나온 말로 '일'(work)과 '예배'(worship)라는 두 가지 뜻을 가지고 있다. 따라서 "동참의 전례"(liturgy of participating)라는 말은 우리가 하나님을 가장 친밀하게 알고 가장 명확하게 들을 수 있는 방법은 오직 예배를 통해서이다라는 위대한 진리를 내포하고 있다. 또 하나의 단어는 '무도'(dance)이다. 로버트 레이드(Robert Reid)는 "설교의 인간적 영역과 신적 영역을 연결하는 설교학적 무도(homiletical dance)"[1)]에 대해 언급한다. 본 장에서 전개할 내용 역시 "무도 단계의 동참"이라고 생각할 수 있다. 사실상 이러한 무도에는 살아계신 하나님께서 예수님을 통해 우리에게 허락하신 관계에서 오는 기쁨과 열정과 사역이 담겨 있다.[2)]

---

1) Robert Stephen Reid, *The Four Voices of Preaching: Connecting Purpose and Identity Behind the Pulpit*(Grand Rapids: Brazos, 2006), p. 29.

그러나 나는 역학이라는 단어를 쓸 것이다. 우리는 본문을 설교로 옮기는 과정에서 깊은 묵상과 연구에도 사로잡힐 것이며 마음으로 경배하는 시간도 있을 것이며 기뻐 뛰며 춤추는 시간도 있을 것이다. 또한 대부분의 시간을 어렵고 힘든 연구와 해석과 조직하고 재조직하며 실천과 기도에 매달려 지내기도 할 것이다.

내가 다음 페이지에서 하려는 작업은 설교자가 강해설교를 위해 준비하는 전 과정을 들여다보는 것이다. 또한 나는 이어지는 내용에서 나 자신의 마음과 생각을 들여다보고 내가 성령의 도우심으로 본문(보다 정확히 말하면 본문 배후에 계신 신적 인격)에 사로잡혀 본문 속으로 들어갈 때 일어나는 일들에 대해 규명한 후 본문으로부터 설교로 옮겨갈 것이다. 나는 이것이 설교를 준비하는 유일한 방법이라고 주장하는 것은 아니다. 여러분은 아마도 내가 비록 방식은 다르지만 나와 유사한 과정을 제시하고 있는 많은 사람들의 주장을 참작했다는 사실을 알게 될 것이다. 또한 여러분은 본서가 오늘날 설교학 교재로 사용되고 있는 많은 책들과 여러 면에서 차이가 나는 것도 발견하게 될 것이다.

레슬리 뉴비긴(Lesslie Newbigin)이 요한복음에 대한 신학적 주석에서 제시한 진술(3장에서 인용한 바 있다)은 설교를 준비하는 과정에 반드시 필요한 내용으로 설교를 하는 목적에 대해 잘 제시한다. 그는 자신의 사명에 대해 "내가 할 일은 나 자신과 (가능하면) 다른 사람들에게 복음서에 기록된 말씀을 내가 속한 이 시대의 문화적 언어를 통해 분명히 밝히고 전달하며 그것에 대해 탐구하는 것이다"[3)]라고 선언한다.

설교 과정에 대한 논의에 들어가기에 앞서 먼저 격려의 말을 전하고 싶다. 뛰어난 설교자인 이안 피트 왓슨(Ian Pitt-Atson)은 우리에게 설교는

---

2) C. Baxter Kruger, *The Great Dance*(Jackson, Miss.: Perichoresis Press, 2000).
3) Lesslie Newbigin, *The Light Has Come: An Exposition of the Fourth Gospel* (Grand Rapids: Eerdmans, 1982), p. ix.

"만들어지는 것"이 아니라 "태어난다"는 사실을 상기시켜주었다.[4] 그는 우리가 설교를 조직하는 작업을 아이를 잉태하는 것처럼 생각해야 한다고 말한다. 그것은 건물이나 비행기처럼 조립해서 만들어지는 것이 아니라 태어나는 것이다. 이것은 인간이 하는 어떤 독창적인 일도 마찬가지이다. 우리는 힘들여 설교를 준비할 때 갑자기 설교가 생겨나는 경험을 종종 한다. 그것은 우리가 본문 속에 살 때 우리 앞에 나타난다.[5]

'해산하다'(deliver)라는 단어가 수세기 동안 설교와 관련하여 사용된 이유일 것이다. 또한 이 동사는 전통을 전달한다는 의미도 있으며("내가 너희에게 전한 것은 주께 받은[deliver] 것이니"[고전 11:23; cf. 고전 15:3]) 출산과 관련해서도 사용되었다. 우리는 설교를 작성할 때 동일한 단계를 거치게 된다. 잉태, 임신(때로는 매우 불안하고 걱정이 된다), 출산(예정일에 분만할 수 있다면!), 그리고 산후 우울증(어쩔 수 없이 거쳐야 하는 과정이다).[6]

피트 왓슨은 이러한 출산 이미지 및 건축 이미지를 통해 인간을 대하듯이 보고 느끼고 작업해야 한다고 주장한다.[7] 따라서 설교는 다음과 같은 요소로 이루어진다고 할 수 있다.

- 마음(주제와 목적에 대한 진술)
- 뼈대(요지, 개념적 구조)
- 중추(자연적 조화)
- 관절(자연스러운 전환)
- 생혈(감정, 열정, 확신)
- 살(예화, 일상적 사례)

---

4) Ian Pitt-Watson, *A Primer for Preachers*(Grand Rapids: Baker, 1986), p. 10.
5) Ibid.
6) Charles Haddon Spurgeon, "The Minister's Fainting Fits," in *Lectures to My Students*(Grand Rapids: Zondervan, 1972), pp. 154-65.
7) Pitt-Watson, *A Primer for Preachers*, p. 10.

· 근육(실천을 위한 적용)
· 영혼(살아계신 하나님의 생기)

이러한 요소들은 우리에게 설교는 우리가 거치는 단계와 상관없이, 이러한 과정은 물론 성령께서 설교자에게 역사하시는 방법을 통해 생명을 얻는다는 사실을 상기시켜준다. 모든 과정이 끝난 후에 나타나는 결과는 우리가 처음 시작할 때 생각하고 기대한 것과는 다를 경우가 많다. 그것은 극히 정상적이다. 우리는 본문을 다룰 뿐만 아니라 결국 본문을 통해 우리를 만나 주시는 살아있는 인격을 대하고 있는 것이다.

[출발점]
우리가 첫 번째로 해야 할 작업은 본문 선택이다. 선택할 본문은 설교자가 한 번의 설교에 다룰 수 있는 내용과 분량이어야 한다. 본문을 선택하는 과정은 다음과 같은 여러 가지 다양한 가능성을 통해 결정된다.

1. 성령의 인도하심에 대한 인식
2. 설교자가 지정하는 경우
3. (하나의 전통으로서) 성구집(lectionary)의 순서에 의하는 경우
4. 일련의 시리즈 설교에서 이어지는 본문
5. 예기치 못한 상황(태풍이나 지진과 같은 자연 재해, 테러나 자동차 사고와 같은 비극적 사건 등 회중의 일상이나 주변 세계에서 일어나는 특수 사건)이 발생하여 적절한 본문이 요구되는 경우

세 번째와 네 번째 가능성의 경우 다른 선택의 여지가 없다. 그리고 우리는 일상적인 삶 가운데 발생하는 사건으로부터 최상의 기독교적 사상이나 설교를 할 수 있을 것 같지는 않다.

일단 본문이 결정되면 다음에 할 첫 번째 작업(작업이라고 표현해도 된다면)은 기도이다. 기도 없이는 다음 단계로 넘어 갈 수 없다. 기도의 내용은 이런 식이 될 수 있을 것이다. "살아계신 하나님, 당신의 자비와 은혜로 본문을 깨닫게 하소서. 그리고 나의 생각과 마음을 열어 당신이 보여주시는 것을 보고 듣게 하소서. 예수님의 이름으로 기도합니다." 이러한 내용은 앞서 살펴본 누가복음 24장에 기초한 것이다. 본문은 부활하신 예수께서 그날 오후 낙심하여 엠마오로 내려가던 두 제자를 만나신 것과 그날 저녁 예루살렘이 모인 다른 제자들을 만나시는 내용이다. 누가는 열었다는 말을 두 번 기록한다. 그는 예수께서 "그들의 마음을 열어 성경을 깨닫게 하시고"(눅 24:45)라고 기록한다. 그러나 그 전에 예수님은 그들에게 성경을 열어주셨다"(눅 24:27, 32). 우리는 둘 다 열어달라고 기도해야 한다. 우리는 사도 바울이 기도했던 "지혜와 계시의 영을 너희에게 주사 하나님을 알게 하시고 너희 마음의 눈을 밝히사"(엡 1:17-18)라고 했던 것을 위해 기도해야 한다. 하나님께서 우리를 위해 본문을 열어주시고 또한 우리의 마음을 열어 그것을 깨닫게 해주셔야만 하는 것이다. 우리는 이 두 가지 기적을 위해 기도해야 한다.

본문이 선택되고 기도가 끝났으면 두 가지의 간단한 작업을 하는 것이 좋다. 첫 번째 작업은 본문을 4-5번 큰 소리로 읽는 것이다. 말씀을 소리내어 읽으면 우리의 귀가 듣게 되며 우리의 생각은 자동적으로 다른 뉘앙스의 의미에 집중함으로서 본문에 대한 질문을 하게 되는 것이다. 두 번째 작업은 다른 번역본(적어도 4권)을 읽는 것이다. 역시 우리의 생각은 자동적으로 번역본 간의 차이점을 느끼면서 "이유가 무엇일까?"라고 묻게 된다. 이 두 가지 간단한 행동은 남은 과정을 순조롭게 진행하게 한다.

[전체 과정]
전체 과정은 네 단계로 이루어진다. 이 네 가지는 중복되는 경우가 있기 때문에 순서에 따라 한 단계씩 진행되는 것은 아니다.

· 신앙적(devotional) 단계: 하나님께서 본문을 통해 말씀하신 것에 대해 우리의 마음과 생각을 연다.

· 주해적(exegetical) 단계: 주해는 "끌어내다" "길을 보여주다"라는 뜻을 가진 exēgeomai에서 나온 말이다. 이것은 본문의 저자가 그 시대의 역사적 문화적 배경 하에서 당시의 독자들에게 무엇을 말했는가를 살피는 과정이다.

· 해석학적(hermeneutical) 단계: 어원이 되는 허메스(Hermes)는 고대신화에서 다른 신들의 사신/전령 역할을 하는 신이었다. 따라서 이 단계는 본문이 오늘날의 역사적, 문화적 상황에 대해 던지는 메시지를 찾는 과정이다.

· 설교학적(homiletical) 단계: 이 단어는 "고백하다," "같은 것을 말하다," "어울리다"라는 뜻을 가진 homologeō 에서 나온 말이다. 이것은 본문이 우리의 상황에 대해 던진 메시지를 묶어 우리의 상황에 맞게 적용하는 방법을 찾는 단계이다.

반복하자면 이 과정은 결코 정확한 순서에 따라 한 단계가 끝나면 다음 단계로 옮기는 식이 아니다. 설교학적 형식은 주해적 단계에서 나타날 수도 있고 신앙적 감동이 해석학적 단계에서 물밀 듯 밀려올 수도 있다. 그러나 이러한 전체적 과정에 대한 논리적 역학을 그려두는 것이 유익하다.

때로는 지겹겠지만 인간의 마음과 생각을 만족시키는 유일한 음식의 모든 달콤한 향기를 앞서 맡을 수 있기를 바란다.

이제 나는 여러분에게 여기서 잠깐 멈추고 자신이 원하는 본문을 택할 것을 권한다. 그리고 잠시 시간을 내어 앞에서 제시한 예비적 요소들을 다시 한번 살펴보기를 바란다. 성령의 조명을 위해 기도하고 본문을 큰 소리로 읽고 다른 번역본을 읽는다. 그리고 본문을 염두에 두면서 다음에 제시하는 단계들을 따라가기를 바란다. 이렇게 함으로써 실제적 적용을 통한 이론적 토대를 다질 수 있을 것이다.

1. 신앙적 단계

우리는 하나님께서 우리가 무엇을 전하기를 원하시는지 묻기 전에 먼저 하나님께서 우리에게 무엇을 말씀하시는지 들어야 한다. 그리고 만일 우리가 원점으로 돌아와 "성령께서 본문을 영감으로 기록하게 하신 이유는 무엇인가?"라고 묻는다면 본문이 우리에게 전하는 말씀을 더욱 잘 이해하게 될 것이다. 이 물음에 대한 답은 3장에서 살펴본 바 있다. 그것은 만남, 소식, 세계관의 변화, 순종하는 믿음, 능력이다.

1) 만남

본문은 하나님(성부, 성자, 성령)의 본성과 성품에 관해 무엇을 제시해 주는가? 동일한 성품과 속성을 나타내주는 다른 본문은 없는가? "그러나 한편으로…"라거나 "물론 그렇지만 하나님께는 이런 면도 있다"라고 말하는 본문은 없는가? 본문을 읽을 때 어떤 노래가 떠오르는가? 본문에 제시된 내용과 일치하는 이야기나 영화 또는 개인적 경험은 없는가?

2) 소식

본문이 전하는 소식은 무엇인가? 본문은 인간의 타락과 관련하여 특히 어떠한 영역에 초점을 맞추는가? 브라이언 샤펠(Bryan Chapell)은 "FCF"(Fallen Condition Focus: 타락의 초점)개념에 대해 "본문이 염두에 두고 있는-따라서 본문의 은혜를 필요로 하는-대상과 오늘날 신자들이 함께 공유하는 인간적 상황"으로 제시한다.[8] 본문은 이러한 상황에 대해 어떠한 소식을 가지고 있는가? 동일한 소식을 전하고 있는 다른 본문은 없는가? "그러나 한편으로..."라고 말하는 본문은 없는가? 본문은 여러분의 삶 가운데 어떠한 상황에 대해 말하고 있는가? 본문을 읽을 때 어떤 노래가 떠오르는가? 본문이 제시하는 소식과 일치하는 이야기나 영화 또는 개인적 경험은 없는가?

여러분은 앞서 제시한 두 단계에서 이미 중복이 일어나고 있음을 본다. 즉, 온 세상에 대한 생각 없이 "신앙적"이 되기는 어렵다는 것이다.

3) 세계관의 변화

본문을 통해 여러분의 세계관 가운데 어떤 영역이 도전을 받고 있는가? 본문의 세계관 가운데 어떤 영역이 포용하기 어려운가? 만일 여러분이 본문의 세계관을 받아들일 경우 어떤 변화가 예상되는가? 이런 세계관을 가질 것을 요구하는 다른 본문은 없는가? "그러나 한편으로..."라고 말하는 본문은 없는가? 본문을 읽을 때 어떤 노래가 떠오르는가? 본문에 제시하는 실재에 대한 대안적 해석과 일치하는 이야기나 영화 또는 개인적 경험은 없는가?

4) 순종하는 믿음

이러한 제자도가 함축하는 의미는 무엇인가? 본문은 여러분에게 무엇을 요구하는가? 명시적 요구는 무엇이며 암시적 요구는 무엇인가? 이행해야 할 약속은 없는가? 순종해야 할 명령은 없는가? 확인해야 할 위대한 진리는 없는가? 동일한 행위를 요구하는 다른 본문은 없는가? 그러나 한편으로..."라고 말하는 본문은 없는가? 이러한 명령과 본문에 계시된 하나님의 성품과는 어떤 관계가 있는가? 이러한 반응은 단지 또 하나의 신뢰의 영역이라는 사실을 아는가? 만일 여러분이 본문의 명령을 실제로 순종하고 행한다면 어떠한 변화가 일어날 것 같은가?

---

8) Bryan Chapell, *Christ-Centered Preaching: Redeeming the Expository Sermon* (Grand Rapids: Baker, 1994), p. 42.

5) 능력

본문은 여러분에게 구체적으로 "하라"고 명령한 것을 실행할 수 있도록 도움을 주는가? 본문은 여러분이 오직 예수님만 신뢰할 것을 명시적으로 요구하지 않는가? 혹은 암시적으로 요구하고 있지 않은가? 성령께서 본문이 요구하는 것을 행할 수 있는 능력을 주실 것이라고 확실하게 약속하신 다른 본문은 없는가?

신앙적 단계는 여러 가지 이유에서 매우 중요하다. 그 중에서도 우리가 본문을 붙들려고 하기 전에 먼저 본문에 사로잡혀야 한다는 점에서 이 단계는 특히 중요하다. 나는 유대학자인 마이클 피쉬베인(Michael Fishbane)이 제시하는 문학작품을 이해하는 방법을 좋아한다. 그는 "모든 것은 우리가 그것을 어떻게 읽느냐에 달려 있다. 즉 어떻게 하면 본문의 신비한 세계로 스며들며 본문의 구조로 하여금 우리 주변에 그물을 치게 할 것이냐는 것이다."[9]

2. 주해적 단계

이것은 적어도 "독창적" 단계이다. 우리는 여기서 본문에 대한 우리의 생각을 접어둔 채 가능한 본문 스스로 말하게 해야 한다. 윌리엄 윌리몬(William Willimon)은 칼 바르트(Karl Barth)의 설교에 관한 자신의 저서에서 "본문을 이해할 수 있는 유일한 방법은 본문의 포괄적인 해석적 세계와 본문의 주님 안에 서려는 의지이다"[10]라고 말한다. 윌리몬에 의하면 바르트는 "청중이나 독자는 이 이야기가 실제 세계에 관한 실제적 묘사이며 이야기의 중심인물은 사람들이 이 실제적 세계 안에서 자신의 위치를 발견하도

---

9) 정확한 표현을 어디서 보았는지 기억나지 않으나 Michael Fishbane, *Text and Texture: Close Readings of Selected Biblical Text*s(New York: Schocken Books, 1979)에 이 사상에 대한 상세한 설명이 제시된다.
10) William H. Willimon, *Conversations with Barth on Preaching*(Nashville: Abingdon, 2006), p. 32.

록 돕고 있다는 사실을 깨달아야 한다"11)고 주장한다. 이것이 바로 주해의 역할이다.

주해는 두 가지의 중요한 원리로부터 시작해야 한다. 하나는 처음부터 주석을 찾지 말라는 것이다. 나중에는 필요하겠지만 지금은 아니다. 왜 그런가? 여러분과 나는 본문에 대한 자신만의 진지한 해석을 통해 주석으로 나아가고 싶기 때문이다. 만일 우리가 다른 사람의 해석으로부터 시작한다면 스스로 본문의 음성을 들을 기회는 결코 오지 않을 것이다. 시간을 단축하기 위해 주석부터 집어 들려는 유혹을 물리쳐야 한다.

또 하나는 본문을 외어야 한다는 것이다.12) 이러한 암기는 주석과 관련된 여러 가지 이슈들에 대한 사고력을 증진시킨다. 예를 들어 우리는 과거시제 본문을 무의식중에 현재시제로 읽거나 분사구문을 정형동사 문장으로 읽기도 한다. 또는 본문의 "안으로"(into)를 "안에"(in)로 읽거나 "...를 통해"(through)를 "...에 의해"(by)로 읽는 경우도 있다. 본문을 외우고 있으면 머리 회전이 빨라지고 시간도 훨씬 절약된다.

이러한 두 가지 원리와 함께 단어연구가 진행되어야 한다. 단어연구는 많은 시간을 요하지만 반드시 필요한 작업이다.

동사의 경우 시제(tense)와 태(voice) 및 법(mood)을 살펴보아야 한다. 갈라디아서 5장 16절을 예로 들어보자. NRSV는 "너희는 성령을 따라 행하라 내가 이로노니 너희는 육체의 욕심을 이루지 말라"고 번역한다. 본문은 두 개의 명령형으로 이루어진다. 그러나 NASB는 "너희는 성령을 따라 행

---

11) Ibid.
12) 이 아이디어는 1999년, 풀러신학교에서 아카데믹 프로그램을 보조하던 Jeannette Scholer 에게서 얻었다.
13) "이루지 아니하리라"는 약속이다. 헬라어에서 *ou mē*+부정과거 가정법의 형태는 부정적 가능성에 대한 강조로 사용된다. 나는 왜 RSV나 NRSV가 이 구절을 오역했는지 알 수 없다.

하라 그리하면 육체의 욕심을 이루지 아니하리라"고 번역한다. 하나의 명령과 하나의 약속이 제시된 것이다. 어느 것이 옳은가? 본문을 설교하기 전에 먼저 이러한 차이에 대한 문법적 정리 작업이 필요하다.[13]

또 하나의 예는 에베소서 5장 21절이다. 대부분의 역본은 "복종하라"고 번역한다. 그러나 바울은 다섯 번째 줄에서 현재분사를 사용한다(다른 네 가지 표현은 '화답하며,' '노래하며,' '찬송하며,' '감사하며' 이다). 왜 일련의 분사구분의 마지막 부분을 명령형으로 번역하는가? 현재분사는 행위의 연속을 표현한다. 바울은 "오직 성령으로 충만함을 받으라"(엡 5:18)고 명령한 후 그 결과에 대해 일련의 행위-즉, 성령의 충만을 받았을 때 일어나는 일련의 행위-로 제시하고 있는 것이다. 바울의 초점은 어디에 있는가? 그것은 오직 성령의 능력만이 인간을 서로 복종할 수 있게 한다는 것이다.

그 외 다른 문법적 요소들에도 주의를 기울여야 한다.

- 명사: 수(number), 격(case) 및 성(gender)을 살펴보아야 한다. 이 단어에는 한 가지 의미만 존재하는가? 아니면 많은 의미를 담고 있는가? 본문의 경우 저자의 의도는 어떤 것인가?

- 형용사: 수(number), 격(case) 및 성(gender)을 살펴보아야 한다. 어떤 형용사가 어떤 명사를 수식하고 있는가?

- 부사: 본문의 부사는 시간이나 어조(tone)를 어떻게 수식하며 행위를 강조하는가?

- 전치사: 전치사는 짧은 단어 속에 많은 함축을 가지고 있기 때문에 자세한 관찰이 요구된다.

갈라디아서 4장 4-7절은 전치사가 중요한 논리적 역할을 한다는 한 가지 사례를 제공한다. 본문에서 바울은 때가 되면 "하나님이 그 아들을 보내사 여자에게서 나게" 하실 것이라고 말씀한다. 본문에 사용된 전치사는 "...로부터"(보다 정확히 말하면 "...의 중심으로부터")라는 의미를 가진 '에크'(ek)이다.[14] 이 전치사는 예수님의 정체성에 관한 신비를 선언한다. 여인(의 중심)으로부터, 그리고 살아계신 하나님(의 중심)으로부터라는 표현은 결국 완전한 인간이자 완전한 신이라는 의미를 가진다. 신약성경에 사용된 전치사의 용례, 특히 예수님에 관한 전치사나 그와 우리의 관계에 관한 전치사 ("그리스도 안에," "그리스도와 함께," "그리스도로 말미암아," "그리스도를 위하여," "그리스도가 너희 안에," "그리스도가 너희를 위하여")는 한 권의 책으로 내어도 될 만큼 방대하다.[15] 얼마나 많은 역본이 이러한 차이에 대해 다루는지 모른다. 본문을 충실히 설교하기 위해서는 번역본이 나름대로의 해석을 하게 된 이유에 대해 알아야 한다. 예리한 성도라면 나중에 물어볼는지도 모른다.

이 시점에서 보다 구체적인 사례를 제시하는 것이 더욱 도움이 될 것이다. 잘 알려진 누가복음 15장의 탕자 비유 가운데 후반부를 살펴보자. (사실 본문은 두 명의 탕자에 관한 비유라고 불러야 한다.) 누가복음 15장 25-32절에서 예수님은 두 아들 가운데 큰 아들이 작은 아들에 대한 아버지의 놀랍고 특이한 사랑에 대해 어떻게 반응하는지 보여준다. 큰 아들은 아버지가 작은 아들이 돌아온 것을 환영하기 위해 베푼 잔치에 참석하지 않음으로 아버지께 무례를 범한다. 예수님은 "그가 노하여 들어가고자 하지 아니하거늘"(눅 15:28a)이라고 말씀하신다. 당시의 문화에서 큰 아들은 아버지에게 수치심을 안겨주었던 것이다. 그렇다면 아버지는 이러한 무례한 행위에 대

---

14) Bruce Metzger, "Table II. Geometric Arrangement of the Greek Prepositions," in *Lexical Aids for Students of New Testament Greek*(Theological Books Agency, 1973); and William D. Mounce, *Basics of Biblical Greek*(Grand Rapids: Zondervan, 1993), p. 80.
15) 나는 언젠가 전치사 신학(Prepositional Theology)이라는 제목의 저서를 내고 싶다.

해 어떻게 반응하였는가? 예수님은 "아버지가 나와서 권한대"(눅 15:28b)라고 말씀한다. 아버지는 꾸짖은 것이 아니라 권면하신 것이다. 그는 비난하거나 해명을 요구하지 않았다. 케네스 베일리(Kenneth Bailey)는 예수께서 하신 말씀의 요지를 상세히 설명한다.

'부르다' (call)에 해당하는 헬라어는 kaleō 이다. 이 단어는 앞에 붙는 전치사에 따라 다양한 의미를 가진다. 예를 들면 다음과 같다.

en-kaleō : 비난하다, 고소하다
eis-kaleō : 초청하다, 방문하다
epi-kaleō : 이름을 부르다
pro-kaleō : 꾸짖다, 도전하다
pros-kaleō : 부르다, 호출하다(장교가 부하에게, 또는 주인이 하인을 대하듯)
syn-kaleō : 소집하다.
para-kaleō : 호소하다, 권하다, 달래다

누가는 이러한 어족(family of words)에 대해 누구보다 잘 알고 있었으며 어떤 신약성경 저자보다 이러한 지식을 많이 활용하였다. 26절에서 큰 아들은 한 종을 불러(pros-kaleō) 무슨 일인지 묻는다. 28절에서 우리는 큰 아들을 부른(pros-kaleō) 아버지가 그의 무례함에 대한 해명을 요구할 것이라고 생각할 수 있다. 혹은 얼마든지 그가 큰 아들을 꾸짖거나 (pro-kaleō) 비난(en-kaleō)할 것이라고 생각할 수 있다. 그러나 종을 불러 해명을 요구한 큰 아들과 달리 아버지는 밖으로 나가 아들에게 권면하고(para-kaleō) 호소하고 달래려 했던 것이다.

로벗슨(Robertson)은 자신의 기념비적 문법에서 본문에서 동일한 단어에 사용된 두 가지 전치사를 이해할 수 있는 단서를 제공한다. 그는 'para'는 단순히 "옆에" 또는 "함께"라는 의미가 있으며 'pros'는 "얼굴을 맞대다"라는 의미가 있다. 따라서 아들은 종을 불러 하급자를 대하듯 그를 쳐다보았던 것이다. 그러나 아버지는 아들을 귀면하고자 했다. 그는 아들을 자신의 "옆에 세우고" 아버지의 관점에서 세상을 바라보게 했던 것이다.16)

이러한 설명이 유익하지 않는가? 베일리는 성경 저자가 선택하는 단어들에 세밀한 관심을 보인 대표적인 사례이다. (또한 그는 선포에 도움이 되는 주석적 모델이기도 하다.

단어연구가 끝난 후에는 본문의 저자가 이러한 동사와 명사와 형용사와 전치사를 통해 원래의 독자들에게 무엇을 말하고자 했으며 우리에게는 성령을 통해 무엇이라고 말씀하시는지 이해해야 한다. 우리는 여기서 저자가 말하고자 하는 요점이 무엇인지를 파악해야 하는 것이다.

사실상 우리의 생각은 이미 이러한 방향으로 움직이기 시작하였다. 인간의 지성은 질서를 원한다. 대부분의 경우 우리의 생각 속에는 사물을 이해하려는 성향이 내재되어 있다. 이러한 속성은 혼돈한 가운데 질서를 가져오신(창세기 1장) 성경의 하나님에 대한 이미지 속에 함축되어 있지 않는가? 따라서 한편으로 우리는 굳이 주해로 들어가지 않아도 된다. 우리는 이미 모든 삶에 대해 주해하고 있기 때문이다.

구체적으로 우리는 설교할 부분의 요지를 찾아야 한다. 모든 설교는 이 요지를 중심으로 이루어져야 한다. 요지가 여러 가지 있을 수 있으나 모든 요지를 총괄하는 "큰 개념"이 필요한 것이다. 여기서의 가정은 성경 저자들(이사야, 요한, 바울, 베드로, 유다...)이 회중에게 아무렇게나 사상이나 개념을 아무렇게나 던지고 있는 것이 아니라 실제로 전하고 싶은 의도적인 마음을 가지고 있다는 것이다. 나는 많은 철학자들이 우리는 인간의 언어가 실제적인 의미를 전한다고 믿어서는 안되며 사실상 저자 자신도 자신이 하는 말을 알지 못할 뿐만 아니라 청중은 들을 것에 각자 나름대로의 의미를 부

---

16) Kenneth Bailey, *The Cross and the Prodigal*, rev. ed. (Downers Grove, Ill.: InterVarsity Press, 2005), p. 83-84.

여한다고 주장한다는 사실을 알고 있다. 물론 어느 정도는 그럴 수 있다고 생각한다. 그러나 나는 대부분의 사람은 구체적인 의미를 가진 무엇인가를 말하고 싶어서 언어를 사용하며 대부분의 청중은 그것이 실제로 의미하는 바를 알고 싶어 한다고 생각한다. 물론 전혀 혼돈이 없다는 것은 아니다. 우리가 선택한 단어가 원래 의도한 것이 아닐 수 있고 청중 역시 선택된 단어를 화자의 의도와 다르게 들을 수도 있다. 그러나 이러한 언어의 역동적 성격 및 전달의 어려움을 감안하더라도 많은 사람들은 자신이 의도하는 것을 말하고 싶어 하고 자신이 들은 말의 원래적 의도를 알고 싶어 한다.

이 시점에서 설교할 본문의 장르는 주해 방법, 특히 요지를 파악하는 방법을 결정한다. 상이한 문학적 형식이나 장르는 상이한 주해 방법을 요구한다. 이어지는 내용은 성경의 다양한 장르를 다루기 위한 몇 가지 기본적 요령일 뿐이다. 구체적인 내용은 시드니 그레이다너스(Sidney Greidanus)의 『현대 설교와 고대 본문: 성경 해석 및 설교』(The Modern Preacher and the Ancient Text: Interpreting and Preaching Biblical Literature)[17]를 참조하기 바란다. 이 책은 보다 완성된 지침을 제공한다.

다음은 다양한 장르에 대한 주석에 관한 요령이다. 여기서는 자신이 선택한 본문의 장르에 관한 부분만 읽어도 된다. 다른 본문을 설교할 때는 해당 장르에 관한 내용을 참조하면 된다.

1) 서신서

우선 "본문이 기록될 당시의 사람들에게 무슨 일이 있었는가?"라는 질문으로 시작해야 한다. 물론 이것은 우리가 본문이 속한 서신 전체를 읽어야 한다는 것을 보여준다. 20세기 초의 가장 유명한 설교가 가운데 한 사람인

---

17) Sidney Greidanus, *The Modern Preacher and the Ancient Text: Interpreting and Preaching Biblical Literature*(Grand Rapids: Eerdmans, 1988).
18) Jill Morgan, *Man of the Word: The Life of G. Campbell Morgan*(1951); reprint, Grand Rapids: Baker, 1972); G. Campbell Morgan, *The Ministry of the Word:*

캠벨 모간(G. Campbell Morgan)은 본문을 40-50번 읽기 전에는 설교를 하지 않았다고 한다.[18] 그는 그런 후에야 저자의 생각을 좇아갈 수 있었으며 본문의 흐름을 파악할 수 있었다. 그는 저자가 어떻게 본문을 시작하고 어떻게 마쳤는지를 알았던 것이다. 그렇다면 "원래의 독자들에게 어떤 일이 일어났는가?" 해결해야 할 문제라도 있었는가? 위로가 필요한 비극적 상황인가? 제자도와 관련하여 간과한 문제나 태만한 요소가 있었는가? 바로잡아야 할 잘못된 사상이나 개념이 있었는가? 복음의 선포가 필요한 상황이었는가? (물론 복음은 모든 사람들에게 언제나 필요했다.)

이어서 구체적인 내용을 위해 몇 가지 질문을 던진다. 정형동사는 무엇인가? 특히 명령형이 있는가? 다니엘 풀러(Daniel Fuller)는 명령형은 언제나 저자의 강조점에 대한 훌륭한 단서가 된다고 주장한다. 명령형이 있다면 (명령형 속에) 분사도 존재하는가? 과거분사는 명령의 이유를 제시하는 경우가 많다. 반면에 현재분사는 대체로 명령을 순종함으로서 오는 결과를 보여준다. 정형동사의 주어는 누구 또는 무엇인가? 우리는 누가 무엇을 하고 있는지에 대해 명확히 알아야 한다. 수식하는 절이 있는가? 그것은 정형동사의 행위와 어떻게 연관되는가? 전치사 절은 없는가? 사용된 전치사의 용례는 무엇인가? 부사절은 없는가?

저자가 언어와 문법적 구조를 사용하는 이유는 한 가지 뿐이라고 생각해야 한다. 우리는 그것이 의미하는 모든 것에 유의함으로써 본문에 전념할 수 있다.

이제 본문의 모든 것이 어떻게 요지와 연결되는지 알겠는가? 그렇지 않다면 다시 질문을 해야 한다. 요지는 전체 서신 안에서 본문의 상황과 어떻게 연결되는가? 그것은 어떻게 전후 문맥과 연결되는가? 우리가 요지를 바로 찾았다면 그것에 비추어 본문의 다른 부분을 모두 파악할 수 있어야 한다.

The James Sprunt Lectures, Union Theological Seminary(New York: Fleming H. Revell, 1919); and Preaching(London: Marshall, Morgan and Scott, 1937).

필자의 경우 설교하는 서신서의 본문마다 도해를 그린다(나는 거의 모든 신약성경 서신서에 대한 문장도해(sentence diagram)를 가지고 있다). 이것은 각 구절이 본문의 요지와 어떻게 연결되는지 보여준다.[19] '왜냐하면'(for) 또는 '...때문에'(because)는 요지의 근거를 제시하며, '그러므로'(therefore)나 '따라서'(so)는 요지의 결과를 제시한다. '언제'(when)와 '전에'(before) 또는 '후에'(after)는 발생한 사건의 시간적 요소에 관한 내용을 보여주며, '그러나'(but) 또는 '그럼에도 불구하고'(nevertheless)는 "다른 한편"의 경우에 대해 제시하며, '그리고'(and)와 '게다가'(furthermore)는 더 이상의 사실이 있음을 보여준다. 또한 '...처럼'(as)이나 '이와 같이'(in this way)는 부가적 설명을 보여주고, '...같이'(like)는 요지를 예증하며, '만일...그러면'(if...then)은 요지의 조건과 약속을 보여준다. 우리는 예를 들어 집에 대한 그림을 통해서도 동일한 교훈을 얻을 수 있다. 하나하나의 요소가 모여 하나의 완성된 집을 형성하는 것이다. 또는 화분 그림도 마찬가지이다. 화분은 요지(main point)이고 화분을 받치고 있는 받침대는 이유나 근거이며 식물은 결과, 그리고 잎은 화분(요지)을 중심한 우리의 삶에서 나타나는 구체적인 열매이다.

아직도 모든 것이 명확하지 않다면 잠시 작업을 접고 산책을 하거나 심부름을 하거나 낮잠을 자거나 뉴스를 듣는다. 이것이 바로 토요일 늦게 설교준비를 시작해서는 안 되는 이유이다. 주해는 시간이 소요되는 작업이다. 그러므로 주초부터 시작하는 것이 좋다. 상세한 내용은 9장, "설교자의 삶"에서 언급할 것이다.

2) 구약의 내러티브

한편으로, 이야기를 다시 하는 것은 설교가 아니다.[20] 그러나 또 한편으

---

19) 이 방법은 1969-1972년 Daniel Fuller로부터 배웠다. 그의 연구는 Thomas Schreiner, *Interpreting the Pauline Epistles*(Grand Rapids: Baker, 1990)을 통해 더욱 발전되었다. 특히 "Tracing the Argument" 부분을 참조하라.
20) Graeme Goldsworthy, *Preaching the Whole Bible as Christian Scripture*(Grand Rapids: Eerdmans, 2000), "설교는 오늘날의 청중에게 본문의 요지를 전달하는 것이다"(p. 150).

로, 본문을 교훈적으로 재구성하다보면 본의 아니게 본문의 메시지를 왜곡시킬 수 있다.[21] 우리는 이 두 가지 극단을 피하고 본문의 이야기를 전체 이야기(Grand Story)의 한 부분으로서, 있는 대로 보아야 한다. 또한 본문의 이야기는 어느 정도 우리의 삶과 만나 우리 자신의 이야기가 되어야 한다.

그러나 저자는 단순히 흥미를 위해 이야기를 하고 있는 것이 아니다. 저자는 역사적 기록을 위해 단순한 사실을 나열하고 있는 것이 아니다. 저자는 사실에 대한 기교적 제시 및 해석을 통해 의미를 전달하고 있는 것이다.[22] 그리고 저자는 다양한 수사학적 기법을 통해 독자/청중을 사실에 대한 자신의 통찰력으로 인도한다. 이러한 기법에는 다음과 같은 것들이 있다.[23]

- 반복: 창세기 25-27장의 "사냥"이나 창세기 22장의 "아들"(10회)과 같이 본문에서 자주 반복되는 핵심 용어와 창세기 22장 2, 12, 16절의 "네 아들, 네 독자"와 같은 반복되는 구절 및 문장.

- 대조: "눈을 들어"(창세기 13장 10절 14절에서 롯은 눈을 들어 비옥한 땅을 바라보았으나 아브라함은 눈을 들어 여호와를 바라본다).

- 비교(comparison): "따서"(took) "먹고"(ate) "주매"(gave)[창 3:6]와 "말을 들으니라" "데려다가"(take) "(첩으로) 준"(gave)[창 16:2-3, 타락의 반복?]

- 원인, 결과: "속이다"(창세기 27:18-24; 29:25; 37:32-33; 38:14, 25)

---

21) Greidanaus, *Modern Preacher*, p. 147.
22) M.A. Powell, *What Is Narrative Criticism?* (Minneapolis: Fortress, 1990), p. 23.
23) 상세한 내용은 Bruce *Waltke in Genesis*(Grand Rapids: Zondervan, 2001), pp. 31-43을 참조하라.

· 문학적 패턴: 평행(parallelism): 단문, 복문, 대칭[24]으로 이루어진다. 포괄(inclusion): 동일한 언어나 이미지로 시작하고 끝나는 수미쌍관기법을 통해 하나의 문학적 단위를 형성하고 반복을 통해 강조하며 극적 긴장을 통한 계시를 보여준다(창세기 32장에서 저자는 야곱이 에서의 얼굴을 볼 것을 생각하고 두려워하는 모습에 대해 언급하나 놀랍게도 야곱은 마지막에 하나님의 얼굴을 본다).

· 장면 묘사: 창세기 28장 10-11절은 해가 지는 장면과 유숙하는 장면을 묘사하며, 창세기 32장 31절은 해가 뜨는 장면과 집으로 돌아가는 장면을 묘사한다.[25]

우리는 이 모든 "단서들"에 유의함으로써 자신의 생각이 아니라 저자가 들려주기 원하는 것을 들어야 한다.

또한 우리는 해당 본문은 전체 이야기에서 어느 부분에 해당하는지 물어보아야 한다. 특히 아브라함과 사라에 관한 이야기에서 이 질문은 반드시 필요하다. 즉 거대담론의 흐름 안에서 차지하는 위치가 어디냐라는 것이다.

중요한 질문은 불명확한 내용에 대한 잘못된 추측을 피하게 한다. 다른 성경에서 본문을 언급하거나 해석하거나 적용한 곳이 있는가? (예를 들어 창세기 15장은 로마서 4장과 히브리서 11장 및 야고보서 2장에 언급된다.) 본문은 하나님의 성품을 어떻게 계시/묘사하는가? 등장인물은 우리가 본받아야 할 하나의 모델로 제시되는가 아니면 자비를 필요로 하는 타락한 세상

---

[24] David Dorsey, *The Literary Structure of the Old Testament A Commentary on Genesis-Malachi*(Grand Rapids: Baker, 1999), pp. 1-46.
[25] 이러한 주해 작업이 설교에서 어떻게 활용되는지 보고 싶다면 Bruce Waltke의 설교 "Reflections on Retirement from the Life of Isaac," in CRUX 32, no. 4 (1996): 4-14를 참조하라.

의 한 전형에 불과한가? 본문에는 하나님과 사람 사이에 어떠한 상호작용을 볼 수 있는가? (이 대답은 설교가 어디에 초점을 맞추어야 할 것인지를 보여준다.) 복음서 가운데 육신이 되신 말씀이 구약성경에 나타난 자신-태초에 하나님과 함께 계셨고 하나님이신-에 대해 계시하는 본문이 있는가? 이러한 본문을 구약성경에 대한 설교에 접목하는 것은 결코 "예수님에 관한 내용을 구약으로 가져오는 것"이 아니다. 앞서 언급한 대로 예수님은 원래 그곳에 계셨다. (물론 이것은 해석학적 영역과 중첩되는 부분이다.)

주해작업에서 염두에 두어야 할 실제적인 문제 가운데 하나는 우리가 알게 된 내용을 얼마나 설교로 가져갈 것인가라는 것이다. 배경자료는 설교에 어느 정도 활용할 것인가? 이와 관련하여 두 가지의 법칙을 제시할 수 있다. 하나는 많이 알수록 좋다는 것이며 또 하나는 청중이 이야기의 흐름을 따라올 수 있을 만큼만 활용하라는 것이다.[26] 가르치는 요소가 내러티브 본문을 시작하기에 좋은 자료임에는 분명하지만 지나치게 상세한 내용은 사람들을 지치게 만들 수 있다는 것을 알아야 한다.

3) 선지서

선지서에서 가장 어려운 작업은 본문의 역사적 배경에 대한 이해이다. 예언적 설교와 예언은 단순한 예측이 아니라 하나님의 뜻을 이루는 대언이다. 물론 이러한 대언(특정 상황에 선포되는 하나님의 말씀)을 통해 미래를 예언하기도 한다(벧전 1:11-12). 따라서 오늘날 우리에게 하시는 말씀을 정확히 분별하기 위해 무엇보다 원래의 독자/청중에게 하신 말씀을 아는 것이 중요한 것이 선지서이다. 엘리자베스 악테마이어(Eblizabeth Achtemier)의 말처럼 "선지자는 '영원한 진리'에 대해서만 말하지 않는다. 그들은 이스

---

26) 이러한 균형에 대한 상세한 내용은 J. Barrie Shepherd, *Encounters: Poetic Meditations on the Old Testament*(New York: Pilgrim Press, 1983)을 참조하라. 아울러 Steven D. Mathewson, *The Art of Preaching Old Testament Narrative* (Grand Rapids: Baker Academic, 2002)도 참조하기 바란다.
27) Elizabeth Achtemier, *The Old Testament and The Proclamation of the Gospel* (Philadelphia: Westminster Press, 1973), p. 139.

라엘의 구체적인 상황에 대한 여호와의 반응을 보여준다."27) 다행히도 우리는 이러한 역사적 연구에 도움이 되는 유익한 자료들이 많다.28)

따라서 우리는 모든 선지서가 구체적인 인물, 시간 및 장소에 관해 세심하게 의도된 언급을 하고 있다는 것을 볼 수 있다. "웃시야 왕이 죽던 해에 내가 본즉 주께서"(사 6:1). 우리는 이 왕에 대해 무엇을 알고 있는가? 그가 죽던 해가 중요한 이유는 무엇인가? "유다 왕 웃시야의 시대 곧 이스라엘 왕 요아스의 아들 여로보암의 시대 지진 전 이 년에 드고아 목자 중 아모스가 이스라엘에 대하여 이상으로 받은 말씀이라"(암 1:1). 우리는 이들에 대해 무엇을 알고 있는가? 지진은 왜 중요한가? 그것은 언제 일어났는가? 예레미야는 모든 말씀을 특정 시대의 통치자에 대한 언급과 함께 기록한다. "베냐민 땅 아나돗의 제사장들 중 힐기야의 아들 예레미야의 말이라 아몬의 아들 유다 왕 요시야가 다스린 지 십삼 년에 여호와의 말씀이 예레미야에게 임하였고 요시야의 아들 유다의 왕 여호야김 시대부터 요시야의 아들 유다의 왕 시드기야의 십일년 말까지 곧 오월에 예루살렘이 사로잡혀 가기까지 임하니라"(렘 1:1-3; 렘 3:6; 21:1; 25:1; 28:1; 32:1; 33:1; 34:1; 35:1; 36:1; 40:1 참조).

따라서 이 장르를 바로 전하기 위해서는 본문의 이러한 특성을 감안할 필요가 있다. 4장에서 언급한 그린(Micael Green)의 말처럼 예언은 "특정 장소, 특정한 때에 특정인에게 임한 하나님의 특정한 말씀"29)이다. 물론 이

---

28) 특히 유익한 자료는 다음과 같다. *The Anchor Bible Dictionary*, ed. D.N. Freedman, 5 vols. (New York: Doubleday, 1992); *Dictionary of Biblical Imagery*, ed. Leland Ryken, James C. Wilhoit and Tremper Longman III(Downers Grove, Ill.: InterVarsity Press, 1998); D.E. Gowan *Theology of the Prophetic Books: The Death and Resurrection of Israel*(Louisville, Ky.: Westminster John Knox, 1998); Victor H. Matthews, *Social World of the Hebrew Prophets*(Peabody, Mass.: Hendrickson, 2001); Iain Provan, V. Philips Long and Tremper Longman III, *A Biblical History of Israel*(Louisville, Ky.: Westminster John Knox, 2003); William Sanford LaSor, David Allan Hubbard and Frederic W. Bush, *Old Testament Survey: The Message, Form, and Background of the Old Testament*, 2nd ed. (Grand Rapids: Eerdmans, 1996).

말씀은 이러한 특수성을 넘어선다. 그러나 먼저 특정 상황 안에서 그 말씀을 이해하는 것이 우선이다.30)

우리는 살아계신 하나님과의 만남이라는 예언의 근본적 의도에 유의해야 한다. "네 하나님 만나기를 준비하라"(암 4:12)는 아모스의 말씀은 모든 선지자의 중심이다. 또한 우리는 만남의 본질적 의미-즉, 살아계신 하나님의 본성과 성품을 드러내고 그에 따라 자동적으로 백성의 본성과 성품을 드러나는-에 유의해야 한다. "예언은 본질적으로 모든 것을 있는 대로 드러내는 사역이다. 선지자들은 가면을 벗고 그 뒤에 있는 백성의 참된 모습을 보여준다."31) 이러한 사실은 우물가의 여인이 예수님에 대해 보인 반응에서 볼 수 있다. "주여 내가 보니 선지자로소이다"(요 4:19). 예수님은 선지자가 할 일, 즉 허울을 벗고 실재를 드러내셨던 것이다. 따라서 우리는 선지서를 대할 때 본문은 살아계신 하나님에 대해 무엇을 계시하는가라고 물어야 한다. 아울러 우리는 본문이 인간에 대해 무엇을 계시하는가라고 물어야 한다.

우리는 선지서의 특정 본문을 다룰 때 보다 광의의 메시지는 무엇인지 알아야 한다. 본문의 내용이 세부적이고 특수적이라고 할지라도 전체 이야기의 흐름에서 벗어나지 않는 공통된 요소를 가진다. 첫째로, 선지서는 하나님의 영광에 반응한다. 모든 본문은 살아계시고 거룩하신 하나님께 사로잡혀 완전히 붙들려 있다. 둘째로, 선지서는 하나님의 심판과 공의, 그리고 살아계시고 거룩하신 하나님께서 세상을 다스리시고 백성을 심판하시는 내용을 다룬다. 셋째로, 선지서는 "끝이 이르렀음"을 깨닫게 하는 막중한 사역을 감당한다(암 8:2). 죄의 결과는 분명하다.

---

29) Michael Green, *I Believe in the Holy Spirit*(Grand Rapids: Eerdmans, 1977), pp. 169.
30) Mardi Dolfo-Smith of Tenth Ave. Alliance Church in Vacouver, B.C., < www.tenth.ca>. 그는 이러한 설교로 유명하다.
31) Hans Walter Wolff, *Confrontation with prophets*(Philadelphia: Fortress, 1983), p. 35.

넷째로, 선지서는 심판의 이유에 대해 알고 있다. 즉, 이스라엘은 여호와와의 언약을 깨고 선하신 하나님의 선한 계명을 무시하고 불순종하였다. 이스라엘은 물질적 부와 군사적 힘을 택하였으며 여호와와 및 세상을 향한 그의 뜻과 무관한 자들과 결탁하였다. 이스라엘은 살아계신 하나님으로부터 거짓 신들에게로 돌아선 매춘부(호세아, 예레미야, 에스겔)이자 패역한 자식(호세아, 예레미야)이다. 신명기 21장 18-21절에 의하면 이처럼 패역한 자는 죽어야 했다. 이와 같이 예루살렘은 황폐케 되고 성전은 무너졌다. 선지서는 심판의 본질에 대해 명확히 제시한다. 그것은 "행한 대로" 돌아간다. "네 가증한 일이 너희 중에 나타나게 하리니"(겔 7:4) "그들의 행위대로 그들의 머리에 갚으리라"(겔 9:10).

다섯째로, 선지서는 심판의 결과에 대해 알고 있다. 죄는 하나님의 백성을 철저히 파괴시켰기 때문에 다시 시작하는 수밖에 없다. 여섯째로 모든 선지서는 복음을 전한다. 하나님은 주권적 자비와 은혜로 새 일을 행하실 것이다. 그것은 한 사람(이사야 42-53장의 고난의 종)에게 모든 초점을 맞춘 전적으로 새로운 일로서 이스라엘뿐만 아니라 온 세상, 실로 온 우주에 영향을 미칠 것이다. 모든 특정 본문은 이러한 거대한 흐름에서 나온다.

이 모든 것들은 우리가 선지서의 한 부분을 설교할 때 그 선지서는 물론 모든 선지서(최소한 대표적인 부분)를 읽지 않고는 설교할 수 없다는 사실을 보여준다. 아마도 이것은 우리가 이 장르에 대한 설교를 많이 들을 수 없는 이유 가운데 하나일 것이다. 그것은 작은 작업이 아니다. 그러나 우리가 그렇게 한다면 우리의 생각과 마음은 하나님의 영광과 그의 재창조에 대한 열정에 사로잡히게 될 것이다. 다음은 배리 웹(Barry G. Webb)이 이사야 주석 서론에서 언급한 선지서 연구의 결실에 관한 내용이다.

나는 하늘로 솟아올라 하나님의 영광을 보았으며 새로운 눈으로 이 세상과 그 안에 있는 나 자신을 보았다. 참으로 숨 막힐 듯한 광경이었다. 나는 어느 때보다 악한 죄인이었다. 이러한 것들에 대한 나의 인식은 사라지지 않고 더욱 강렬해졌다. 그러나 나는 지금 이러한 것들이 하나님과의 교제나 그가 나에게 목적하신 것들의 온전한 성취에 조금도 장애가 되지 않으리라는 것을 확신한다.[32]

시대를 막론하고 모든 사람들은 이와 동일한 변화의 환상에 굶주려 있다.

선지서와 관련하여 한 가지 더 살펴볼 것이 있다. 그것은 선지서는 이러한 특수성 안에 그것을 초월하는, 보다 상세한 설명이 필요한 말씀을 담고 있다는 것이다. 그렇기 때문에 우리는 선지서의 "점진적 성취"(progressive fulfillment)라는 속성을 염두에 두어야 한다. 예를 들어, 선지자 요엘이 보고 기록한 내용(욜 2:28-32)은 예수님의 오심과 오순절 성령 강림(행 2:15-21)이 있기까지는 성취되지 않았다. 윌리엄 샌포드 라솔(William Sanford LaSor)은 이러한 예언의 성취에 대해 환상을 "채워나가심"(filling up)이라는 개념으로 제시한다.[33] 즉, 하나님은 환상을 하나씩 이루어나가심으로 본문을 점진적으로 성취해 가신다는 것이다. 또는 예언에는 정해진 궤도가 있으며 하나님은 우리가 궤도의 목적에 이를 때까지 계속해서 그 방향으로 진행하신다고 말할 수 있다. 정해진 목적이란 바로 예수 그리스도이다.

4) 복음서

조지 비슬리 머레이(George Beasley-Murray)는 요한복음에 관한 글에서 복음서를 전할 때 흔히 볼 수 있는 현상에 대해 제시한다. "요한복음의 모든 자료는 말씀으로 전파되기를 요구하며 그것도 매우 단순한 이유에서 그것을 요구한다. 요한복음 안의 모든 자료는 그렇게 증거 되었다."[34] 요한복

---

32) Barry G. Webb, *The Message of Isaiah,* The Bible Speaks Today(Downers Grove, Ill: InterVarsity Press, 1996), p. 12.
33) Lecture in Old Testament Theology, Fuller Theological Seminary, 1971.
34) George Beasley-Murray, *Preaching the Gospel from the Gospels*(Peabody, Mass.: Hendrickson, 1996), p. 278.

음에 해당하는 진리는 마태복음과 마가복음과 누가복음에서도 진리에 해당한다. 네 권의 복음서에 담긴 자료는 복음서라는 특별한 장르로 모이기 전에도 전파되었다. "최초로 전파된 말씀으로부터 복음서가 나왔다... 그들은 전파자의 수고와 노력에 의해 후세의 사람들에게 남겨진 유산이다."35) 그것은 전적으로 "케리그마의 구현"이다.36) 마찬가지로 우리는 사도행전의 설교를 통해 이러한 내용을 볼 수 있다. (사도행전 10장 36-43절을 보라. 본문은 마가복음의 흐름을 잘 요약한다.)37)

동일한 조건이라면 가능한 하나의 범주, 하나의 이야기나 만남에 대해 전하는 것이 좋다. 또는 내용적으로 연결된 일련의 밀접한 본문, 가령 마가복음 4장 35-5장 43절과 같은 본문이 좋다. 마가는 본문에서 우리를 위협하는 광범위한 세력에 대한 예수님의 권위에 대해 보여준다.

이 시점에서 우리는 다음과 같이 기도하는 것이 좋다. "예수님, 이 본문은 근본적으로 주님 자신[또는 아버지의 뜻에 대한 주님의 계시]에 관한 내

---

35) Ibid., p. 9.
36) Ibid.
37) 사도행전의 설교에 관한 자료는 다음과 같다. F.F. Bruce, *The Speeches in the Acts of the Apostles*(London: Tyndale, 1941); Colin J. Hemer, "The Speeches and Miracles in Acts," in *The Book of Acts in the Setting of Hellenistic History* (Tübingen: J.C.B. Mohr [Paul Siebeck], 1989); W. Ward Gasque, "The Book of Acts and History," in *Unity and Diversity in New Testament Theology: Essays in honor of G.E. Lass,* ed. Robert a. Guelich(Grand Rapids: Eerdmans, 1978), pp. 54-72; Richard Longenecker, *The Acts of the Apostles: Introduction, Text and Exposition*, Expositor's Bible Commentary, ed. Frank Gaebelein(Regency Reference Library, Zondervan, 1981)pp. 212-14, 229-31; Bruce W. Winter and Andrew D. Clarke, eds., *The Book of Acts in Its Ancient Literary Setting,* The Book of Acts in Its First-Century Setting 1(Grand Rapids: Eerdmans, 1993). Ronald E. Osborn, *The Folly of God: The Rise of Christian Preaching*(St. Louis, Mo.: Chalice Press, 1999). 그는 누가가 수사학의 힘을 알고 있었기 때문에 사도행전의 설교는 "매우 중요하다"고 주장한다. "그는 기독교의 발전에 관해 서술하기보다 하나님의 말씀의 승리에 대해 기술한다"(p. 788); John R. W. Stott, *The Message of Acts: The Spirit, the Church and the World*(Downers Grove, Ill.: InterVarsity Press, 1990), pp. 69-72, 79-81.

용입니다. 본문을 통해 나를 만나주시기 원합니다. 나를 사로잡아 주옵소서." 마틴 루터는 "성경은 살아 있다. 그것은 손을 펴서 나를 붙든다. 그것은 발이 있어 나를 좇아온다"고 했다.38) 사복음서만큼 이러한 고백이 확실한 곳도 없다.

우리는 이어서 단순히 "뉴스 리포트"와 같은 질문을 한다. 누가? 무엇을? 언제? 어디서? 왜? 어떻게? 라고 질문해야 한다. 이것은 약간의 역사적 조사가 필요하다. 우리는 이러한 자료가 풍성한 시대에 살고 있다. 예수님과 당시의 시대에 관한 자료는 많다. 이것은 당연한 현상이다. "예수께서 행하신 일이 이 외에도 많으니 만일 낱낱이 기록된다면 이 세상이라도 이 기록된 책을 두기에 부족할 줄 아노라"(요 21:25).

이어서 왜 저자가 이 내용을 포함시켰는지 물어보아야 한다. 저자는 이런 이야기나 교훈에 대해 수백 가지나 알고 있다. 그 많은 이야기 가운데 저자는 왜 이 내용을 포함했는가라는 것이다. 복음서 기자는 단순히 사실을 전달하는 것으로 끝나지 않는다. 그들은 단순히 이야기를 하거나 격언을 서술하고 있는 것이 아니다. 그들 역시 신학자이며 설교자이다. 그들은 예수님에 관해 진술하고 있으며 그들이 독자들의 삶과 관련이 있다고 생각하는 진술을 하고 있는 것이다. 그렇다면 본문을 기록한 이유는 무엇인가? 본문은 어떻게 전후 내용과 연결되는가?39) 이 부분은 해당 복음서 전체의 흐름과 어떻게 연결되는가? 본문은 예수님이 누구시며 인류를 위해 무슨 일을 하셨다고 말하는가? 본문은 하나님과 인간의 관계의 본질 및 제자도의 역학에 대해 무엇이라고 말하는가?

---

38) Philip Jenkins in *The New Faces of Christianity: Believing the Bible in the Global South*(Oxford: Oxford University Press, 2006), p. 18.
39) 이러한 설교에 대해서는 G. Campbell Morgan, *Studies in the Four Gospels*, 4 vols.(Westwood, N.J.: Fleming H. Revell, 1927)을 참조하라.

5) 묵시록

보캄(Richard Bauckham)은 계시록은 "방대한 지식과 놀라울만큼 세심한 문학적 기법, 엄청난 독창적 상상력, 혁신적인 정치적 비판 및 심오한 신학이 필요한 저서"[40]라고 하였다. 계시록을 손에 든지 30여년이 지난 지금 나는 그의 주장에 동의한다. 다니엘서도 마찬가지이다.

묵시라는 말의 뜻에 관해서는 콜린스(J.J. Collins)의 정의가 가장 많이 사용된다. "묵시는 묵시문학의 한 장르로 내세적 존재가 인간에게 초월적 실체(계시)를 전달하는 내러티브 형식으로 이루어진다. 이러한 초월적 실체는 종말론적 구원을 내포한다는 점에서 시간적이며 또 하나의 초자연적 세계를 내포한다는 점에서 공간적이다."[41] 우리는 여기서 특히 "시간적"이라는 단어와 "공간적"이라는 단어에 유의해야 한다. 묵시문학은 하나님과 하나님의 나라의 시간적 도래 및 공간적 도래를 포함하고 있는 것이다. 예수님은 "나라이 임하옵시며... 하늘에서 이루어진 것같이 땅에서도"라고 기도하라고 가르치신다. 묵시 문학은 이러한 일이 어떻게 일어나는지-어떻게 미래가 현재로 들어오며 하늘이 땅으로 들어오는가-를 보여준다.

이 장르에 대한 작업을 할 때 우리는 묵시문학에 대한 근본적인 방향-즉 목회적 차원의 설교-을 정립해야 한다. 묵시문학은 "만물은 눈에 보이는 것과 다르다"라고 선포한다. 보다 정확히 말하면 "만물은 눈에 보이는 것뿐만 아니라" 인간의 지식이나 감정 또는 상상력으로 알 수 있는 것 이상의 실재이며 현재의 역사 이상의 것이 존재한다는 것이다. 이러한 "그 이상의" 것을 여는 것이 묵시록의 목회적 목적이다. 묵시록에 대한 작업은 이 일을 두 가지 방향에서 수행한다. 하나는 모든 모호함과 불확실성 속에서 보이지 않는 미래의 실재라는 관점에서 현재를 바라보는 것이다. 따라서 예수님은 새 하늘과 새 땅을 가지고 오신 것이다.

---

40) Richard Bauckham, *The Climax of Prophecy*(New York: T & T Clark, 1993), p. ix.
41) J.J. Collins, "Introduction: Toward a Morphology of a Genre," Semeia 14(1979): 9.

또 한 가지는 이 장르에 대한 보다 적절한 해석으로, 모든 모호함과 불확실성 속에서 보이지 않는 현재의 실재라는 관점에서 현재를 바라보는 것이다. 우리가 원한다면 이 장르는 우리에게 새로운 렌즈를 통해, 그렇지 않았다면 볼 수 없었던 것들(즉, 미래의 일이지만 주로 현재와 관련된 것들)에 대해 보여준다. "우리가 살고 있는 '지금 여기'(here-and-now)는 결코 하늘이나 종말론적 미래로 향하는 탈출구가 아니다. 우리가 초월을 향해 눈을 뜨기만 하면 '지금 여기'는 전혀 다른 세계로 보이게 되는 것이다."[42] 우리는 이러한 묵시의 내용에 대해 간절히 사모한다.

우리는 묵시 문학을 다룰 때 다음과 같은 것들을 염두에 두어야 한다.

(1) 이미지와 상징은 우리의 지성과 감성을 넘어서는 상상력과 연결된다. 본문의 내용은 이해하기보다 느껴져야 한다.

(2) 저자가 묘사하는 것은 상징-주어진 이미지-일 뿐이며 그러한 상징이 나타내고자 하는 실재가 아니다. "묘사는 상징에 대한 묘사이며 상징이 나타내는 실재에 대한 묘사가 아니다."[43] 예를 들어 계시록 5장 6절에서 부활 승천하신 예수님은 어린 양으로 제시된다. "일찍이 죽임을 당한 것 같더라 그에게 일곱 뿔과 일곱 눈이 있으니." 이것이 그의 현재적 모습에 대한 정확한 묘사인가? 그가 감춰진 휘장 뒤로부터 우리에게 나타나신다면 과연 일곱 머리와 일곱 눈을 가진 모습이겠는가? 물론 그렇지 않을 것이다. 요한은 부활승천하신 예수께서 우리에게 나타내시고자 하는 자신의 이미지를 묘사하고 있는 것이다. 계시록 12장 14절에서 세상을 다스릴 아들을 낳은 여자는 하나님의 백성의 상징이다. 그 여자는 "큰 독수리의 두 날개"에 의지하여 안전한 곳으로 옮겨간다. 묵시록에 대해 잘못 이해한 어떤 설교자는 이것을 거대한 미국의 공군 제트기가 하나님의 백성을 위험으로부터 대피

---

42) Richard Bauckham, *The Theology of the Book of Revelations*(Cambridge: Cambridge University Press, 1993), p. 8.
43) Bruce Metzger, *Breaking the Code*(Nashville: Abingdon, 1993), p. 82.

시키는 것으로 설명했다. 그러나 그렇지 않다. 요한은 실재가 아니라 상징에 대해 언급하고 있을 뿐이다.

(3) 상징의 의미는 다른 성경에서 발견된다. "두 날개 달린 독수리"는 출애굽기 19장 4절에 나온다. 하나님은 자기 백성을 독수리의 날개로 업어 애굽에서 광야를 통해 약속의 땅으로 옮기셨다. "내가 애굽 사람에게 어떻게 행하였음과 내가 어떻게 독수리 날개로 너희를 업어 내게로 인도하였음을 너희가 보았느니라." 이미지와 상징에 관한 자료는 대부분 다른 성경에서 발견된다. 그 부분을 먼저 보아야 한다.[44]

(4) 우리는 사용된 숫자에 대해서도 관심을 가져야 한다. 단순한 수치인가 상징인가? 묵시문학에 사용되는 수치는 상징이다. 일곱 머리와 일곱 눈은 모두 상징이다. 십사만 사천이라는 숫자도 상징이며 일천도 상징이다. 무엇을 상징하는가? 그것이 우리가 해야 할 일이다.

(5) 콜린스의 말처럼 내러티브는 연대기적 순서로 기록된 것이 아니다. 이것은 묵시에 대한 주해와 설교에 매우 중요한 단서가 된다. 본문의 장면 역시 연대기적 순서로 제시되지 않는다. 예를 들어 우리는 요한에게 "다음에 무슨 일이 일어났습니까"라고 묻는 대신 "다음에 무엇을 보았습니까"라고 물어야 하는 것이다.[45] 예를 들어 계시록은 "시간적 흐름에 따라 연속된 방식으로 계속해서 전개되는 것이 아니다. 환상은 우리를 데리고 우리가 지나 온 영역을 여러 번 되돌아가 새로운 정보를 주고 관점과 구성(plot)을 변화시킨다."[46] 이것은 거대한 주해 및 해석학적 함축을 가진다.[47]

---

44) G.K. Beale, *The Book of Revelation*, New International Greek Testament Commentary (Grand Rapids: Eerdmans, 1999), pp. 77-99.
45) Michael Wilcox, *I Saw Heaven Opened*(Downers Grove, Ill.: InterVarsity Press, 1975).
46) Paul Spilsbury, *The Throne, the Lamb and the Dragon*(Downers Grove, Ill.: InterVarsity Press, 2002), p. 50.
47) 필자의 *Discipleship on the Edge: An Expositional Journey Through the Book of Revelation*(Vancouver, B.C.: Regent College Publishing, 2004)를 참조하라.

이상으로 각 장르에 대한 주해 방법을 간략히 살펴보았다. 우리는 모든 장르에는 그 장르에 맞는 고유한 주해 방법이 있다는 것을 알았다.48) 이 시점에서 우리의 생각은 가득 차 있을 것이다(그러나 그만큼 우리의 마음도 "뜨거워져야" 한다). 이제 보다 본문에 대한 구체적인 주해에 대해 살펴보자.

3. 해석학적 단계

주해 단계는 자연적으로 해석학적 단계로 이어진다. 우리는 본문의 요지가 우리의 개인적, 공동체적, 역사적 및 문화적 상황에 무엇을 말하는지 분별해야 한다.

여기서 우리가 던질 수 있는 몇 가지 질문이 있다. 본문의 요지는 교회적 전통의 특정 강조점과 어떻게 연결되는가?49) 그것을 더욱 공고하게 하는가? 그것과 반대되는가? 그것에 의문을 제기하는가? (이 시점에서 우리는 우리의 지표를 본문의 성향에 맞추는 일이 쉽지 않다는 것을 깨닫는다.) 자신과 다른 관점에서 본문을 보도록 해야 한다.50) 남성은 어떻게 들을까? 여성은 어떻게 들을까? 기혼자는 어떻게 들을까? 미혼은 어떻게 들을까? 부자는 어떻게 들을까? 중산층은 어떻게 들을까? 세 자녀를 둔 가난한 엄마는 어떻게 들을까? 북미에서 온 사람은 어떻게 들을까? 아프리카에서 온 사람은 어떻게 들을까? 중국에서 온 사람은 어떻게 들을까? 브라질에서 온 사람은 어떻게 들을까? 민주국가에서 온 사람은 어떻게 들을까? 공산국가에서 온 사람은 어떻게 들을까?(나는 1985년, 처음으로 마닐라로 이사했을 때 이러한 경험을 했다.) 모든 일이 잘 되어 가는 사람은 어떻게 들을까? 최근에 가정적

---

48) 성경의 다양한 "형식" 및 전달방법에 대해서는 John Goldingay, *Models for Scripture*(Grand Rapids: Eerdmans, 1994)를 참조하라.
49) Ronald Allen, *Interpreting the Gospel: An Introduction to Preaching*(St. Louis, Mo.: Chalice Press, 1998), pp. 153-76.
50) Thomas Long, *The Witness of Preaching*(Louisville, Ky.: Westminster John Knox Press, 1989), p. 166.

으로 슬픈 일을 당한 사람은 어떻게 들을까? 은행가는 어떻게 들을까? 락음악(rock band)을 하는 사람은 어떻게 들을까? 이러한 질문을 항상 해야 하는 것은 아니며 사실상 설교를 통해 어떤 대답도 할 필요는 없다. 다만 해석학적 차원에서 이러한 질문은 우리의 이해를 더욱 깊게 해 준다.

이제 본문의 요지를 한 문장으로 나타내보자. 이것은 해석학적 단계에서 설교학적 단계로 옮기는 작업처럼 보이지만 그렇지 않다. 저자가 당시의 사람들에게 말한 요지를 오늘날의 사람들이 들을 수 있는 말로 옮겨보자. 이것은 쉽지 않은 일이지만 가슴에 와 닿는 설교가 되기 위해서는 반드시 해야 하는 작업이다. 3-4회 정도 고쳐야 무엇인가 확실한 진술이 완성될 것이다. 원래의 독자들을 위한 핵심 사상을 진술해 보고 오늘날 독자들을 위한 핵심 사상을 진술해보라.

이제 주석을 참고해 보자. 나는 이 단계가 "형제자매들을 만나는 시간"이라고 생각한다. 교회와 하나가 되어 자신의 생각을 다듬고 명확히 하는 것이다. 우리는 자신을 신실하게 만들어 줄 수 있는 주석가가 필요하다. 주석가는 옳은 말만 하며 우리는 반드시 그들의 통찰력에 머리를 숙여야 하는 것은 아니다. 사실 가장 훌륭한 성경학자도 본문의 중요한 것을 놓칠 수 있으며 따라서 본문의 저자와 다른 생각을 할 수도 있다.

주석가(이상적으로는 최소한 세 명의 주석가)에게 주해 과정에서 문제가 되었던 부분에 대해 질문한다. "왜 당신은 요한이 예수님을 믿으라고 할 때 in을 사용하지 않고 into를 사용했다고 생각합니까?" "왜 당신은 바울이 명령형을 사용해야 할 곳에 분사를 사용했다고 생각합니까?" "야고보는 '행함 없는 믿음은 죽었다' 는 표현에서 어떤 의미로 '믿음'이란 말을 사용했다고 생각합니까?" "왜 바울은 빌레몬서에서 '자매 압비아' 라고 했습니까? 이 구절은 여성 사역에 대한 우리의 인식과 관련하여 어떤 함축을 가집니까?" 여러분은 질문에 대한 답을 찾을 것이다. 어떤 부분에서 주석가와 생각이 같은가? 어떤 부분에서 다른가? 이유는 무엇인가? 누가 옳은가? 아니면 주어진 상황에서 겸손한 자세로 최상의 선택을 해야 하는 시점인가? 주석가는 내가 미처 발견하지 못한 어떤 것을 발견하였는가? 나는 그들이 발견하지 못한 어떤 것을 발견하였는가?

이제 주석가와의 상호교감을 통해 얻은 새로운 요지를 작성해 보자. 그것을 청중이 통상적으로 사용하는 언어로 진술할 수 있는가? 이것이 바로 동일한 주석이 상황에 따라 다른 설교로 나타나는 이유이다. 고등학생에게는 어떻게 말할 것인가? 중학생에게는 어떻게 말할 것인가? 철학을 전공하는 대학교 졸업반 학생들에게는 어떻게 말할 것인가? 집 근처 도로에서 크레인 작업을 하는 기사에게는 어떻게 말할 것인가? 주부에게는 어떻게 말할 것인가? 나이 많은 노인들에게는 어떻게 말할 것인가? 교도소에 수감 중인 사람들에게는 어떻게 말할 것인가?(최근의 경험은 많은 유익이 되었다. 자유로운 북아메리카에 사는 수백만의 사람들이 갇혀 살고 있다는 깨달음을 주었다.)

본서의 부제인 동참(participating)에 들어 있는 동사를 기억하자. 이것은 설교의 모든 요소에 대한 언급이며 특히 해석학적 과정에도 해당한다. 이 시점에서 20세기의 가장 훌륭한 설교가 가운데 한 사람인 헬무트 틸리케(Helmut Thielicke)는 우리에게 본문을 감동하신 성령께서 "위대한 해석가"가 되어 주신다는 사실을 상기시켜 준다.[51] 때때로 우리가 이 모든 작업을 기계적으로 할 때에도 성령께서 역사하시며 우리는 자신을 초월한 사역에 동참하고 있는 것이다.

---

51) Helmut Thielicke, *Prolegomena: The Relation of Theology to Modern Thought Forms*, The Evangelical Faith, trans. Geoffrey W. Bromiley(Grand Rapids: Eerdmans, 1977), 1:130-33. 그 외에도 네 가지의 설교 시리즈가 James Clarke & Co. of Cambridge, England에 의해 출판되었으며 John W. Doberstein에 의해 번역되었다. *How the World Began: Sermons on the Creation Story; Life Can Begin Anew: Sermons on the Sermon on the Mount; Prayer That Spans the World: Sermons on the Lord's Prayer; and The Waiting Father: Sermons on the Parables of Jesus*.

4. 설교학적 단계

신앙적, 주해 및 해석학적 작업이 끝났으면 설교학적(homiletical) 단계로 넘어가야 한다. 우리는 이 작업을 항상 해 오고 있다. 설교자의 생각과 마음은 언제나 "어떻게 하면 내가 알고 있는 것을 사람들에게 가장 잘 전할 수 있는가"에 초점을 맞추어야 한다.

우리가 전해야겠다고 생각하는 모든 것을 어떻게 묶을 것인가? 혹은-나의 아내의 말처럼-어떻게 하면 맛있고 영양가 있는 음식을 장만할 것인가? 사람들은 패스트푸드에 신물이 나있다(그것은 건강도 해치고 있다) 설교에서는 더 이상 그런 음식을 먹지 않아야 할 것이다.

실제적인 문제 가운데 하나는 우리가 본문에서 깨달은 것을 어떻게 제시할 것인가라는 것이다. 우리는 먼저 본문 자체에 이러한 자료가 없는지 살펴보아야 한다. 어휘 연구가 도움을 주는가? 설명을 위한 기본적 본문이 정해졌으면 시각을 더욱 넓혀본다. 다른 성경 가운데 본문과 같은 취지의 이야기가 있는가? 교회 역사에서 도움이 될 만한 자료는 없는가? 청중의 일상생활 가운데 이러한 사례는 없는가? 우리는 여기서 질문의 순서에 유념해야 한다. 이러한 사례를 밖에서 안으로 찾는 것이 아니라 안에서 밖으로 찾아야 한다. 즉, 최근의 예화집이나 인터넷 사이트로 바로 넘어가려는 유혹을 억제해야 한다는 것이다. 바깥에 있는 자료부터 찾다보면 메시지가 본문을 향하는 것이 아니라 예화에 초점이 맞추어질 수 있다. 어떠한 설명이나 예화도 본문과 일치해야 한다. 그것은 특정 방향을 가지고 시작해야 하며 구체적인 언어와 이미지를 사용하여 특정 목적을 향해야 한다. 급하게 외부 자료를 찾다보면 본문의 궤도가 예화의 궤도로 굽어질 수 있다. 그러므로 안에서 출발하여 먼저 본문에서 자료를 찾고 성경 전체에서 설명할만한 자료가 없는지 살핀 후에 교회 역사 가운데 예증을 찾고 그 후에 특정

공동체의 삶 속에 이러한 사례가 없는지 찾아본 후에 끝으로 외부 자료나 예화를 찾는 것이 가장 바람직하다.

스펄전(Charles Haddon Spurgeon)은 이런 방식의 거장이라고 할 수 있다. 그는 거의 모든 예증을 본문에서 직접 찾는다. 그의 시편 5편에 대한 연구는 좋은 예가 된다.

> 여호와여 나의 말에 귀를 기울이사
> 나의 심정을 헤아려 주소서
> 나의 왕, 나의 하나님이여
> 내가 부르짖는 소리를 들으소서
> 내가 주께 기도하나이다
> 여호와여 아침에 주께서 나의 소리를 들으시리니
> 아침에 내가 주께 기도하고 바라리이다
> (시 5:1-3)

스펄전은 주해작업에서 "내가 주께 기도하나이다"(2절)라는 구절은 문자적으로 "나는 나의 기도를 주께로 향하게 하겠나이다"라는 뜻이라고 말한다. 다윗이 선택한 동사는 활 쏘는 사람들이 쓰는 말이다. 그러므로 본문에는 "나는 나의 기도를 화살에 올려 그것을 하늘로 향하게 할 것이며 화살을 쏜 후에 그것이 어디로 가는지 지켜볼 것이다"라는 의도가 담겨 있다는 것이다.[52] 이와 같이 거의 모든 설명은 본문과 연결되며 본문으로부터 직접 나온다. 또한 스펄전은 다윗이 시편 5편 3절에서 사용한 동사는 나무와 각을 뜬 짐승을 제단에 펼쳐놓을 때나 진설병을 상 위에 진열할 때 사용되는 단어라고 말한다. 따라서 "아침에 내가 주께 기도하고(arrange)"라는 구절은 "내가 제사장이 아침 제사를 드리듯 아침에 나의 기도를 제단 위에 올

---

52) Charles Haddon Spurgeon, *Psalm I to LXXXVII*, The Treasury of David(Nashvill: Thomas Nelson), 1:46.

리겠습니다"라는 뜻이다.53) 스펄전은 매일의 기도에 대한 실제적인 사고방식을 가지고 단어 연구를 통해 나온 개념을 제시한다.

이 정도에서 우리에게 창의적인 힘과 의욕이 넘쳐나기를 바란다. 그렇지 못하다면 일단 작업을 잠시 접어두고 다른 일에 몰두해 보자. 생각과 마음의 틀을 바꾸어 계속해서 활동하는 동안 모든 윤곽이 서서히 드러나기 시작할 것이다. 다시 한번 강조하지만 이것이 바로 우리가 설교준비를 토요일이나 금요일, 또는 화요일부터 시작하더라도 늦은 이유인 것이다. 이 문제에 대해서는 나중에 다시 언급할 것이다.

설교학적 단계를 마치기 전에 우리는 청중을 위해 내용을 묶기 위한 두 가지 요소에 대해 살펴보아야 할 것이다. 이 두 가지 요소에 대해 상당한 시간을 할애한 후에 실제적 구성으로 들어갈 것이다.

다음 장으로 넘어가기 전에 시간을 내어 설교할 본문에 대한 묵상을 통해 더욱 깊은 통찰력을 배양하기 바란다.

---

53) Ibid.

6

설교 작성
(구두전달을 위한 순서)

앞에서 언급한 대로 우리가 신앙적, 주해적, 해석학적, 과정을 통해 발견한 것들을 묶기 위해 살펴보아야 할 두 가지 중요한 이슈가 있다. 그것은 체계적 정리(order) 및 용이한 효과적 구두전달(orality)-알아듣기 쉬운 순서 및 청각을 위한 수사학적 기법의 사용-이다.

마틴 루터는 우리에게 "믿음은 청각적"이라는 사실을 상기시켜준다.[1] 물론 이것은 사도 바울의 말씀에 근거한 것이다. "믿음은 들음에서 나며 들음은 그리스도의 말씀으로 말미암았느니라"(롬 10:17). 루터는 이 말씀을 더욱 생생하게 제시한다. "여러분의 눈을 귀에 고정하라."[2] 설교학적 단계는 본문의 진리를 청중이 알아들을 수 있도록 제시하는 것이 전부이다. 앞서 언급한 대로 여기에는 두 가지 중요한 요소가 있다. 그것은 설교를 순서대로 체계적으로 정리하는 것(order)과 수사학적 기법에 대한 사용이다.

1. 체계적 정리

데이비드 돌시(David Dorsey)는 『구약의 문학적 구조』(The Literary Structure of the Old Testament)라는 매우 유익한 책에서 "인간은 질서 있고 체계적인 전달을 요구한다"고 했다.[3] 책이든, 편지든, 처방전이든, 뉴스기사(인쇄물 또는 인터넷상의)든, 강의나 설교든, 우리는 질서 있게 전달되는 내용을 선호하며 그것을 필요로 한다. 인간의 두뇌는 이러한 의식을 타고 났다. 설교의 명확한 질서는 전달을 용이하게 한다.

브라이언 샤펠(Bryan Chapell)은 "훌륭한 설교는 훌륭한 개요로-논리적 지성으로-시작한다"고 했다.[4] '개요'(outline)라는 용어는 반드시 "첫째로..

---

1) Richard Lischer, *A Theology of Preaching: The Dynamics of the Gospel*(Nashville: Abingdon, 1986), p. 70.
2) Ibid.
3) David Dorsey, *The Literary Structure of the Old Testament: A Commentary on Genesis-Malachi*(Grand Rapids: Baker, 1999), p. 15.

둘째로… 셋째로…"라는 형식일 필요는 없다는 것이 샤펠이나 필자의 생각이다. '논리적'이라는 것도 반드시 선형적 구조를 말하는 것은 아니다. 다른 설교학 교수들처럼 샤펠도 다른 방식으로 사상의 흐름이 이어지는 것을 인정한다. "설교자가 성숙하면 수사학적 '전개'와 설교학적 '구성'과 풍부한 개념의 '이미지'와 사려 깊은 전환과 함축적 사상 및 여타 수단들이 종종 개요상의 정형화된 진술로 대체되는 것을 발견한다."[5] 그러나 명확한 사고의 흐름에 대한 요구는 항상 존재한다. 그는 계속해서 설교자의 생각과 귀뿐만 아니라(특히) 청중의 생각과 귀를 위해 "훌륭한 개요는 설교의 대지와 전개를 명확하게 한다"고 주장한다.[6] 그는 훌륭한 개요의 목적 및 장점에 대해 다음과 같이 제시한다.

통일성(unity): 모든 요소가 설교의 초점과 연결된다.
간결성(brevity): 많은 부가적 정보를 집약한다.
조화(harmony): 완성된 구조물을 보여준다.
균형(symmetry): 청중의 귀는 이것을 기대한다.
발전(progression): 우리가 어디론가 향하고 있음을 의식한다.
명확성(distinction): 모든 요소는 우리를 앞으로 나가게 한다.
정점(culmination): 우리는 정해진 목적지를 향하고 있다.[7]

따라서 설교의 개요에는 자연히 다양한 종류가 있다. 다음과 같은 윌리엄 퀘일(Bishop william Quayle)의 견해는 타당하다. "모든 설교는 하나의 패턴을 따라야 한다는 주장은 모든 나무가 같아야 한다는 주장처럼 부적절하다. 모든 종은 달라야 한다. 하나님은 단조로움을 좋아하지 않으신다. 그는 다양성을 좋아하신다. 모든 본문은 자신의 뿌리를 내리고 자신의 줄기와

---

4) Bryan Chapell, *Christ-Centered Preaching: Redeeming the Expository Sermon* (Grand Rapids: Baker, 1994), p. 150.
5) Ibid., p. 151.
6) Ibid.,
7) Ibid., pp. 133-34.

자신의 가지와 자신의 잎을 내며 때가 되면 자신의 열매를 맺기를 원한다."[8]
토마스 롱(Thomas Long)은 적어도 열한 가지의 다양한 형식에 대해 제시한다. 나는 모든 형식을 활용해 보았으며 다 유익하다는 사실을 발견하였다.[9]

1. 만일 이것이... 그러면 이것은... 따라서 이것은...
2. 이것은 ...면에서 옳고 ...면에서도 옳다. 따라서...
3. 문제는.... 이에 대한 복음의 반응은... 이것이 함축하는 바는...
4. 복음의 약속은... 이 약속에 따라 사는 방법은...
   (직설법-명령법)
5. 역사적 상황은... 이것이 오늘날 우리에게 주는 의미는...
   그때는(Then)... 지금은(today)...
6. 이것은 ...도 아니고(not...) ...도 아니며(or...) ...이다(but this).
7. 일반적인 관점은... 그러나 복음의 주장은...
8. 이것은... 그러나 ...은 어떤가?... 그렇다면... 그러나 ...은 어떤가?
9. 이러한 이야기가 있다...
10. 이러한 편지가 있다...[10]
11. 이것은?... 혹은 저것은?... 이것과 저것은...[11]

또한 설교사역을 처음 시작하는 사람들에게 종종 권유되는 "검증된" 형식이 있다. 설교를 시작한 지 수십 년이 지났음에도 아직도 이 방법을 애용하는 사람들도 있다. 이것은 여전히 명확하고 용이한 방법으로 효력을 발휘하고 있다.

---

8) William A. Quayle, The Pastor-Preacher(Jennings and Graham, 1910), p. 375. 그는 바울이 자신의 설교에 사용한 형식의 다양성에 대해 논한다.
9) Thomas Long, *The Witness of Preaching*(Louisville: Westminster John Knox, 1989).
10) 설교를 어떻게 전개해야 할지 모를 경우 나는 자리에 앉아 할머니(아직 살아계신 것처럼)나 자식 또는 이웃 가운데 하나에게 편지를 쓴다. 그러면 의외로 모든 것이 간결하게 정리되기 시작한다.
11) Long, *Witness*, pp. 127-30.

소개: 봉독할 본문에 대한 짧은 설명
본문 읽기: 설교만큼 본문 자체에 관심을 집중
서론: 핵심 요지 및 설교 사상에 대한 소개
진술: 요지에 대한 설명(본문과 같은 방식이며 가장 이상적임)
    진술 1
        예증 1
    진술 2
        예증 2
    진술 3
        예증 3
함축적 의미 및 적용(세 가지 진술 모두에 적용해도 됨)

샤펠은 설교는 "하나님이 ... 때문에(Because God...), 우리는 반드시..." (We must...)라는 기본 구조 위에 세워져야 한다는 점에서 이 전통적 형식을 수정하였다.[12] 하나님은 예수 그리스도 안에서 행하셨으며 행하고 계시며 행하실 것이기 때문에(모든 본문이 선언하는 내용이다), 우리는 행하여야 한다(본문과 일치해야 한다). 샤펠이 수정한 내용은 다음과 같다.

본문을 읽는다.
    문제점을 제시한다(타락한 상황에 초점을 맞추어)
    하나님의 반응(구속사적 관점에서)

본론
    왜냐하면 하나님께서...
    1. 우리는 ...해야 한다.
        예증
    2. 우리는 ...해야 한다.

---

12) Chapell, *Christ-Centered*, p. xx.

　　　　예증
　　3. 우리는 ...해야 한다.
　　　　예증

결론

샤펠의 방식은 상당히 효과적이다. 그는 설교가 청중의 삶에 실제적인 영향을 주어야 한다고 생각한다. 하나님은 무엇인가를 하셨고 하고 계시며 하실 것이다. 그러므로 우리는 여전히 설교를 듣기 전과 같은 삶을 살아서는 안 된다. 그러나-다음 장에서 자세히 다루겠지만-모든 본문이 "반드시"를 주장하는 것은 아니다. 어떤 본문은 "가능성"을, 어떤 본문은 "할 필요가 없음"을, 어떤 본문은 "상황"을 보여준다. 따라서 설교의 본론은 다음과 같은 모양을 갖추게 된다.

왜냐하면 하나님께서...
　　1. 우리는 ...할 수 있다.
　　　　예증
　　2. 우리는 ...할 수 있다.
　　　　예증
　　3. 우리는 ...할 수 있다.
　　　　예증

왜냐하면 하나님께서...
　　1. 우리는 ...할 필요가 없다.
　　　　예증
　　2. 우리는 ...할 필요가 없다.
　　　　예증
　　3. 우리는 ...할 필요가 없다.
　　　　예증

왜냐하면 하나님께서...
   1. ...이다. (There is...)
      예증
   2. ...이다. (There is...)
      예증
   3. ...이다. (There is...)
      예증

왜냐하면 하나님께서...
   1. 우리는 ...이다. (We are...)
      예증
   2. 우리는 ...이다. (We are...)
      예증
   3. 우리는 ...이다. (We are...)
      예증

왜냐하면 하나님께서...
   1. 우리는 ...이다.
      예증
   2. 우리는 ...할 수 있다.
      예증
   3. 우리는 ...해야 한다.
      예증

어떤 본문은 우리-그리고 우리의 행동-를 현장에서 배제시키고 전적으로 하나님에 관한 내용으로만 이루어진다. 로마서 3장 21-26절을 살펴보자. 본문의 경우 기본적인 설교 형식은 다음과 같다.

왜냐하면 하나님께서…
   1. 하나님은…
      예증
   2. 하나님은…
      예증
   3. 하나님은…
      예증

이와 같이 변형된 형식을 포함하는 "검증된" 형식은 풍성하고 오랜 영향을 끼쳤다. 존 스타트(John R.W. Stott)는 이것을 매우 효과적으로 활용하였다. 제임스 스튜어트(James S. Stewart)는 내가 읽은 모든 설교에 이 형식을 필요에 따라 약간의 수정과 함께 사용하였다. 찰스 스펄전이나 존 크리소스톰(John Chrysostom) 역시 이 형식을 사용하였다. 그리고 설교자이신 나사렛 예수도 그렇게 하셨다.

예수께서 가버나움 회당에서 "생명의 양식"에 관해 설교하신 내용을 기록하고 있는 요한복음 6장 32-58절에 대해 살펴보자. 스웨덴의 신약성경학자인 페다르 보젠(Pedar Borgen)은 1세기의 회당 설교는 기본형식을 따르고 있다고 주장한다.[13]

본문을 읽으신다(대체로 순서에 따라)[14]
   본문은 많은 단어와 구절로 되어있다: a, b, c

그날의 설교자는 자신의 언어로 본문을 다시 진술한다.

---

13) Pedar Borgen, *Bread from Heaven: An Exegetical Study of the Concept of Manna in the Gospel of John and the Writings of Philo*, SNT 10(Leiden: Brill, 1965), p. 157.
14) Aileen Guilding, The Fourth Gospel and Jewish Worship: A Study of the Relation of St. John's Gospel to the Ancient Jewish Lectionary System(Oxford: Clarendon, 1960).

(a´, b´, c´)
이어서 설교자는 각 단어와 구절에 대해 하나씩 설명한다.
  a´
  b´
  c´

여기서 때로는 다른 본문이 인용되기도 한다. 설교자는 다른 뉘앙스로 다시 한번 본문을 진술한다. 예수님의 "생명의 떡" 설교는 이러한 기본 패턴을 따른다.

예수님은 유월절 군중들에 의해 본문을 받으신다.
본문은 출애굽기 16장 4절, 15절이다(요 6:31)
(이것은 유월절을 위해 규정된 본문이다.)

"기록된 바 하늘에서 그들에게 떡을 주어 먹게 하였다 함과 같이 우리 조상들은 광야에서 만나를 먹었나이다"
  a: 떡
  b: 하늘에서
  c: 먹다

예수님은 자신의 말로 다시 한번 본문을 읽으신다.
 그는 떡을 주신 "그"는 모세가 아니라 하나님임을 제시한다.
 그는 하나님은 떡을 "주셨을" 뿐만 아니라 지금도 "주고 계신다"는 사실을 설명한다.
 그는 이어서 "하나님의 떡은 하늘에서 내려 세상에 생명을 주는 것이니라"(요 6:33)고 재진술하신다.

이어서 예수님은 본문의 세 단어에 대해 설명하신다.
  a´ 떡: "나는 생명의 떡이다"(요 6:35-40).
  b´ 하늘에서: "나는 하늘로부터 왔다"(요 6:41-51).

그는 이사야 54장 13절(역시 유월절용이다)을 인용한다.
"그들이 다 하나님의 가르치심을 받으리라"(요 6:45)
　c′ 먹다: "인자의 살을 먹어라"(요 6:52-57).

이어서 예수님은 재진술된 본문에 대해 다시 말씀하신다.
"이것은 하늘에서 내려온 떡이니 조상들이 먹고도 죽은 그것과 같지 아니하여 이 떡을 먹는 자는 영원히 살리라"(요 6:58).

이 간단한 구조는 왜 요한이 이것을 기억하였다가 우리에게 하였는지를 깨닫게 한다(그는 아마도 상당히 긴 설교를 핵심만 요약하여 제시하였을 것이다). 또한 이 간단한 구조는 오늘날 우리의 설교도 그렇게 복잡할 필요가 없다는 것을 가르쳐 준다. (물론 우리가 이러한 형식에 제한을 받고 있는 것은 아니다.)

다음은 기본적인 "검증된" 설교 개요를 확장한 것이다.

1. 본문에 대한 간략한 소개
(보다 제의적인 전통에 많이 사용된다: "오늘의 본문은...")
소개는 청중이 암시적으로, 때로는 명시적으로 던지는 "왜 이 본문에 유의해야 합니까?"라는 질문에 대한 답이다. 또한 이러한 소개는 "나는 우리가 지금 어디에 와 있는지를 압니다"라는 말이기도 하다. 우리는 가능하면 본문의 언어나 이미지와 일치하는 언어나 이미지를 사용해야 한다. 우리는 본문의 궤도와 다른 언어나 이미지를 사용하지 않도록 해야 한다.

2. 본문 봉독
성경으로 읽는다. 메모지나 스크린을 사용하지 않아야 한다. 우리는 가능하면 우리가 이 책의 백성임을 거듭해서 알려야 하는 것이다. 낭독 연습을 통해 분명하게 들릴 수 있게 하는 것도 좋은 방법이다.

3. 성령의 인도하심을 위한 기도

4. 설교의 핵심 요지에 대한 서론
설교의 요지는 곧 본문의 요지이다. 마찬가지로 본문의 언어나 이미지와 일치하는 언어나 이미지를 사용해야 한다. 따라서 이야기 형식을 사용할 경우 본문이 의도하는 형식과 세계로 인도하는 방식이 되어야 한다. 우리는 능동형 동사를 사용하여 가능한 간략하게(10-15개의 단어로) "핵심 사상"에 대해 제시해야 한다.

5. 주제의 발전
이상적으로는 본문 자체의 전개를 따르는 것이 가장 좋다. 대지나 소지에 사용되는 단어나 이미지는 요지와 일치해야 한다. 여기에는 설명, 이유 및 결과 등이 제시된다.

6. 각각의 대지에 대한 예증
우리는 청중이 본문을 벗어나지 않고 더욱 본문으로 들어갈 수 있도록 예증의 궤도에 유의해야 한다.

7. 주제의 함축적 의미 및 적용
이것은 전 과정에서 일어날 수 있다. "가서 행하라"는 설교는 반드시 "가서 행하라"는 본문에 근거해야 한다. 우리는 청중에게 무엇인가 맞추어 주어야 한다는 부담을 가질 필요가 없다. 본문이 모든 것을 주장하게 해야 한다. 만일 본문이 기뻐할 것을 요구하면 설교도 그것을 요구해야 된다. 본문이 회개를 요구하면 설교도 회개를 요구해야 한다. 본문이 가만히 서서 아무 것도 하지 말 것을 요구하면 설교도 그렇게 하면 된다. 우리는 어떤 명령도 직설법에 근거한다는 것을 명확히 해야 한다. 훌륭한 충고는 본질적으로 복음으로부터 나온다. 우리는 사람들에게 진리를 적용하라고 요구해서는 안 된다. 우리는 회중을 진리로 인도해야 하며 진리에 의해 형성된 새로운 실재에 동참하게 해야 한다.15) 이상적으로는, "가서 행하라"라는 명령은 "본문의 하나님을 신뢰하라"라고 하는 또 하나의 표현이다. 우리는 회중으로 하여금 자신의 능력이 아니라 하나님께 모든 것을 맡기게 해야 한다.

아마도 몇 가지 훌륭한 사례들이 도움을 줄 것이다. 성탄절 설교에 자주 이용되는 이사야 9장 2-7절을 예로 들어보자. 성탄절이 지난 주일에 이 설교를 했다고 생각해보자.

본문에 대한 소개

우리는 이번 주에 무엇을 축하했습니까? 이 질문이 중요한 이유는 대부분의 경우 우리는 절기가 끝나면 아무 일도 없었다는 듯이 다시 원래대로 돌아가려는 경향이 있기 때문입니다. 한 아이가 태어났다고 했습니다. 그렇습니다. 그러나 그 결과는 무엇입니까? 그것이 어떠한 영향을 끼쳤습니까? 여러분과 나의 삶에는 어떠한 변화가 있었습니까? 이 도시에는 어떤 변화가 있었습니까? 갈등과 두려움으로 방향감각을 상실하고 소망을 잃어버린 이 세상에는 어떤 변화가 있었습니까? 우리는 무엇을 축하했습니까?

나는 성탄절이 지난 이 주일에 이러한 질문에 대한 포괄적인 대답을 제시하는 본문 가운데 하나로 여러분을 초대합니다. 오늘 본문은 선지자 이사야의 글입니다. 본문은 우리가 축하한 성탄과 관련된 사건들이 일어나기 오래 전 시대에 주어진 말씀입니다. 본문의 내용은 성탄카드에도 들어 있고 캐럴송으로도 불리기 때문에 여러분은 자주 보고 들었을 것입니다. 또한 헨델(George Frideric Handel)이라는 작곡가 덕분에 본문의 핵심구절은 서구 사회에서 불멸의 가사가 되었습니다. "한 아기가 우리에게 났고 한 아들을 우리에게 주신바 되었는데." 여러분 가운데는 가사만 있으면 노래로 따라 부를 수 있는 사람도 많을 것입니다. "(왜냐하면) 한 아기가 우리에게 났고"라고 했습니다. "(왜냐하면) 우리에게." 여기서

---

15) 이 문제는 7장에서 자세히 다룰 것이다.

핵심 단어는 "왜냐하면"(for)입니다. 그 이유는 "우리에게 한 아기가 났기 때문" 입니다.

이제 하나님의 말씀을 들어봅시다. 이사야 9장 2-7절입니다.

본문 읽기

설교의 본론에 대한 소개
(본문을 읽고 난 후 본문의 역사적 배경에 대해 제시할 수 있다. 특히 회중으로 하여금 이사야 시대의 사람들이 경험했던 두려움에 대해 이해하게 하는 것이 좋다.)

"당시 세계 최고의 강대국이 유다의 국경에 자리 잡고 있었습니다. 유다는 상대가 되지 않았습니다. 그러나 하나님은 이사야를 통해 백성들에게 두려워하지 말라고 하셨습니다. 이유는 무엇입니까? "왜냐하면(for) 한 아기가 우리에게 태어났기 때문" 입니다. "한 아들을 우리에게 주신 바 되었기 때문(because)" 인 것입니다.

여기서 청중에게 이사야 9장 6절의 'for'나 'because'는 이사야 9장 2-5절의 약속을 지칭한다는 것을 보여준다. 이와 같이 본문의 요지, 설교의 주제로 유도한다. "한 아기가 났기 때문에 모든 것이 변화되었습니다. 한 아들이 주어졌기 때문에 우리는 두려움 앞에서도 소망을 가질 수 있게 되었습니다."

본론
한 아기가 났기 때문에
  1. 빛이 어두움에 비취었습니다(사 9:2).
     내용 전개
  2. 슬픔 가운데 즐거움을 주셨습니다(사 9:3).
     내용 전개

3. 압제받는 자에게 자유가 주어졌습니다(사 9:4).
       내용 전개
   4. 전쟁 가운데 평안이 찾아왔습니다(사 9:5).
       내용 전개

변환(transition) I
   어떻게 이런 일이 일어나게 되었습니까?
   한 아기 때문입니다. 그는 모든 이름을 가졌습니다.
       기묘자
           (설명)
       모사
           (설명)
       전능하신 하나님
           (설명)
       영존하시는 아버지
           (설명)
       평강의 왕
           (설명)

변환 2
   이 아이는 누구입니까?
       (이사야의 예언 후의 일어난 모든 가능성에 대해 탐구)
   그러나 아무도 해당되지 않습니다.
   하늘에서 천사들의 음성이 들리던 그날 밤 까지는...
   "두려워말라... 너희에게 구주가 나셨으니"

   한 아기, 아들, 예수 그리스도가 나셨고 주신 바 되었으며
   "그의 어깨에는 정사를 메었기" 때문에
       1. 우리는 흑암에 비추인 빛을 알 수 있습니다.
       2. 우리는 슬픔 가운데 즐거움을 알 수 있습니다 .

3. 우리는 압제 가운데 자유를 알 수 있습니다.
4. 우리는 전쟁 가운데 평안을 알 수 있습니다.

적용 및 함축
오늘 우리는 그가 메신 "정사"를 어디에 주고 싶습니까?
기묘자, 모사, 전능하신 하나님, 영존하시는 아버지, 평강의 왕이신 그가 모든 것을 변화시키실 것입니다. 그를 어두움 가운데 초청하시기 바랍니다. 나는 그를 나의 어두움으로 초청합니다. 그를 압제 가운데로 초청하시기 바랍니다. 그를 전쟁 가운데 초청하시기 바랍니다.

"왜냐하면 우리에게... 주신바 되었기 때문에" 모든 것이 새롭게 변화될 수 있습니다.

본문과 본문의 약속은 일련의 시리즈 설교로도 좋은 자료가 된다. "아기"로 말미암은 네 가지 결과 가운데 하나를 택하여 보다 상세한 고찰과 함께 예수님의 이름 및 속성이 어떻게 그 일을 가능하게 하는지 보여줄 수 있을 것이다.

이처럼 체계적인 설교 작성의 예를 한 가지 더 들어보자. 에베소서 5장 15-21절은 아무 때나 설교할 수 있지만 특히 성령의 오심을 기념하는 오순절[16] 이후에 설교하기에 좋은 본문이다. 에베소서에 대한 연속된 강해를 하는 중에 에베소서 5장 15-21절을 강해할 순서가 되었다고 하자.

본문에 대한 소개
우리는 요즘 인간의 문헌 가운데 가장 능력 있는 자료 가운데 하나에 대해 살펴보고 있습니다. 지난 수 주 동안 우리가 다루고 있는 자료는 비록 감옥에서 기록되었으나 생명으로 풍성한 편지입니다. 그것은 사도 바울이 감옥에서 1세기의 에베소 신자들에게 보낸 서신입니다. 여러분은 내

---

[16] 기독교는 교회가 오순절을 성탄절이나 부활절과 같은 중요한 사건으로 여길 때 삼위 하나님의 복음을 온전히 깨닫게 될 것이다.

가 이 서신이 여러분의 삶에 변화를 가져왔다는 소식에 고무되어 있음을 알아주시기 바랍니다. 여러분 가운데 많은 사람들은 "다시 소생한" 느낌이라고 했으며, 그 중에는 처음 경험했다는 사람들도 있고 몇몇 사람은 바울이 제시하는 삼위 하나님의 사랑과 생명에 새로운 각성을 하게 되었다고 말했습니다.

오늘 우리가 다룰 본문은 왜 우리가 이러한 경험을 하고 있는가에 대해 설명하는 내용입니다. 오늘 본문은 에베소서 5장 15절에서 21절까지입니다. 본문의 중간에 위치한 핵심 구절로서 왜 이 서신이 생명으로 가득 차 있으며 그로 말미암아 많은 사람들이 새로운 생명을 경험하는지에 대해 말해주는 본문은 "오직 성령으로 충만함을 받으라"는 말씀입니다.

이제 하나님의 말씀을 읽겠습니다.

성경 읽기

요지(설교 주제)에 대한 소개
이 본문은 생명으로 약동합니다. 그것은 우리가 사모하는 생명입니다.
본문은 "그러므로"라는 말로 시작합니다. 이것은 에베소서에서 여섯 번째 나오는 "그러므로"입니다. 즉, 예수 그리스도를 통한 하나님의 은혜와 관련하여 여섯 번째로 제시되는 중요한 함축이라는 뜻입니다.

전체적 개관
우리는 이 서신이 거의 같은 분량의 두 부분(1-3장 및 4-6장)으로 나뉘어 있다는 사실에 대해 살펴보았습니다. 1-3장에서 바울은 우리에게 "하나님의 은혜의 영광"에 대해 제시하며 4-6장에서는 "하나님의 은혜의 역사"에 대해 제시합니다. 바울은 전반부에서 하나님께서 그의 은혜로 우리에게 베푸신 놀라운 기적에 대해 제시하며 후반부에서는 이 영광스러운 은혜에 사로잡힌 자의 삶이 어떠해야 하는지에 대해 제시합니다. 후반부는 이렇게 시작합니다. "그러므로 주 안에서 갇힌 내가 너희를 권하노니 너희가 부르심을 받은 일에 합당하게 행하여"(엡 4:1). 전반부에서 은혜의 위대한 실체에 대해 조망한 그는 후반부에서 이 은혜 안에서 행하는 삶에 대해 제시합니다.

따라서 우리는 이 후반부에서 "그러므로"라는 단어를 만난 것입니다. 하나님이 행하셨습니다. 그러므로 우리도 행하여야 하는 것입니다. 하나님은 우리를 이 광대한 은혜의 세계로 부르셨습니다. 그러므로 우리는 그 안에서 행하여야 합니다. 은혜에 합당한 삶을 살아야 하는 것입니다. 하나님의 넘치는 은혜에 따라 살아야 합니다.

이제 여러분은 본문에서 바울이 "그러므로" 다음에 연속해서 여섯 개의 권면을 제시하고 있다는 사실을 알고 있을 것입니다. 여러분은 바울이 각각 두 개의 권면을 담고 있는 세 쌍의 권면을 제시하고 있다는 사실을 알 것입니다. 또한 여러분은 각각의 쌍이 "...가 아니라 ...이다"라는 배열로 이루어진다는 사실도 알 것이라고 믿습니다. "...하지 말고 ...하라"는 표현이 세 번 제시됩니다.

그런즉 너희가 어떻게 행할지를 자세히 주의하여
지혜 없는 자 같이 하지 말고
오직 지혜 있는 자 같이 하여...
그러므로 어리석은 자가 되지 말고
오직 주의 뜻이 무엇인가 이해하라
술 취하지 말라 이는 방탕한 것이니
오직 성령으로 충만함을 받으라(엡 5:15-18).

오늘 전할 말씀은 이 연속된 권면에 관한 것입니다. 여섯 가지 권면은 모두 마지막 권면으로 초점을 맞춥니다. 즉 핵심적인 권면은 "충만함을 받으라" 즉, 성령으로 충만함을 받으라는 것입니다.

"그런즉 너희가 어떻게 행할지를 자세히 주의하여 지혜 없는 자 같이 하지 말고 오직 지혜 있는 자 같이 하여."

좋습니다. 이것이 무슨 의미를 가집니까?
"그러므로 어리석은 자가 되지 말고 오직 주의 뜻이 무엇인가 이해하라."
좋습니다. 이것이 무슨 의미를 가집니까?
"술 취하지 말라 이는 방탕한 것이니 오직 성령으로 충만함을 받으라."
"충만함"이라는 것은 술이 취하면 하려는 행동과 관련됩니다. "성령의 충만함을 받으라"고 했습니다. 지혜롭게 행하며 주의 뜻을 따라 행하는 모든 것이 충만함에서 비롯됩니다. 그것은 성령의 충만, 즉 삼위 하나님의 세 번째 위격으로 가득한 충만이며, 인간의 살과 피를 취하시고 이 땅에 거하시던 예수님을 충만히 채웠던 바로 그 하나님의 생명입니다.

"충만함을 받으라." 이것이 본문의 요지입니다. "충만함을 받으라"는 수동태입니다. 이것은 충만함을 받는 일이 우리가 할 수 있는 것이 아니라는 말입니다. 그것은 우리를 위해 이루어져야 할 일입니다. 우리는 자신을 충만케 할 수 없습니다. 바울이 술 취한 것을 방탕한 것(dissipation: 탕진하는 것)이라고 말한 것은 바로 이런 이유에서입니다. 술이 그렇게 만드는 것입니다. 우리가 자신을 채우려 하면 탕진하고 말 것입니다. 그러나 하나님께서 우리를 채우시면 그렇지 않습니다. 하나님은 탕진하지 않습니다. 하나님은 사라지게 하지 않습니다.

하나님께서 우리를 채우시면 어떤 일이 일어납니까? 바울은 본문에서 네 가지의 일이 일어난다고 말합니다. 그는 네 개의 분사(ing 형태의 단어)를 사용합니다. 실제로는 다섯 개지만 두 개는 동일한 것입니다.

본론

"성령으로 충만함을 받으라"는 것은 무슨 뜻입니까?
그것은 어떻게 일어납니까?(그런 경험이 있습니까?)

하나님이 우리를 성령으로 충만하시면
 1. 우리의 말이 달라집니다.
      설명과 예증
 2. 하나님께 노래하며 찬양하게 됩니다.

설명과 예증
　3. 하나님 아버지께 감사하게 됩니다.
　　　설명과 예증
　4. 서로 섬기며 복종하게 됩니다.
　　　설명과 예증

함축/적용
　(충만함에 대한 초청은 "하라"는 명령이 되어야 한다는 것이 필자의 생각이다. 이유는 바울 자신이 그렇게 했기 때문이다. 설교자가 몇 가지 방법을 "제시"하는 것은 본문의 방식이 아니다. 본문이 우리에게 말하는 것은 오직 하나님만이 하실 수 있는 일에 대해 전적으로 하나님만 의지하라는 것이다.

　'정리'는 청중이 잘 알아들을 수 있도록 설교를 "구성"하기 위한 첫 번째 요소이다. 두 번째 요소는 효과적 구두전달이다. 첫 번째 요소는 두 번째 요소의 핵심이다. 우리가 메시지를 순서대로 정리하는 것은 모두 귀를 위한 것이다. 이러한 정리는 귀와 연결될 때 청각적 효과를 가진다.

2. 효과적인 구두전달(orality)

　우리는 본 장을 시작하면서 "인간은 질서 있고 체계적인 전달을 요구한다"는 데이비드 돌시의 말을 인용한 바 있다. 그는 성경 문학에 대해 그것은 읽기 위한 것이 아니라 듣기 위한 것이라고 주장한다. "성경은 구전 문화(oral culture)를 위한 기록이다. 본문은 보기 전에 들어야 한다. 그것은 큰 소리로 낭독하기 위해 기록되었다"[17]고 말한다. 성경의 마지막 책인 예수 그리스도의 계시를 들을 수 있는 가장 좋은 방법은 그것을 큰 소리로 읽는 것이다. "이 예언의 말씀을 읽는 자와 듣는 자와 그 가운데에 기록한 것을

---
17) David Dorsey, *Literary Structure of the Old Testament*, p. 15.

지키는 자는 복이 있나니"(계 1:3). 계시록을 소리 내어 다 읽으려면 90분 정도 걸린다. 그러나 그것은 눈으로 볼 수 없는 것을 듣게 하기 때문에 그만한 가치가 있다.

돌시는 계속해서 설교에서 중요한 것이 무엇인가에 대해 말한다. 성경은 구전 문화(oral culture)를 위해 기록되었기 때문에 "본문은 일종의 '구두 식자'(oral typesetting)를 가질 수밖에 없다."[18] 따라서 저자들은 "청중이 알 수 있는 구조적 기호"를 사용해야만 했으며 이러한 기호는 눈보다 귀와 더 잘 맞물렸다.[19] 설교자도 그래야만 한다. 우리는 귀를 위해 글을 쓰고 귀를 위해 말해야 한다.[20]

"믿음은 청각적"이라는 마틴 루터의 말에 다시 한번 귀를 기울이자. 그는 "눈을 귀에 고정하라"고 말한다. 한 걸음 더 나아가 그는 "자신의 귀를 붙들지 아니하고 눈으로 보려는 자는 실패한 자이다"라고 주장한다.[21] 루터는 눈으로 보는 것을 얕보는 것이 아니다. 결코 그렇지 않다. 어떻게 그럴 수 있겠는가? 보지 못한다면 어떻게 되겠는가? 그는 단지 인간은 결국 들음을 통해 보는 존재임을 말하고 있는 것이다. 우리는 우리가 본 것에 대해 귀로 들을 때 비로소 그것을 이해하는 것이다. 결국 우리가 보는 것을 실제로 보게 하는 것은 기록된 말씀이다.

성찬을 예로 들어보자. 성찬에 관해 아무 것도 모르는 사람이 교회에 와서 식탁에 떡과 포도주가 잔득 쌓인 것을 보았다고 하자. 그는 떡 냄새와

---

18) Ibid.
19) Ibid.
20) 보다 자세한 내용은 다음 자료를 참조하라. G.H. Guthrie, The Structure of Hebrews: A Text-Linguistic Analysis(Dissertation, Southern Baptist Theological Seminary), pp. 16-34, 55-60. 이 책은 성경 가운데 가장 뛰어난 설교에 해당하는 히브리서에 관한 내용이다. Tex Sample, *Ministry in an Oral Culture; Living with Will Rogers, Uncle Remus & Minnie Pearl*(Louisville, Ky.: Westminster John Knox, 1994).
21) In Lischer, *Theology*, p. 70.

포도주 향기에 이끌릴 수 있을 것이다. 그는 식탁에 둘러앉은 사람들이 떡과 포도주와 관계된 무엇인가를 경험하고 있다는 것을 알게 될 것이다. 그는 많은 것을 보지만 말씀을 듣기 전에는 그것을 제대로 알지 못하는 것이다. "이것은 너희를 위하는 내 몸이니... 이 잔은 내 피로 세운 새 언약이니." 그가 본 것에 대한 말씀이 선포될 때 그는 이해하게 되는 것이다. 시각적인 것에 의미를 주는 것은 청각이다. 우리는 청각으로 세계를 이해하도록 만들어진 존재이다.

많은 사람들은 21세기를 사는 우리의 문화를 시각문화라고 말한다. 그들은 텔레비전과 영화의 절대적 역할을 내 세우며 자신의 주장을 정당화한다. 그러나 영화의 힘은 화면에만 있는 것이 아니라 소리에도 있다. 가령 음악적 요소를 제거하면 계속해서 영화를 즐길 사람이 얼마나 되겠는가? 만일 모든 음향을 제거한다면 누가 영화를 보겠는가? 시각적인 것은 결국 청각을 통해 온전히 볼 수 있다. 시각은 청각을 통해 의미를 가지는 것이다. 나는 설교자들이 화면을 사용하여 설교하는 것을 종종 본다. 그럴 수 있다고 생각한다. 그러나 이러한 화면은 대화가 병행될 때에만 의미가 있다. 물론 시각적 자료가 없이 청각적 대화만 있다면 의미가 반감될 것이다. 그러나 청각 자료가 없는 시각적 자료는 아무런 의미가 없다.

(필자는 이 글을 쓴 후 한 가지 흥미로운 경험을 한 바 있다. 휴식을 위해 시내로 나온 나는 신문을 통해 최근에 나온 한 편의 영화에 관한 기사를 읽었다. 기사는 그 영화에 대해 "매우 지루하고 재미없는 영화"라고 혹평했다. 이 기사는 다음과 같은 말로 끝맺는다. "그것은 우리에게 아무리 영화와 같은 시각적 매체라도 시작할 때 별로 할 말이 없는 영화는 끝에 가서도 별로 볼 것이 없다는 사실을 상기시켜주었다.")[22]

---

22) Kamal Al-Solaylee, Review of "Angel-A" *The Globe and Mail*, Friday, June 8, 2007, p. 3.

왜 그런가? 그 이유는 시각과 청각은 다른 방식으로 작동하기 때문이다. 월트 옹(Walter Ong)은 지금은 고전이 된 자신의 『구전과 문자: 언어의 기술』(orality & Literacy: The Technologizing of the Word)이라는 책에서 "시각은 독립적이고 청각은 협력적이다"[23]라고 주장한다. 그는 결코 시각적 기능을 얕본 것이 아니다. 그는 다만 시각과 청각이 어떻게 작동하는가에 대해 말했을 뿐이다. "시각적 화면은 관찰자로 하여금 외부에서 그것을 바라보게 하지만 소리는 청중 속으로 들어온다."[24] 그는 확실히 두 기능이 어떻게 작용하는지 말하고 있다. "소리는 청중 속에 들어온다." 소리는 비록 한 곳에서 나올지라도 어디서든 들을 수 있다. "시각적 기능은 한 번에 한 방향으로만 가능하다. 방을 보든가 아니면 경치를 보아야 한다. 나는 눈을 돌려야만 다른 곳을 볼 수 있다. 그러나 청각적 기능은 한 번에 모든 방향에서 나는 소리를 동시에 들을 수 있다."[25] 소리는 우리를 둘러싸고 있을 뿐만 아니라 우리를 그것의 중심에 놓는다. 이것이 바로 우리가 하이파이(high-fidelity) 서라운드 사운드(surround sound)를 즐기는 이유이다. 월트 옹은 "여러분은 자신을 듣는 것, 즉 소리에 몰입할 수 있다. 시각적으로 자신을 몰입할 수 있는 방법은 없다"[26]고 말한다.

설교는 그것을 방에서 듣건, 거리에서 듣건 동일한 설교이다. 설교는 시각(즉, 기록)이 청각(즉, 말)화 될 때 생명을 얻는다. 다시 한번 말하지만 나는 결코 시각적 기능을 무시하는 것이 아니다. 내가 오랫동안 쓰고 있는 이 책 역시 시각적 자료이다. 그러나 이 책에 기록된 말은 궁극적으로 귀에 들리기 전에는 결코 소기의 목적을 달성할 수 없다. 나는 글을 읽을 때 입술을 움직이는 유일한 사람인가? 나는 글을 읽을 때 머리 안에서 무엇인가를 듣는 유일한 사람인가? 그렇지 않다. 모든 사람은 그러한 방식으로 창조되었다. 인간은 결국 들음으로서 보게 되는 것이다.

---

23) Walter Ong, *Orality & Literacy: The Technologizing of the Word* (New York: Routledge, 1982), p. 72. :
24) Ibid
25) Ibid
26) Ibid

그것은 관계(relationships)가 작동하는 방식과 같다. 우리는 대화를 통해 상대를 점차 알아간다. 물론 우리는 행위를 통해 상대에 관한 많은 것을 알 수 있다. 대부분의 경우 우리의 삶은 우리의 본 모습을 반영하기 때문이다. 그러나 우리는 상대가 말을 하기 전까지는 그 사람에 관해 제대로 알 수 없다. 월트 옹은 사람의 중심에서 나오는 말에 대해 언급한다. 그것은 "외면을 통해 중심에서 중심으로 전달된다."[27] 이것이 바로 복음의 기적이다. 살아계신 하나님께서 말이라는 수단을 통해 우리의 중심으로부터 자신에 관한 내용을 전하고 계신 것이다.

확실히 "계층화된 전달 수단"[28]은 존재하는 것 같다. 이러한 계층화는 문화적 차이, 특히 히브리/기독교 문화와 헬라문화-둘 다 서구사회에 기반을 둔다-의 차이의 한 부분이다. 유진 피터슨(Eugene Peterson)은 월터 옹의 통찰력으로부터 "고대 히브리인과 고대 헬라인은 사물을 인식하는 기본적 방식이 달랐다. 히브리인은 주로 청각에 의해 사물을 이해하였으나 헬라인은 이해란 보는 것이라고 생각하였다."[29] 따라서 헬라인의 종교는 매우 시각적이다. 그들은 신들과 여신들의 동상을 세우고 성소를 화려하게 다듬었으며 그것들로부터 감동과 영감을 받았다. 또한 문학과 드라마에서는 신과 인간의 만남 및 신과 신의 만남이 소재로 사용되었다. "헬라 문화에서 사람들은 신을 보고 그에 대해 말했다."[30] 신들은 일반인들의 삶과 무관하였으며 사람들에게 시각적으로 알려져 있었다.

그러나 히브리/기독교 문화는 청각적 사건들을 통해 형성되었다. 그 중에서 특히 두 가지 사건이 돋보인다. "보이지 않는 하나님이 시내산에서 모

---

27) Walter Ong, *The Presence of the Word*(New Haven, Conn.: Yale University Press, 1967), p. 309.
28) 이 구절은 우리 가족이 벤쿠버에서 보낸 첫 해에 섬기던 Tenth Avenue Alliance의 담임목사 Ken Shigematsu의 말이다. 그는 우리와 함께 식사하며 본 장에서 다루고 있는 주제에 관해 대화하는 가운데 이 구절을 사용했다.
29) Eugene Peterson, *Working the Angles: The Shape of Pastoral Integrity* (Grand Rapids: Eerdmans, 1987), p. 78.
30) Ibid., p. 79(Peterson은 Northro Frye의 주장에 근거한다.)

세와 백성들에게 말씀하신 것과 그리스도께서 예수 안에서 말씀이 육신이 되신 것이다."31) 헬라인들과 같이 이미지와 동상에 초점을 맞추는 대신 히브리인들과 그들의 뒤를 이은 기독교는 "유일신 하나님께 귀를 기울였다... 그들은 함께 모여 동상을 바라보거나 연극을 보지 않았으며 명령을 듣고 기도의 응답을 들었다. 이러한 차이는 근원적이고 절대적이었다."32) 또한 이러한 차이는 언제나 관심권 밖으로 밀려날 수 있었다.

동상을 바라볼 때 사람들은 그 행위를 자신이 주관하였다. 그들은 시간이 되는 대로 어슬렁거렸다. 그러나 말씀을 들을 때는 그러한 행위를 주관하지 못했다. 말씀한 것을 받아들여 그에 따라 살거나 말씀이 계속해서 이어졌다. 하나는 자신이 본 것을 즐길 것인가에 관한 문제이고 또 하나는 자신이 들은 것에 따라 살 것인가의 문제이다. 이에 대해 피터슨은 다음과 같이 주장한다.

> 그들[히브리인과 기독교인]은 듣고 순종하는 열정이 보는 즐거움에 쉽게 잠식될 수 있다는 사실을 알고 있었기 때문에 청각의 집중을 보호하기 위한 조치를 취했던 것이다. 그들은 자신이 그러한 신적 이미지로 둘러싸이게 되면 형편이 지금보다 악화될 것을 알았던 것이다. 여흥으로서의 종교는 언제나 매력적이지만 거기에는 진리가 존재하지 않았던 것이다. 그것은 말씀에 비교할 때 너무나 형편없고 무가치했던 것이다.33)

이것은 시편 19편의 핵심 주장이다. 이 시는 하나님의 자기계시를 찬양한다. 다윗은 눈에 보이는 하나님의 자기계시로부터 시작한다. "하늘이 하나님의 영광을 선포하고 궁창이 그의 손으로 하신 일을 나타내는도다"(시 19:1). 그러나 이어서 다윗은 토라(오늘날 성경에서는 간단히 법으로 번역되었는데 정확한 번역이 아니다)로 옮겨간다. "토라"라는 말은 '던지다'(창

---

31) Ibid.
32) Ibid.
33) Ibid.

을 던지다와 같이)라는 동사와 관련된다. 이 개념은 토라에서 하나님께서 자신이 생각하고 있는 것과 아는 것, 특히 실재(reality)의 조성에 관한 것을 "던졌다"는 의미이다. 하나님은 우리에게 궁극적으로 오직 말씀을 통해서만 알 수 있는 하나님 자신의 내적 실재에 대해 "던지신" 것이다. 다윗은 한 구절씩 선포된 말씀의 생명을 주는 능력을 찬양한다. 그것은 영혼을 회복하고 우둔한 자를 지혜롭게 하며 마음을 기쁘게 하고 눈을 밝게 하신다. 다윗은 만물에 드러난 하나님의 자기계시를 훼손하지 않는다. 그는 다만 "계층화된 전달 수단"을 인식하고 있을 뿐이다. 선포된 말씀은 최상의 계층에 속한다. 왜냐하면 말씀에 의한 계시는 가장 확실하기 때문이다. 그러므로 피렛(Jacob Firet)은 "하나님의 좋은 말씀을 듣는 자이며 하나님의 백성은 말씀을 듣는 백성이다. 기독교는 말씀을 듣는 믿음의 종교이다"[34]라고 하였다.

그렇다면 설교자는 어떻게 하면 이러한 구전적 특성에 유의함으로서 회중으로 하여금 말씀을 제대로 들을 수 있게 할 수 있는가? 우리는 어떻게 "눈과 귀"를 잘 연결하여, 들음을 통해 보게 하시는 하나님의 사역에 동참할 수 있는가? 한 사람의 전달자(communicator)로서 이 문제에 대해 오랫동안 진지하게 고찰해온 사람은 로버트 잭스(Robert Jacks)이다. 그는 『목회자와 평신도 지도자를 위한 의사소통』(Getting the Word Across: Speech Communication for Pastors and Lay Leaders)[35]과 『말을 하라! 귀를 위한 글을 쓰라』(Just Say the Word! Writing for the Ear)[36]라는 두 권의 실천적 저서를 통해 자신이 얻은 것을 나누었다. 최근의 저서에서 그는 눈을 위한 설교들을 여러 편 골라서 귀를 위한 설교로 바꾸었다. 다음은 그 가운데 한 예이다.

---

34) Jacob Firet, *Dynamics in Pastoring*(Grand Rapids: Eerdmans, 1986), p. 36.
35) G. Robert Jacks, *Getting the Word Across: Speech Communication for Pastors and Lay Leaders*(Grand Rapids: Eerdmans, 1995).
36) G. Robert Jacks, *Just Say the Word! Writing for the Ear*(Grand Rapids: Eerdmans, 1996).

원래의 설교

비극적이 사건이 발생해도 하나님이 여전히 세상을 주관하십니까? 모든 일이 잘 되어갈 때에는 하나님께서 세상을 주관하신다고 믿는 것이 쉽습니다. 일이 잘 풀린다는 것은 결국 우리가 하나님의 뜻을 따르고 있다는 분명한 표시가 아니겠습니까? 그러나 일이 잘 안 풀리면 어떻게 됩니까? 하나님께서 우리를 포기하신 것입니까? 하나님은 우리의 삶 가운데 좋은 일들만 주관하십니까? 하나님은 여전히 예기치 못한 일들도 주관하고 계십니까?[37]

계속해서 읽기 전에 여러분은 이 설교를 귀를 위한 설교로 고친다면 어떻게 하겠는가?

다음은 잭스가 눈을 위한 설교에서 귀를 위한 설교로 고친 것이다.

비극이 발생했습니다!
　　예기치 못한 일,
　　원하지 않는 일,
　　반갑지 않은 일,
　　생각하기도 싫은 일이 여러분의 삶에 일어난 것입니다!

모든 것이 엉망이 되어버렸습니다.
　여러분은 어찌할 바를 모르고
　　　깊은 충격에 빠졌습니다.
　　　　화가 머리 끝까지 치밀었습니다.

이제 어떻게 될 것 같습니까?
어떻게 해쳐나갈 생각이십니까?
누구에게 의지하려고 합니까?
누가 이 문제를 해결해 주겠습니까?

---

37) Ibid p. 136.

누가 여러분을 돌보아 주겠습니까?
하나님이 아닙니까?
여러분은 여전히 의심할는지도 모릅니다.
아직도 하나님이 세상을 주관하고 계신가?
하나님은 이 상황을 해결하실 수 있는가?

잭스는 나머지 설교도 다 이런 식으로 고쳐나간다. 그는 설교를 보다 개인적으로, 딱딱한 산문을 이야기 식으로, 수동적 동사에서 능동적 동사로, 보다 직접적으로 청중에게 다가간 것이다. 그의 책은 읽어두는 것이 좋다.

이 책 전체에서 잭스는 소위 "귀를 위한 글을 쓰는 요령"을 제시한다. 그는 그것을 50가지로 요약하여 제시하면서 겸손히 "편리하게 사용하라"고 말한다.[38] 그 가운데서도 특히 유익하다고 생각되는 것들을 골라보았다.

글 쓰듯이 쓰지 말고 말하듯이 쓰라(3[원래의 번호]).
수동태보다 능동태가 훨씬 생동감이 있다(6).
시각적 이미지를 활용하여 그림과 설명을 함께 제시하라(7).
가능한 쉬운 단어를 선택하라(8).
불필요한 관계대명사(that나 which)를 사용하지 말라(9).
불필요하거나 가정적인 정보를 지양하고 요점을 말하라(10).
정보를 나누어 줄 뿐만 아니라 사상을 전달하라(11).
적절한 단축형을 사용하라(14).
명사보다 동사가 효과적이다(15).
긍정적인 부분을 강조하라(17).
상투적 용어를 피하라(20).
가능하면 존재를 나타내는 동사(to be)는 피하라(21)
가능하면 삶과 관련된 이야기를 하라(22).
형용사나 부사를 많이 사용하지 말라(27).
가능하면 강조형 형용사보다 다채로운 동사를 사용하라(28)

---

38) Ibid., pp. 92-95

반복은 새로운 개념을 도입하거나 중요한 개념을 강조할 때 효과적이다. 의미단위(idea group)를 확실히 구별하라(29).

독백형식의 설교에서 대화형식으로 전환하기 위해 수사학적 질문을 활용하라(30).

추측보다 질문을 많이 사용함으로써 청중이 함께 생각하도록 하라(31).

밝은 개념과 어두운 개념을 전달하기 위해 억양의 변화를 주라(34).

사상의 리듬에 유의하여 변화를 주라(35).
문장의 길이에 변화를 주라. 알아듣기 쉬운 길이인가(36)?
나의 관점은 무엇인가? 동참(In-scene)관점인가 아니면 관찰자적(outside) 관점인가(38)?

중언부언하지 말라. 사상의 흐름을 유지하라(39).
모든 것을 얼버무리려 하지 말라(과감하게 지적하라)(44).

적극적 표현을 위해 가능한 2인칭(너)보다 1인칭(우리, 나)를 사용하라 (45).

예수님처럼 설교하라. 자신이 가진 것 이상을 보여주라(49).
거지가 다른 거지에게 빵 있는 곳을 가르쳐주듯 예수님을 전하라(50).

이와 함께 필자가 생각하는 몇 가지 요령을 추가해보자.

정해진 수의 대지를 사용할 경우 청중의 기대에 따라야 한다.
설교를 시작하면서 "오늘은 세 가지를 말씀드리겠습니다"라고 하면 청중은 "첫째는.. 둘째는... 셋째는..."의 형식이 될 것으로 기대한다. 따라서 설교자는 이와 같은 함축적 약속에 따라 제시해야 한다. 우리는 "첫째는...

그리고... 셋째는..."이라고 해서는 안 된다. 우리는 청중을 혼란시켜서는 안 된다. 그들은 두 번째 대지를 놓쳤다고 생각하여 셋째 대지에 대해서는 제대로 듣지 않을 것이다.

모든 설교에서 우리가 숫자(1, 2, 3) 형식을 사용할 경우 같은 대지 안에서는 사상의 발전이 있어도 같은 형식(숫자형식)을 사용하지 못한다. 그러한 경우 우리는 다른 형식(가령 a, b, c)으로 바꾸어야 한다. 청중이 "오늘은 세 가지 대지로 말씀드리겠습니다"라고 한 후 두 번째 대지에서 갑자기 "세 가지를 말씀드리겠습니다"라고 하면 혼돈을 일으키는 것이다. 그렇기 때문에 우리는 설교 전체에서 한 가지 형식만 사용해야 하며 각각의 대지 안에서 소지를 나눌 때에는 다른 형식을 사용해야 하는 것이다. 만일 둘 다 같은 형식을 사용하고 싶다면 청중이 이해할 수 있도록 부가설명을 하는 것이 필요하다(가령, "오늘은 세 가지 대지로 말씀드리겠습니다. 각 대지는 두 가지 작은 대지(소지)를 가지고 있습니다).

문장을 한 호흡에 가능한 분량으로 끊어서 작성하라.
즉, 설교를 작성할 때 한 번의 호흡으로 말할 수 있는 분량이 되도록 문장을 끊어야 한다는 것이다. 이렇게 끊은 문장은 행을 달리하여 작성해야 한다.

예를 들어 다음과 같은 문장이 있다고 하자. "나는 오순절이 성탄절이나 부활절만큼 중요한 날이 될 때 서구사회에 존재하는 예수 그리스도의 교회가 결국 복음을 온전히 이해하게 될 것이라는 사실을 압니다." 이 문장을 한 호흡에 읽을 수는 없다. 따라서 다음과 같이 작성한다.

나는
오순절이
성탄절이나 부활절만큼
중요한 날이 될 때

서구사회에 존재하는
예수 그리스도의 교회가
결국 복음을
온전히 이해하게 될 것이라는 사실을
압니다.

또 하나의 예를 살펴보자. 다음은 누가복음 11장 5-8절에 대한 설교의 서론이다.

"주여 우리에게도 기도를 가르쳐 주소서"
이것은 첫 번째 제자들이
　　예수님께 가르쳐 달라고 요구한
　　　　유일한 것입니다.

"우리에게 리더십을 가르쳐 주소서"라는 기록은 없습니다.
"우리에게 권면하는 법을 가르쳐 주소서"라거나
"우리에게 귀신을 쫓아내는 방법을 가르쳐 주소서"라거나
"우리에게 설교하는 법을 가르쳐 주소서"라는 구절은 없습니다.
그들은 다만
"우리에게 지도하는 법을 가르쳐 주소서"라고 했습니다.

왜 그렇습니까?
왜냐하면 첫 번째 제자들은
　　예수님의 리더십과
　　　치유와
　　　　권면과
　　　　　설교사역이
그가 "아버지"라고 부르는
　그분과의 관계를 통해
　　나온다는 사실을 알고 있었기 때문입니다.

그리고 그들은
  이러한 관계의 핵심이
    기도라는 것을 알았습니다.
그는 시간만 되면
  기도하러 나가셨습니다.
그러므로
  이제 우리에게도 그처럼
    "기도하는 법을 가르쳐 주소서"라는 것입니다.39)

문장을 마치기 위해 눈을 왼쪽 여백 끝까지 가게 해서는 안 된다. 예를 들면 다음과 같다.

잘못된 예
  "사도 바울이 우리에게 말한 것은 '서로를 섬기는 일'은 성령의 사역을 요구한다는 것입니다."

바른 예
  "사도 바울이 우리에게 말한 것은
    '서로를 섬기는 일'은
      성령의 사역을 요구한다는 것입니다."

---

39) 나는 오랫동안 펜을 사용해 왔기 때문에 모든 원고를 이런 식으로 작성해 왔다. 나는 지금처럼 워드 프로세스를 사용하면 훨씬 효과적으로 작성할 수 있다는 것을 안다. 그러나 이러한 장점은 단점보다 크지 않으며 손으로 작성하는 것과도 비교할 수 없다. 수기작성의 장점은 글자 위치를 원하는 곳에 원하는 대로 놓을 수 있으며 그 페이지를 감각적으로 인식할 수 있다는 것이다. 워드 프로세스의 단점은 설교 작성시 눈과 귀를 만족시킬 수 있는 위치에 놓는 것이 자유롭지 않다는 것과 문장을 조금이라도 수정하면 모든 위치가 동시에 바뀌어버린다는 것이다(즉, 오른 쪽에 위치했던 글자가 왼쪽으로 옮기는 등의). 또한 워드 프로세스는 자료를 프린트 할 경우 화면에서 작업할 때와 다른 느낌-다른 바탕, 다른 배경-으로 출력된다. 지금으로서는 설교를 위한 프로그램을 별도로 개발해 주기를 바랄 뿐이다. 그러나 지금으로서는 펜을 사용하는 것이 편하다.

우리의 눈과 입은 "같은 방향으로 움직여야" 한다. 눈이 오른쪽 끝에서 왼쪽 끝까지 가다보면 해야 할 말을 놓칠 수 있기 때문이다.

원고의 페이지당 단어 수를 제한해야 한다.
설교 작성을 일반 인쇄물처럼 할 경우 분량이 많아 눈이 따라가기 힘들다. 그러므로 페이지마다 단어 수는 눈이 따라가기 쉽도록 적절한 분량이 되어야 해야 한다. 단어가 너무 많으면 눈이 좇아가기 힘들며 자연히 의미 전달에도 영향을 주게 된다. 회중과의 눈 맞춤이 되지 않는 것은 물론이다. 행간은 최소한 더블 스페이스가 되도록 해야 한다.

대지는 짧고 듣기 쉬운 구절이 되게 해야 한다.
이상적으로는 모든 대지를 동일한 수의 음절로 맞추거나 유사한 발음이 되면 좋다.

반복하고 반복하고 반복하라.
여러 번 반복하되 청중이 지루하지 않도록 약간의 변화를 주어야 한다. 물론 설교자의 귀에는 다소 현학적으로 생각되겠지만 회중이 듣기에는 그렇지 않은 것이다. 우리는 설교 작성에 여러 시간을 보낸 후 말로 전하고 있기 때문에 내용이 익숙하다는 사실을 기억해야 한다. 그러나 청중은 처음으로 듣기 때문에 이해의 편의를 위해 더욱 세심한 배려가 필요한 것이다.

설교를 큰 소리로 읽는 연습을 하라
이것은 우리가 선택한 단어가 제대로 발음이 되는지 확인할 수 있게 해 준다. 눈으로 보기에는 아무런 문제가 없는 것 같지만 막상 설교할 때는 발음이 제대로 되지 않는 경우가 있다. 특히 내용이 전환되는 부분에 의의해야 한다.

이러한 체계적 순서(따라가기 쉬운 흐름)와 구전성(듣기 쉬운 수사학적 기법의 활용)은 실제적인 설교 작성에서 결코 경시되어서는 안 된다. 이 두 가지 요소는 우리가 본문 연구로부터 의미 있고 기억에 남을만한 해석학적 내용을 도출하는 단계로 넘어갈 때 더욱 큰 중요성을 발휘한다.

3. 설교학적 과정

본문에서 설교로 이행하는 네 가지-신앙적, 주해적, 해석학적 및 설교학적-단계가 있는 것처럼 실제로 설교를 작성하는 과정에도 일련의 단계가 있다. 이 과정에 대해서는 한 단계씩 살펴보는 방법밖에 없다. 가장 좋은 방법은 단계별로 숫자를 매기는 것이다. 이것은 이 과정이 순서대로 전개되기 때문이 아니라 나중에 구체적 단계를 언급할 때의 편의를 위해서 이다.

1) 전체 설교의 예비적 개요를 작성하라.
브라이언 샤펠이 지적한 대로 "우리의 귀는 균형(symmetry)을 기대한다."40) 우리가 숫자(1, 2, 3)를 사용할 것인가 글자(a, b, c)나 다른 표시를 사용할 것인가는 중요치 않다.41) 중요한 것은 청중이 균형, 즉 설교가 어디로 흘러가고 있구나 하는 자연스런 흐름 및 전개를 느껴야 한다는 것이다.

2) 임시적 결론을 제시하라.
여러분이 설교를 마칠 때쯤 청중이 어디에 서 있기를 원하는가? 그들에게 무슨 일이 일어나기를 원하는가? 물론 이것은 성령께서 본문을 통해 하실 일이다.

3) 임시적 서론을 제시하라.
서론은 본문의 요지, 즉 설교의 핵심 요지로 들어가도록 돕는다. 이것은

---

40) Chapell, *Christ-Centered Preaching*, p. 126.
41) David Buttrick, *Homiletic: Moves and Structures*(Philadelphia: Fortress, 1987).

또한 청중으로 하여금 결론을 준비시킨다. 이것이 바로 두 가지를 연계하는 이유이다.

4) 서론을 감안하여 결론을 다시 작성하라.
결론의 궤도가 서론의 궤도인지를 확인하라.

5) 요지—핵심적인 설교학적 진술—을 작성하라.

6) 대지 및 소지를 작성하라.
물론 각각의 대지는 요지(주제)와 일치해야 한다(본 장 앞부분에 제시한 사례를 참고하라).

7) 변환되는 부분을 작성하라.
이것은 한 단위에서 다음 단위로 내용을 전환하는 부분의 진술을 말한다. 이 부분에는 많은 시간을 들여야 한다. 설교자는 이러한 변환부분이 명확할 때 훨씬 많은 내용을 설교로 가져올 수 있다. 설교 작성이 끝난 후에도 원고로는 작성되지 않았지만 계속해서 할 말을 마음에 담아 두어야 한다. 여러 번 소리 내어 반복함으로써 설교의 흐름이 원활하도록 해야 한다.

8) 설교에 나머지 살을 붙인다.
강단에 가지고 가지 않더라도 작성하라. 자신의 생각을 명확히 작성함으로서 정확한 설교가 되게 해야 한다. 우리는 정해진 시간에 어느 정도 분량의 말을 할 수 있는지 안다.

9) 잠시 작업을 멈추라
12시간에서 하루 정도 쉬는 시간을 가지라. 다른 일을 하라. 다른 일에 두뇌와 마음과 몸을 사용하라.

10) 다시 돌아와 설교를 읽어보라. 가능한 큰 소리로 읽으면서 직접 들어보라.

여러 개의 동사가 겹치는 부분에 유의하라. 청각적으로 어떻게 들리는가? 단어나 구절 및 문장의 흐름이 자연스러운가? 그렇지 않다면 다시 정리해보라.

11) 큰 소리로 읽으면서 곁길로 간다는 느낌을 주는 문장이나 구절은 없는지 살펴보라.

그런 부분이 있다면 과감하게 제거하라(다른 설교를 위하여 따로 저장해둘 수도 있다).

12) 자신의 귀에 복잡하다는 생각이 드는 문장은 청중에게도 마찬가지이므로 다시 작성해야 한다.

2-3개의 작은 단위로 나누어야 한다. 앞에서 여러 번 언급하였듯이 중요한 것은 처음에는 눈을 위한 글을 쓰지만 귀를 위한 글로 옮겨야 하는 것이다.

13) 다시 한번 잠시 시간을 내어 휴식한다.

적어도 몇 시간 동안 쉬어야 한다(그러므로 토요일 밤에 설교를 준비하는 것은 절대 금물이다).

14) 다시 돌아와 한 번 더 읽어보고 흐름을 살펴본다.

자연스럽지 않다면 필요한 조정을 거친다.

15) 원고를 보지 말고 칠판이나 용지의 한 쪽 면에 개요를 기록해 본다.

원고 없이는 기억이 나지 않는다면 회중도 마찬가지이다.

16) 이러한 경험을 염두에 두면서 대지 및 소지(6단계)와 변환 부분(7단계)을 기억으로 작성해본다.

17) 다시 한번 설교 전체를 큰 소리로 읽어본다.

이쯤에서 우리는 "너무 뻔한 내용이다"라거나 "회중이 이미 알고 있는 내용이다"라고 생각할 정도가 되어야 한다. 그것은 같은 내용에 오랜 시간 몰두한 나머지 너무나 잘 알고 있는 내용처럼 보이기 때문이다. 그러나 회중에게는 그렇지 않다. 본문을 충실하게 해석하고 훌륭하고 명확한 체계를 갖춘 설교라면 회중은 "이것은 매우 신선한 설교이다. 모두 처음 듣는 내용이다"라고 말하는 것이 당연하다.

18) 큰 소리로 다시 한번 설교를 읽는다.
특히 변환 부분이 명확한지 확인한다.

19) 다시 한번 작업을 멈추고 시간을 낸다.

4. 처음 단계(신앙적 단계)로 돌아감

본문의 주님께 모든 설교를 맡기고 잠을 잔다. 그리고 일어나 조용한 시간을 가진다. 간단한 운동 및 건강한 식사를 하고 기도한다. "모든 작업을 본문의 주님이신 당신께 맡깁니다."

설교시간에 봉독할 본문을 암송해 본다. 설교원고를 읽는다.

살아계신 하나님의 생명의 말씀에 굶주린 회중 앞으로 나아가라.[42] 그리고 "주여, 성도들이 나에 대해 좋게 생각하기를 원합니다. 그러나 그보다도 그들이 당신을 생각하는 설교가 되기를 원합니다"라고 기도하라. 실제로 그런가? 물론이다. 나는 이러한 기도를 웰쉬 장로교(Welsh Presbyterian) 목사인 피터 여호수아(Peter Joshua)에게서 배웠다. 그는 설교 사역을 통해 많은

---

42) 이 부분에 대해서는 10장 "신비 앞에 서라"에서 다시 다룬다.

사람, 특히 빌리 그레함(Billy Graham)목사에게 큰 영향을 주고 은퇴하였다. 여호수아목사와 그의 아내(Margery)는 내가 처음 설교사역을 시작한(1970년) 교회에서 예배를 드렸다. 그는 나와 함께 많은 시간을 보내면서 주께로부터 배운 것을 가르쳐주었다. 당시 사람들은 나의 설교에 긍정적으로 반응하였으며 나는 교만하지 않을까 두려웠다. 나는 여호수아목사에게 사람들이 나를 좋아하고 내 설교에 대해 좋은 평판을 해 주기를 원한다고 말했다. 나는 교만을 극복하려 하지만 내가 기도하는 만큼의 발전을 하지는 못했다고 했다. 그때 그는 나에게 겸손은 자신을 낮추는 것이 아니라 예수 그리스도를 높이는 것이라고 했다. 설교의 겸손은 자신을 사라지게 하는 것이 아니라 자신을 예수님 아래라고 하는 정당한 자리에 놓는 것이다. 그는 나에게 "다음 번 강단에 올라갈 때는 '주여 이 사람들이 나를 좋게 생각하기를 바랍니다' 라고 기도하라"고 했다. 그런 후에 "그러나 주님 그보다도 그들이 당신을 생각하기 원합니다"라고 기도하라고 했다. 그의 말이 옳았다. 나는 그렇게 기도하고 있다. 여러분도 그렇게 하기를 바란다.

지금까지 우리는 설교를 통한 변화의 기적을 행하시는 살아계신 하나님의 사역에 동참하는 인간적 역학에 대해 살펴보았다. 여러분이 준비한 설교는 어떻게 되었는가?

7

설교와 삶
(함축과 적용)

이제 나는 설교자의 끔찍한 짐을 벗겨주기 위해 내가 할 수 있는 것을 하고 싶다. 그것은 본문을 청중의 삶에 "적용하는 것"이다. 물론 우리는 회중으로 하여금 본문의 근본적인 함축을 깨닫게 해야 하고 또한 할 수 있다. 그러나 본문을 적용하는 것은 설교자의 책임이 아니다.

지금 내가 하는 말은 일반적인 설교학과 배치되는 것처럼 보인다. 어쩌면 나 혼자 이런 주장을 하는 것인지도 모른다. 그러나 나는 달리 말할 수 없다. 설교자가 지지 않아도 될 짐을 질 필요는 없다. 사람이 세상을 변화시키는 하나님의 사역에 동참하는 것에는 "본문에 대한 적용"이 포함되어 있지 않다.

먼저 '적용'이라는 단어에 대해 생각해본 후 '함축'(암시)이라는 단어에 대해 생각해보자. 두 단어는 삶에 대한 두 가지의 다른 접근을 반영한다. 이러한 차이는 단순한 의미론상의 문제가 아니다. 사전적 정의는 이러한 구별을 더욱 뚜렷이 해 준다. 적용은 '실천적인 목적을 위해 이용하는 것'이라는 뜻이며[1] 함축은 '두 가지 전제 사이의 논리적 관계'라는 뜻이다.[2] '적용'에는 무엇인가를 발생시킨다는 개념이 들어 있다. 설교자는 사실상 "여러분은 진리를 들었으므로 그것을 행함으로 여러분의 삶에 그 일이 일어나게 하라"고 말하는 것이다. '함축'에는 진리에 내재된 논리적 결과를 수용한다는 개념이 포함되어 있다. "진리가 여러분의 삶에 온전히 작동하게 하라"는 것이다. 적용은 너무 기계적이며 현대적이며 인간적이다(인간은 만물의 척도라는 의미에서). 함축은 보다 역동적이고 관계적이며 권한부여(empowering)적이다. 적용은 "여러분은 그 일을 일으킨다"라고 말하고 함축은 "이것이 일어나야 할 일이다"하고 말한다.

중요한 것은 아무도 본문을 적용시킬 수 없으며 오직 본문의 주님만 그렇게 하실 수 있다는 것이다. 그는 "그 일을 일으킬" 수 있는 유일한 분이

---

1) *Webster's Seventh New Collegiate Dictionary*, s.v. "application" and "apply."
2) *Webster's Seventh*, s.v. "application" and "apply."

시다. 설교자에게 본문을 적용하는 역할을 기대하는 것은 하나님의 역할을 요구하는 것이다. 여러분은 이런 식으로 생각해본 적이 있는가? 설교자는 본문이 선언하고 있는 필수적이고 본질적이며 논리적인 결과들에 대해 제시하고 보여줄 뿐이다. 그러나 설교자는 회중으로 하여금 본문을 그들의 삶에 적용시킬 수는 없다. 설교자가 할 수 있는 유일한 일은 기록되고 선포된 새로운 실재 속으로 들어가 본문의 성령을 통해 그 안에서 사는(live into) 것이다.

나는 여기서 말장난을 하자는 것이 아니다. 우리는 지금 하나님께서 우리를 어떻게 변화시키는가에 대한 두 개의 매우 다른 이해에 관해 말하고 있는 것이다. 흔히 청중에게 본문을 적용시키지 못하면 본문은 우리의 삶과 아무런 관계도 없다고 말한다(나는 이 말을 여러 번 들었다). 이것은 사실이 아니다. 이 주장은 하나님의 말씀의 본질에 관해 잘못 이해한 것이다. 하나님의 말씀은 청중에게 정보를 줄 뿐만 아니라 그들로 하여금 그것을 행하게 한다. 하나님의 말씀이 청중에 대해, 그리고 그들 안에서 일을 행하고 사역을 수행한다는 것이다. "너희가 우리에게 들은 바 하나님의 말씀을 받을 때에 사람의 말로 받지 아니하고 하나님의 말씀으로 받음이니 진실로 그러하도다 이 말씀이 또한 너희 믿는 자 가운데에서 역사하느니라"(살전 2:13).

반복되는 말이지만 적용에 대한 부담은 시대가 요구하는 부담이며 성경이 요구하는 부담이 아니다. 윌리엄 윌리몬(William Willimon)은 대부분의 회중이 적용을 강조하는 설교를 좋아한다는 사실을 알았다. 그러나 문제는 이러한 설교는 성경적 설교가 아니라는 것이다. 적용을 해야 하는 설교의 배후에는 "너는 하나님의 역할을 하는 것이다. 이러한 통찰력과 원리와 적용 방법을 통해 너는 스스로 자신을 구원할 수 있다"[3]라는 사고가 깔려 있다. 이런 방식이면 "하나님은 파워포인트의 프레젠테이션을 통해 울려나오는 인간의 소리가 되고 마는 것이다."[4]

---

3) William H. Willimon, introduction to *The Word in This World: Two Sermons By Karl Barth*, ed. Kurt I. Johanson, trans. Christoper Asprey(Vancouver, B.C.: Regent College Publishing, 2007), p. 7.
4) Ibid.

이것이 바로 리차드 리셔(Lichard Lischer)가 설교자는 회중이 자신의 말을 기억하지 못할까 염려할 필요가 없다고 한 이유이다. 사람들은 아무리 짧은 설교라도 우리가 하는 말을 전부 받아들이지는 않는다. 우리가 사람들의 기억에 대해 염려하지 않아도 되는 이유는 "말씀은 청중 속에 그리스도를 형성할 때 까지만 남아 있으면 되기 때문이다."[5] 맞는 말이 아닌가? 우리의 짐을 벗겨주지 않는가? 어떤 성경도 "가서 말씀을 들은 대로 너희 속에 그리스도를 이루라"고 하지 않는다. 그 대신 본문의 성령은 "내가 너희 안에 그리스도를 이루겠다"고 말씀하신다.

바꾸어 말하면 진리는 스스로 증명하는 자증적(self-authenticating) 속성이 있다는 것이다.[6] 우리가 진리를 변호하지 않아도 된다. 우리는 진리를 밝히고 명확히 하며 설명할 수 있지만 그것을 변호할 수는 없다. 진리는 스스로 적용시키는 힘이 있다. 우리는 진리를 작동시킬 수 없다. 진리와 일치하지 않는 것은 결국 작동하지 않으며 유지될 수도 없다.

사도행전 2장에 기록된 1세기 기독교 설교에 나타난 사건들에 대해 살펴보자. 그것은 순수한 케리그마이며 순수한 선포이다. 베드로는 특이한 현상-바람과 불, 그리고 사람들이 자기 방언으로 설교를 알아들은 것-에 대해 설명한다. 베드로는 서서 성경을 들고 요엘의 예언을 찾아 전한다. "하나님이 말씀하시기를 말세에 내가 내 영을 모든 육체에 부어 주리니..."(행 2:16-27). 계속해서 베드로는 본문 전체를 인용하며 자신의 핵심적 요지로 인도한다. 하나님께서 십자가에 못박히신 예수를 높이시고 보좌에 앉히셨기 때문에 이제 그는 "너희가 보고 듣는 이것을" 부어 주실 수 있다는 것이다. 이어서 베드로는 설교의 결론을 맺는다. 그는 "그런즉 이스라엘 온 집은 확실히 알지니 너희가 십자가에 못 박은 이 예수를 하나님이 주와 그리스도가

---

5) Richard Lischer, *A Theology of Preaching: The Dynamics of the Gospel*(Nashville: Abingdon, 1986), p. 79.
6) 이것은 Earl Palmer의 설교를 통해 들었다. 그것은 그의 사역의 특징이었다.

되게 하셨느니라"(행 2:36)고 선포한다. 그것이 전부다. 진리를 적용하기 위한 더 이상의 노력이나 시도는 없다. 그는 단지 말씀만 전했을 뿐이다. 그리고 설교를 마쳤다. 베드로는 자신의 일을 끝낸 것이다.

사람들은 "마음에 찔림"을 받았다. 필자의 말처럼 무엇인가 일어난 것이다. 사람들은 베드로(그리고 그와 함께 한 다른 사도들)에게 "형제들아 우리가 어찌 할꼬"(행 2:37)라고 물었다. 그러나 그는 전파된 것에 대해 "무엇인가를 하는" 짐을 지고 있지 않았다. 성령께서 말씀을 통해 그들로 하여금 자신의 죄를 철저히 인식하고 "어찌 할꼬"라고 부르짖게 하셨던 것이다.

우리는 어떻게 해야 하는가? 한 마디만 하면 된다. 회개하라는 것이다. 그것이 케리그마에 대한 적용이자 함축이다. 돌아서라, 생각을 바꾸라(meta-noeō), 마음을 바꾸어 하나님의 관점에서 모든 것을 바라보라. 그렇게 하고 세례를 받아라. 즉, 십자가에 못박히신 메시아를 주가 되게 하신 하나님의 새로운 실재 속으로 들어가라는 것이다. 그것이 우리가 할 수 있는 유일한 일이다. 베드로가 전한 말씀이 우리에게 요구하는 것은 전적인 발상의 전환이다. 실재에 대한 잘못된 이해(특히 예수님에 대한 잘못된 이해)로부터 실재에 대한 하나님 방식의 이해(특히 예수님에 대한 하나님 방식의 이해)로 전환하라는 것이다. 베드로의 설교에 나타난 복음에 대한 가장 논리적인 반응은 회개하고 전적으로 새로운 실재를 따라 사는 것이다.

여러분은 서구사회에서 제자도에 대한 잘못된 관점을 가지고 있다는 것을 알 것이다. 내가 아는 한 우리가 믿고 있는 것은 다음과 같다. 즉, 우리는 자신이 선택한 삶을 살고 있다. 부활승천하신 예수님께서 우리에게 오셔서 우리의 삶과 만나신다. 그는 우리에게 하나님의 나라 안에서 그와 함께 사는 모든 축복과 도전을 주신다. 우리는 그가 제공하시는 것을 좋아하며 그를 "영접"한다. 우리는 그를 받아들인 것이다. 그리고 우리는 계속해서 우리의 길을 간다. 우리가 가는 그 길에서 천국을 경험할 것이라고 믿으면서. 그러나 곧 우리는 실망하고 만다. 모든 것은 말씀처럼 진행되지 않기 때문이다. 우리 가운데 일부는 부르심에서 벗어난 삶을 산다. 일부는 모든 것을 제대로 작동시키기 위해 더욱 열심히 노력한다. 그러나 생각처럼 되지 않는다. 이유는 간단하다. 부활승천하신 예수님이 우리의 삶과 만났을 때 그는 우리에게 자신을 따라 천국의 삶 속으로 들어오라고 하셨다. 그는 다른 길을 요구하신 것이다. 그러나 우리는 그를 우리의 주요 구세주로 고백할 수 있다고 생각하면서도 이전에 주와 구세주로 생각했던 것들을 따를 때와 동일한 길을 고수한다. 그것은 아무런 효과를 주지 못하였다. 천국의 축복은 오직 새로운 길에 들어설 때만 찾아온다. "회개하라, 여러분이 가는 길에서 돌아서서 나를 따라 다른 길을 걸어라."

본문을 많이 "적용하는 것"은 사람들에게 다른 것들을 주로 섬기면서도 예수를 위해 살 수 있는 방법을 제시하는 것과 같다. 라이트(N.T. Wright)가 주장한 대로 "열심히 기도하고 고매한 인격적 도덕성을 갖추며 바벨탑을 다시 쌓으러 가라고 말하는 것으로는 부족하다."[7] 복음이 요구하는 적용에는 거대한 함축이 포함된다. 복음은 우리에게 나사렛 예수의 죽음과 부활과 승천과 성령을 부어주심과 다시 오심에 의해 창조된 새로운 실재를 따라 살 것을 요구한다.

이 시점에서 한 이야기를 들려주는 것이 유익하리라고 생각한다.

1985년 11월 그리스도 주일(Christ the King Sunday/교회력 마지막 주일로 대강절 직전 주일이다[역자주])이었다. 당시 마닐라 유니온 교회에서 사역하고 있을 때였다. 모든 상황이 급변하고 있었다. 미국을 등에 업은 필리핀의 부패한 독재자, 마르코스(Ferdinand Marcos) 대통령은 래리 킹 라이브(Larry King Live)에 출연하여 자신이 국민의 지지를 받고 있다는 사실

---

7) N.T. Wright, *The Challenge of Jesus: Rediscovering Who Jesus Was and Is* (Downers Grove, Ill.: InterVarsity Press, 1999), p. 11.

을 증명하기 위해 선거를 실시하겠다고 했다. 1983년 8월 마르코스 군부에 의해 암살당한 아키노(Benito Aquini) 상원의원의 부인 코리 아키노(Cory Aquino)는 대통령선거에 출마하여 마르코스에게 도전하였다. 긴장감은 극에 달했다.

그 주간 그리스도 주일 아침에 나는 다니엘서 2장을 본문으로 설교를 하게 되었다. 그날 아침의 설교제목은 "예고편"(The Preview)이었다. 나는 바벨론 왕 느부갓네살의 잠재의식 가운데 있는 다니엘서 2장의 환상이 어떻게 일종의 역사에 관한 신학이 되는지를 보여주었다. 이 환상과 다니엘이 하나님께로부터 받은 해석(단 2:22-23)을 통해 하나님은 천국에 관한 복음을 전하셨다. 느부갓네살은 지극히 높은 인간제국을 나타내는 거대한 신상이 "손대지 아니한" 돌에 맞아 부서지고(단 2:34, 45) 가루가 겨같이 되어 날아가는(단 2:35) 광경을 보았다. 그것은 비록 무서운 꿈이었으나 자비와 은혜의 행위였다. 하나님은 이 이방 지도자의 마음에 "예고편"을 상영하시고 선지자로 하여금 그것을 설명하게 할 만큼 느부갓네살을 사랑하셨던 것이다. 돌은 세상을 누르고 있는 하나님의 나라로서 그 나라를 대적하는 모든 세력을 진압한다.

나는 "왕 되신 예수님의 나라가 도래하는 것을 막을 수 있는 것은 결코 없습니다. 아무 것도 그것을 막을 수 없습니다. 나는 강단을 내려왔다. 예배당 안은 숨죽인 듯 고요했다. 오랜 침묵이 흘렀으며 위대한 왕의 임재로 가득한 시간이었다.

회중 가운데 두 명의 모르는 사람이 앉아 있었다. 그들은 워싱턴에서 왔는데 한 사람은 C.I.A. 요원이었고 또 한 사람은 마르코스 대통령이 서구 언론의 자신에 대한 이미지 변화를 노려 고용한 이미지 메이커(image-maker)였다. C.I.A. 요원을 대동한 이미지 메이커는 다음 날 월요일 아침에 마르코스 대통령을 독대할 예정이었다. 그는 나중에 자신은 설교가 끝나고 침묵이 흐르는 동안 "이러한 임재"를 느꼈으며 중심에서 떨었다고 고백했다. 그는 "내일 아침 마르코스 대통령을 만나 네가 할 일은 다니엘서 2장을 읽어주는 것"이라는 "음성"을 들었다고 했다. 그는 그러한 확신에 사로잡혀 있었다. 그는 아무 것도 할 수가 없었다. 그리스도 주일이 지난 다음날 아침 그는 그 일을 실행하였다. 그는 마르코스를 만나 그에게 '역사에 대한 신학'을 읽어 주었다. 삼 개월 후 소위 시민혁명(People Power Revolution)이 일어나 마르코스를 축출하였다. 나는 본문의 하나님이 본문의 함축을 이행하셨다는 것을 알았다. 나는 어떤 적용도 할 필요가 없었다. 어떤 적용도 진부했던 것이다. 나는 그 상황에서 아무런 적용도 하지 않았다. 본문의 주께서 그 일을 스스로 하셨던 것이다.

이것은 우리가 설교에서 어떤 권면이나 명령이나 조치도 제시하지 말라는 뜻인가? 그런 것은 아니다. 많은 본문이 그런 내용으로 되어 있기 때문이다. 우리는 다만 본문에 내재된 함축에 따라 권면과 명령과 조치를 제시하면 된다.

나는 이러한 사실을 예수님과 산상수훈에 대한 설교를 하는 동안 배웠다. 베드로의 오순절 설교가 순수한 케리그마라면 예수님의 산상수훈은 순수한 권면이다. 다른 말로 바꿔 말하면 산상수훈을 예수님이 처음(그리고 언제나) 전파하신 콘텍스트와 분리해서 생각하면 그것은 권면이다. 그러나 그것을 예수님이 전파하신 콘텍스트 안에서(연계해서) 듣는다면 그것은 케리그마, 즉 복음이다.

산상수훈의 콘텍스트는 예수님의 첫 번째 설교이다. 그것은 두 구절로 이루어진 짧은 내용이다. "이때부터 예수께서 비로소 전파하여 이르시되 회개하라 천국이 가까이 왔느니라 하시더라"(마 4:17). 우리가 본서의 2장에서 살펴본 대로 예수님은 현장에 오셔서 오랫동안 기다려온 하나님의 통치가 자신으로 말미암아 세상에 임하였다는 놀라운 복음을 선포하셨다. 공관복음 전체에서 볼 수 있듯이 예수님은 즉시 능력을 행하신다. 그는 귀신을 쫓아내고 불구자와 모든 병을 치유하신다. 그는 이어서 위대한 설교를 행하셨던 것이다. 핵심은 무엇인가? 예수님의 사역이 자신으로 인한 천국의 도래를 보여준다면 그가 설교에서 제시한 태도나 행동은 천국이 삶속에 들어왔음을 보여준다. 예수님의 행위는 천국의 모습을 보여주며 그가 설교에서 제시한 사람들도 마찬가지이다. 이것은 중요한 사실이다. 그의 설교를 콘텍스트와 분리해서 생각하면 그것은 짜증나는 이상주의(누가 이렇게 살 수 있다는 말인가?)나 율법주의(이것을 해야 한다. 그렇지 않으면 왕을 기쁘게 할 수 없다)가 되고 말 것이다. 그러나 이 설교를 예수께서 전파하신 콘텍스트 안에서 들으면 실제적이고 실천적인 유일한 삶으로의 초청이 되는 것이다.

정말 그런가? 물론이다.

산상수훈에 대한 백성들의 반응에 유의해보라. 마태는 "예수께서 이 말씀을 마치시매 무리들이 그의 가르치심에 놀라니 이는 그 가르치시는 것이 권위 있는 자와 같고 그들의 서기관들과 같지 아니함일러라"(마 7:28-29)고 전한다. 권위란 말은 헬라어로 엑수시아(exousia)이다. 엑수시아는 두 개의 단어로 이루어진다. 즉, "-으로부터"나 "-의 중심으로부터"라는 뜻의 전치사 ek와 "존재하다"라는 동사와 관계여성 명사 ousia로 이루어진다. 그러므로 Ek-ousia는 "존재의 중심으로부터"라는 의미가 있다. 사람들은 예수께서 그들이 알고 있다고 생각하는 모든 삶과 반대되는 말씀을 듣고 "이것은 존재의 중심으로부터 나오는 말"이라는 반응을 보였던 것이다. 이 말의 함축은 "이 말씀은 실재한다. 그것은 사물의 실제적 존재방식에 관한 말씀이다"라는 것이다. 그들은 그 말씀대로 행하는 일만 남은 것이다. 그들은 새로운 세계로 초청을 받았으며 따라서 그 세계로 들어가 그 나라의 방식대로 살아야 했던 것이다.

예수님은 이 설교를 통해 새로운 도덕성을 제정하신 것이 아니다. 그의 사역은 도덕화가 아니다. 오히려 그는 천국 복음을 선포하고 그 나라가 삶에서 어떻게 나타나는지를 보여주고 있는 것이다. 예수님은 설교에서 천국이 우리의 삶에 임하면 개인적으로나 교회적으로 어떤 일이 일어나는지를 보여준다. 사도 바울에 의하면, 예수님은 성령께서 우리의 삶에 임하시면 무슨 일이 일어나는지를 보여주고 계신 것이다(바울에게 성령은 천국의 인격적 임재이다). 혹은 사도 요한의 말을 빌면 예수님은 인간이 거듭나면 무슨 일이 일어나는지를 보여주고 계신 것이다.

스탠리 존스(E. Stanley Jones)는 이 설교를 처음 들을 때의 우리의 반응에 대해 다음과 같이 말한다.

> 우리는 이 설교가 인간의 본성이 쉽게 받아들이기 힘든 성향을 가지도록 요구한다는 것을 느낀다. 그것은 인간의 본성과 배치되는 무엇이다. 체스터튼(Chestrton)은 우리가 이 설교를 처음 읽을 때에는 모든 것이 혼돈된 느낌을 주지만 두 번째 읽을 때에는 이 설교가 모든 것을 바로잡고 있음을 알 수 있다고 말한다. 여러분이 이 설교를 처음 읽을 때에는 불가능한 내용이라고 생각하지만 두 번째 읽을 때에는 오직 그것만이 유일하게 가능한 삶이라고 느낀다.[8]

이 설교는 권위에서, 즉 실재의 중심으로부터(*ek-ousia*) 나온다. 그리고 그것에 대한 유일한 논리적 반응은 그것을 행하는 것이다.

본서에서 계속 언급한 대로 설교자로서 우리의 할 일은 본문만이 할 수 있는 일을 본문 스스로 하도록 본문을 여는 것이다.

그러므로 문제는 "말씀을 어떻게 적용시킬 것인가"가 아니라 "이 말씀이 우리를 어디로 인도하시는가"와 "우리는 함께 말씀 안으로 들어갈 수 있는

---

8) E. Stanley Jones, *The Christ of the Mount*(Nashville: Abingdon, 1931), p. 14.

가"이다. 중요한 것은 "말씀을 들은 결과로 회중이 무엇을 하기를 원하는가"가 아니다. 심지어 앞장에서 살펴본 대로-그것 자체는 타당한 말이지만-"말씀을 들은 결과로서 회중의 삶에 무슨 일이 일어나기를 바라는가"도 아니다. 그보다는 "하나님은 무엇을 하시기를 원하는가"라고 하는 편이 한결 낫다.

우리는 말장난을 하자는 것이 아니다. 우리는 두 개의 다른 세계 사이의 긴장에 대해 말하고 있는 것이다. 세계는 인간을 중심으로 형성되고 인간에 의존하거나(그런 것처럼 보인다), 아니면 살아계신 하나님을 중심으로 형성되며 그에게 의존한다(실제로 그렇다). 바울은 갈라디아서에서 이러한 긴장에 대해 제시한다. "너희가 이같이 어리석으냐 성령으로 시작하였다가 이제는 육체로 마치겠느냐"(갈 3:3). "듣고 믿음"(갈 3:2)으로 성령을 받아 새로운 삶을 시작하였는데 자신을 의지함으로 이 새로운 삶을 살려고 하느냐는 것이다. 본문을 적용하면 "우리는 삶 속에 이 일을 할 필요가 있다"는 것은 육체로 온전케 되려는 것이다. 그것은 스스로 자신의 구원을 이루게 하는 것이다. 구원을 이루어 가시는 것은 성령의 사역이며 우리는 그 일에 협력하도록 부르심을 받은 것이다.

다른 표현을 사용하면, 그것은 복음을 율법으로 바꾸는 것이다. 그것은 매우 미묘한 문제이다. 헬무트 틸리케(Helmut Thielicke)는 이 문제에 많은 도움을 준다. 그는 우리가 예수 그리스도를 모범으로 제시하며 회중에게 그를 본받으라고 요구하면(WWJD[예수님이면 어떻게 하셨을까/역자주]를 생각하라) 복음을 율법으로 바꾸는 것이라고 주장한다. 물론 우리는 예수님이 우리에게 그를 닮을 수 있는 힘을 주시기를 바란다. 그러나 우리는 근본적으로 율법으로 살고 있으며 그를 그러한 목적에 대한 수단으로 보고 있는 것이다. "따라서 구속은 윤리적 목적을 위한 수단이 된다."9) "모방 신앙"(imitation piety)이란 예수님처럼 행함으로 본문을 적용하려는 것으로, "더 이상 그리

---

9) Helmut Thielicke, *The Doctrine of God and of Christ, vol. 2 of The Evangelical Faith*, ed. and trans. Geoffrey W. Bromiley(Grand Rapids: Eerdmans, 1977), p. 194.

스도에 대해 우리를 율법의 저주에서 구원하시고 거룩한 회개를 제시하신 분으로 보지 않는다." 그것은 자신을 구원자로 만드는 것이다.[10] 이러한 모방 신앙은 복음을 왜곡하는 것이며, "그리스도에 대한 모방과 구원의 힘(구원을 통해 주어지는 혜택)을 이용함으로서 나의 구원을 나의 성취와 연계하는 것"이다. 따라서 복음 자체는 공격의 원천이 된다. 그것은 우리에게 위로를 주는 것이 아니라 우리를 판단의 자리로 인도한다.[11] 왜 그런가? "우리 자신 밖에서 그리스도께서 성취하신 구원사건보다 자신에게 모든 관심과 초점을 맞추기 때문이다... 우리는 자신을 바라본다. 우리는 자신의 제자도의 수준만 측정하고 있다. 우리는 다시 자신에게로 돌아가는 잘못을 범하고 있는 것이다."[12] 문제는 "자신에게 돌아가는 것"이다. 루터의 주장에 의하면 "자신을 자신에게 맡기는 것"이다. 이러한 의미에서 본문을 적용하는 것은 자신을 그리스도에게 맡기는 것이 아니라 자신에게 맡기는 것이다.

틸리케는 예수님은 "모델이 아니라 원형"이라는 루터의 통찰력에 대해 다룬다.[13] 이 차이는 극과 극이다. 모델(model)로서의 예수는 자신을 닮기 위해 최선을 다하기를 요구한다. 그러나 원형(prototype)으로서의 예수는 그의 대리적 인성(vicarious humanity)에 동참하기를 요구하고, 그가 바로 우리를 창조하시고 구속하신 목적-즉, 그것으로 살아가게 하신 생명 자체-임을 깨닫기를 원한다. 사실상 우리는 그 안에 거한다. 나는 그를 목표로 그를 향해(up to) 사는 것이 아니라 그 안에(into) 사는 것이다.

나의 경험으로 미루어 볼 때 사람들이 "설교의 적용이 더 필요합니다"라고 하면 "이것을 내가 더 잘 이해할 수 있도록 다른 방법으로 설명해 주실 수 있습니까" 또는 "교회 밖에서 새로운 실재를 산다는 것이 어떤 것인지 보여주실 수 있습니까"라는 뜻이다. 그들은 사실상 "방법적 단계"를 원하는

---

10) Ibid.
11) Ibid., p. 195.
12) Ibid.
13) Ibid.

것이 아니다. 그들은 단지 그들이 부르심을 받았다고 생각하는 새로운 세계를 더 잘 탐구할 수 있도록 도와달라는 것이다. 루이스(C.S. Lewis)에 의하면 그들의 질문은 진리를 조명하는 중요한 열쇠가 된다. "그것은 어떤 것이냐"라는 것이다. 우리가 잘 아는 대로 루이스는 설명과 예증에 탁월하다. 그는 "구원 받은 세계"에 대해, 우리가 "물론입니다. 달리 어떤 세계가 있으며 우리가 어떻게 다르게 살 수 있겠습니까?"라고 말할 수밖에 없는 세계로 설명한다.

우리가 설교할 본문에 대해 던져야 할 "실제적인" 질문은 바로 이것이다. "본문이 우리를 인도하고 있는 실재는 어떤 것인가?" 일단 이 대답을 알면 함축은 명백하다고 생각한다.

한 가지 예를 들어보자. 본문은 마태복음 6장 19-34절이다. 본문을 읽고 스스로에게 물어보라. 본문의 예수님은 세상을 어떻게 보는가? 그는 나를 어떻게 들어오라고 초청하시는가?

> 너희를 위하여 보물을 땅에 쌓아 두지 말라 거기는 좀과 동록이 해하며 도둑이 구멍을 뚫고 도둑질하느니라
> 오직 너희를 위하여 보물을 하늘에 쌓아 두라 거기는 좀이나 동록이 해하지 못하며 도둑이 구멍을 뚫지도 못하고 도둑질도 못하느니라
> 네 보물 있는 그 곳에는 네 마음도 있느니라
>
> 눈은 몸의 등불이니 그러므로 네 눈이 성하면 온 몸이 밝을 것이요
> 눈이 나쁘면 온 몸이 어두울 것이니 그러므로 네게 있는 빛이 어두우면 그 어둠이 얼마나 더하겠느냐
> 한 사람이 두 주인을 섬기지 못할 것이니 혹 이를 미워하고 저를 사랑하거나 혹 이를 중히 여기고 저를 경히 여김이라 너희가 하나님과 재물을 겸하여 섬기지 못하느니라
> 그러므로 내가 너희에게 이르노니 목숨을 위하여 무엇을 먹을까 무엇을

마실까 몸을 위하여 무엇을 입을까 염려하지 말라 목숨이 음식보다 중하지 아니하며 몸이 의복보다 중하지 아니하냐
공중의 새를 보라 심지도 않고 거두지도 않고 창고에 모아들이지도 아니하되 너희 하늘 아버지께서 기르시나니 너희는 이것들보다 귀하지 아니하냐
너희 중에 누가 염려함으로 그 키를 한 자라도 더할 수 있겠느냐

또 너희가 어찌 의복을 위하여 염려하느냐 들의 백합화가 어떻게 자라는가 생각하여 보라 수고도 아니하고 길쌈도 아니하느니라
그러나 내가 너희에게 말하노니 솔로몬의 모든 영광으로도 입은 것이 이 꽃 하나만 같지 못하였느니라
오늘 있다가 내일 아궁이에 던져지는 들풀도 하나님이 이렇게 입히시거든 하물며 너희일까보냐 믿음이 작은 자들아

그러므로 염려하여 이르기를 무엇을 먹을까 무엇을 마실까 무엇을 입을까 하지 말라
이는 다 이방인들이 구하는 것이라 너희 하늘 아버지께서 이 모든 것이 너희에게 있어야 할 줄을 아시느니라

그런즉 너희는 먼저 그의 나라와 그의 의를 구하라 그리하면 이 모든 것을 너희에게 더하시리라
그러므로 내일 일을 위하여 염려하지 말라 내일 일은 내일 염려할 것이요 한 날의 괴로움은 그 날로 족하니라
(마 6:19-34).

이 본문을 택한 이유는 명령으로 가득한(9번) 순수한 권면으로 보이기 때문이다. 따라서 본문에 대한 설교는 반드시 회중에게 명령을 전함으로써 "본문을 적용"해야 한다. 확실히 본문의 핵심 명령은 세 번이나 반복되는 "염려하지 말라"(마 6:25, 31, 34)이다. 예수님이 설명하시는 방법이 필자가 본장에서 하려는 작업이다. 구체적으로 말하면 다음과 같다.

첫 번째 "염려하지 말라"는 "그러므로"라는 단어와 함께 제시된다(25절). 여러분은 '그러므로'라는 말을 만나면 "이 단어가 여기 있는 이유는 무엇인가"라고 물어야 한다. 무엇인가 이유가 있어서 거기에 있는 것이다. 나는 다음과 같은 이유라고 생각한다. 염려(우리 시대의 특징)는 사람들의 삶에 그냥 발생하는 것이 아니다. 그것은 마태복음 6장 25절의 '그러므로' 이전에 예수께서 말씀하신 내용에 대한 "인간의 마음의 근본적인 성향"에 대한 우리의 판단으로부터 나온다. 예수님은 이러한 마음의 근본적인 성향을 세 가지로 규명한다. 첫째로(마 6:19-21), 우리는 다 재물을 귀하게 생각한다. 우리는 미래의 불확실성에 대비한 안전대책을 강구한다. 둘째로(마 6:22-23), 우리는 모두 사람과 환경과 사건을 평가하는 '실재에 대한 관점'을 가지고 있다.[14] 셋째로(마 6:24), 우리는 다 살아계신 하나님을 섬기거나 마몬("사람이 신뢰하는 것"이란 뜻을 가진 아람어[mamon]로 재물을 일컫는다)을 섬긴다. 예수님은 우리에게 단순히 염려하는 것을 그만두라고 말씀하신 것이 아니다. 그는 우리가 왜 염려하는지를 이해시키신다. 우리는 이러한 마음의 성향-한 가지 또는 전부-에 대해 잘못된 판단을 하고 있다는 것이다. 우리가 염려하는 이유는 첫째로, 이 땅의 재물을 귀하게 여기기 때문이다. 그러나 재물은 미래를 위한 매우 불안전한 투자이다. 왜냐하면 좀(시간에 의한 부식)과 동록(자연에 의한 부식) 및 도적(인간에 의한 부식)에 의해 쉽게 사라지기 때문이다.[15] 둘째로, 우리는 실재를 보는 눈이 어두워 있으며 (어떤 이유에서건) 따라서 어지럽고 복잡한 세상에서 만세반석을 볼 수 없다. 셋째로, 우리는 일종의 맘몬을 섬기기 때문이다. 그러나 우리의 마음은 무의식적이나마 어떤 맘몬도 유지될 수 없다는 것을 안다(우상에 대한 언급

---

14) Charles Talbert의 주석은 예수께서 구약의 "선한 눈, 악한 눈"을 소유에 대한 인간 성향의 지표로 보신 것 같다고 주장한다. 즉, "선한 눈"은 관대함을, "악한 눈"은 탐욕을 보여준다는 것이다. *Reading the Sermon on the Mount: Character Formation and Ethical Decision Making in Matthew 5-7*(Grand Rapids: Baker Academic, 2004), pp. 122-23. 나는 그의 생각에 동의한다. 그러나 나는 그 말씀을 은유적으로 이해해서는 안 된다-즉, 예수님은 세계관처럼 관대함이나 탐욕에 의해 영향을 받는 눈에 대해 말씀하고 계신 것이다-고는 생각하지 않는다.

15) F. Dale Bruner, *The Christbook*(Waco, Tex.: word, 1984), p. 260.

은 이사야 41장 7절을 참조하라. "목공은… 그가 못을 단단히 박아 우상을 흔들리지 아니하게 하는도다). 말하자면 본문의 예수님은 이러한 세계, 즉 한 영역에서의 판단이 다른 영역-모든 영역이 아닐지라도-에서의 함축을 가지는 세계로 우리를 인도한다. 또한 본문에서 예수님의 명령은 단순한 명령이 아니다. 그는 우리에게 우리의 마음이 어떻게 작동하는지를 보여주며 그것에 유의하라고 요구한다.

더구나 예수님은 방법을 가르쳐주지 않고 염려하지 말라고 명령하신 것이 아니다. 예수님은 우리를 자신이 있는 세계로 더욱 깊이 인도한다. 그는 세 가지의 다른 명령을 제시한다. 첫째로(마 6:26), 공중의 새를 보라는 것이다. 문자적으로는 공중의 새를 "보는 것을 시작하라"는 것이다. 이 말에는 다음과 같은 뜻이 담겨 있다. "염려하게 하는 것에 초점을 맞추지 말고 새를 보기 시작하라. 새는 너희들이 잊고 있는 무엇인가를 알고 있다. 그들은 너희들이 잊고 있는 누군가를 알고 있다. 그들은 하늘에 계신 너희의 아버지를 안다. 그들은 하늘 아버지께서 사랑하는 자들을 돌보신다는 사실을 안다. 새를 돌보시는 아버지가 너희를 사랑하지 않으시겠는가? 너희는 잘못된 방향을 보고 있다. 새를 보기 시작하라"

둘째로(마 6:28), 꽃을 보라는 것이다. 문자적으로는 "꽃을 보기 시작하라"는 것이다. 이것은 다음과 같은 함축을 가진다. "너를 염려하게 하는 것에 초점을 맞추지 말고 꽃을 보기 시작하라. 하나님이 그들을 얼마나 화려하고 아름답게 가꾸시는지 보아라. 이러한 하나님을 알고 있느냐? 만일 하나님이 일시적인 꽃도 이처럼 돌보신다면 너희를 돌보시지 않으시겠느냐? 너희는 잘못된 방향을 보고 있다. 꽃을 보기 시작하여라. 꽃을 통해 너희를 돌보시는 위대한 농부의 손길을 보아라."

셋째로(마 6:33), 먼저 하나님의 나라와 그의 의를 보라는 것이다. 문자적으로는 "계속해서 보라"는 것이다. 모든 염려의 감정을 지금까지의 관심사

(아버지는 이러한 것들이 우리에게 필요하다는 사실을 알고 계신다)로부터 돌이켜 하나님의 통치와 그와의 올바른 관계 속에 사는 것에 계속해서 유의하라는 것이다. 이것은 다음과 같은 함축을 가진다. "너희가 만일 염려하고 싶다면 그 염려는 하나님의 통치가 임하여 그로 말미암아 회복된 관계 안에서 사는 것이 되어야 한다."

탈벗은 본문 전체의 함축을 제시하는 질문을 한다. "염려하는 세계와 새와 꽃의 세계 가운데 어느 것이 실제 세계이냐?"16) 그는 이어서 로버트 태너힐(Robert Tannehill)의 말을 인용한다. "이러한 관심(재물, 주인 등)의 구조는 너무 깊이 뿌리를 내리고 있기 때문에 단순한 명령에 의해 근절될 수 없다… 이러한 변화는 오직 우리가 근본적으로 새로운 방식의 관점을 가질 때에만 일어난다."17) 본문은 "우리의 삶에 낯설면서도 무엇인가 대안적이고 우리의 관심사를 하찮은 것으로 만들어버리는 더욱 깊고 풍성한 임재의 느낌을 준다… 그것은 새로운 삶의 가능성을 열어준다."18)

본문의 예수님께서 하고 계신 일을 보는가? 그것은 단순한 진리의 적용이 아니다. 그는 우리가 진리를 깨닫고 나면 그 안에서 행하지 않으면 안되도록 그것을 열고 계시는 것이다. 그리고 나서 우리는 우리가 더 이상 염려하지 않아도 된다는 것을 알게 된다.

예수님은 모든 본문에서 그렇게 하신다.

거듭되는 말이지만 "일을 일으키는" 짐은 설교자에게 부과되지 않았다. 이 책임은 청중에게 속한 것도 아니다. 그것은 본문의 책임이며 본문의 하

---

16) Ibid., p. 129.
17) Robert Tannehill, *The Sword of His Mouth*, Semeia Studies 1(Philadelphia: Fortress, 1975), p. 67.
18) Ibid., p. 66.

나님께 속한 것이다. 본문에 대한 설교는 그로 말미암아 우리를 그의 실재로 방향을 돌리게 한다. "너희가 내 말에 거하면 참으로 내 제자가 되고 진리를 알지니 진리가 너희를 자유롭게 하리라(요 8:31-32).

그에게 모든 감사를 돌린다.

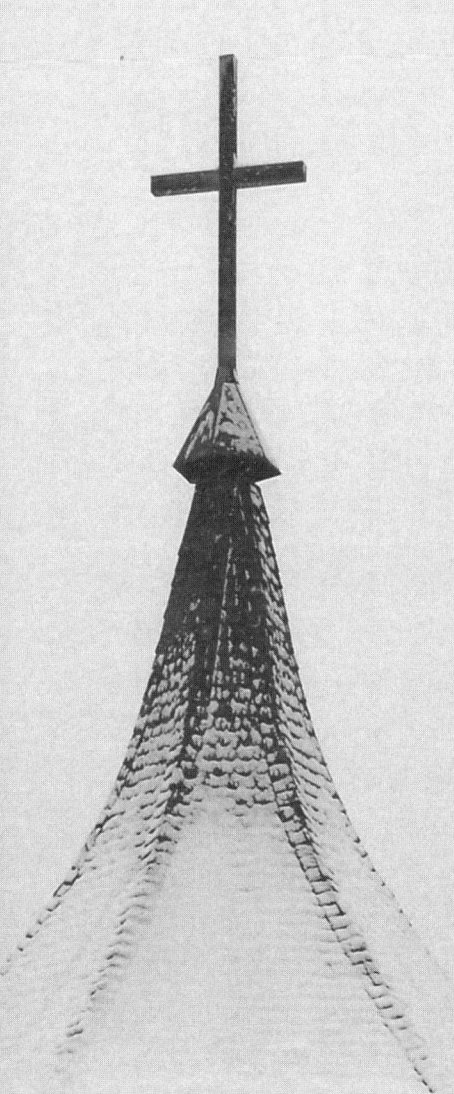

8

설교자의 인격
(인격을 통한 진리)

세계를 변화시키는 신적 사역에 동참하는 인간적 역학 가운데 가장 중요한 요소는 인간이다. 변화를 가져오는 말씀을 하는 분은 살아계신 하나님이다. 그러나 살아계신 하나님은 인간을 통해 그 말씀을 전파하시기로 하셨다. 말씀을 전하는 자는 설교자이다.

1910년, 감리교 감독인 윌리엄 퀘일(William A. Quayle)은 설교란 "설교를 작성하여 전달하는 기술"을 뜻하는가라고 물었다. 그는 "그것은 설교가 아니다. 설교는 설교자를 만들어 그것을 전달하는 기술이다"라고 대답했다.[1] 여러분은 그의 말에 동의하는가? 그는 계속해서 "설교하는 것은 어려운 일이 아니다. 다만 설교자를 세우는 것은 어려운 일이다"[2]라고 말한다. "설교는 목공품 가운데 하나가 아니라 삶의 일부분이다. 그것은 넓은 마음과 넓은 두뇌와 넓은 긍휼로 외치는 것이다."[3] "설교사역은 설교와 함께 하는 것이 아니라 설교자와 함께 하는 것이다."[4]

그의 주장에는 긍정적인 부분도 있고 부정적인 부분도 있다. 설교자가 만들어져야 한다는 주장에는 공감한다. 그러나 설교자는 은사로 주어지는 존재라는 사고에는 공감할 수 없다. 또한 예수 안에서 하나님이 누구시며, 그가 무슨 일을 하셨고, 하고 계시며, 할 것인가에 대한 관점을 형성해야 한다는 주장도 옳다. 우리 안에 예수님 자신의 성품이 나타나야 하며 예수님에 관한 설교 내용과 일치해야 한다. 또한 주해와 해석학적 능력, 명료하고 신실하며 감동적인 메시지를 작성하는 능력도 필요하다. 이러한 주장은 전적으로 옳다. 그러나 하나님은 인간을 사용하여 설교를 하실 때 그가 사용하실 사람에 대해 알고 계신다. 즉, 하나님께서 말씀 선포(동참의 다른 동사를 포함해서) 사역에 필요하다고 생각하는 무엇인가-내재적이든 가능성이

---

[1] William A. Quayle, *The Pastor-Preacher*(1910; reprint, Pasig City, Metro Manila, Philippines: LifeLine Philippines, 1984), p. 363.
[2] Ibid.
[3] Ibid., p. 367
[4] Ibid., p. 364.

든가 이미 존재하고 있는 것이다. 하나님은 우리가 장차 될 사람을 부른 것이 아니다. 하나님은 지금 상태의 우리를 부른 것이다. 물론 우리는 우리 안에 있는 모든 죄의 결과와 표현으로부터 구속을 받아야 한다(감사하게도 하나님은 예수 안에서 이 모든 일을 이루셨다). 그러나 우리의 구원이 아직 완성을 이루기 전에도 이러한 소여(givenness)가 있는 것이다. 우리가 하나님의 변화 사역에 동참한 것은 모두 이러한 소여를 통해서이다.

나는 윌리엄 퀘일이 '다듬다'(mold)라는 동사만 사용했더라도 그의 말에 전적으로 동의했을 것이다. 말하자면 "설교는 설교자를 다듬어 그것을 본문의 메시지와 함께 보내는 기술이다"라고 했더라면 좋았을 것이다. 다듬는다는 것은 하나님께서 설교자가 앞으로 더욱 발전해야 할 것을 아시면서 그를 불렀다는 것을 보여준다. 하나님은 우리에게 설교를 다듬어 전하게 하셨듯이 설교자를 다듬어 그를 보내신다.

서구사회에서 설교에 대한 정의로 가장 자주 인용되는 구절은 청교도 설교자 필립스 브룩스(Phillips Brooks, "오 베들레헴 작은 고을"[O Little Town of Bethlehem]이라는 캐롤을 작곡했다)가 1877년 예일대학에서 행한 "설교학 강좌"[5]에 나온다. 그는 설교란 "인격을 통해 나오는 진리이다"라고 주장했다. 윌리엄 윌리몬(William Willimon)은 이러한 정의에 대해 전적으로 공감하며 "경험 많은 설교가들에게 전적으로 해당한다"[6]고 덧붙였다. 브룩스는 "설교는 사람에게서 사람에게로 진리를 전달하는 것"이라고 주장한다.[7] "그것은 진리와 인격이라는 두 가지 본질적 요소를 가진다. 설교는 인격을 통해 진리를 전달하는 것이다."[8]

---

5) Phillips Brooks, *Lectures on Preaching*(New York: E.P. Dutton, 1877), p. 5.
6) William Willimon, *Pastor: The Theology and Practice of Ordained Ministry*(Nashville: Abingdon, 2002), pp. 157-58.
7) Brooks, *Lectures*, p. 5.
8) Ibid.

브룩스의 책을 읽어보면 그가 '인격'(personality)이라는 단어를 오늘날 사용하는 것보다 넓은 의미로 사용하고 있다는 것을 알 수 있다. 사실 인간성(personhood)이라는 단어가 그의 생각을 더욱 잘 표현한다고 할 수 있다. 인간성은 그가 생각하는 인격의 범주와 함께 인간의 다른 영역-신체적 구조, 인생 경험, 성령께서 은사를 주시는 통로, 역사적 문화적 지리적 우연성 등-도 포함한다. 설교는 인간성을 통해 전달되는 진리이다.

본 장에서 나는 우리가 "인간성의 생태학"[9]을 존중해야 한다는 사실을 강조하고 싶다. 우리는 우리이며 아무리 자신을 설교 시간과 분리하여 은신하려고 해도 결국 자신을 숨길 수 없다.[10] 보다 긍정적으로(즉, 하나님의 은혜와 일치하는 방식으로) 생각하라. 하나님은 인간성의 생태학을 존중하신다. 결국 인간성은 거의 하나님의 작품이지 않은가? 하나님은 우리의 형성 과정을 존중하신다. 우리가 하나님과 이웃 및 자신과 어떤 관계를 가지고 있으며 세상과 어떻게 연결되어 있는지를 감안하신다. "주께서 내 내장을 지으시며 나의 모태에서 나를 만드셨나이다... 내가 은밀한 데서 지음을 받고 땅의 깊은 곳에서 기이하게 지음을 받은 때에 나의 형체가 주의 앞에 숨겨지지 못하였나이다"(시 139:13, 15). 하나님은 이러한 생태학을 존중하신다. 그러므로 우리도 마땅히 그래야만 한다.

사실 이것은 하나님께서 어떻게 교회에 대한 주권적 리더십을 행사하시는지를 보여주는 한 예이다. 하나님은 특정 장소에서 특정 그룹의 사람들에게 특정 사역을 하시고자 할 때 특정 생태학의 인간성을 가진 특정 설교자를 부르신다. 설교자에 대한 이러한 존중에 실패하면 하나님의 목적을 그르칠 수 있다. 그러므로 우리는 하나님께서 성취하시고자 하는 특별하신 사역에 방해가 되지 않도록 해야 한다.

---

9) 이 용어는 2007년 5월 벤쿠버의 Tenth Avenue Alliance Church에서 있었던 Ken Shigematsu의 설교를 통해 처음 들었다.
10) 인격의 전달에 관한 상세한 연구는 Andre Resner, *The Preacher and the Cross: Person and Message in Theology and Rhetoric*(Grand Rapids: Eerdmans, 1999)를 참조하라.

나는 1993년에 캘리포니아 글렌데일에 있는 글렌데일 장로교회(Glendale Presbyterian Church)의 부목사가 되었다. 주일 예배에 참석하는 성도들 가운데는 영화산업이나 연예계에 종사하는 사람들이 많았다. 글렌데일은 한나바베라(Hanna-Barbera), ABC, 디즈니(Disney), 드림웍스(Dream Works) MTV의 본사를 유치하였다. 사역을 시작하고 설교를 듣는 사람들이 대부분 화려하고 지적인 첨단을 걷는 사람들이라는 것을 안 나는 설교 방식을 바꾸어야 할 필요성에 대해 생각하기 시작하였다. 나는 새로운 스타일의 전달방법을 개발해야 한다고 생각했다.

캘리포니아주 로스앤젤레스 서부에 있는 세인트 존 장로교회(Saint John Presbyterian Church)에서 설교사역을 시작하면서 나는 이러한 상황에 맞게 변해야 한다는 생각으로 고민하고 있었다. 그때 하나님께서는 지금까지 20여 년간 나에게 배우도록 한 것이 무엇이었는지에 주목하게 하셨다. 하나님은 만일 "영화 산업이나 연예계"에 적격한 사람을 원했다면 그를 불렀을 것이라는 사실을 보여주셨다. 그러나 그는 나를 부르셨다. 그는 현재의 나를 원하셨던 것이다. 왜냐하면 하나님은 특정 시점에 특정 사람들을 위하여 나와 같은 인간성을 가진 사람을 원했기 때문이다. 그곳에서 1년간 사역하면서 많은 연기자들을 만나는 동안 나는 그들처럼 특수한 직업의 사람들을 섬기는데 나 같은 사람이 오히려 필요하다는 사실과 왜 그들이 나 같은 사람의 설교를 들어야 하는지를 깨닫게 되었다. 그들의 한결같은 대답은 "우리는 공상의 세계에 살고 있습니다. 당신의 설교 내용과 방식은 우리로 하여금 이러한 공상의 세계에서 벗어나 실재 세계 속으로 들어가게 했습니다"라는 것이었다. 자신의 인간성의 생태학을 존중하는 것이 곧 우리를 통한 하나님의 목적을 존중하는 것이다.

본 장에서는 특히 설교 사역과 관련된 세 가지 영역의 인간성에 대해 살펴보고자 한다. 그것은 기질(temperament)과 상처(woundedness) 및 성령의 은사주심(Spirit gifting)이다.[11] 이 세 가지 요소는 우리 안에서 복잡하게 얽혀 있다. 사도 바울은 디모데에게 "네가 네 자신과 가르침을 살펴(pay close attention) 이 일을 계속하라 이것을 행함으로 네 자신과 네게 듣는 자를 구원하리라"(딤전 4:16)고 권면하였다. 우리는 우리의 기질과 자신이 받은 상처와 성령께서 주시는 은사에 대해 "자세히 살펴야"(pay close attention) 한다. 복음을 전하는 것(가르침)은 설교자(네 자신)의 인간성 안에 포함되어 있기 때문이다.

1. 기질

우리는 자신의 기질에 대해 자세히 살펴야 한다. 기질은 모든 성격적 특성과 사고방식, 감정적 반응, 행동습관, 인식, 태도, 부족한 부분 및 원하는 것 등 모든 요소가 복잡하게 어우러진 것을 의미한다. 이 복잡한 성향은 모두 "주어진" 것이다. 그것이 우리가 이 땅에서 살도록 창조함을 받은 모습이다. 우리는 대부분 설교자는 동일한 인격-비실제적이고 이상적인 인격-을 갖추고 이 사역의 자신의 모든 것을 드러낼 수 있는 사람이어야 한다고 생각한다. 그러나 그럴 필요는 없다. 하나님은 변화 사역에 동참하도록 부르신 자를 알고 있으며 현재의 모습대로 부르셨기 때문이다.

이러한 것들에 대해 이해하고 설명하는 방법은 많다. 그 중에서도 특히 타일러 존슨의 기질분석(TJTA: Taylor-Johnson Temperamental Analysis)[12]은 많은 도움을 준다. 이것은 혼전상담을 위해 특별히 고안된 분석이지만 설교자의 자기 이해 방식에도 적용할 수 있다. 이 실험은 인간성을 일련의 병렬 형식으로 제시한다. 다혈질 vs. 침착함, 우울함 vs. 명랑함, 사교적 vs. 조용

---

11) 영적 은사 대신 "성령의 은사주심"이란 표현을 사용한 것은 은사를 주시는 분이 성령이시라는 사실을 강조하고 "은사주심"이라는 말이 "은사"라는 정적(static) 명사보다 역동적이기 때문이다.

12) Robert M. Taylor and Lucile P. Morrison, *Taylor-Johnson Temperamental Analysis* (Thousand Oaks, Calif.: Psychological Publication Co., 1984).

함, 외향적 vs. 내성적, 다정함 vs. 냉담함, 주관적 vs. 객관적, 지배적 vs 순종적, 적대적 vs. 관용적, 절제력 vs. 충동적 등이다. (여러분은 왜 이러한 기질과 상처가 깊은 연관을 가진다고 했는지 알게 될 것이다. 많은 TJTA 기질은 스스로 만들어낸 것이 아니라 타락의 결과이다. 상세한 내용은 나중에 설명할 것이다.)

또 하나 유익한 자료는 버크만 지표(Birkman indicator)이다.[13] 이 지표는 직장에서의 행동유형을 이해하기 위해 작성된 것이지만 설교자의 사역에도 적용된다. 이 도구는 우리가 어떻게 개인이나 그룹과 관계를 맺는지를 보여준다. 즉, 일을 잘하기 위해서는 어떤 보상이 필요한가? 어떤 동작의 속도를 선호하는가? 변화에 어떻게 대처하는가? 혼자 일하기를 좋아하는가 함께 일하는 것을 좋아하는가? 행동한 후 생각하는 편인가 생각한 후 행동하는 편인가?

그 외에도 마이어 브릭스의 "성격 유형 지표"(Myers-Briggs Type Indicator)는 자기 이해를 위한 유익한 자료로 널리 사용된다.[14] 성격유형 지표는 캐서린 브릭스(Katharine Briggs)와 그의 딸 이사벨 브릭스 마이어(Isabel Briggs Myers)가 칼 구스타브 융(Carl Gustav Jung[1875-1961])의 통찰력을 이용하여 인간을 대중에게 보다 쉽게 다가서게 하려는 의도에서 만들어진 것이다. 그들이 이 작업을 한 동기는 사람들이 자신이 하는 일을 왜 하는지 이해하고 보다 현명한 선택을 할 수 있도록 돕기 위해서이다. 융은 인간에게서 수 없이 다양한 "원형"(archetypes) 또는 관점이나 경향의 유형을

---

13) www.birkman.com
14) Isabel Briggs Myers with Peter B. Myers, *Gifts Differing*(Palo Alto, Calif.: Consulting Psychologists Press, 1980); Isabel Briggs Myers and Mary H. McCaulley, *Manual: A Guide to the Development and Use of the Myers-Briggs Type Indicator*(Palo Alto, Calif.: Consulting Psychologists Press, 1985); David Keirsey and Marilyn Bates, *Please Understand Me: Character & Temperament Types*(Del Mar, Calif.: Prometheus Nemesis Book Company, 1984).

발견하였다. 마이어와 브릭스는 이러한 원형을 구성하는 여덟 가지의 기본적인 선호도(특히 스트레스를 받는 상황-설교자에게는 설교시간-에서)를 제시한다. 그들은 이 여덟 가지 요소를 다음과 같은 네 개의 그룹으로 분류하였다: 외향형(E) vs. 내향형(I), 오감형(S) vs. 직관형(N), 사고형(T) vs. 감정형(F), 판단형(J) vs. 인식형(P).

첫 번째 쌍은 우리가 삶의 동력을 어떤 식으로 얻느냐와 관계된다. 외향형(Extroversion)은 대부분의 시간을 다른 사람들과 함께 있고 싶어 하며 바깥세상의 사람이나 사물이나 사건을 통해 힘을 얻는다. 내향형(Introversion)은 사람들을 좋아하지만 혼자 있는 시간을 즐기며 내적 사고 및 사상의 세계를 통해 힘을 얻는다.

두 번째 쌍은 우리가 어떠한 자세로 삶에 다가가며 실재를 평가하느냐와 관계된다. 오감형(Sensing)은 오감을 사용하기를 즐긴다. 우리는 사실을 관찰하고 자료를 좋아하며 질서를 발견한다. 반면에 직관형(Intuition)은 소위 "여섯 번째" 감각(sixth sense)을 사용하며 오감의 도움 없이 듣고 본다. 우리는 연상(associations)과 패턴과 의미를 찾는다.

세 번째 쌍은 오감이나 직관을 통해 습득한 것을 어떻게 발전시키느냐와 관련된다. 사고형(Thinking)은 습득한 것을 생각하고 분석하며 논리화 한다. 감정형(Feeling)은 습득한 것을 느끼고 체험을 통해 자신의 것으로 만든다. 마이어와 브릭스는 생각하는 사람은 느끼지 않는다거나 감정적인 사람은 생각하지 않는다고 말하지 않는다. 단지 사고형은 실재에 대해 생각하는 것을 선호하고 감정형은 실재에 대한 느낌과 체험을 선호한다는 뜻이다.

네 번째 쌍은 우리가 습독하여 발전시킨 것에 대해 어떠한 자세를 가지느냐와 관계된다. 판단형(Judging)은 그것에 따라 산다. 우리는 결심을 하고 그것을 찾아 나선다. 인식형(Perceiving)은 모든 가능한 입력자료(input)를 수용하기를 바라고 모든 가능한 행동방침을 고려하면서 계속해서 발전시켜 나간다. 우리는 얼마나 다양한 존재인가?[15]

이러한 유형은 설교 사역의 복잡성을 이해하는데 도움을 준다. 설교자는 일련의 정해진 선호도를 가지고 나오는 반면 청중은 그것을 포함한 여러 유형으로부터 온다. 설교자는 그들 모두에 맞추어야 하지만 대부분의 회중은 매우 다른 유형의 집단에 속한다. 다행히도 이러한 복잡성에 대한 자료는 많이 나와 있다.[16]

우리는 TJTA, 버크만, 마이어와 브릭스 및 그 외의 성격 유형에 대한 통찰력으로부터 설교자의 자기 이해에 유익한 정보를 찾을 수 있다.[17] 설교자는 적어도 다섯 가지의 유형으로 분류할 수 있다. 그들은 신실한 권면가, 적극적인 행동주의자, 질서정연한 논리주의자, 열정적 이상주의자, 독창적 기교가로 나눌 수 있다.

1) 신실한 권면가
이 유형의 설교자는 과거를 중시하며 따라서 전통을 우선한다. 따라서

---

15) 우리라는 말을 의도적으로 사용한 것은 마이어 브릭스가 우리 모두에 대해 이러한 경향을 가지고 있다고 주장하기 때문이다. 우리는 긴장된 순간이 오면 자동적으로 자신이 가진 선호도에 따라 행동을 하는 것이다.
16) Lloyd Edwards, *How We Belong, Fight, and Pray: MBTI as a Key to Understanding Congregational Dynamics*(Washington, D.C.: The Alban Institute, 1993); W. Harold Grant, Magdala Thompson and Thomas E. Clarke, *From Image to Likeness: A Jungian Path in Gospel Journey*(Mahwah, N.J.: Paulist, 1983); Otto Kroeger and Janet M. Thuesen, *Type Talk: or How to Determine Your Personality Type and Change Your Life: Based on the Myers-Briggs Indicator*(New York: Delacorte, 1988); Roy M. Oswald and Otto Kroeger, *Personality Type and Religious Leadership*(Washington, D.C.: The Alban Institute, 1988).
17) 이 자료는 Chester P. Michael and Marie C. Norrisey, *Prayer and Temperament: Different Prayer Forms for Different Personality Types*(Charlottesville, Va.: Open Door, 1984)의 영향을 받았다. 그들은 성격 유형과 선호하는 기도 방식의 상관관계에 대한 흥미로운 조사를 제공하며 설교자와 선호하는 설교 유형에 대한 중요한 함축을 담고 있다.

그들은 과거에 대한 기억을 통해("기억"과 "동참"이라는 의미에서) 하나님과 관계하며 자신을 과거로 분사한다. 그들은 마태복음이나 야고보와 같이 지극히 권면적인 책을 좋아한다. 그들은 성경이 말하는 것만 전해야 한다는 의무감에 충실하며 회중에게 결코 타협 없는 순종을 요구한다. "성경이 그렇게 말씀하기 때문에 해야 한다"는 것이다. 그들은 본문으로 들어가 그곳에서 진행되고 있는 내용에 대해 즉시 알아차린다. 예를 들어 마가복음 1장 16-20절은 네 명의 어부를 부르시는 내용이다. 신실한 권면가는 이내 바다 공기와 고기 냄새를 맡는다. 그들은 바닷바람을 느끼고 어부들이 잡은 고기를 육지로 끌어올리면서 외치는 소리를 듣는다. 또한 설교자로서 그들은 다른 설교자들에게 그들처럼 할 수 있도록 돕는다. 이 유형의 설교자들은 자연적으로 논리적인 방식으로 전달하며(유인물로 인쇄된 개요를 선호한다) 구체적이고 감각적으로 살아 있는 언어를 사용하여 모든 회중을 신실함으로 인도한다.

2) 자발적인 행동주의자

이 유형의 설교자는 현재를 중시한다. 따라서 그들은 개방적이고 자발적이다. 그들은 현재적 사역을 통해 하나님과 관계한다. 그들은 격의 없고 실제적인 영성을 소유한다. 그들은 마가복음('즉시'라는 부사를 36회나 사용한다)이나 잠언과 같이 보다 역동적인 책을 좋아하며 산상수훈에 대한 설교를 즐긴다. 그들은 매우 제한적인 원고를 들고 강에 서기를 좋아한다. 그들의 설교는 요점으로 바로 들어가며 가능한 회중으로 하여금 행동으로 옮기려 한다. (여러분이 자발적인 행동주의자라면 본서의 5장이 매우 지루하다고 생각할 것이다.)

3) 질서정연한 논리주의자

이 유형의 설교자는 마음을 중시하며 다라서 논리적인 사고를 가지고 있다. 그들은 논리를 통해 하나님과 관계하며 기도를 점검하고 까닭을 묻는 질문을 한다. 그들은 자신의 경험을 생각해내며 그것에 대한 평가를 즉시 제시한다. 그들은 로마서나 신명기 및 누가복음과 같이 세심하게 조직된 책을 좋아한다. 설교자로서 그들은 어휘나 설교의 흐름에 매우 정확하다. 그들은 잘 작성된 원고와 함께 강단에 설 때에 편안함을 느낀다.

4) 열정적 이상주의자

이 유형의 설교자는 미래를 중시한다. 그들은 언제나 모든 의미와 초점을 가능성에 맞춘다. 그들은 하나님과의 관계에 있어서 확실성을 갈망한다. 그들은 복음에 대한 열정을 회복하기 위해 정기적으로 조용한 침묵의 시간을 필요로 한다. 그들은 요한복음이나 이사야 및 계시록과 같이 보다 신비적인 책을 선호한다. 설교자로서 그들은 일단의 회중을 빠른 시간 내 판단함으로써 설교의 톤-어휘는 아닐지라도-을 그들의 삶에 와 닿도록 조절할 수 있다. 그들은 언제나 다른 사람의 입장에 서서 그들의 관점에서 세계를 바라보고 듣고 느끼거나 생각할 수 있다.

5) 창의적 예술가

이 유형의 설교자는 보고 듣는 것에 가치를 둔다. 그들은 시각적 청각적 수단을 통해 세계를 이해하며 경험한다. 그들은 비유와 계시록의 환상 및 선지자의 시를 좋아한다. 그들은 말로서 생생한 그림을 "그릴 수" 있는 능력이 있다. 그러나 그들은 문자적으로만 "묘사"하는 것을 좋아하며 그림-또는 노래나 영화나 조각품이 스스로 말하게 한다.

여러분은 이 가운데 어느 유형에 속하는가? 모든 설교자는 각각의 범주와 어느 정도 관련을 가진다. 우리는 다른 유형에 대해서도 어느 정도 이해할 필요가 있다. 결국 어떤 청중도 모든 유형을 포함하고 있으며 따라서 설교자는 가능한 광범위하게 연결되고 싶어 한다. 어느 설교자가 다양한 방식의 존재와 삶을 구현할 수 있다고 생각하는가? 무엇보다 중요한 것으로, 창조함을 받은 대로의 설교자가 되기 위해 자신의 기질의 어떤 부분에 특히 유의해야 한다고 생각하는가?

2. 상처

우리는 자신의 상처받음에 대해서도 자세히 살펴야 한다. 우리는 모두 상처(특히 어릴 때의)를 지니고 세상을 살며 모든 관계를 형성하고 주어진 일을 해 나간다. 따라서 설교도 이러한 상처로부터 나오는 사역이다. 고통을 다루는 패턴의 설교는 모두 이러한 상처로부터 나온다. 이러한 상처는 언제나 그곳에 남아 있으며 때로는 고통스러운 기억으로 남아 있지만 대부분 무의식이나 잠재의식 속에 남아 있다. 우리가 부인하고 싶어도 이러한 상처는 어떤 식으로든 우리의 설교에 영향을 준다.[18] 그것은 어쩔 수 없는 사실이다. 복음의 영광은 하나님께서 이러한 상처들을 치유하셨다는 것이다. 특히 하나님은 치유과정에서 이러한 상처를 통해 진리를 전하신다.[19]

이 주제는 한 권의 책으로 내어도 될 만큼 내용이 광범위하며 나보다도 훨씬 인간의 성격에 대한 통찰력이 깊은 사람들에 의해 수많은 저서가 나왔다.[20] 우리들 가운데에는 자신의 영혼 중심에 있는 깊고 고통스러운 공허함을 채워야 할 필요가 있는 사람도 있다. 어떤 사람은 누구에게 또는 무엇에 의지해야 할지 모르는 깊은 근심을 안고 살아간다. 어떤 사람(대부분의 설교자?)은 언제나 사람들을 기쁘게 해야 한다는 강박감과 함께 자신의 작업이 다른 사람의 마음에 드는지 확인하며 살아간다.

---

18) Paul Johnson, *Intellectuals*(New York: Harper & Row, 1988), and Susan Howatch, *Glittering Images*(New York: Fawcett Crest, 1989).
19) 세 가지의 예를 들면, Jonathan Edwards, E. Stanley Jones and A W. Tozer이다. George M. Marsden, *Jonathan Edwards: A Life*(New Haven, Conn.: Yale University Press, 2003); Stephen A. Graham, *Ordinary Man, Extraordinary Mission: The Life and Work of E. Stanley Jones*(Nashville: Abingdon, 2005); and Lyle Dorsett, *A Passion for God: The Spiritual Journey of A.W. Tozer* (Chicago: Moody Press, 2008).
20) Archibald Hart, *Healing Life's Hidden Addictions*(Ann Arbor, Mich.: Servant, 1990); Henri Nouwen, *The Wounded Healer: Ministry in Contemporary Society* (Garden City, N.Y.: Doubleday, 1972); David Seamands, *Healing for Damaged Emotions*(Wheaton, Ill.: Victyor, 1991).

이 모든 상처는 정체성과 가치관의 문제와 연결된다. 우리가 정상적인 삶을 살고 있다면 우리는 일평생 이러한 문제들과 어느 정도 연관을 맺고 살아간다.21) 그러므로 설교자는 다른 사람들보다 더 정기적으로 복음의 말씀을 들어야 할 필요가 있다. 즉, 우리는 예수 그리스도 안에서 하나님의 아들로서 그의 지위를 함께 누리고 성부 하나님에 의해 그의 자녀로 입양되었으며 우리도 "너는 내 사랑하는 자라"하는 말씀을 들을 수 있게 되었다는 복된 소식을 정기적으로 들을 필요가 있다. 우리는 우리의 가치가 자신의 공로가 아니라 하나님의 은혜로운 선택에 의해 결정되었으며 그의 것이 되었다는 사실을 듣고 또 들어야 한다(엡 1:3-14).

우리는 성령께서 우리의 상처를 치유하시며 그의 은혜로 말미암아 이러한 상처로부터 설교를 할 수 있게 되었음에 대해 거듭 들어야 한다. 우리가 겪은 깊은 공허함으로부터 삼위하나님께서 우리를 불러 들어가게 하신 '온전한 생명'을 전하는 설교가 나올 수 있다. 인도함을 받아야 할 깊은 방황으로부터 주권적 목자의 인도와 보호하심의 설교가 나올 수 있다. 염려와 불안의 자리로부터 우리의 모든 염려를 아시고 우리의 모든 필요를 채워주시는 여호와를 전하는 설교가 나올 수 있다. 불완전한 완전주의로부터 결코 온전할 수 없고 온전할 필요도 없는 피조물에 대한 무조건적 사랑을 전하는 설교가 나올 수도 있다. 이처럼 우리의 상처마저도 사람을 변화시키는 사역에 사용하시는 하나님께 감사해야 한다.

여기서 잠시 시간을 내어 여러분이 알고 있는 상처에 대해 기도할 것을 제안해도 되겠는가? 우리도 삼위 하나님을 열정적으로 사랑한 백스터 크루겔(C. Baxter Kruger)처럼 기도해보자.22)

---

21) 이 문제는 소위 에니어그램(Enneagram:후천적 성격 유형)에 관한 연구가 많은 도움이 되었다. 이 연구는 인간 생태학의 "악화"를 이해하려는 고대적 방법이다. Richard Rohr and Andreas Ebert, *The Enneagram: A Christian Perspective*(New York: Crossroads, 2002).
22) C. Baxter Kruger, blog entry on perichoresis.org(accessed via secure site).

아버지여, 당신의 한없는 사랑과 인도하심 가운데 나에게 무슨 일인가 일어났으며 나는 어두움에 방황하였음을 고백합니다.

당신을 기뻐하며 살기보다 나의 마음은 병이 들었습니다. 당신의 사랑을 받기보다 나의 영혼은 깊은 혼란에 빠졌습니다. 나는 절망에 빠져 깊은 침묵과 은둔에 빠졌습니다. 나는 이기적이 되었고 분노하며 좌절하였습니다. 나는 사랑하는 자들에게 상처를 주었습니다. 나는 시간과 삶을 낭비하였습니다. 나는 당황하였습니다. 나는 자신을 보지 않았습니다. 나의 문제로 다른 사람들을 비난한 것을 용서하여주시기 바랍니다. 아버지 나의 영혼에 말씀하여 주옵소서. 내가 모르는 더 많은 것이 있다는 사실을 다시 한번 말씀해 주옵소서.

나의 존재와 나의 삶과 나의 미래가 모두 당신의 한 부분임을 믿게 해주옵소서. 나의 삶과 나의 상처를 직시하는 것이 죽음이 아니라 자유와 온전함을 의미한다는 것을 깨닫게 하소서.

예수님, 나의 간구를 들으소서. 당신이 나를 바라보듯 나 자신을 보게 해주소서. 성령님, 나의 영혼에 내가 영원히 아버지 하나님과 예수님께 속하였음을 증거해 주소서. 아버지의 사랑을 언제, 어디서, 어떻게 받지 않았는지 깨닫게 하소서. 나의 두려움이 사람과 장소와 사건과 분위기와 사물에 어떻게 나타났는지 보여주소서. 나를 악의 꾀와 유혹으로부터 벗어나게 하소서. 나의 행한 일과 말을 용서하시고 당신의 자녀에게 하지 못한 일과 말을 용서하소서. 아멘

3. 은사

우리는 하나님께서 사역을 위해 우리에게 주신 은사들에 대해 자세히 살펴보아야 한다. 상처받은 설교가들에게 주시는 복음이 있다. 예수 그리스도는 이 땅에서 자신의 영광을 위해 일을 할 수 있도록 이러한 상처를 통해 우리 각자를 장치하셨다. 우리는 예수님에 의해, 그리고 예수님을 위해 창조

되고 구속함을 받았다. 바로 그가 우리 각자에게 특별한 방식으로 살며 섬기도록 장치하셨다. 그것이야말로 인간성의 생태학에 대한 복음이 아닐 수 없다.

장치하심(wired)은 일반적으로 '재능을 받다'(gifted)라는 단어로 많이 사용되는 개념이다. 문자적으로 가장 성경적인 용어는 '은사를 받다'(Charismatized)이다. 이 단어는 "은혜의 선물"이라는 뜻의 카리스마(charisma)에서 온 말이다. 이 땅에 있는 그리스도의 몸의 모든 지체는 교회와 세상에서 특별한 기능을 수행하도록 성령의 은혜로 말미암아 이러한 은사를 받은 자이다. 이러한 은사주심은 '장치하심'이란 단어를 쓸 만큼 우리 안에 철저히 배어 있다. 이것이 의미하는 바는 이러한 '은사 주심'이 곧 우리의 존재를 형성한다는 사실을 보여준다. 사실 우리가 은사를 가졌다기보다 우리 자신이 은사 자체라고 하는 편이 옳다.

사도 바울은 우리가 마땅히 생각할 "그 이상의 생각을 품지 말라"고 했다(롬 12:3). 그의 말은 어느 누구도 성령으로부터 예수께서 교회에 명하신 모든 일을 전부 감당하는 은사를 받지 않았다는 뜻이다. 많은 설교자들이 안고 있는 상처 가운데 하나는 전적인 가치를 위한 전능함을 요구한다는 것이다.) 그러나 "오직 하나님께서 각 사람에게 나누어 주신 믿음의 분량대로 지혜롭게 생각"(롬 12:3)해야 한다. 우리는 장치하심을 받은 대로 생각해야 하며 교회와 세계가 설교자에게 필요로 하는 모든 것이 되려고 애쓸 필요는 없다.

다음은 국제 네트워크 사역(Network Ministries International)의 설립자이자 총재인 브루스 버그비(Bruce Bugbee)가 들려주는 재미있는 비유이다.[23]

천지창조 후 얼마 있지 않아 동물들이 함께 모여 학교를 만들었다. 그들은 학생들에게 수영과 달리기와 등산과 비행을 가르치는 가장 훌륭한 학교를 원했다. 졸업을 위해서는 모든 동물이 모든 과정을 거쳐야만 했다.

---

23) Bruce Bugbee, "Do you Have the Right People in the Right Places for the Right Reasons?" *CRM* March/April 1995, pp. 18-20.

오리는 수영에 특출한 재능을 보였다. 사실 그는 가르치는 선생보다 나았다. 그러나 그는 등산과목을 겨우 통과하였으며 달리기 성적은 형편없었다. 그는 날마다 방과 후에 남아 연습을 했지만 빨리 달릴 수 없었다. 물갈퀴가 달린 발이 닳아 헤어졌기 때문에 거의 효과가 없었던 것이다. 그는 헤어진 발로 수영에서 겨우 평균 성적을 거둘 수 있었다. 그러나 평균이면 준수한 성적이었기에 다른 동물은 아무도 염려하지 않았다. 그러나 오리만은 예외였다.

토끼는 반에서 제일 빨랐다. 그러나 얼마 있지 않아 그는 수영연습을 하느라 발에 경련이 일어나고 말았다.

다람쥐는 등산 실력이 탁월하였지만 날기 과목에서 좌절하고 말았다. 그의 몸은 나는 연습을 하느라 만신창이가 되어 등산조차 힘들게 되고 말았다. 그는 달리기도 겨우 통과하였다.

독수리는 문제가 많은 학생이었다. 그는 규칙대로 하지 않았기 때문에 체벌을 받았다(예를 들면, 등산할 때 그는 날개를 사용하여 나무 꼭대기로 뛰었다). 그러나 그는 끝까지 자기 방식을 버리지 않았다.

여러분은 이 비유가 무엇을 말하려는지 알았을 것이다. 각 동물은 자신만의 특별한 전문적 기술이 있다. 그들이 그 일을 할 때에는 매우 우수하다. 그러나 자신의 영역을 넘어서는 일을 하려고 할 때에는 아무런 성과도 올릴 수 없는 것이다. 잠시 생각해보라. 오리가 달릴 수 있는가? 물론 달릴 수 있다. 가장 잘 달릴 수 있는가? 아니다.

중요한 것은 오리로 하여금 물에서 헤엄치게 하고 다람쥐로 하여금 나무에서 놀게 하며 독수리로 하여금 하늘을 날아다니게 하는 것이다.

모든 설교자가 동일하게 지으심을 받은 것은 아니다. 각자는 특별한 방식으로 장치되었다. 우리는 서로를 통해 배울 수 있다. 그러나 우리는 상대를 모방하려 해서는 안 된다.

우리가 이 땅에서 섬기는-설교도 마찬가지이다-독특한 방식을 발견하는 것을 돕는 자료는 많다. 가장 유익한-내가 설교자로 어떻게 장치되어 있는가에 대한 이해와 다른 설교자가 어떠한 장치를 받았는지 이해하게 하는-자료 가운데 하나는 로스앤젤레스에서 수년간 함께 목회사역을 했던 글렌 소프(Glen A. Thorp)이다.[24] 그는 로마서 12장 6-8절에서 사도 바울이 제시한 방식에 따라 일곱 가지의 사역-또는 본서에서 주장하는 부활승천하신 예수님의 계속되는 사역에 동참하는 일곱 가지 방식-을 사용한다. 그러나 왜 일곱 가지인가? 성경에서 7은 완전수이기 때문에 일곱 가지의 장치하심은 성령의 은사의 본질을 나타내거나 구현하는가? 이 일곱 가지는 예언, 섬김, 가르침, 위로, 구제, 다스림, 긍휼이다.

> 우리에게 주신 은혜대로 받은 은사가 각각 다르니 혹 예언이면 믿음의 분수대로, 혹 섬기는 일이면 섬기는 일로, 혹 가르치는 자면 가르치는 일로, 혹 위로하는 자면 위로하는 일로, 구제하는 자는 성실함으로, 다스리는 자는 부지런함으로, 긍휼을 베푸는 자는 즐거움으로 할 것이니라(롬 12:6-8).

소프는 로마서 12장의 일곱 가지는 사역의 동인으로 주어졌다고 말한다. 고린도전서 12장에서 은사는 성령의 사역을 나타내심으로 주어진다. 에베소서 4장에서는 사역의 직무에 대해 언급한다. 로마서에서 바울은 성령께서 그리스도의 몸의 지체들에게 주신 일곱 가지의 서로 다른 동인에 대해 언급한다. 반복되는 말이지만 이러한 동인은 깊이 내재되어 있기 때문에 예수 안에 있는 자들을 구성하는 장치로 언급할 수 있다.

---

24) Glen A. Thorp, *Freed and Equipped for Ministry; A Critical Study of Spiritual Gifts and Their Use Within the Church*(D. Min. diss., San Francisco Theological Semianry, San Francisco, Calif., 1980). 그의 논문을 직접 인용하지는 않았다. 나는 그 자료에 대해 그와 함께 오랫동안 작업하였기 때문이다. Thorp박사에게 감사드린다.

소프의 주장은 일곱 가지의 동인을 가진 자는 말씀을 전할 수 있다는 것이다(필자도 그의 주장에 동의한다). 그러나 그들은 각각 다른 동인으로부터 말씀을 전할 것이다. 일곱 명의 사역자가 모두 같은 본문을 사용할지라도 각자가 장치하심을 받은 대로 작업하기 때문에 회중은 일곱 개의 다른 설교를 듣게 된다. 즉, 동일한 진리를 일곱 가지 방식으로 듣는 것이다. 그것은 바람직한 일이다.

이제 일곱 가지 항목을 네 가지 면에서 살펴 볼 것이다. 첫째로, 각각의 항목에 대해 바울이 생각했던 의미에 대해 간략히 살펴본다. 둘째로, 각 항목이 자주 사용하는 단어나 구절에 대해 살펴본다. 셋째로, 각 동인의 강조점에 대해 살펴본다. 넷째로, 각 동인이 사용된 본문 및 가장 자주 사용된 설교에 대해 살펴본다.

1) 의미

예언(prophecy)

앞에서 언급한대로 이 동사의 의미는 "선포하다"이다. 이 은사는 살아계신 하나님으로부터 새로운 말씀을 전하는 능력이다. 모든 동인 가운데 예언만은 원한다고 할 수 있는 사역이 아니다. 이 사역은 성령의 직접적이고 현재적인 주관하심에 근거한다. 구약성경의 선지자들이 여호와의 말씀이 "내게 임하였다"고 말한 이유는 이 때문이다. 때때로 예언은 설교를 통해 나타난다. 이러한 설교는 대부분 가르침이나 권면-또는 4장에서 본 다른 동사들 가운데 하나이다. 예언의 말씀은 경고나 위로, 요구 및 재앙의 내용을 담을 수 있다. 예언이 임할 때 사람들은 그것이 하나님의 말씀인 것을 안다.

섬김(service)

바울은 디아코니아(diakonia)라는 단어를 사용하였다. 집사(deacon)라는 단어는 여기에서 나온 말이다. 예수님의 모든 제자는 종이라고 할 수 있지만 바울이 여기서 언급한 것은 섬김이라는 특별한 동인으로 사용되었다. 이러한 장치하심을 받은 자는 주변의 필요에 민감하다. 그들은 다니면서 구체적으로 필요한 것이 무엇인지 알며 즉시 그곳으로 달려간다.

가르침(teaching)

이 동인에는 성경에 대한 세밀하고 조직적인 해석과 적용이 포함된다. 가르침의 은사를 받은 자는 회중에게 자신이 얻은 것을 전달함으로써 사도와 선지자로 하신 말씀을 깨닫도록 돕는다. 클라크 핀녹(Clark Pinock)은 "왜 신학이 필요한가"라는 수사학적 질문을 한 후 "왜냐하면 기독교는 선교적 종교이며 우리가 메시지를 밖으로 전하면 그것을 하면 더욱 잘 깨닫기 때문"이라고 대답한다.[25] 이 은사는 "성도에게 단번에 주신 믿음의 도"(유 3)를 변론하고 전수하기를 원한다.

위로(Exhortation)

바울이 사용한 단어는 파라클레시스(paraklēsis)이다. 이 동사로부터 위로자(parakaleō)라는 단어가 나왔다. 또한 이 단어는 예수께서 성령을 지칭한 보혜사(paraklētos)와도 관련된다. 성령은 예수님의 제자들을 위한 사역-확신, 깨닫게 하심, 위로자, 모사과 관련하여 여러 가지 이름으로 불린다. 이 은사를 동인으로 받은 자는 어려움에 처한 자에게로 다가가 필요를 따라 도와준다. 찰스 크랜필드(Charles Cranfield)는 이 은사의 목적에 대해 "그리스도인으로 하여금 복음에 순종하는 삶을 살게 하기 위한 것"이라고 말한다.[26]

구제(giving)

모든 성도는 물질로 섬겨야 한다. 그러나 바울이 여기서 말하는 것은 특별한 의미의 구제이다. 즉, 풍성한 구제를 위한 동기를 부여받는 것이다. 이것은 자신의 물질로 섬기는 것만 의미하는가? 아니면 칼빈의 지적처럼 교회

---

25) "Why Do We Need Theology?" *Christianity Today,* March 27, 1981, p. 68.
26) C.E B. Cranfield, *A Critical and Exegetical Commentary of the Epistle to the Romans,* International Critical Commentary(Edinburgh: T & T Clark, 1979), p. 623.

의 공적 재산으로 구제하는 것도 포함되는가?27) 어쨌든, 그들은 풍성하게 주기를 기뻐하며 더 많은 것으로 주기를 바란다.

다스림(leading)

바울이 사용한 단어는 "다른 사람들 앞에 서다"라는 의미의 동사와 관련된 군사용어이다. 이러한 동인은 회중의 앞에 서서 인도하는 것이다. 이것은 "행정"(adminstration)이라는 말로도 사용된다. 그들은 사람과 자원을 필요로 따라 적절하게 관리하고 다스린다. 그들이 원하는 것은 하나님의 나라가 이 땅에서 더욱 확장되고 발전하는 것이다.

긍휼(mercy)

이것은 로마서 12장 앞에 나오는 세 장(9-11장)의 핵심 단어이다. 하나님의 긍휼은 하나님께서 우리를 위해 우리가 결코 할 수 없었고 할 수도 없는 일을 하시는 것이다. 이러한 동인으로 장치함을 받은 자들은 다른 사람들과 함께 느끼고 그들을 위하는 은사가 있다. 그들이 원하는 것은 예수께서 우리와 함께 계시듯 다른 사람들과 함께 있어주는 것이다.

2) 자주 사용하는 말

여기서는 각각의 동인이 즐겨 사용하는 말이나 구절에 대해 살펴볼 것이다. 이것은 다양한 방식의 설교를 들여다 볼 수 있는 또 하나의 창이다.28)

예언

이들이 설교에서 가장 자주 사용하는 말은 "실재하는 세계를 보라"와 "하나님을 실재대로 알아라"는 것이다("주 없이 모든 일 헛되어라"라는 찬송처럼). 그들은 언제나 가능성과 잠재성이라는 관점에서 생각한다. 그들은

---

27) John Calvin, Calvin's *New Testament Commentaries: The Epistles of Paul to the Romans and Thessalonians*, trans. R. Mackenzie(Grand Rapids: Eerdamans, 1973), p. 270.
28) 이 내용은 대부분 Glen Thorp의 연구에 기초한 것이다.

우리에게 "이렇게 살아서는 안 된다"는 사실을 수시로 상기시킨다. 그들은 자신이 본 것을 다른 사람에게 말하지 않을 수 없다. 그들이 본 것을 다른 사람도 보기 전에는 온전한 즐거움이 아니기 때문이다.

섬김

이들은 다른 사람의 "구체적인 필요"를 즉시 알아차린다. 그들은 꼼꼼하게 챙기고 조직화하는 것을 귀하게 생각한다. 그들은 "위대한 종의 제자된 삶만큼 귀한 것은 없다"고 생각한다. 그들은 그 일을 기쁜 마음으로 감당한다.

가르침

그들은 정확하고 체계적이며 모든 성경을 "하나님의 온전하신 섭리"와 조화롭게 일치시킨다. 그들은 언제나 "성경이 말하는 것은 그것이 아닙니다. 보십시오..."라고 말한다. 그들은 본문에 충실하다. 그들은 연구를 즐긴다. 그들은 "이러한 조명"이 다른 사람들에게도 비치는 것을 보고 싶어 한다.

위로

그들은 끊임없이 "관계가 중요하다"고 주장한다. 그들은 1대1로 나란히 앉아 있는 것을 좋아한다. 그들은 "걱정하는 자를 위로하며 안일한 자에게는 경각심을 일깨운다." 그들은 그리스도인의 삶이란 "행하게 함으로써 여정의 다음 단계로 나아가도록 돕는 것"이라고 생각한다. "마땅히 행할 길을 행하라." "그리스도 안에 있는 자가 되라"

구제

이들은 결코 "물질이 없습니다"고 말하지 않는다. 그들은 물질에 관해 말하는 것을 부끄러워하지 않는다. "가장 확실한 믿음의 진술은 사도신경을 외우는 것이 아니라 자신이 가진 물질로 섬기는 것이다." 그들은 다른 사역자들도 그렇게 함으로써 번성하기를 바란다.

다스림

우리는 그들이 "전열을 정비하라" "비전을 성취하라" "우리는 뜻을 같이 해야 합니다"라고 말하는 것을 듣는다. 그들은 기꺼이 어려운 결정을 내리고 그로 인한 결과를 감내하려 한다. "고통이 없이는 얻는 것도 없다"는 것이 그들의 슬로건이다.

긍휼

그들은 다른 사람의 고통에 동참하기를 두려워하지 않는다. "그 사람의 무엇인가가 나에게서 예수님의 긍휼을 끌어낸다"(Glen Thorp가 자주 하는 말이다). "우리가 그들을 섬기고 돌보기 전에는 아무도 우리가 그들을 안다는 사실을 인정하지 않는다." "무엇 때문에 어려움에 처했는가는 중요하지 않다. 중요한 것은 그들이 어려움에 처해 있다는 사실이다." 그리고 우리가 할 일은 "그들의 어려움에 동참하는 것"이다.

3) 사역의 초점

일곱 가지의 장치하심은 삶으로-즉, 설교로-나타난다. 각각의 동인에 내재된 사역의 초점은 다음과 같다.

예언: 보고 다른 사람들도 보도록 돕는다.
섬김: 무엇을 채워야 할 것인가에 주의한다.
가르침: 깨닫고 다른 사람도 깨닫도록 돕는다.
위로: 상대와 함께 하며 그들이 다음 단계로 진행하도록 돕는다.
구제: 물질로 섬긴다.
다스림: 일이 성취되었음을 본다.
긍휼: 어려움에 처한 자와 함께 하며 예수님의 긍휼을 전한다.

4) 관련된 성경 본문

모든 동인은 성경의 특정 장르와 본문을 설교하고 싶어 한다. 다음은 각각의 장치하심을 받은 자가 가장 선호하는-따라서 설교의 주제로 삼는-본문이다.

예언

열왕기상하는 하나님께서 선지자의 원형인 엘리야와 엘리사를 세우신다. 이사야는 위대한 이상을 본 하나님의 마음의 선지자이다. 예레미야는 간구하는 선지자로 하나님의 마음의 선지자이다. 하박국은 하나님의 사역을 볼 수 없을 때에도 "그곳에 머물라"는 명령을 받았다. "비록 더딜지라도 기다리라 지체되지 않고 반드시 응하리라"(합 2:3). 계시록은 예수 그리스도의 영광과 승리를 보여준다. 에베소서, 특히 1-3장은 은혜를 보여준다. 요한복음은 "우리가 그의 영광을 보았다"고 선언한다(요 1:14).

섬김

우리는 출애굽기를 통해 하나님께서 약속의 땅으로 향하는 백성들의 육신적 필요를 제공하시는 모습을 본다. 학개에서 선지자는 성전에 필요한 구체적인 것들에 관심을 가지고 돌본다. 디모데전서는 경제적인 문제와 과부를 돌아보는 일 및 의사결정과 같은 일상적인 문제를 언급한다. 누가복음은 예수께서 상처받은 자를 돌아보시는 내용을 보여주며 우리에게도 그같이 할 것을 촉구한다(예수님의 선교사역을 도운 여자들 및 선한 사마리아인의 비유 등).

가르침

신명기는 율법을 "재천명"(second telling)한 책이다. 이 책에서 모세는 이전의 가르침을 더욱 체계화 한다. 사사기는 이스라엘 백성들이 계시된 진리를 분별하고 그것에 따라 살기 위해 고군분투하는 내용을 담고 있다. 이사야는 이스라엘의 가장 위대한 신학자이다. 로마서는 바울을 통해 하나님의 복음을 보다 체계적으로 제시한다. 히브리서는 대제사장이신 예수께서 성취하신 사역을 매우 탁월한 방식으로 정리한다. 마태복음은 예수님의 말씀과 행위를 순서에 따라 다섯 개 부분으로 나누어 제시한다.

위로

고린도전서와 후서는 순종과 불순종의 결과에 대해 제시한다. 잠언은 지혜를 배우라고 외치며 삶의 지혜를 제공한다. 아모스는 백성들을 다음 단계의 성숙과 순종으로 이끈다. 에베소서, 특히 4-6장은 은혜에 관한 명령이다. 야고보서는 "말씀을 행함"에 대해 강조한다. 누가복음은 하나님의 무한하신 은혜에 대한 예수님의 비유와 하늘나라의 사역을 위해 자신을 드린 사람들에 대한 이야기를 들려준다.

다스림

에스라와 느헤미야서에서 하나님은 지도자들에게 무너진 예루살렘을 재건하도록 힘을 주신다. 또한 하나님은 다니엘서에게 이방 땅에서 높은 지위를 허락하신다. 출애굽기는 모세를 위대한 지도자로 세우며 여호수아서에서는 나서기를 꺼려하는 여호수아에게 "강하고 담대하라"는 명령이 주어진다. 디모데전서와 후서는 한 지도자가 다른 지도자에게 조언하는 내용이다. 마가복음은 "곧"이나 "즉시"라는 단어를 자주 반복한다.

긍휼

창세기 12-50장에서 하나님은 문제 많은 아브라함과 이삭과 야곱의 가정을 긍휼히 여기신다. 호세아에서는 두 번째 기회가 주어진다. 시편은 긍휼을 구하는 기도이며 빌레몬서에서 바울은 "사랑으로" 간구한다(몬 1:9).

얼마나 독창적인 다양성을 가지고 있는가? 한 가지 유형의 설교자로부터 이러한 다양성이 나올 수 있겠는가?

여러분은 어느 본문에 초점을 맞추는가? 여러분의 설교는 어떤 동인에 가장 어울리는가? 사도 바울은 "네 속에 있는 하나님의 은사를 다시 불일듯 하게"(딤후 1:6) 하라고 권면한다. 그러므로 하나님께서 주신 특별한 동인을 진심으로 받아들여야 한다. 이것은 결코 자신을 높이는 생각이 아니다(롬 12:3). 마땅히 생각할 그 이상의 생각을 품는다는 것은 자신은 모든 면에 장치하심(은사)을 받았다고 생각하는 것이다. 자신의 독특한 장치하심을 받아들이는 것이 올바른 판단이다.

하나님은 우리의 인간성-기질, 상처, 은사-을 존중하신다. 그러므로 우리도 마땅히 그래야만 한다. 파커 파머(Parker Palmer)는 "내가 아는 하나님은 이상적인 자아를 위한 추상적 규범을 본받으라고 요구하지 않으신다. 하나님은 단지 창조함을 받은 본성을 존중하라고 말씀하신다. 이것은 우리의 한계와 가능성을 동시에 보여준다."[29] 나의 경험으로 볼 때, 우리가 사역에 지치는 것은 일이 많아서가 아니다. 우리가 지치는 것은 하나님께서 창조하신 대로의 자신을 존중하지 않고 가장 이상적인 자가 되려고 하는데서 온다. 나의 경험으로 볼 때, 기쁨은 나 자신-비록 가장 바람직한 것을 모두 갖추진 못했을지라도-을 존중하고 나를 통해 말씀을 전하시는 위대한 설교자를 신뢰하는데서 온다. 그는 나를 창조하시고 구속하시고 주조해 가신다.[30]

---

29) Parker Palmer, *Let Your Life Speak: Listening to the Voicer of Vocation*(San Francisco: Jossey-bass, 2000), p. 50.
30) Kenton C. Anderson, *Choosing to Preach: A Comprehensive Introduction to Sermon Options and Structures*(Grand Rapids: Zondervan, 2006), and Robert Stephen Reid, *The Four Voices of Preaching Connecting Purpose and Identity Behind the Pulpit*(Grand Rapids: Brazos Press, 2006). 두 권의 저서는 각각 다른 방식으로 본 장의 주제에 접근한다.

9

설교자의 삶
(설교와 일치된 삶)

설교에 대한 부르심은 곧 삶에 대한 부르심이다. 다른 삶을 살아야 하는 것이다. 에스겔 37장의 기적에 동참하게 하는 것과 같은 위대한 설교는 설교자가 이러한 부르심에 응하여 새로운 삶을 살기 전에는 불가능하다. 또한 이처럼 위대한 설교를 위해서는 교회가 설교자의 소명과 관련된 함축을 포용하고 목회자가 자유롭게 순종하도록 도와야 한다.

우리는 지금까지 설교 시간, 즉 복음을 전달하는 시간과 관련된 일에 관해 살펴보았다. 본장에서는 설교하는 삶에 관해 다룰 것이다. 앞으로 살펴보겠지만(설교자들이 이미 알고 있는 내용이기도 하다) 이러한 부르심에 "예"라고 하는 것은 논리적으로나 필연적으로 다른 가치 있고 필요한 여러 가지 활동에 대해 "아니오"라고 말한다는 의미이다. "예"라는 대답은 반드시 다른 무엇인가에 대한 "아니오"를 의미한다. 따라서 설교자가 만나는 모든 일과 사람에 대해 예라고 한다면 그것은 설교적 소명이 우선적으로 요구하는 일이나 행위에 대해 "아니오"라고 부정하는 것이 된다. 만일 교회가 이러한 소명의 역학을 이해하고 소명의 성취를 방해하는 요구나 기대를 삼간다면 큰 도움이 될 것이다. 그러나 결국 "예"(필요시에는 "아니오")라고 말할 수 있는 것은 설교자뿐이다.

위대한 설교자이신 주님의 설교사역에 효과적으로 동참하기 위해서는 값비싼 대가를 치러야 한다. 설교자는 대부분 사람을 즐겁게 하기 쉽다. 그러므로 설교자이신 예수님께 "예"라고 하는 것은 목자나 말씀을 전하는 자에게 전통적으로 기대되어온 많은 것들에 대해 "아니오"라고 말하는 것을 의미한다. 그러나 사실 이러한 기대를 목회자 스스로 부과하는 경우가 종종 있다. 이것은 자신이 중요한 사람이 되려는(보다 정확히 말하면 그렇게 보이려는) 욕구에 기인한다. 세상에서 "중요한" 사람들이 분주한데 불안을 느낀 나머지 자신도 그들처럼 분주하게 움직이고 모든 책임을 감당하며 설교자에게 주어진 "막중한" 사역에 요구되는 모든 것에 부응하려고 한다는 것이다. 누군가 "직업적 분주함은 영적 나태함의 표시"라고 하였다. 유진 피터슨(Eugene Peterson)은 이 문제의 본질에 대해 "분주함은 영적 게으름을 의미하며, 소명적 순수함이 부족하고 은혜에 대한 확신이 없기 때문에 여기 저기 쫓아다니는 것이다"라고 주장한다.[1] 제임스 스튜어트(James S. Stewart)는 더욱 강한 어조로 "거짓된 게으름에 불과한 직업적 분주함을 조심해야 한다"고 경고한다.[2] 그는 "만일 회중을 회개시켜 타락의 길에서 돌아서게 하고 그 영혼을 사망에서 건지며 브니엘의 하나님과 축복의 고독한 씨름을 하게 하는 메시지에 전념하지 못한다면 종교적 기구나 선행을 위한 사업들이 무슨 소용이 있겠는가?"라고 반문한다.[3]

앞에서 확실히 살펴본 대로, 설교시간에 무슨 일인가 일어난다면 그것은 성령과 말씀에 기인한다. 그러나 인간적 역학의 관점에서 볼 때 그 일은 설교를 전후한 설교자의 삶에 기인한다.

본 장에서는 설교자의 삶에서 볼 수 있는 여덟 가지의 기초적 역학에 대해 살펴볼 것이다. 이들은 모두 "...의 삶"이라는 제목으로 시작한다. 처음 일곱 가지 정도와 방식의 차이는 있으나 모두 예수님의 제자들에게 해당하는 요소이다. 제자도는 어떤 식으로든 그러한 삶이 없이는 불가능하다. 설교자는 훨씬 많은 시간과 보다 큰 의지를 가지고 그렇게 살아야 한다. 예수 안에서의 성장을 위해 모든 제자에게 기대되는 바는 그를 전하는 자들에게는 더 더욱 기대될 것이다.

---

[1] Eugene Peterson, *Five Smooth Stones for Pastoral Work*(Grand Rapids: Eerdmans, 1997), pp. 61-62. 그는 다음 저서에서 이 주제를 더욱 확장한다. *Under the Unpredictable Plant: An Exploration in Vocational Holiness*(Grand Rapids: Eerdmans, 1992) and in *The Contemplative Pastor: Returning to the Art of Spiritual Formation*(Grand Rapids: Eerdmans, 1994).
[2] James S. Stewart, *Heralds of God*(1946; reprint, Vancouver, B.C.: Regent College Publishing, 2001, p. 196.
[3] Ibid., pp. 196-97.

1. 위대한 설교자(예수님)의 삶

설교자의 삶은 위대하신 설교자, 예수의 삶을 사는 것이다. 이것은 사도 바울이 거듭 밝혔듯이 "그리스도 안"에서 사는 삶이다. 제임스 스튜어트에 의하면 "그리스도 안에서"라는 표현은 바울 신학의 핵심이다. 그것은 바울의 존재의 핵심이기 때문이다.[4] 스튜어트는 바울이 저자이기 이전에 설교자였다고 말한다.

> 두 가지 영역(설교와 저술)은 '그리스도를 나타내는 삶' 이라는 한 가지 위대한 사실과 '그와의 연합 및 교제' 라는 한 가지 결정적인 경험의 지배를 받았다. 그것은 바울 사도의 소명이었다. 그것은 그의 유일한 사명이자 관심사였다. 바울은 그것을 위해 태어났던 것이다. 그는 조직이나 체계가 아니라 그리스도의 삶을 살았던 것이다.[5]

바울의 신학은 전적으로 "그리스도와의 교제라는 한 가지 위대한 사실에 집약" 되었다.[6] 바울이 전하고 가르치고 저술한 모든 것은 단지 "그리스도와의 교제를 중심으로 하는 동일한 원주상의 반경에 속한다."[7] 그는 "이는 내게 사는 것이 그리스도니"(빌 1:21)라고 하였다. "또한 모든 것을 해로 여김은 내 주 그리스도 예수를 아는 지식이 가장 고상하기 때문이라"(빌 3:8). "그런즉 누구든지 그리스도 안에 있으면 새로운 피조물이라"(고후 5:17). "이 비밀은 너희 안에 계신 그리스도시니 곧 영광의 소망이라"(골 1:27). "안에"(in)라는 전치사만큼 복된 단어도 없다. 우리는 그리스도 안에 있을 수 있으며 그리스도는 우리 안에 계실 수 있다. 그리스도에 대한 바울의 강력하고 효과적인 설교는 모두 그리스도 안에서의 삶으로부터 나온다.

---

4) James S. Stewart, *A Man in Christ: The Vital Elements of St. Paul's Religion*(Vancouver, B.C.: Regent College Publishing, 2002).
5) Ibid., p. 8.
6) Ibid., p. 10.
7) Ibid, p. 12.

그는 예수께서 잡히시기 전날 말씀하신 명령에 순종했을 뿐이다. 제자도에 관한 핵심적 본문 가운데 하나인 요한복음 15장 4-5절에서 예수님은 "내 안에 거하라 나도 너희 안에 거하리라"고 말씀하셨다. 내 안에 살면 나도 너희 안에 살겠다. 나에게 집을 지으면 나도 너희 안에 집을 짓겠다는 것이다. "포도나무요 너희는 가지라 그가 내 안에, 내가 그 안에 거하면 사람이 열매를 많이 맺나니 나를 떠나서는 너희가 아무 것도 할 수 없음이라." 그 안에 거하지 않는 자는 아무 것도 할 수 없다. 특히 설교 사역은 더욱 그러하다. 스탠리 존스(E. Stanley Jones)는 본문으로부터 인생에서 해야 할 한 가지 중요한 일을 배웠다고 주장한다. "나의 삶의 유일한 전부는 그리스도 안에 거하시는 것이다. 나머지는 모두 그것에 뒤따른다."8) 예수를 전하는 소명에 있어서 가장 중요한 것은 그 안에 거하는 것이다. 그것은 단순한 사실이다.

존스는 계속해서 "그 안에" 거하는 삶에 대해 다음과 같이 주장한다. 그의 말을 들어보라(나 역시 그의 말에 전적으로 동감한다). "그 안에 거한다는 것은 그 안에 있는 모든 것 안에 거한다는 것이다. 그 안에 거한다는 것은 모든 유익과 모든 기쁨과 모든 창의적인 것과 모든 건강과 현재와 미래의 모든 것 안에 거한다는 것이다."9) 여러분은 동의하는가? 예수 안에 거한다는 것은 예수 안에 있는 모든 것, 그의 사랑, 그의 빛, 그의 생명, 그의 거룩, 그의 지혜, 그의 능력, 그의 평안, 그의 소망... 이 모든 것 안에 사는 것이다. 설교에 대한 소명은 이와 같이 내가 그 안에 그가 내 안에 사는 상호적 삶으로의 부르심이다.

우리가 그 안에 살 때 발견하는 것은 그가 "성부" 안에 사시며 "보혜사" 안에 사신다는 사실이다. 즉, 예수님은 아버지와 성령과 관계하는 삶을 사신다는 것이다. 예수님은 삼위 하나님의 내적인 삶을 사신다. 그리고 더더

---

8) E. Stanley Jones, *In Christ*(Nashville: Abingdon, 1961), p. 67.
9) Ibid.

욱 놀라운 사실은 그의 죽으심과 부활하심으로 말미암아 우리가 그와 함께 성부와 성자와 성령의 내적인 삶을 살게 되었다는 사실이다. 나는 이 말을 할 때마다 가슴이 두근거린다. 생각해보라. 인간이, 그것도 죄인이 살아계신 하나님의 내적인 삶을 살도록 초청받은 것이다.[10] 나는 산꼭대기에 올가가거나 도시 한 가운데로 나가 큰 소리로 외치고 싶다. "예수님은 우리를 삼위 하나님의 영원한 삶으로 인도하셨다!" 그러나 외치기 전에 나는 그러한 삶을 살고 있어야 한다. 설교자는 예수님, 하나님, 성령님과 연합하여 교제하는 삶을 살아야 한다.

이것이 바로 영적 훈련의 궁극적 전부이다. 그것은 포도나무에 붙어 머물며 그 안에 사는 방법이다. 설교자에게 특히 중요한 것은 침묵과 고독과 안식의 훈련이다. 말하는 것이 우리의 사역이기 때문에 우리는 정기적으로 말을 멈추고 혹시라도 우리 자신의 세계를 형성하고 방어하고 있지는 않는지 수시로 점검해야 한다. "우리는 그만큼 다른 사람을 주관하고 통제하는 말에 의존하는데 익숙해 있다. 만일 우리가 침묵하면 누가 우리를 장악하고 주관하는가? 하나님이시다. 그러나 우리가 그를 신뢰하기 전에는 그는 결코 우리를 주관하시지 않을 것이다."[11] 우리는 사람들과 지속적인 상호관계 속에 지내기 때문에 주기적으로 멈추어 서서 우리가 마지못해 그러는 것이 아님을 확인해야 한다. "우리는 혼자 있는 시간을 통해 자신의 유약한 영혼과 만나며 다른 사람과의 관계에서 우리의 관심을 앗아가는 것들과 마주하게 된다."[12] 우리는 혼자 있는 시간을 통해 부활하신 예수님을 다시 만나며 그는 우리가 "자유로운 사람으로 사회에 돌아갈 수 있도록"[13] 우리를 치유하신

---

10) 나는 이 기쁜 소식에 대해 나의 *Experiencing the Trinity*(Vancouver, B.C.: Regent College Publishing, 2000)에 자세히 제시하였다.
11) Richard Foster, *Celebration of Discipline*(San Francisco: Harper & Row, 1978), p. 88.
12) Dallas Willard, *The Spirit of the Disciplines: Understanding How God Changes Lives*(San Francisco: Harper & Row, 1988), p. 161.
13) Ibid.

다. 날마다의 훈련과 함께 우리는 주기적으로(매주 하루) 멈추어 자신의 사역으로부터 살아계신 하나님의 사역으로, 우리의 성취로부터 하나님의 성취로, 초점을 옮겨야 한다.14) 우리가 안식일을 지키는 것이 아니라 안식일이 우리를 지킨다.15) 안식일의 초점은 성부 하나님과 성자와 성령 안에서 기뻐하는 것이다. 우리는 우리가 하고 있는 일로부터 하나님께서 하고 계신 일로 초점을 옮긴다. 이것은 우리가 행할 때 우리가 삼위 하나님 안에서 그와 함께 행하고 있음을 깨닫게 하려 함이다. 설교자가 안식일 지키는 것이 아니라 안식일이 설교자를 지킨다. 설교자가 침묵을 지키는 것이 아니라 침묵이 설교자를 지킨다. 설교자가 혼자 있는 시간을 지키는 것이 아니라 혼자 있는 시간이 설교자를 지킨다.16)

우리는 위대하신 설교자, 예수 안에서 사는 삶을 위해 무엇이든 해야 한다.

2. 복음적 삶

설교자의 삶은 복음 안에서의 삶이다. 모든 제자들의 삶도 마찬가지이다. 우리는 복음의 완전한 삶을 살 수는 없다. 한 가지 예를 들면, 우리는 복음을 수시로 잊기 때문에 끊임없이 "일깨워 생각나게 함"(벧후 1:13; 3:1)을 받아야 한다. 또한 복음은 너무 풍성하고 부요하며 위대하기 때문에 우리 가운데 누구도 그것을 온전히 깨달을 수 없다. 그렇기 때문에 누구도 "나는

---

14) Peterson, *Working the Angles*, p. 44-60, Marva Dawn, *Keeping the Sabbath Wholly: Ceasing, Resting;, Embracing, Feasting*(Grand Rapids: Eerdmans, 1989).
15) Abraham Heschel은 "이스라엘이 안식일을 지킨 것이 아니라 안식일이 이스라엘을 지켰다"고 했다.
16) 나는 매주 최소 한 나절은 모든 것에서 벗어나 여호와 앞에 조용히 머무르는 시간이 필요하다는 사실을 배웠다. 그 시간은 연구하는 시간이 아니다(연구를 하고 있을지라도). 그 시간은 휴식 시간이 아니다(낮잠을 자고 있을지라도). 그 시간은 중보기도의 시간이 아니다(다른 사람을 위해 기도를 할지라도). 그 시간은 오직 여호와의 임재 안에 거하며 삼위 하나님과 더욱 깊이 교제하는 시간이다. 흥미로운 것은 이 훈련은 교수 사역보다 목회 사역을 할 때 더욱 쉬웠다는 사실이다.

이것을 완전히 마스터했습니다. 이제 복음을 떠날 때입니다"라고 말할 수 없다. 설교 사역으로의 부르심은 하나님께서 예수 그리스도 안에서 행하셨고 행하시며 앞으로 행하실 온전한 삶속으로의 부르심이다.

다른 말로 하면 우리는 복음을 설교하기 전에 먼저 복음으로부터 말씀을 받아야 한다. 그것은 다른 사람에게 일어나야 할 일이지만 우리는 종종 그것을 자신에게 전해야 하는 것이다. 이에 대해 마틴 로이드 존스(Martyn Lloyd-Jones)는 다음과 같이 설명한다. "나는 영적 침체와 관련된 모든 문제 가운데 가장 핵심적인-특히 설교자가 빠지기 쉬운-문제는 어떤 면에서 우리가 자신에게 말하지 아니하고 자신의 자아로 하여금 우리에게 말을 하도록 허락한다는 사실에 있다... 영적인 삶에서 가장 중요한 기술은 자신을 다루는 방법을 아는 것이다. 자신을 장악하고 자신에게 말하며 자신에게 설교하고 자신에게 질문할 수 있어야 한다."17) 우리가 자신에게 계속해서 물어야 할 질문은 바로 이것이다. 즉 "그렇다면, 복음이 무엇이냐"는 것이다. 우리는 정기적으로 기쁜 소식에 대해 글로 정의해보아야 한다. "십자가에서 '다 이루신 것'은 무엇이냐? 다시는 반복될 필요도 없고 더 덧붙일 것도 없는 무엇이 이루어졌다는 것인가? 하나님께서 나사렛 예수의 죽음과 부활을 통해 얻으신 승리의 본질은 무엇인가? 하나님께서 십자가에서 그리고 텅 빈 무덤에서 하신 일의 결과로 세상에 어떤 변화가 일어났는가? 예수께서 지금 아버지의 우편에 계신다는 말은 무엇을 의미하는가? 예수님이 우리에게 성령을 부으셨다는 것은 무슨 말인가? 예수께서 행하신 것을 무효화할 수 있는 존재나 사물이 있는가? 세상이 '예수는 주' 이심을 아는 결과는 무엇인가? 곧 땅으로 내려갈 새로운 피조물은 어떤 것인가?"

죄는 정복되었다. 악이 정복되었으며 죽음도 정복되었다. 거룩하신 하나님의 임재로 향하는 문은 넓게 열렸다. 정사와 권세는 자기 처소로 돌아갔

---

17) D. Martyn Lloyd-Jones, *Spiritual Depression: Its Causes and Cures*(Grand Rapids: Eerdmans, 1965), p. 20.

다. 하나님의 나라가 흑암과 사망의 나라로 들어왔다. 억압의 사슬이 풀렸다. 세상의 방식은 영원히 바뀌었으며 포로된 자들을 풀어주어야 한다. 이러한 사실을 자신에게 전해야 한다. 여러분의 마음이 뜨거워지고 여러분의 생각이 충만해지며 여러분의 발이 환희의 춤을 출 때까지 자신에게 증거해야 한다. 설교자의 삶은 복음이 가져오는 새로운 실재를 사는 것이다. 그것이 복음 안에서의 삶이다.[18]

3. 성경적 삶

설교자의 삶은 책 안에서, 즉 성경 안에서의 삶이다. 그것은 모든 제자된 자의 삶이다. 성경적 삶은 우리가 그리스도와 그의 복음 안에서 능력 있는 삶을 사는 비결이다. "너희가 내 안에 거하고 내 말이 너희 안에 거하면"(요 15:7). "내가 너희에게 이른 말은 영이요 생명이라"(요 6:63). 설교 사역으로의 부르심은 성경 안에서, 성경을 따라 사는 삶으로의 부르심이다.

이러한 사실은 시편 1편에 가장 잘 나타난다.

---

[18] Elizabeth Achtemier, *The Old Testament and the Proclamation of the Gospel* (Philadelphia: Westminster Press, 1973); Mortimer Arias, *Announcing the Reign of God*(Philadelphia: Fortress, 1984); Carl F. Braaten, *No Other Gospel! Christianity Among the Word's Religions*(Minneapolis: Fortress, 1992); George B. Caird, comp. Lincoln Hurst, *New Testament Theology*(New York: Oxford University Press, 1994); C.H. Dodd, *The Apostolic Preaching and Its Development*(London: Hodder and Stoughton, 1936); Michael Green, *The Meaning of Salvation*(London: Hodder & Stoughton, reprinted by Regent College Publishing, 1998); Richard Hays, *The Moral Vision of the New Testament*(San Francisco: HarperSanFrancisco, 1996); Dorothy Sayers, "The Dogma Is the Drama," in *The Whimsical Christian: 18 Essays by Dorothy Sayers*(New York: Macmillan, 1987); James S. Stewart, *A Faith to Proclaim*(1953); reprint, Vancouver, B.C.: Regent College Publishing, 2002); John G. Stackhouse Jr., ed., *What Does It Mean to Be Saved? Broadening Evangelical Horizons of Salvation*(Grand Rapids: Baker Academic, 2002); John R.W. Stott, *The Incomparable Christ*(Downers Grove, Ill.: InterVarsity Press, 2001).

복 있는 사람은
　악인의 꾀를 따르지 아니하며
　죄인의 길에 서지 아니하며
　오만한 자의 자리에 앉지 아니하고
오직 여호와의 율법을 즐거워하여
　그의 율법을 주야로 묵상하는도다
그는 시냇가에 심은 나무가
　철을 따라 열매를 맺으며
　그 잎사귀가 마르지 아니함 같으니
　그가 하는 모든 일이 다 형통하리로다
악인은 그렇지 아니함이여
　오직 바람에 나는 겨와 같도다
그러므로 악인은 심판을 견디지 못하며
　죄인이 의인의 모임에 들지 못하리로다
무릇 의인의 길은 여호와께서 인정하시나
　악인의 길은 망하리로다

　여기서 시인은 살아계신 하나님과의 관계는 제쳐둔 채 온종일 인간에 관한 최근 사상이나 소식에 귀를 기울이며 지내는 사람들과 "주야로" 살아계신 하나님의 뜻과 소식에 귀를 기울이고 사는 자들을 대조한다. 시편 1편은 종종 나로 하여금 궁극적인 의미가 없는 말들에 시간을 허비하지 않고 생명을 주는 말씀으로 돌아서게 한다. 이것은 설교자는 "악인이나 죄인이나 오만한 자"가 말하는 것을 듣는 것도 안 된다는 뜻은 아니다. 다만 설교자는 제자들과 마찬가지로 예수님과 그의 나라와는 아무런 상관도 없는 자들의 꾀를 따르거나 길에 서거나 자리에 앉아서는 안 된다는 것이다. 설교자는 제자들과 마찬가지로 창조와 구속과 율법과 복음에 관한 하나님의 자기계시(토라의 핵심이다)에 대해 "묵상"(곰곰이 생각)해야 한다. (시편 119편 역시 말씀으로 살며 행하는 자들에 관한 내용이다.)

설교에 대한 소명은 성경의 학생이 되라는 부르심이다. 그리고 학생의 존재 이유는 선생님의 말에 귀를 기울이는 것이다. 유진 피터슨의 말처럼 우리는 성경을 읽고 공부는 해도 실제로 듣지는 않을 수 있다. "내 백성아 내 말을 들으라"(시 81:13). "야곱의 집이여 이스라엘 집에 남은 모든 자여 내게 들을지어다"(사 46:3). "마음이 완악하여 공의에서 멀리 떠난 너희여 내게 들으라"(사 46:12). "야곱아 내가 부른 이스라엘아 내게 들으라"(사 48:12). "섬들아 내게 들으라"(사 49:1). "의를 아는 자들아, 마음에 내 율법이 있는 백성들아, 너희는 내게 듣고"(사 51:7). "너희가 오늘 그의 음성을 듣거든... 너희 마음을 완악하게 하지 말지어다"(시 95:7-8). "귀 있는 자는 성령이 교회들에게 하시는 말씀을 들을지어다"(계시록 2-3장에 7번 제시된다). 또한 우리는 말씀의 종에 관한 본문에서 여호와의 종 자신의 증거를 듣는다. "주 여호와께서 학자들의 혀를 내게 주사 나로 곤고한 자를 말로 어떻게 도와 줄 줄을 알게 하시고"(사 50:4). 이것이 바로 설교자가 해야 할 일이다.

그렇다면 방법은 무엇인가? 종의 노래는 계속된다. "아침마다 깨우치시되 나의 귀를 깨우치사 학자들 같이 알아듣게 하시도다 주 여호와께서 나의 귀를 여셨으므로 내가 거역하지도 아니하며 뒤로 물러가지도 아니하며"(사 50:4-5). 모티어(J.A.T. Motyer)는 이 구절에 대해 앞에서 날카로운 칼과 갈고 닦은 화살로 표현된(사 49:2) 그의 말은, 말하자면 즉석에서 나온 것이 아니라 "오랜 주의와 집중-본문에서 말하는 아침마다 하나님과 약속한 제자훈련-으로부터 나온 산물"이라고 주장한다.[19] 아침마다 하나님과 약속한 것은 스스로 부과한 훈련이 아니라 "여호와의 일정한 다가오심에 대한 반응"[20]을 통해 형성된 훈련이다. 모티어는 계속해서 "아침마다의 약속은 온전하신 종과 관계된 특별한 제공이나 요구에 관한 것이 아니라 모든 제자에게 해당하는

---

19) J.A.T. Motyer, *The Prophecy of Isaiah: An Introduction & Commentary* (Downers Grove, Ill.: InterVarsity Press, 1993), p. 399. 그는 30여 년간 이사야서를 연구한 후에 이 주석을 썼다.
20) Ibid.

일상적 커리큘럼"이라고 주장한다.21) 설교자에게는 두말할 필요도 없다. 설교자의 삶에 있어서 가장 중요한 "예"는 하나님께서 아침마다 우리의 귀를 깨우치시는 일에 대한 "예"이다. "우리의 혀가 사역에 필요한 말씀으로 가득차게 되는 것은 우리의 귀가 하나님의 말씀으로 가득한 결과이다."22) 학생은 듣는 자이다. 설교자도 들어야 한다.

나는 설교자로서 예레미야 시대에 스스로 하나님의 말씀을 전하고 있다고 생각하는 자들에 대한 하나님의 말씀에 예의주시하지 않을 수 없다.

> 만군의 여호와께서 이와 같이 말씀하시되
>   너희에게 예언하는 선지자들의 말을 듣지 말라
>   그들은 너희에게 헛된 것을 가르치나니
>   그들이 말한 묵시는 자기 마음으로 말미암은 것이요
>   여호와의 입에서 나온 것이 아니니라
> 항상 그들이 나를 멸시하는 자에게 이르기를
>   너희가 평안하리라 여호와의 말씀이니라 하며
>   또 자기 마음이 완악한 대로 행하는 모든 사람에게
>   이르기를 재앙이 너희에게 임하지 아니하리라 하였느니라
> 누가 여호와의 회의에 참여하여
>   그 말을 알아들었으며
>   누가 귀를 기울여 그 말을 들었느냐
> 보라 여호와의 노여움이 일어나
>   폭풍과 회오리바람처럼
>   악인의 머리를 칠 것이라
> 여호와의 진노가
>   내 마음의 뜻하는 바를 행하여 이루기까지는
>   그치지 아니하나니
>   너희가 끝날에 그것을 완전히 깨달으리라

---

21) Ibid.
22) Ibid.

> 이 선지자들은 내가 보내지 아니하였어도
> 　달음질하며
> 　내가 그들에게 이르지 아니하였어도
> 　예언하였은즉
> 그들이 만일 나의 회의에 참여하였더라면
> 　내 백성에게 내 말을 들려서
> 　그들을 악한 길과 악한
> 　행위에서 돌이키게 하였으리라(렘 23:16-22).

나는 "나 자신의 생각"이나 나의 가장 훌륭한 "기독교적" 사고에 대해 전하고 싶지 않다. 나는 하나님의 회의-하나님께서 그를 경외하는 자들(시 25:14)과 예수께서 자기의 친구로 삼으신 자들(요 15:15)을 초청하여 주재하시는 회의(시 25:14)-에서 들은 말을 전하고 싶다. 나는 우리에게 생명을 주시는 유일하신 분의 생각과 느낌과 의견과 관점을 전하고 싶을 뿐이다. 여러분도 그렇게 하기를 원하지 않는가? 이와 같이 우리는 하나님의 임재 앞에 서서 그의 말씀을 듣는 자들인 것이다.

4. 연구하는 삶

설교자의 삶은 책과 함께 사는(연구하는) 삶이다. 성경뿐만 아니라 성경적 삶에 유익한 책과 함께 살아야 한다. 바울은 감옥에서 죽어가면서 사도들을 대표하는 목회자인 디모데에게 다음과 같은 몇 가지 부탁을 한다. 그는 "네가 올 때에 내가 드로아 가보의 집에 둔 겉옷을 가지고 오고"(딤후 4:13 상반절)라고 명령한다. 아마도 날씨 탓이었을 것이라고 생각할 수 있다. 그러나 그는 계속해서 "또 책(books)은 특별히 가죽 종이에 쓴 것을 가져오라"(딤후 4:13 하반절)고 주문한다. 상상이나 되는가? 가장 위대한 신학자요 설교자(예수님 외에)인 그가 책(들)이 필요했다는 것이다. 나는 이러한 사실에 대한 스펄전(Charles Spurgeon)의 언급을 좋아한다.

사도도 책을 읽어야만 했다. 그는 영감을 받은 자였으나 책이 필요했다. 그는 삼십년이나 설교해 왔지만 책이 필요했다. 그는 누구보다 많은 경험을 하였지만 책이 필요했다. 그는 셋째 하늘에 갔다온 자였으나 책이 필요했다. 그는 신약성경의 대부분을 기록하였지만 그럼에도 불구하고 책이 필요했던 것이다. 사도는 디모데-따라서 모든 설교자-에게 "책을 읽어라"고 명하고 있는 것이다.23)

우리는 특히 성경신학에 관한 책을 읽어야 한다. 물론 최근의 교양서적도 어느 정도 필요하다. 기독교 서점에서 판매되는 책도 읽어야 하고 잡지나 신문 및 인터넷 기사도 읽어야 한다. 교회사나 전기 또는 소설도 읽어야 하고 영화도 "읽어야" 한다. 그러나 무엇보다도 성경신학에 관한 서적을 읽어야 한다.24) 우리는 보다 깊은 성경의 세계로 인도하며 세월이 가도 변함없는 책을 읽어야 한다.

5. 문화적 삶

설교자의 삶은 문화적 삶이다. 사실 설교자는 산속에 들어가 칩거하지 않는 한 문화를 벗어날 수 없다. 우리는 하나님께서 우리 가운데 두신 특정 문화의 "물을 마시지" 않을 수 없다. 칼 바르트의 말처럼 우리는 한 손에 성경을 들고 다른 한 손에 신문을 들고 사는 자이다. 우리는 영화도 보고 음악도 듣고 세상 책도 읽고 공연도 보고 토론도 하고 스포츠 경기도 관람하고 어린이 야구단도 지도해야 한다. 이러한 활동은 자동적으로 사회와 연계시키며 설교에도 반영된다. 그러나 우리는 하늘나라의 삶을 희생해 가면서까지 문화가 중심이 된 삶을 살아서는 안 된다. 세상 문화를 누리려는 욕심은 자칫 "타락"의 길로 들어서게 할 수 있으며 세상을 향한 증거를 어렵

---

23) C.H. Spurgeon, "Sermon #542, 'Paul-His Cloak and His Books,'" in *Metropolitan Tabernacle Pulpit*(London: Passmore and Alabstar, 1863), p. 9.
24) 특히 Richard Bauckham, George Caird, Richard Hays, George Ladd, Christopher Wright 및 N.T. Wright의 글을 읽기를 권한다.

게 할 수 있다. 시편 1편을 다시 한번 살펴본 후 로마서 12장 2절을 보라. 필립스(J.B. Phillips)는 "세상이 여러분을 끌어들이지 못하도록 하라"고 해석한다. 누군가 "타임지를 읽어라. 그러나 그보다는 영원을 읽어라"고 했다. 다음 장에서 이러한 삶의 역학에 대해 더욱 자세히 살펴볼 것이다.

6. 고난의 삶

설교자의 삶은 고난의 삶이다. 타락한 세상에서 사는 동안 고난을 피할 수는 없다. 이것은 다음과 같이 설명할 수 있다. 설교자의 삶은 고난을 피하는 것이 아니라 예수님과 함께 그가 당하신 고난을 지는 것이다. 물론 그는 속죄적 의미에서 "단 한번" 고난을 당하셨다. 그러한 고난은 끝났다. 그가 "다 이루셨다." 그러나 그는 여전히 세상에서 세상을 위해 충만히 거하시며 세상 끝날까지 우리의 계속되는 고난에 동참하신다.

부활절 저녁에 부활하신 예수님은 "유대인들을 두려워하여" 문들을 닫고 모여 있던 제자들에게 "오사 가운데" 서셨다.(요 20:19). 내가 예수께서 이러한 모습으로 나타나신 본문을 좋아하는 이유는 예수께서 성령 사역의 본질을 제시하고 계신 때문이다. 그가 무슨 말씀과 행동을 하셨는지 유의해보라. "너희에게 평강이 있을지어다"(요 20:19). 그런 후 그들에게 "손과 옆구리"를 보이셨다(요 20:20). 그는 그들에게 자신의 상처를 보이신 것이다. 그리고 그들에게 다시 한번 "너희에게 평강이 있을지어다"(요 20:21)라고 하셨다. 그는 평강의 말씀을 하셨으며 자신의 상처를 보이신 후 다시 평강의 말씀을 하셨던 것이다. 평강과 상처와 평강이다. 왜 그렇게 하셨을까? 예수님은 자신이 당한 상처로 인해 우리가 평강을 얻었다는 사실을 보여주고 계신 것이다. "그의 십자가의 피로 화평을 이루사"(골 1:20). 우리가 이 땅에서 평강을 경험하는 것도 그의 상처 때문이다. 평강은 세상에서 세상을 위해 당하신 그의 고난에 동참할 때 온다. 이것이 바로 바울이 "내가 그리스도와 그 부활의 권능과 그 고난에 참여함을 알고자 하여 그의 죽으심을 본

받아"(빌 3:10)라고 한 이유이다. "그의 고난에 참예한 후 그의 부활의 권능에 참예해야 하지 않겠는가?" "고난을 통해 부활의 생명으로 옮겨가야 하지 않겠는가? 왜 순서가 바뀌면 안 되는가? 그의 고난은 우리의 평강을 위한 필수 조건이며 우리는 예수님의 고난을 통해서만이 평강을 경험할 수 있기 때문이다.

따라서 예수님은 부활하신 날 저녁에 평강에 관해 두 번째로 말씀하신 후 "아버지께서 나를 보내신 것 같이 나도 너희를 보내노라"(요 20:21)고 하셨던 것이다. 예수님은 "같이"라는 단어를 "이제 세상으로 가는 것은 너희들의 차례이다"라는 의미뿐만 아니라 "아버지께서 나를 보내신 것과 마찬가지로"라는 의미도 가진다.

이것은 "아버지께서 나를 보내어 세상의 죄와 고통을 나의 것으로 짊어지게 하신 것처럼 나도 너희를 보내어 세상의 죄와 고통을 너희의 것으로 짊어지게 하겠다"고 해석할 수 있다. 예수께서 그들을 향해 숨을 내쉬며 "성령을 받으라"(요 20:22)고 하신 이유는 이 때문이다. 우리는 우리 자신의 힘으로 그 일을 감당할 수 없다. 우리는 오직 성령의 힘으로 세상에서 세상을 위한 예수의 고난에 동참할 수 있다. 오직 성령만이 우리로 하여금 "세상 죄를 지고 가는 하나님의 어린양"(요 1:29)의 이름으로 세상 죄와 맞서게 하시며 세상이 굶주려 있는 말씀, 즉 "너희의 죄가 사함을 받았다"는 말씀을 전할 수 있게 하신다(요 20:23 참조). 평강과 상처와 평강이다. 우리가 평강을 얻고 누릴 수 있는 것은 오직 구세주의 상처 때문이다. "면류관 가지고 주 앞에 드리세 그 손과 몸의 상처가 영광중 빛나네 하늘의 천사도 그 영광 보고서 고난의 신비 알고자 늘 흠모하도다."[25]

---

25) Matthew Bridges의 1851년 찬송 "Crown Him with Many Crowns"(면류과 가지고 주앞에 드리세)에 나오는 가사이다. 아쉽게도 많은 내용이 실리지 못하였다.

설교의 소명은 고난의 종과 함께 세상의 고난에 동참하는 것이다. 이러한 고난의 삶은 우리의 설교와 삶에 은혜를 더한다.[26] 설교자는 그것에 관해 아무 말도 할 필요가 없다. 사람들은 설교자가 아는 것을 암묵적으로 알 수 있다.

7. 기도의 삶

설교자의 삶은 기도하는 삶이다. 앞에서 말한 모든 것이 기도 없이 어떻게 이루어지겠는가? 사도 바울 역시 기도를 우리의 귀감으로 제시하지 않는가? 우리는 바울이 기록한 13권의 신약성경 가운데 10권에서 복음에 대한 직설법적 선포와 명령형적 권면을 기도로 시작하는 것을 볼 수 있다.[27] 바울은 사람들에게 말하기 전에 먼저 그들에 대해 하나님께 말했다. 그는 하나님께서 그들의 삶에 역사하셨음을 감사한 후 계속해서 역사하시기를 위해 기도하였다. 바울은 이처럼 담대하게 기도하였기 때문에 담대하게 말씀을 전파하였다.

설교자가 자신의 사역을 계속해서 진행할 수 있는 것은 이러한 기도의 삶 때문이다. 우리가 자신이 섬기는 사람들의 삶에서 나타나는 천국의 표지로 인해 계속해서 감사할 수 있다면, 그리고 그 나라의 충만함을 위해 계속해서 기도할 수 있다면, 그 나라의 복음을 계속해서 선포할 수 있는 비전과 능력을 가지게 될 것이다. 우리가 감사와 중보기도를 그치는 날 설교에 필요한 은혜를 상실하기 시작할 것이다. 제임스 스튜어트는 "사역의 실패는 대부분 심방이나 연구나 조직적 활동이 부족해서가 아니라 기도가 부족해서이다"[28]라고 했다. 맞는 말이다.

---

26) William Barclay, commenting on 1 Peter 5:10, in *The Letters of James and Peter: Daily Bible Studies Series*(Philadelphia: Westminster Press, 19176), p. 273.
27) 로마서, 고린도전후서, 에베소서, 빌립보서, 골로새서, 데살로니가전후서, 디모데후서 및 빌레몬서.
28) Stewart, Heralds, p. 202

바울과 같이 기도하는 삶을 살아야 한다. 그의 기도가 우리의 기도가 되어야 한다. 무릎을 꿇고 바울처럼 "너희를 그의 영광의 풍성함을 따라 그의 성령으로 말미암아 너희 속사람을 능력으로 강건하게 하시오며 믿음으로 말미암아[참으로 복된 전치사이다] 그리스도께서 너희 마음에 계시게 하시옵고 너희가 사랑 가운데서 뿌리가 박히고 터가 굳어져서 능히 모든 성도와 함께 지식에 넘치는 그리스도의 사랑을 알고 그 너비와 길이와 높이와 깊이가 어떠함을 깨달아 하나님의 모든 충만하신 것으로 너희에게 충만하게 하시기를 구하노라"(엡 3:16-19)고 기도해야 한다. 설교자가 해야 할 기도가 있다면 바로 이러한 기도이다. 이러한 기도와 함께 자신의 설교의 어조가 어떻게 변화하며 성도들의 삶에 어떤 일이 일어나기 시작하는지 살펴보아야 한다(롬 1:8-10; 엡 1:16-22; 빌 1:3-6, 9-11; 골 1:3-5, 9-12; 살전 1:2-3; 살후 1:3, 11-12; 2:13-14; 딤후 1:3-4; 몬 4-6 참조).

혹은 주기도문의 삶을 살아야 한다. 하나님의 이름이 우리가 섬기는 사람들의 삶 속에 거룩히 여김을 받도록 기도해야 한다. 하나님께서 그의 나라가 "하늘에서 이루어진 것처럼 땅에서도" 그들의 가정과 직장에 가져오시도록 기도해야 한다. 그들의 관계와 결정과 사역에 있어서 하나님의 선하신 뜻이 이루어지도록 기도해야 한다. 하나님만이 이러한 일을 하실 수 있다. 오직 하나님만이 그의 이름을 거룩하게 하시고 그의 나라를 임하게 하시며 세상에 대한 자신의 목적을 이루실 수 있다. "아버지께서 그 일을 하신다." 그것이 바로 예수께서 우리에게 기도를 가르쳐주신 이유이다. "아버지여, 우리는 이러한 일을 할 수 없습니다. 오직 당신만이 할 수 있습니다. 그러므로 그렇게 해 주시기 바랍니다." 하나님께서 그들의 모든 필요와 그들이 온전한 나라의 삶과 사역을 감당하기에 필요한 모든 것을 채워주시도록 기도해야 한다. 하나님께서 악한 자의 유혹, 특히 아버지의 선하심에 대한 확신을 무너뜨리려는 궤계로부터 그들을 구해달라고 기도해야 한다. 이렇게 기도한 후 우리의 설교가 어떻게 변화하며 회중의 삶에 어떠한 일이 일어나는지 살펴야 한다.[29]

또는 또 하나의 주 예수의 기도인 요한복음 17장의 기도를 드려야 한다. 우리는 인간으로 오신 하나님의 아들이 아버지에게 마음을 여는 신성한 본문 안에서 살아야 한다. 이러한 기도는 마치 "우주의 중심에서 이루어지는 대화를 엿듣는" 것과 같다. 우리는 이미 사복음서를 통해 예수님의 기도 습관에 대해 잘 알고 있다. 그가 이처럼 자신을 드러내 주시지 않았다면 우리는 그의 기도를 들을 수 없었을 것이다. 그러나 요한복음 17장에서 예수님은 제자들에게-따라서 우리에게-다가 와 곁에 앉아 그의 기도를 모두 듣게 하셨다. 우리는 이러한 예수님의 기도를 드리면서 우리의 설교에 어떠한 변화가 일어나는지 살펴보아야 한다.

또는 성경 가운데 가장 위대한 기도의 책인 시편의 기도를 드려야 한다. 나는 이 기도를 오랫동안 해 왔으며 이제는 그것이 없는 기도는 생각할 수도 없다. 칼빈은 이러한 기도에 대해 "영혼의 모든 요소에 대한 해부도"[30]라고 말한다. 마틴 루터는 이러한 기도는 "우리 각자가 자신의 영혼의 움직임을 들여다볼 수 있는 거울"이라고 말한다.[31] 이 기도를 거의 날마다 20년간 드린 후에 나는 비로소 "우리가 어떠한 상황에 있든지 마치 '나 자신의 일'처럼 더 이상 그보다 더 적절한 상황을 찾거나 바랄 수 없을 정도로 나의 형편에 꼭 들어맞는 기도가 있다"[32]는 마틴 루터의 말에 동의하게 되었다. 이러한 시편의 기도를 한 후, 설교를 들은 회중으로부터 가끔 "당신은 내가 사는 곳에 사시는 것 같습니다"라고 하는 말을 들어보자. 시인은 모든 사람이 사는 곳에 산다.[33]

---

29) 필자의 *Fifty-Seven Words That Change The World: A Journey through the Lord's Prayer*(Vancouver, B.C.: Regent College Publishing, 2003)를 참조하라.
30) John Calvin, *Commentary on the Book of Psalms*, trans. Arthur Golding, rev. and ed. T.H.L. Parker(Grand Rapids: Eerdmans, 1949), 1:334.
31) Martin Luther, *Word and Sacrament I*, Luther's Works(Philadelphia: Fortress, 1960) 35:255-56.
32) Ibid.
33) 시편의 기도에 대해 다룬 두 권의 유익한 자료는 Eugene Peterson's *Answering God: The Psalms as Tools for Prayer*(San Francisco: Harper & Row, 1989), and Charles Hadden Spurgeon's *Treasury of David*, 3 vols. (Grand Rapids: Zondervan, 1966).

설교에 대한 소명은 기도에 대한 소명이다. 제임스 스튜어트는 기도에서 나오는 설교는 두 가지 구체적인 결과를 나타낸다고 말한다. 하나는 사람들이 복을 받는다는 것이다. 또 하나는 "주일날 예배를 통해 회중의 얼굴을 들여다보며 그들에게 그리스도의 충만한 은혜를 새롭게 선포할 때에 그들 한 사람 한 사람의 이름을 불러가며 간구했던 중보의 기도로 말미암아 말씀이 힘을 얻고 그들에게 사랑과 존경과 실재라는 날개를 달아줄 것이다."[34] 우리는 그들을 위해 기도하고 있다는 사실에 대해 한 마디도 할 필요가 없다. 아마도 그들은 우리가 하나님에 대한 말씀을 하려고 강단에 올라가기 전에 이미 그들에 대해 하나님께 기도했다는 사실을 알고 있을 것이다.

8. 준비하는 삶

설교자의 삶은 준비하는 삶이다. 끊임없는 준비가 필요하다. 그들은 언제나 생각하고 듣고 주의하며 계획을 세워야 한다. 이와 관련하여 나는 앞서 우리가 토요일 저녁부터 급히 준비한 원고를 들고 주일날 아침 회중 앞에 선다는 것은 기적이 아니면 불가능하다고 언급한 바 있다. 설교를 준비하는 것(설교자로서의 준비를 갖추는 것은 물론)은 많은 시간이 소요되는 작업이다. 그것은 결코 급히 이루어지는 것이 아니다.

나는 동료 설교자들에게 주간 및 연간이라는 두 가지 차원에서 설교를 준비할 것을 권한다. 주간으로는 한 주간 내내 그 주의 설교를 조금씩 준비해 가는 것이다. 연간으로는 머릿속에 언제나 한 해 동안 설교할 본문에 관한 생각을 하고 있으라는 것이다. 무슨 말인지 자세히 설명하겠다.

1) 주간 준비

설교준비는 월요일부터 시작한다. 사역을 하루 쉬는 날이라면 오후 늦게

---

34) Stewart, *Heralds*, pp. 203-4.

라도 시간을 내어 본문을 경건을 위한 목적이라도 좋다 읽는다. (곧 살펴보겠지만 이 본문은 이미 선택되어 많은 연구가 이루어진 상태이다.) 화요일에는 가장 어려운 부분부터 시작하여 주해단계에 들어간다. 다른 활동을 하면서도 마음은 계속해서 연구해야 한다. 따라서 지갑이나 포켓에 언제든지 메모할 준비를 갖추고 있어야 하며 필요한 내용이나 갑자기 생각나는 것이 있으면 메모해 둔다. 수요일에는 주해작업을 마치고 핵심 사상을 찾아내어 특히 본문을 어떻게 조명할 것인가에 초점을 맞추어 해석학적 과정으로 들어간다. 여전히 메모 준비를 갖추고 심방이나 상담 또는 병원사역을 하는 중에라도 주제에 대한 생각을 계속해야 한다.

목요일에는 설교의 개요를 작성한다. 적어도 저녁 시간까지는 설교의 윤곽이 나와야 한다. 금요일 아침에는 원고(주일날 들고 올라가지 않더라도)를 작성한다. 정오까지는 완성하도록 해야 한다. 남은 시간에 다른 일을 하면서도 계속해서 메모지를 들고 창의적인 마음으로 점검하고 조정한다. 토요일에는 먼저 큰 소리로 적어도 두 번 정도 원고를 읽는다. 첫 번째는 자신의 책상이나 뒤뜰에 앉아서 원고를 보며 읽는다. 읽으면서 자신의 귀에 어떻게 들리는지 점검하고 필요한 부분이 있으면 수정한다. 두 번째는 문장의 첫줄만 읽고 고개를 들고 말을 한다. 신기하게도 우리는 이런 식으로 원고를 외우고 있는 것이다. 그리고 편안한 마음으로 토요일 밤을 보낸다. 주일은 6장에서 제시한 방식에 따라 최종 점검을 한다. 우리의 생각과 마음은 한 주간 내내 주일 설교를 위한 공간을 비워두어야 한다.

2) 연간 준비

설교는 연간 계획에 따라 진행하는 것이 좋다. 모든 일은 계획한 대로 시행되지 못하는 경우가 많다. 그것은 큰 문제가 되지 않는다. 그러나 우리는 언제나 정해진 목적을 향해 계속해서 진행해야 한다. 중간에 기차를 갈아타는 것보다 달리는 기차의 궤도를 수정하는 것이 쉽다.

나는 설교자가 소위 교회력(Christian Year)에 따라 사역할 것을 권한다.[35] 나는 많은 교회가 더 이상 이 오래된 전통을 따르지 않고 있다는 사실을 안다. 그러나 그들은 좋은 유산을 버리고 있는 것이다. 교회력의 목적은 한 해 동안 우리가 복음의 중요한 본질을 돌아보게 하는 것이다. 로버트 웨버(Robert Webber)는 교회력을 "연대기적 신앙고백"이라고 했다.[36] 나는 이것을 "주기적 복음"(cyclical gospel)이라고 부른다. 그것은 예수님과 그의 복음이 시대적 이슈나 설교자가 선호하는 주제를 따라 형성되는 것이 아니라 매년 리듬감 있는 복음으로 제시되게 한다. 교회력은 열두 달을 일곱 개의 주요 단위로 나눈다(어떤 전통에서는 이들 중 1-2개의 단위를 더욱 세분화 한다). 일곱 개의 단위는 기간이 같지 않다. 그러나 복음을 선포하고 그것에 따라 산다는 의미에서 동일한 가치를 가지고 있다.[37] 교회력에 따른 절기는 최소한 다음과 같다.

강림절(성탄절 4주 전 주일): 예수님의 오심에 초점을 맞춘다. 그의 초림은

---

35) Ronald Allen, Interpreting the Gospel(St. Louis: Chalice Press, 1998), pp. 104-9; Robert Webber, Blended Worship: Achieving Substance and Relevance in Worship (Peabody, Mass.: Hendrickson, 1996), and Worship Old and New, 2nd ed. (Grand Rapids: Zondervan, 1994); Marva Dawn, Reaching Out Without Dumbing Down: A Theological Worship for the turn of the Century(Grand Rapids: Eerdmans, 1995).

36) Webber, Blended Worship, p. 136.

37) 교회력이 어떻게 발전되어 왔는지를 본 장에서 다루는 데에는 한계가 있다. 간단히 말해서 한 해는 기본적으로 두 절기를 기준으로 나눌 수 있다. 하나는 한 해의 시작을 알리는 유월절이고 또 하나는 12월 25일이다. 성탄절은 주후 360년에 로마의 주교 Liberius가 예수님의 탄생을 기념하여 지정한 날이다. 교회는 고대 로마의 농업신(Saturn)을 위한 절기와 같은 날을 택하여 우주적 해방을 축하하고 거룩한 빛의 회복을 축하하는 날로 잡았던 것이다. "부활절은 유월절과 연계하여 유대교의 제의와 관계된 월력과 연결된다. 성탄절은 4세기에 로마력의 겨울 극점과 일치하는 12월 25일로 확정되었으며 따라서 1월 1일부터 시작하는 로마의 일반력, 즉 태양력과 연결되었다." "Year, liturgical," in *Oxford Dictionary of the Christian Church*, ed. F.L. Cross and E.A. Livingstone, 3rd ed. (Oxford: Oxford University Press, 1997), p. 1772. Paul Jewett는 한 해를 "The Trinity Cycle"(삼위 하나님의 주기)로 불렀다. 즉, 성부 하나님은 아들을 보내셨다(성탄절). 성자 하나님은 죽으시고 부활하셨다(부활절). 성령 하나님은 교회를 위해 충만하게 임하셨다(오순절). 이것은 Jewett의 조직신학(Fuller theological Seminary, 1971) 가운데 미출판된 논문 중에 나오는 내용이다.

베들레헴을 중심으로 일어났으며 그의 재림은 영광중에 새 하늘과 새 땅과 함께 임하게 하실 것이다.

성탄절(성탄절 이브와 성탄절 및 이어지는 주일): 루이스(C.S. Lewis)가 말하는 "하나님께서 세상에 들어오심"(The Invasion)에 초점을 맞춘다.38)

주현절(정통 기독교에서는 1월 6일 이후 첫 주일부터 5-8주간[부활절 일자에 따라 변동된다] 지킨다): 예수님의 지상 사역 및 그의 "나타나심," 즉 빛과 생명과 사랑의 나라의 도래에 초점을 맞춘다. 이 시기에는 사복음서 가운데 하나를 설교하기에 좋다. (오늘날 한 가지 안타까운 사실은 대부분의 예수님의 제자들이 예수님의 생애와 가르침과 사역에 관한 내용보다 이케아 카탈로그(Ikea Catalog[저가형 다국적 기업 '이케아'의 상품목록])나 마이크로소프트 윈도우 프로그램에 훨씬 익숙해 있다는 것이다.

사순절(종려주일 전 다섯 주일): 예수님의 죽으심과 그의 죽음에 함축된 제자도-그의 죽으심과 부활하심은 1회적 사건이 아니라 예수 안에서의 삶에 계속해서 일어나는 하나의 패턴이다-에 초점을 맞춘다.

고난주간(종려주일, 월요일-수요일, 세족 목욕일, 성금요일, 침묵의 토요일, 부활절): "세상을 바꾼 주간"에 초점을 맞춘다. 종려주일은 우리가 기대한 왕이 아니라 우리에게 필요한 왕이라는 역설적인 왕을 제시한다. 월요일에서 수요일까지 예수님은 종교와 "갈등"하는 상황에서 가르친다. 세족 목요일(Maundy Thursday, maundy는 "명령"을 뜻하는 라틴어 mandatum에서 나온 말이다)은 예수께서 제자들의 발을 씻기시고 서로 사랑하라고 명령하신 것에 초점을 맞춘다.39) 성금요일에는 예수님의 수난에 초점을 맞춘다.

---

38) C.S. Lewis, *Mere Christianity*(New York: Macmillan, 1952), pp. 32-36.
39) 요한복음 13장을 설교할 때는 Lesslie Newbigin의 주석 *The Light Has Come: An Exposition of the Fourth Gospel*(Grand Rapids: Eerdmans, 1982), pp. 170-71을 반드시 참고하라.

(성금요일은 Good Friday라고 한다. 그러나 이 날에 ugly나 evil 또는 dark 라는 말 대신 good이란 형용사를 쓰는 것이 과연 적절한가?) 이 날은 그의 죽음과 하나님의 복음에 대해 더욱 깊이 묵상해볼 수 있는 좋은 시간이다. 부활절에는 사망을 이기심과 아버지의 받아들이심에 대해, 그리고 마지막 아담, 새로운 인간, 새로운 인류의 대표이자 시조의 부상, 즉 "새로운 세상의 첫 날"에 대해 선포한다. 이 날은 얼마나 설교하기에 좋은 날인지 모른다. 리차드 리셔(Richard Lischer)가 바르게 지적한 대로 "기독교의 설교는 부활에서부터 시작되었다… 설교자가 명심해야 할 것은 기독교의 설교가 그렇게도 기다리는 의미와 중요성을 가지는 것은 전적으로 부활 때문이라는 사실이다."[40]

부활절 계절(6주간): 예수님의 부활에 따른 성도의 삶에 초점을 맞춘다. 특히 이 기간 중 승천일에는 예수께서 승천하셔서 아버지의 보좌 우편에 앉아계심의 의미에 초점을 맞춘다.

오순절(부활절 후 50일째 되는 날, 성령 강림을 기념하는 오순절 주일, 오순절은 그리스도 왕 주일-대개 미국의 추수감사절 다음 주일로, 연중 절정에 해당하는 주일이다-까지 계속된다. 이 날은 성령의 인격과 사역 및 성령충만한 삶에 초점을 맞춘다. 6장에서 언급한 대로 예수 그리스도의 교회는 결국 이 오순절을 성탄절이나 부활절만큼 중요하게 여길 때 그의 복음을 온전하게 이해하게 될 것이다. (전통적으로 많은 복음주의 교회 회중은 이 위대한 날을 인식조차 하지 않는다.)

다음으로 할 일은 이 교회력에 따라 각 절기마다 필요적절한 시리즈 설교를 위해 기도하고 듣고 계획을 세우는 것이다.[41] 필자가 시리즈 설교를

---

40) Richard Lischer, *A Theology of Preaching: The Dynamics of the Gospel*(Nashville: abingdon, 1986), p. 31; "설교가 설교답기 위해서는 예수님의 죽으심과 승리에 동참해야 한다"(p. 43).
41) 교회력을 사용하지 않는 교회에서는 일 년을 주기로 "성 축제일"을 중심으로 크게 시즌을 나눌 수 있다. 북반구에서는 노동절 다음 주일부터 한 해를 시작한다. 이렇

추천하는 이유는 세 가지이다. 첫째는 수 주 동안 성경 한 곳에 머무르며 성경을 읽는 방법을 가르칠 수 있다는 것이다. 둘째로, 설교자가 생략하고 지나칠 수도 있는 본문을 다 가르칠 수 있다는 것이다. 셋째로, 교회를 이끌어나가는 것은 목회자의 필요나 지표가 아니라 말씀이라는 인식을 심어줄 수 있다. 물론 여러분은 한 절기에 시작한 시리즈 설교를 다음 절기까지 계속할 수 있다. 예를 들어 주현절에 시작한 산상수훈에 관한 설교를 사순절까지 할 수 있다. 그러나 내가 말하는 것은 각 절기에 적절한 시리즈 파일을 준비하고 그 속에 매 주 설교를 위한 일련의 작은 파일-가령, 서론을 위한 파일, 1차 파일, 2차 파일, 3차 파일-을 준비하는 것이다.

여러분은 이 준비를 두 가지로 할 수 있다. 하나는 1-2주간의 여름휴가를 이용하여 연간 계획을 세우는 것이다. 문제는 가을 시리즈(또는 남반구에서 사역하고 있을 경우 봄 시리즈)는 충분히 준비할 시간이 적다는 것이다.

따라서 다른 한 가지 방법은 금년 절기 말미에 다음 해의 시리즈를 준비하는 것이다. 이렇게 되면 매년 꼭 1년 전에 다음 해 설교가 준비되는 것이다. 예를 들어 2015년 강림절 저녁에 다음 해인 2016년 강림절 시리즈를 미리 준비하는 것이다. 마찬가지로 2016년 사순절 저녁에는 2017년 사순절 시리즈를 준비한다. 모든 설교를 이와 같은 식으로 준비한다. 나는 대개 성탄절 이브 늦은 시간-사실 성탄절 아침에 가까운 시간-에 집으로 돌아오는 경우가 많다. 비록 잠시지만 내가 다음 성탄절 이브 설교 준비를 하는 것은 바로 그 시간이다. 왜 그 시간이어야만 하는가? 왜 몇 주나 몇 달을 기다렸다가 하면 안 되는가? 성탄절 이브 늦은 시간이 효과적인 이유는 첫째로, 성탄을 축하하는 모든 소리와 냄새와 광경이 새롭게 보이는 시간이기 때문이다. 둘째로, 시간이 없어 전하지 못하고 다음 번 설교에 꼭 포함시켜야겠다고 생각하는 내용이 있기 때문이다. 나는 부활주일 예배를 마치고 집으로

게 시작하여 성탄절까지 이어지며 그 다음 큰 절기는 새해이며 따라서 새해가 지난 첫 주 부터 부활절을 준비한다.

돌아오면서 다음 부활절 설교 계획을 세운다. 왜 그때여야 하는가? 같은 이유에서이다. 나의 마음과 생각은 그 날의 찬양과 행사로 가득하며 시간이 없어 제대로 의미를 전달하지 못한 것들이 많이 있기 때문이다.

이처럼 미리 세운 계획들은 다음 해를 위해 생각한 것과 들은 것과 읽은 것을 모두 담을 수 있는 정신적 공간을 제공한다. 말하자면 여러분은 다양한 삶의 경험을 진열할 수 있는 52개의 옷걸이를 가지고 있는 것이다. 여러분은 모든 것-생일, 기념일, 선거, 죽음, 비극, 스포츠 게임-을 복음이라는 렌즈를 통해 바라본다. 여러분의 생각은 예수님과 그의 복음에 관한 모든 자료를 취합하여 되새김질하기 시작한다. 몇 가지 예를 들면 다음과 같이 정리할 수 있다.

[사례 1]

2020년 강림절: 누가복음 1-2장
(구원의 노래)
　1. 눅 1:45-55: 마리아의 찬양(Magnifies)
　2. 눅 1:67-79: 사가랴의 찬양(Blessed Be)
　3. 눅 2:14: 천사의 찬양(Glory Be)
　4. 눅 2:29-32: 시므온의 찬양(Now Departs)

2020년 성탄절 이브: 누가복음 2장 1-20절
　가이사 아구스도가 자신이 세상을 다스린다고 생각하고 있을 때

2020년 성탄절 주일: 누가복음 2장 41-51절
　나의 아버지의 일: 새해에 대한 준비

2021년 주현절: 예수님과의 만남: 은혜(누가복음)
　1. 눅 5:1-11: 어부
　2. 눅 6:11-17: 과부의 독자

3. 눅 7:36-50: 바리새인과 거리의 여인
　　4. 눅 18:35-433 소경
　　5. 눅 19:1-10: 세리
(다섯 주 이상이면 몇 군데 더 찾아야 한다.)

2021년 사순절: 제자로 부르심(누가복음)
　　1. 눅 9518-27: 너희는 나를 누구라 하느냐?
　　2. 눅 9:51-62: 신실한 제자
　　3. 눅 10:1-20: 추수할 일군
　　4. 눅 14:15-24: 초라한 변명
　　5. 눅 14:25-35: 할 수 없는 것인가 하지 않는 것인가?

2021년 종려주일: 누가복음 19장 28-44절
　평화를 조장하는 것들

2021년 세족 목요일: 누가복음 22장 7-23절
　비로소

2021년 성금요일: 누가복음 23장 32-38절
　아버지여 저들을 용서하소서

2021년 부활절: 누가복음 24장 1-12절

2021년 부활절 계절: 제자로 부르심(누가복음)
　(부활의 세계)
　　1. 눅 24:13-35: 눈을 열어
　　2. 눅 24:13-35: 성경과 성찬
　　3. 눅 24:36-43: 육신의 부활
　　4. 눅 24:44-49: 성경을 여심
　　5. 눅 24:50-53: 축복의 자세

2021년 오순절 주일: 사도행전 2장 1-13절
바람과 불

2021년 오순절 계절(여름휴가까지): 갈라디아서 3장 1-4절;
5장 13절-6장 8절
(새로운 생명 및 새 생명으로 사는 방법)
  1. 갈 3:1-3; 5:16: 육과 영(두 가지의 대립된 방식)
  2. 갈 5:16: 성령으로 행함
  3. 갈 5:22: 새로운 사랑
  4. 갈 5:22: 새로운 희락
  5. 갈 5:22: 새로운 화평
  6. 갈 5:22: 새로운 오래 참음
  7. 갈 5:22: 새로운 자비
  8. 갈 5:22: 새로운 양선
  9. 갈 5:22: 새로운 충성
 10. 갈 5:22: 새로운 온유
 11. 갈 5:22: 새로운 절제
(2-11번의 경우 각 설교는 성령의 열매에 초점을 맞추며 성령으로 행하는 11가지의 다른 방식을 제시함으로써 시리즈 설교의 진수를 보여준다.)

2021년 오순절 계절(여름휴가부터 가을까지): 빌립보서
(감옥에서의 기쁨)
  1. 바울에 대한 배경, 그의 투옥 및 빌립보 교회 빌립보서 전체에 대한 개관, 본문을 외어서 들려준다(16분 정도 소요된다)
  2. 빌 1:3-11: 그는 시작하신 일을 끝까지 이루신다
  3. 빌 1:12-20: 열악한 환경이 복음의 진보를 가져오는가?
  4. 빌 1:21-30: 내게 사는 것은 그리스도니
  5. 빌 2:1-11: 우주의 비밀
  6. 빌 2:12-30: 행하시는 분은 누구이냐?
  7. 빌 3:1-11: 복음을 위해 모든 것을 버림
  8. 빌 3:12-16: 예수께 잡힌 바 됨

9. 빌 3:17-21: 구원에 대한 기다림
   10. 빌 4:1-9: 평안한 마음
   11. 빌 4:10-23: 참된 후원자

2021 그리스도 주일: 빌립보서 2장 5-11절
왕이 된다는 것은 어떤 의미인가?
(본문을 다시 한번 깊고 넓게 묵상한다.)

[사례 2]

가을부터 시작하여 다음 해까지 계속되는 경우이다.

2030 오순절 계절(가을부터 시작): 창세기 1-3장
(인간이 된다는 것은 무슨 의미인가?)
창세기 1장에서의 세 가지 설교
   1. 본문을 외어서 들려준다. 창조의 노래
   2. 혼돈으로부터의 질서, 공허함이 충만케 됨
   3. 우리의 상상력

창세기 2장에서의 세 가지 설교
   1. 4중의 관계적 조화
   2. 한 가지 명령
   3. 남자와 여자

창세기 3장에서의 세 가지 설교
   1. 시험에 빠짐
   2. 세상의 타락
   3. 금지된 생명나무

2030년 그리스도 주일: 다니엘서 2장
   역사에 대한 개관

2030년 강림절: 마태복음 1장
　1. 마 1:1-17: 구세주의 DNA(그의 놀라운 계보)
　2. 마 1:18-20: 재시작: 동정녀 탄생의 의미
　3. 마 1:20: 성령으로 기적이 일어남: 천사가 꿈에 나타나 말함
　4. 마 1:23-25: 그는 진실로 그의 모든 이름에 합당한 자이다

2030년 성탄절 이브: 이사야 9장 2-7절
　아이에게 주어진 이름들

2030년 성탄절 주일: 갈라디아서 4장 4-7절
　때가 되매

2031년 주현절 및 사순절: 아브라함과 사라
　(구원하는 믿음을 따라)
　1. 창 12:1-3: 복의 근원이 되는 축복
　2. 창 12:4-13: 오르락 내리락 하지만 언제나 전진한다
　3. 창 12:5-18: 눈의 인도: 보는 것을 조심하라
　4. 창 15:1-6: "아멘"으로 응답하라
　5. 창 15:7-21: 가장 위대한 보증
　6. 창 16:1-6: 하나님의 계획
　7. 창 16:6-16: 감찰하시는 하나님
　8. 창 18:1-15: 왜 웃느냐
　9. 창 18:16-33: 간청
　10. 창 20:1-18: 반복된 사건
　11. 창 22:1-19: 마지막 위기, 궁극적 발견

2031년 종려주일: 마태복음 21:1-17절
　너희 왕을 보라

2031년 성금요일: 마태복음 27장 45-54절
　더 이상 분리되는 아픔은 없다

2031년 부활절: 마태복음 28장 1-10절
  부활절의 동사: 오라, 보라, 가라, 전하라

2031년 부활절 계절: 오순절(여름휴가까지): 에베소서 1-3장
  (그리스도 안에서: 놀라운 은혜)
  1. 배경: 바울과 그의 환경, 에베소교회(및 루커스 계곡);
     에베소 전체에 대한 개관(20분 정도 소요)
  2. 엡 1:3-14: 파트 I: 영적 축복
  3. 엡 1:3-14: 파트 II: 풍성한 영적 축복
  4. 엡 1:3-14: 파트 III: 더욱 풍성한 영적 축복
  5. 엡 1:15-23: 마음의 문을 열라
  6. 엡 1:19-22: 변화된 실재의 구조
  7. 엡 2:1-10: 그러나 하나님!
  8. 엡 2:11-22: 새로운 인간성
  9. 엡 3:1-13: 측량할 수 없는 그리스도의 풍성함
  10. 엡 3:14-20: 삼위 하나님 안에서의 삶
  11. 엡 3:20-21: 이 모든 일에 대한 이유

2031년 오순절 계절(여름휴가부터 가을): 에베소서 4-6장
  (그리스도 안에서: 은혜로 행함)
  1. 그러므로(책 전체에 대한 개관 및 직설법 후에 명령법이 이어 지는
     바울의 정상적 패턴에 소개, 그리고 4-6장에 삶은 1-3장의 은혜를
     바탕으로 함을 설명)
  2. 엡 4:1-16: 성령의 하나 되게 하신 것을 지키라
  3. 엡 4:17-24: 바뀐 옷
  4. 엡 4:25-32: 성령을 근심하게 하지 말라
  5. 엡 5:1-2: 하나님을 본받는 자?
  6. 엡 5:3-14: 빛의 자녀
  7. 엡 5:15-21: 성령충만
  8. 엡 5:21: 피차 복종함: 성령의 기적
  9. 엡 5:21-33: 결혼에 적용된 은혜의 원리: 계급적 질서와 섬김

10. 엡 6:1-4: 가정에 적용된 은혜의 원리
11. 엡 6:5-9: 주종관계에 적용된 은혜의 원리
12. 엡 6:10-24: 서기 위한 전신갑주

2031년 그리스도 주일: 시편 96-99편
  열방 중에 '하나님이 통치하신다' 라고 선포하라
  (또는 환난날에 예수를 주로 고백하라.)

2031년 강림절: 마태복음 24-25장
  (기다리는 삶)
  1. 마 24:1-44: 더 이상의 경고는 없다
  2. 마 24:45-25:13: 그를 맞을 준비가 되었는가?
  3. 마 25:14-30: 돈을 은행에 예금하는 것은 좋은 생각이 아니다.
  4. 마 25:31-46: 지극히 작은 자로 위장하신 예수님을 맞으라

2031년 성탄절 이브: 마태복음 2장 1-2절
  그는 별들도 자신에게로 이끄신다.

2031년 성탄절 주일: 마태복음 2장 1-6절
  헤롯이 화를 낼 수 있는가?

재미있지 않은가? 마지막 사례는 한 권의 책을 일년 동안 설교하는 방법을 보여준다. 요한복음의 경우이다.

[사례 3]

강림절: 요한복음 1장 1-18절
  1. 요 1:1-2: 하나님의 자기 계시
  2. 요 1:3-5: 베들레헴 이전
  3. 요 1:9-13: 세상에 오심
  4. 요 1:14-18: 그의 영광

성탄절 이브: 요한복음 1장 1-14절
  실제적인 이야기

성탄절 주일: 요한복음 1장 19-51절
  예수와 함께 세례 받음

주현절: 요한복음 2-4장
  (모든 것이 새롭게 되었다)
  1. 요 2:1-11: 원형적 이적
  2. 요 2:13-25: 영광에 합당하심
  3. 요 3:1-21: 생물학적 생명으로부터 영적 생명으로
  4. 요 4:1-45: 우물이 된 여자
  5. 요 4:46-54: 네 아들이 살았다

사순절: 요한복음 18-19장
  (그는 나무로부터 통치하신다)
  1. 요 18:1-11: 9518-27: 약한 희생자가 아님
  2. 요 18:12-27: 종교적 심문
  3. 요 18:28-19:16: 정치적 심문
  4. 요 19:17-30: 성경을 응하게 하려 함
  5. 요 19:30: 무엇을 다 이루셨는가?

종려주일: 요한복음 12장
  영광의 현장

세족 목요일: 요한복음 13장
  기적

성금요일: 요한복음 19장 38-42절
  은밀한 제자

부활주일: 부활절계절: 요한복음 20-21장
  1. 요 20:1-10: 반대편을 통해
  2. 요 20:11-18: 실제 동산지기
  3. 요 20:19-23: 상처로 인한 평화
  4. 요 20:24-29: 이 시대의 제자, 도마
  5. 요 21:1-23: 그는 나에게 새로운 과거를 주셨다.

오순절 주일: 오순절 계절: 요한복음 14-16장
  (예수님이 이 땅에 계시지 않을 때)
  1. 요 14:1-3: 혼인을 위한 준비
  2. 요 14:4-15: 집으로 가는 길
  3. 요 14:16-24: 너희와 함께 너희 안에
  4. 요 14:25-31: 너희에게 모든 것을 가르치리라
  5. 요 15:1-11: 진정한 집
  6. 요 15:12-17: 너희를 친구라 하였노니
  7. 요 15:17-27: 성령과 세계: 파트 I
  8. 요 16:1-16: 성령과 세계: 파트 II
  9. 요 16:17-28: 해산의 고통
  10. 요 16:29-33: 내가 세상을 이기었노라!
  11. 요 17장: 우주의 중심에서 나누는 대화
  12. 요 17장: 계속
  13. 요 17장: 계속

오순절 계절(가을까지): 요한복음 5-11장
  (그 사람이 말하는 것처럼 말한 사람은 이때까지 없었나이다)
  1. 요 5장: 예수님과 안식일: 나는 일하는 중이다
  2. 요 6장: 예수님과 유월절: 나는 생명의 떡이다(I)
  3. 요 6장: 나는 생명의 떡이다(II)
  4. 요 7장: 예수님과 성전(I): 생수
  5. 요 8장: 예수님과 성전(II): 나는 세상의 빛이다
  6. 요 8장: 예수님과 성전(III): 나는 스스로 있는 자이다

7. 요 9장: 예수님과 종교지도자: 나는 세상의 빛이다(반복)
   8. 요 10장: 예수님과 수전절(Hanukkah): 나는 선한 목자이다
   9. 요 11장: 예수님과 죽으심: 나는 부활이요 생명이다
  10. 요 11:47-12:11: 그렇다면 이제 어떻게 할 것인가?

여러분은 이상의 사례로부터 설교를 미리 준비하는 것이 복음의 온전함 속에 살아가게 한다는 사실을 볼 수 있을 것이다. 나는 수 년 동안 나를 설교자로 세우신 하나님으로부터 가장 많은 유익을 얻는 사람은 나 자신이라고 말해왔다. 얼마나 놀라운 삶인가? 우리는 날마다 해마다 복음 안에서 살고 있다. 또한 나는 과거 수년 동안 우리들 가운데 주일날(또는 수요일이나 토요일) 전해야 할 것들을 충분히 전한 사람은 아무도 없다고 말해왔다. 나는 그것이 바로 하나님께서 그렇게 많은 설교자를 부르신 이유라고 생각한다.

나는 지금까지 여러분이 두 가지의 의문을 가지게 되었을 것이라고 생각한다. 첫째로, 나는 언제나 계획대로 해야 하는가? 그렇지 않다. 주께서는 계획을 언제든지 바꾸실 수 있고 바꾸신다. 그러나 그것은 누군가 말씀에 몰입해 있는 사람들과 함께 일을 하실 때이다. 둘째로, 때때로 발생하는 위기에 대해서는 어떻게 해야 하는가? 먼저 우리가 위기라고 생각하는 것이 실제로 위기인지 확인해 보아야 한다. 하나님의 섭리에 의한 것은 아닌가? 나는 9/11 테러 후 주일날 본문을 바꿀 필요성을 느끼지 못하였다. 그 이유는 그날의 본문이 두려워하는 많은 사람들에게 매우 적절한 말씀이었기 때문이다. 그러나 계획을 완전히 바꿔야 할 때가 있으며 그럴 때에는 한두 주 본문을 바꾸어 설교한 후 다시 원래대로 돌아온다.

설교 사역으로의 부르심은 새로운 삶으로의 부르심이다. 그것은 진정한 설교자이신 그리스도의 삶, 복음적 삶, 성경적 삶, 연구자의 삶, 문화적 삶, 고난의 삶, 기도의 삶, 준비하는 삶이다. 이 모든 것은 설교의 영광의 한 부분이다.

알렉산더 맥라렌(Alexander M'Laren)은 지금까지 들어본 가장 훌륭한 스코틀랜드의 설교자 가운데 한 사람이다. 그는 "제사장도 철학자도 아니며 메신저이자 선포자"로 알려져 있다. 그는 자신의 설교를 듣는 회중이 그가 본문을 보는 방식 외에는 어떤 방식도 싫어할 만큼 본문을 분석하는 능력이 있다. 그는 "완벽에 가까운 문장"으로 쉽고 은혜롭게 전달하는 능력이 있다. 로벗슨 니콜(W. Robertson Nicoll)은 다음과 같이 그에 대해 평하였다. "누군가 그리스도 예수에 의해 사로잡힌 사람이 있다면 그는 알렉산더 맥라렌이다... 그만큼 아침마다 깨우치시는 교훈에 신실한 사람은 없다. 그는 자신의 마지막이 처음과 같되 보다 깊은 확신과 강력한 사랑 가운데 끝나기만 바랐다."[42] 여러분의 소원은 무엇인가? 이어지는 니콜의 언급은 설교자의 삶에 관한 본 장의 결론으로 적절하다. "그를 보는 사람들은 그가 세상보다 오래되고 영원히 솟아나는 샘으로부터 마신다고 생각한다."[43]

주여 나와 이 책을 읽는 모든 사람에게도 동일한 은혜를 허락하소서.

---

42) W. Robertson Nicoll, *Princes of the Church*(London: Hodder and Stoughton, 1921), p. 245.
43) Ibid., p. 246.

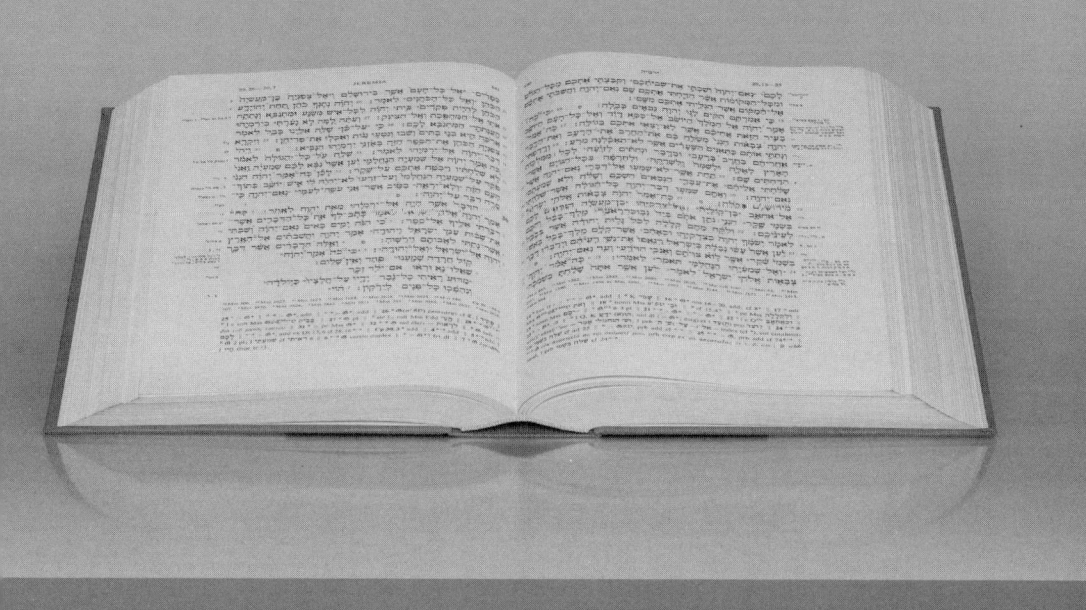

PART 3

설교의 실제

제10장 신비로 들어가라

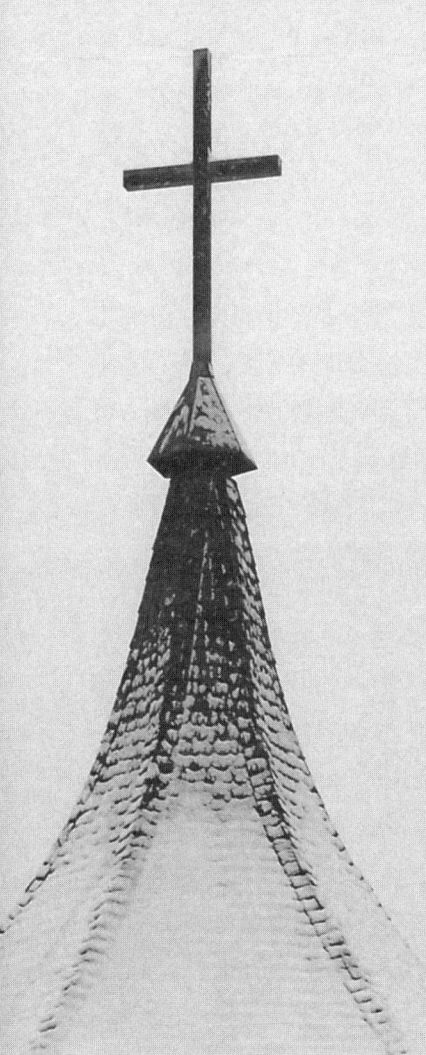

10

신비로 들어가라
(설교하는 공간)

모든 준비가 끝났으면 이제 설교 작업은 진정한 의미에서의 설교가 되어야 한다. 준비된 설교는 말로서 전달이 되기 전에는 진정한 설교가 아니다. 우리가 성경을 들고 회중 앞에 서서 하나님께서 그날의 본문을 통해 들려주시는 말씀을 전할 때 비로소 설교가 "발생"(happen)하는 것이다.

강단에 선다는 것은 특정 상황 속으로 들어가는 것이다. 우리는 특정 시간(도전과 두려움과 기대감으로 가득한), 특정 장소(그것이 지니는 함축적 의미를 포함하여)에 모인 특정 회중 앞에 특정한 삶의 경험을 가지고 들어선다. 특별히 우리는 이 모든 특정 상황을 통해 신비로 들어서는 것이다. 강단에 서서 설교할 준비를 마치면 우리는 일정한 공간, 하나의 사건-우리가 지배할 수도 없고 그것의 본질이나 역학에 대해 설명할 수도 없는-속으로 들어서는 것이다. 우리는 신비로 들어서기 위해 강단에 선다.

신비라는 말은 신약성경적 의미이다. 그것은 특별히 훌륭하고 탁월한 영성의 소유자만이 각고의 노력 끝에 접근할 수 있는 신비가 아니라 비록 희미하지만 그를 의지하는 자는 누구나 알 수 있고 경험할 수 있는, 하나님으로부터 오는 신비이다. 그것은 일종의 "열린 신비"[1]라고 할 수 있다. 그것은 비밀한 것이 아니라 우리 스스로 발견할 수 없고 일으킬 수 없으며 누구나 알 수 있게 설명할 수 없는 무엇이다. "신비는 의미가 결여된 불가해한 어떤 것이 아니라 우리가 이해할 수 있는 것보다 훨씬 풍성한 의미를 담고 있다.[2] 설교를 하기 위해 선다는 것은 신비로 들어선다는 것이다.

본 장에서는 두 가지 작업을 한다. 하나는 신비의 역학에 대해 제시하는 것이고 또 하나는 이러한 신비에 훨씬 편안함(함께[com] 힘을[forte] 얻자는 전통적 의미에서 comfortable)을 누리자는 것이다.

---

1) Lesslie Newbigin의 삼위 하나님의 사역에 관한 책 제목이다. *The Open Secret* (Grand rapkds: Eerdmans, 1978). "따라서 기독교의 사명은 성부의 나라를 선포하고 성자의 생명을 나누어주며 성령을 증거하는 세 가지로 볼 수 있다"(p. 31).
2) Dennis Covingston, *Salvation on Sand Mountain*(New York: Addison-Wesley, 1995), pp. 203-4.

이유는 무엇인가? 잠시 이전으로 돌아가 보자. 여러분은 내가 본서에서 포스트모더니티에 대해 진지하게 다루지 않고 있다는 사실을 알 것이다. 이 책을 쓰고 있는 지금은 2008년이다. 여러분은 이 책을 2009년이나 2015년 또는(계속 출판되고 있다면) 2055년에 읽게 되는지도 모른다. 여러분은 많은 기독교 설교자들이 포스트모더니즘을 오늘날 지배적인 철학적 사조라고 말하는 것을 알고 있다. 그렇기 때문에 왜 내가 이 문제를 설교와 관련하여 심도 있게 다루지 않는지 의아해 할 수도 있을 것이다.

나는 의도적으로 그렇게 했다. 그것은 두려워서가 아니다. 실제로 나는 포스터모더니티가 모더니티의 비실제적 요구와 오만함을 거부함으로써 복음의 새로운 시대에 일정부분 기여했다고 생각한다.3) 그러나 나는 다음과 같은 네 가지 이유에서 포스트모더니즘에 대한 논쟁을 의도적으로 다루지 않았다.

첫째로, 나에게는 그만한 능력이 없다. 감사하게도 이러한 문제에 파묻혀 사는 사람들도 대부분 그렇게 생각한다는 것이다. 예를 들어 케빈 반후즈 (Kevin Vanhoozer)는 "포스트모더니티의 개념을 규명하고 분석하려는 사람들은 위험을 무릅쓰고 그렇게 한다"4)고 말한다. 사실 포스터모던 사회의 대

---

3) 이 주제에 대한 탁월한 분석은 David Lose, *Confessing Jesus Christ: Preaching in a Postmodern World*(Grand Rapkds: Eerdmans, 2003), pp. 1-62를 참조하라. 그는 포스트모더니티가 "하드 데이터"에 기초한 확실성을 요구하는 모더니티에 도전했다고 주장한다. 이러한 포스트모더니티에 공감하여, 확실성을 포기하고 "불확실성의 긴장 속에" 살기를 택한 사람들은 "자신의 확신에 근거하여 자유롭게 믿고 말하고 행동한다. 그러므로 우리가 포기해야 하는 것은 진리가 아니라 진리를 입증하려는 능력이며, 말이 아니라 끝까지 양보하지 않으려는 아집이며, 믿음이 아니라 모호한 확실성이며, 소망이 아니라 모더니티 근본주의에 근거한 미래적 안전이다… 이런 점에서 포스트모더니티는 우리가 알고 고백하는 기독교 신앙의 본질은 아무런 궁극적 기초나 심지어 반근본주의적 기초에도 근거하지 않는다고 규정하였다. 오히려 기독교는 고백, 즉 다른 어떤 영역이나 준거가 아니라 오직 계시된 진리에 대한 확신에 의해서만 존재한다. 즉, 우리는 믿음으로만 살아야 한다는 것이다"(p. 62). 루터의 주장과 일치하지 않는가?
4) Kevin J. Vanhoozer, ed., *The Cambridge Companion to Postmodern Theology* (Cambridge: Cambridge University Press, 2003). 이 책은 많은 학자들의 사상을 집

표적인 사상가인 데이빗 트레이시(David Tracy)는 다른 많은 포스트모던주의자와 마찬가지로 "포스트모더니티와 같은 현상은 실재하지 않는다"고 주장한다.5)

둘째로, 포스트모던 구조는 잠정적 구조이기 때문이다. 그것은 모더니티-사실[facts]만이 유일한 지식의 원천이며 인간은 만물의 척도라고 생각하는-의 남용에 대한 반발이며, 따라서 인간의 전형적인 특징을 보여주는 진자(pendulum)의 양극단이다. 진자가 뒤로 물러나 중간 지점에 이를 때면 그러한 사고방식이나 존재가 드러나지 않는다. 오늘날의 변화무쌍한 시대적 특징을 감안하면 세상은 이와 같은 수많은 잠정적 조정을 거쳐 다음 한 세대를 이끌 사물의 구조를 드러내는 것이다. 설교자는 포스터모더니티가 제기하는 이슈들에 민감해야 하지만 모든 사고방식과 존재 및 행동의 틀을 그곳에 고정해서는 안 된다. 어릴 적에 나의 할머니는 "그것도 한 때다"라는 말을 곧잘 하셨다. 지혜로운 인식이다. 우리의 설교는 궁극적으로 지나갈 것들에 모든 초점과 심혈을 기울일 필요가 없다.

내가 이 주제를 의도적으로 다루지 않는 세 번째 이유는 중요하다. 사실, 포스트모더니티는 우리가 생각하는 것처럼 지배적인 구조나 상황이 아니다. 예를 들어, 그것은 소위 세속적인 서구 사회의 한 영역(교육수준이 높고 부요한 계층)에 부분적인 영향을 미칠 뿐이다. 그러나 동구나 남쪽 국가들에는 지배적인 사상이 아니다. 즉, 그것은 기독교의 새로운 중심의 지배적 세

대성한 탁월한 저서이다. Stanley J.A. Grenz, *A Primer on Postmodernism*(Grand Rapids: Eerdmans, 1996), and Brain D. McLaren, *A New Kind of Christian: A Tale of Two Friends on a Spiritual Journey*(San Francisco: Jossey-Bass, 2001); Richard J. Middleton and Brian J. Walsh, *Truth Is Stranger Than It Used to Be: Biblical Faith in a Postmodern World*(Downers Grove, Ill.: InterVarsity Press, 1995); Graham Johnston, *Preaching to a Postmodern World: A Guide to Reaching Twenty-First-Century Listeners*(Grand Rapids: Baker, 2001); John H. Wright, *Telling God's Story: Narrative Preaching for Christian Formation*(Downers Grove, Ill.: IVP Academic, 2007).

5) Vanhoozer, *Cambridge Companion*, p. 1.

계관이 아니라는 것이다. 아시아나 아프리카의 설교자들은 전혀 다른 생각을 가지고 있다. 그러한 세계의 신자들은 언제나 강력한 "거대담론"(metanarratives)과 함께 살아왔다. 여러분은 지금까지 지배적 세계관에서 발견할 수 없는 진리, 즉 예수를 주로 믿어야 하는 근거나 이유를 찾아왔다. 여러분은 지금까지 참으로 억압적인 "심오한 이야기들"(deep stories)이 지배하는 세상에서 기독교 이야기를 이해하고 전달해 왔다. 내가 수년 전 스웨덴에서 만난 학생들은 포스트모더니티 이전의 끔찍한 삶에 대해 이야기했다. 아르메니아에서 만났던 학생들은 예전에 레닌동상이 서 있던 곳에서 불과 몇 발자국 거리의 테이블에 둘러 앉아 서구의 포스트모더니티와 전혀 무관한 주제에 대해 논쟁하고 있었다. 그들은 단지 예수에 대해 더 알고 싶어 했으며 그가 어떤 분이신가에 관심을 가지고 있었다. 그들은 그것을 위해 어떤 대가-금전적이든, 지적이든, 사회적이든-도 치룰 준비가 되어 있었다. 베이루트나 나사렛이나 바그다드나 트리폴리의 형제자매들에게는 포스트모더니티가 큰 이슈가 아니었다. 이 문제를 대충 넘어가자는 말이 아니다. 나는 곳곳에서 포스트모더니티의 몇 가지 특징적 요소들을 발견한다. 캐나다 벤쿠버에서는 특히 그렇다. 그러나 설교자들에게 포스트모더니티는 단지 복음을 통해 잘못을 깨닫게 해 주어야 할 하나의 이데올로기일 뿐임을 상기시키고 싶다. 2007년도에 우리의 이해가 필요한 이데올로기는 급진적, 근본주의적 이슬람이다. 만일 여러분이 2050년도에도 살아 이 글을 읽는다면 아마도 다른 도전적인 이슈를 다루고 있을 것이다.

네 번째 이유는 가장 중요하며 나로서는 가능한 조심스럽게 제시하는 부분이다. 즉 복음에 도전하거나 문제를 제기하는 이데올로기와 대화를 하다 보면 자신도 모르게 그 이데올로기에 "빠져들" 가능성이 실제로 존재한다는 것이다. 그렇게 되면 복음의 본질적인 영역을 은연중에-완전히 손을 놓는 것은 아니지만-등한시하게 되는 것이다. 나는 이러한 사실을 불트만의 탈신화화 작업에 대해 다루면서 알았다.[6] 예수와 그의 복음을 그것과 맞지

---

[6] 이것은 앞서 3장, "어디서 일어나는가"에서 제시한 바와 같다.

않는 "세계관"에 이해시키는 작업을 하는 가운데 복음을 은연중에 저해할 가능성이 있다는 것이다. 나는 복음을 포스터모던 준거의 틀에 이해시키려는 성급한 시도가 오히려 이러한 위기를 자초하지나 않을는지 염려된다. 내가 존경하는 많은 설교자들은 이 현상을 다루면서 서서히 그것을 구현하기 시작했다. 그들의 설교에는 포스트모더니티의 잔재가 묻어난다. 가령 그들은 여전히 예수만이 하나님께로 향하는 유일한 길이라는 주장을 하는 사람들에 대해 미묘한 우월감을 드러낸다. 그들은 교회가 "진리"를 알고 그것에 따라 살려는 소원에 대해 일종의 의구심을 가지고 있다. 이러한 설교자들은 자신도 모르게 이러한 이데올로기의 포로가 되어가고 있음을 알아야한다.

예수와 그의 복음을 "세상"에 이해시키려는 지나친 관심에 대한 주의는 부분적으로 나 자신이 무의식중에 "은밀한 탈신화화론자"가 된 경험이 있다는 사실에 연유한다. 그러나 나의 관심은 대부분 당시 미시간 대학 역사학 교수인 제임스 터너(James Turner)의 『하나님이 없으면 신조도 없다: 미국의 불신앙의 기원』(Without God, Without Creed: The Origins of Unbelief in America)이라는 책을 통해서 온 것이다.[7]

터너는 이렇게 묻는다. "미국의 모든 종교적 유산-사실상 기독교적 유산-에도 불구하고 불신앙이 실제적 대안으로 자리 잡게 된 이유는 무엇인가?" 이에 대한 전통적인 답변은 기본적으로 새로운 과학적 발견과 거대한 사회적 변혁으로 말미암아 종교적 신앙이 근본적으로 붕괴되었기 때문이라는 것이다. 터너는 이러한 압력이 한 가지 요소가 될 수 있다는 데에는 동의하면서도 또 한 가지 놀라운 주장을 제시한다. 그는 "과학이나 사회적 변혁이 두드러져 보이지만 그러한 것들이 불신앙을 조장하지는 않는다. 나는 과학과 사회적 변혁을 불신앙의 근거로 보는 것은 불신앙의 문제점을 제대로 인식하지 못하는 것이며 설계도는 신뢰하면서도 그것을 작성한 설계사는 무시

---

[7] James Turner, *Without God, Without Creed: The Origins of Unbelief*(Baltimore: Johns Hopkins University Press, 1985). 당시 프린스턴 신학교의 총장인 Thomas Gillespie는 Whitworth Gollege, Spokane, Washington, 1986 모임에서 이 책을 추천해 주었다.

하는 천사이자 궁극적으로는 16-19세기의 서구 종교 역사를 왜곡하는 것이라고 생각한다."8)

그렇다면 신앙적 유산으로 가득한 사회에서 불신앙을 조장하는 것은 무엇인가? "한 마디로 불신앙은 종교 자체에 대해 발생하지 않는다. 오히려 종교가 불신앙을 야기한다."9) 무슨 뜻인가? 어떻게 그럴 수 있는가? 설교자로서 우리의 관심을 불러일으키는 터너의 논증과 근거는 다음과 같다. "하나님을 변증하는 자들이 종교적 신앙을 사회경제적 변화나 새로운 지적 문제나 과학의 빈틈없는 표준에 맞추려다 보면 오히려 그를 묻어버린다."10) 어떻게 그럴 수 있는가? 그들이 의도적으로 그렇게 하지 않았다는 것은 확실하다. 터너는 계속한다. "만일 누군가 신을 죽인 죄를 물어야 할 사람이 있다면 그는 찰스 다윈(Charles Darwin)이 아니라 그의 대적인 사무엘 윌버포스(Samuel Wilberforce)주교이며, 경건치 못한 로버트 잉거솔(Robert Ingersoll)이 아니라 경건한 비셔 가문(Beecher family, 19세기 미국의 유명한 설교자 가문)이다."11) 이것은 한 마디로 정리하기 어려운 복잡한 이야기이다. 문제를 지나치게 단순화시키지 않는 선에서 다음과 같이 결론내릴 수 있다. 즉, 기독교 신앙을 "새로운 지적 문제"나 "과학의 빈틈없는 표준"에 맞추어 설명하려는 설교자는 은연중에 새로운 사고방식의 전제들을 적용하고 있는 것이다. 그들은 기독교 신앙을 그러한 전제 위에서 제시하며 의도와 다르게 기독교 신앙을 그러한 전제로 전락시키며 따라서 기독교 신앙을 성경적 복음에 미치지 못하게 만드는 것이다. 특히 설교자는 자신도 모르게 자연법적 하나님-'우주의 태엽을 시계처럼 감아두고 저절로 굴러가게 하는' 이신론적 하나님-을 설교한다.12) 이런 신은 이성적으로 입증할 수 있는 "사실"에 대한 지적 동의만으로 알려지기 때문에 설교자는 "입증할 수 있는" 전제들에 호소함으로서 신앙을 변호하기 시작한다. 복음은 지적인 동의의 대상(믿음

---

8) Ibid., p. xiii.
9) Ibid.
10) Ibid.
11) Ibid.
12) Ibid., p. 73.

의 영역에 해당한다)이자 "삶의 원리"가 된다. 터너는 리만 비셔(Lyman Beecher)가 성경을 "법전"으로 부르고 그것의 진정한 의미는 그것에 포함된 '도덕적 통치를 위한 법'에 있다고 주장한 것에 대해 무의식적으로 제퍼슨(Jefferson)을 흉내 내고 있다고 말한다.13) 믿음은 더 이상한 인격에 대한 인격적 신뢰가 아니다. 복음은 더 이상 하나님께서 예수를 통해 계시하신 인격이 행하셨고 행하고 계시며 앞으로 행하실 일에 대한 소식이 아니다. 따라서 터너는 다음과 같은 결론을 내린다. 내가 그의 결론을 길게 인용한 것은 그것이 이데올로기 시대의 모든 설교자에 대한 경고의 음성이 되기 때문이다.

> 따라서 끈질긴 불신앙을 양산하는 혼합물 가운데 한 가지 중요한 요소는 신자 자신의 선택에 의한 것이다. 정확히 말하자면 불신앙은 영향력 있는 교회 지도자들-평신도 저자, 신학자, 목회자-이 신앙에 대한 현대의 압력에 어떻게 맞설 것인가에 대한 결정에 의한 것이다… 이러한 선택이 모여 모더니티를 구현하는 쪽으로 결정이 이루어지는 것이다. 즉, 하나님을 모더니티와 같은 선상에 세움으로 전통적 신앙의 기초에 대한 현대적 위협을 제거하려한다는 것이다.
>
> 그러나 잔꾀에 불과한 이러한 전략은 전혀 효과적이지 못하다. 하나님을 믿는 자는 누구든지 하나님에 대한 그러한 믿음이 우리가 숨 쉬고 생각하고 살고 죽는 세상에 대해 영향을 미치기를 원한다…
>
> 많은 종교지도자들은 신앙을 보다 인간적인 이해와 소망에 가깝게 재단하려는 시도를 하는 가운데 치명적인 실수를 범했던 것이다. 의미 있는 신앙은 도덕적 실천으로 나타나야 한다는 그들의 생각은 잘못된 것이 아니다. 그러나 그들은 하나님의 목적은 사람의 목적에 맞추기 위한 것이 아님을 잊었던 것이다. 살아 있는 믿음은 인간의 생각과 경험에 뿌리를 내려야 한다는 그들의 생각은 결코 잘못된 것이 아니다. 그러나 그들은 불가해한 하나님과 그를 알려는 인간의 노력 사이에는 긴장이 존재할 수

---

13) Ibid., p. 84.

밖에 없다는 당연한 사실을 종종 잊고 있었던 것이다. 그들은 어떤 하나님도 이 세상의 주가 되어야 한다고 주장할 만큼 어리석지 않지만 이 세상은 그를 규명할 수 없다는 사실을 기억하지 못하였던 것이다. 한 마디로 그들은 하나님이 인간과는 근본적으로 다르다는 사실을 잊어먹은 것이다.14)

그러나 아마도 결국 이러한 사실이 주는 교훈은 한 가지 뿐일 것이다. 즉, 세상은 우리의 마음대로 재단할 수 없다는 것이다. 그 사실을 잊을 때 많은 신자들은 그들의 하나님을 잊게 되는 것이다.15)

터너의 통찰력은 나를 사로잡았다. 터너의 결론은 다소 앞서나갔다고 생각하는 사람들도 있을 것이다. 그리고 어떤 사람들은 내가 그의 결론을 잘못 이용하고 있다고 말할 것이다. 그러나 문제는 여기서 끝나지 않는다. 우리가 설교를 세상과 연계하려고 시도하는 동안 우리의 설교는 전달할 메시지를 상실할 수 있다는 것이다.

이 문제에 대해 나와 동시대를 살고 있는 사람 가운데 세 사람의 목회자는 다음과 같이 표현한다.

> 우리가 처음에는 복음을 "책임 있는 동시대적 방식"으로 전하려는 겸손한 자기 비하적 시도라고 생각했던 것이 사실은 우리가 당국에 굴복했다는 사실을 보여주었다. 우리는 전쟁을 너무 빨리 포기하였다. "현대 세계"에 말을 하기 위해 필사적인 몸부림을 치는 순간 우리는 넘어지고 말았다. 동시대의 문화와 대화하는 동안 모든 신호는 한 방향으로 움직였다. 복음 주변을 뒤지고 다니며 복음에게 무엇을 믿고 무엇을 믿지 말아야 할 것은 이야기하는 것은 언제나 동시대의 문화였다. 그것은 우리의 신앙을 잃게 만들었다.16)

---

14) Ibid., pp. 266-67.
15) Ibid., p. 269.

이러한 위기는 우리가 포스트모던 세계에 "말을 하기 위해 필사적인 몸부림을 치는 순간" 훨씬 심각한 상황으로 몰아넣는다. 그만큼 포스트모더니티는 근본적으로 거의 모든 것에서 비신앙적이다. "말씀은 세상을 만든다" 이것은 실제적 의미와 영향력을 가지고 있는 말에 대한 의구심을 가지고 있는 포스트모던과 배치된다.[17] "월터 브리지만(Walter Bridgman)은 목회자들에게 만일 복음이 우리로 하여금 새로운 세계를 만들어 내게 하지 못한다면 우리에게 남은 일은 옛 세상을 섬기는 것 뿐"이라고 말한다.[18] 오 주여, 방황치 않게 하소서

나는 세 사람의 목회자의 말을 인용하면서 인용문의 첫 줄을 생략하였다. 이제 그 부분을 인용하겠다. "우리는 언제든지 돌아설 수 있어야 한다."[19] 이것은 우리에게는 언제나 "다시 생각하거나" 방향을 바꾸는 전환이 필요하다는 것이다. 우리에게는 언제나 회개가 필요하다. 어떤 인간도-아무리 경건한 자라도-예수님과 그의 복음을 온전히 요약하고 파악하며 구현할 수 없다. "어떤 지식 체계도 실재라는 미궁속을 안내하지 못한다."[20]

"이는 내 생각이 너희의 생각과 다르며
내 길은 너희의 길과 다름이니라
여호와의 말씀이니라"(사 55:8).

우리는 복음을 이해하고 다른 사람에게 그것을 이해시키기 위해 최선을 다한다. 우리는 문맥의 연관성이나 유추를 온전히 파악하기 위해 부단히 연구한다. 그러나 우리는 복음의 핵심에 다가가면 갈수록 어떤 준거의 틀로부

---

16) Martin B. Copenhaver, Anthony B. Robinson and William H. Willimon, *Good News in Exile: Three Pastors Offer A Hopeful Vision for The Church*(Grand Rapids: Eerdmans, 1999), p. 56.
17) Ibid.
18) Ibid.
19) Ibid.
20) Turner, *Without God, Without Creed*, p. 269.

터 조명한다는 것이 더욱 불가능하다는 사실을 깨닫는다. 우리의 말은 갈수록 필시 부정적(apophatic)이 될 수밖에 없다. 무엇인가 아니라는(또는 아닌 것 같다는) 것이다. 나는 지금 결코 부정신학(apophatic theology)-부정적인 방식[via negativa]의 신학-을 주장하고 있는 것이 아니다. 내 말은, 복음의 핵심으로 접근할수록 지금까지의 선례(cultural precedents)가 '나타난 계시에 대한 설명'에 도움이 되지 못한다는 것이다. 가령 성육신만 하더라도 "그것은 ...같다"는 것이다. 무엇과 같다는 것인가? 그것과 같은 것은 전무후무하다.

예를 들어 보자. 나는 필리핀 마닐라에서 4년을 보내었다. 나의 사역의 전성기였다. 나는 필리핀 사람들을 사랑했다(우리는 한 명의 딸을 입양하였다). 나는 만일 내가 필리핀 사람이 되는 것이 그들을 세상에서 보다 나은 지위를 얻게 할 수 있다면 그렇게 하겠다고 말했다. 나는 피부색과 얼굴 모습과 세상을 보는 법 및 그것과 관계하는 방식을 바꿀 것이다. 나는 필리핀 사람들의 혈육을 가질 것이다.

이것이 성육신에 대해 내가 파악할 수 있는 가장 근접한 분석이다. 그러나 이것은 진실과 많은 차이가 있다. 물론 어떤 의미에서 나는 이전의 내가 아닌 다른 사람이 될 것이다. 그러나 나의 본질적인 존재 방식이 바뀌는 것은 아니다. 나는 여전히 인간이며 단지 다른 종류의 인간이 된 것 뿐이다. 성육신을 통해 하나님은 인간의 모양-어쨌든 이전의 하나님과 다른 존재-이 되셨다. 이러한 신비에 대해 어떤 유추도 고작해야 "...과 같지만 전적으로 그렇지는 않다"라고 설명할 수밖에 없게 만드는 것이다.

또 하나의 예를 들어보자. 부활의 경우 역시 "...과 같다"고 말할 뿐이다. 무엇과 같다는 것인가? 나는 어릴 때 주일학교에서 나비가 고치에서 나오는 것과 같다는 말을 종종 들었다. 정말 그런가? 이러한 유추는 성금요일의 예수님의 몸과 부활절 아침의 예수님의 몸 사이의 연속성을 보여줄 수는 있다. 그러나 이 유추는 사건의 본질을 놓치고 있다. 나비가 고치에서 나오는 것은 유충으로부터 진행되는 자연적인 한 과정이다. 그러나 부활은 인간의 몸으로부터 진행되는 자연적인 과정이 아니며 더구나 성육신 하신 몸에는 더더욱 적용될 수 없다. 부활은 지금까지 한 번도 전례가 없었고 어떤 세계관에도 유추가 없는 전혀 새로운 차원의 작용 원리이며 새로운 실재로의 존재이다.

"예수님과 그의 복음은 …과 같다." 또한 "예수님과 그의 복음은 …과 같지 않다." 그것은 인간의 어떤 실재의 구조와도 다르다. 복음은 믿을 수 없이 기쁘고 좋은 소식으로 인간의 지식, 감정, 행동 및 존재방식과 다르다. 그것은 전혀 새로운 방식의 지식, 사고, 감정, 존재 및 행동 방식으로의 일대 전환을 요구한다.

때때로 주일 아침에 설교 원고를 읽을 때 나는 깊은 무력감에 빠지곤 한다. 때로는 그런 말을 하는 내가 실로 어리석다는 생각에 빠지기도 한다. 나는 지극히 순진한 것이며 사람들은 나를 비실제적이고 단순무지하다고 생각할 것이다. 내 말은 우리가 동시대인 앞에 설 때에 자신이 무슨 말을 하고 있는지 귀를 기울이라는 것이다. "하나님은 계십니다. 그는 살아계신 하나님입니다." 어떻게 아는가? 누가 여러분에게 그런 말을 할 권리를 주었는가? "여러분, 이 하나님은 천지를 창조하셨습니다." 무슨 뜻인가? 여러분은 세상이 오랜 세월 동안 진화해온 "명백한 증거" 앞에서 그 말을 하고 있는 것이다. "이 하나님은 인간을 만드셨으며 사실 우리는 이 하나님의 형상입니다." 여러분은 점점 바보가 되어가고 있는 것이다(언젠가 한 이웃이 나에게 그렇게 말했다). "이 하나님은 우리를 사랑하시며 부모가 자식을 사랑하는 것보다 더 극진히 우리를 돌보십니다." 우리는 '실제' 세계와 얼마나 동떨어져 있으며 감상적인가? "이 하나님은 우리와 같은 인간이 되셨으며 베들레헴 구유에 아기로 누워계셨습니다." 이 정도면 바보가 된 것이다. 이제는 어떤 말을 하려는가? "이 하나님은 최초로 진정한 인간의 삶을 사셨으며 우리를 동일한 삶으로 초청합니다." 참으로 엄청난 말이 아닌가? "이 하나님은 로마의 십자가에 달려 돌아가셨습니다. 그것은 모든 역사의 축이 되는 행위입니다. 그 행위에는 지금까지 지구상에 존재했고, 존재하고 있으며, 앞으로 존재할 모든 인류에 대한 함축이 담겨 있습니다." 여러분이 우리와 같은 육신을 입으신 하나님이라고 말하는 그는 돌아가셨으며 그의 죽음은 온 인류에 큰 영향을 주었다. 자신의 말을 곰곰이 들어보라. 여러분은 그것을 놓치고 있다. "이 특별한 한 사람, 성육신하신 하나님 안에서 죽음은 아무런 주장도 할 수 없었다. 그것은 결정적인 문제가 아니다. 이 특별한 사람은 죽음을 통과하여 죽음 저편에서 새로운 인간(New Human)으로 살아나셨다. 그는 모든 새로운 인류의 머리이자 시조이다." 잠깐만 더 들어보라. "그리고 어느 날 그는 다시 오실 것이다. 그는 새로운 세계를 가지고 오실 것이다. 그곳에는 더 이상 아픔도 슬픔도 죽음도 없다." 여러분 역시 이러한 나의 실재감(sense of reality)을 다양하게 제시할 것이다. 그러나 나는 다른 곳에서 이런 식으로 말하는 것을 들어본 적이 없다. 아니면 여러분이 실제로 제정신이 아니든지...

어떠한 세계관(문화적 또는 철학적 세계관)이 이렇게 생각한단 말인가? 결코 없다. 이것은 어떠한 인간적 세계관과도 일치하지 않는 세계관으로 눈을 돌려 그것을 믿을 때만이 얻을 수 있다. 우리는 기적과 같은 방향 전환을 한다.

그러므로 설교에 임하는 우리의 자세는 반드시 초청하는 자세가 되어야 한다. 우리는 포고(너희는 들을지어다)나 예언(여호와같이 이같이 말씀하시되)을 할 때에도 그들을 초청하고 있는 것이며, 비록 어조나 정서는 그렇지 않을지라도 예수님과 그의 복음을 고려해야 한다. 우리는 그와 복음이 즉각적인 의미를 갖지 못할 수도 있다는 사실을 인정한다. 그러나 그것은 어쩔 수 없는 일이다. "와서 보라." 예수님은 세례요한의 제자 둘에게 이렇게 말씀하셨다. 그들이 "랍비여 어디 계시오니이까"라고 물었을 때 예수님은 "와서 보라"(요 1:39)고 하셨던 것이다. 빌립은 "나사렛에서 무슨 선한 것이 날 수 있느냐"고 묻는 나다나엘에게 "와서 보라"고 했다(요 1:46). 우물가의 한 여인은 예수를 만난 후 마을로 돌아가 "내가 행한 모든 일을 내게 말한 사람을 와서 보라 이는 그리스도가 아니냐"(요 4:29)라고 했다. "오라, 보라, 들어라, 조사하라, 물어보라"는 것이다.

우리는 도로시 세이어즈(Dorothy Sayers)의 말에 귀를 기울여야 한다. 그녀는 복음이 현대인에게 얼마나 낯설고 도전적인지를 잘 알고 있지만 그럼에도 불구하고 그것을 전해야 한다고 말한다. 기독교 신학은 사상의 시장에서 자신의 주장을 내세워야 한다. 복음의 위대한 이야기는 다른 모든 강력한 이야기들 가운데 당당히 자신의 소리를 낼 수 있다. 그녀는 "도그마는 작가가 전하는 한 편의 드라마이다"라고 말한다.[21] 여기서 그녀가 말하는 "도그마"란 복음의 내용을 의미한다.

> 도그마는 하나의 드라마이다. 그것은 아름다운 문장이나 감상적인 글이 아니며 자비나 고양된 감정에 대한 공허한 열정이나 보다 나은 사후 세계에 대한 약속도 아니다. 그것은 창조주 하나님이 이 땅에서 사셨으며 무덤과 사망의 문을 통과하셨다는 무섭고도 놀라운 주장이다. 이방인에게 그것을 전해야 한다. 그들이 믿지 않을 수 있지만 적어도 그들은 복음에는 사람들이 기꺼이 믿고 싶어 하는 무엇인가가 있다고 생각할 것이다.[22]

이 모든 것은 내가 "신비로 들어서라"고 말하는 이유에 해당한다. 지금까지 말한 모든 것(그리고 그 이상의 것)에도 불구하고 우리는 성경을 들고 다른 인간들 앞에 서서 신비로 들어서는 것이다.

물론 신비에는 수많은 영역이 있다. 그 가운데 세 가지는 설교 사건을 이해하기 위한 중요한 요소가 된다. 그들은 인간의 인격의 신비, 변화된 실재

---

21) Dorothy Sayers, *The Whimsical Christian: 18 Essays by Dorothy Sayers*(New York: Macmillan, 1987), p. 27.
22) Ibid., p. 28.

의 구조의 신비, 그리고 성령의 사역의 신비이다. 우리는 이 마지막 장에서 이들에 대한 탐구를 겨우 시작하게 되었다.

1. 인간의 인격

우리가 다른 사람들 앞에 설 때에 우리는 무엇을 보는가? 이 물음에 대한 대답은 우리가 설교하는 내용과 방법을 대부분 결정한다. 신약성경 저자들은 사람들을 바라볼 때 오직 예수님과의 관계에 초점을 맞추어-예수님에 의해 창조되고 예수를 위한 존재이며, 예수만 바라는 사람들로-보았다. 다른 사람들은 이러한 사실을 모른다. 대부분의 사람들은 아무런 단서도 가지고 있지 않으며 어떤 사람들은 그런 말을 들을 때 모욕감마저 느낀다. 그러나 성경 저자나 설교자들은 다른 사람들 앞에서 언제나 그러한 신비적 자세를 견지한다.

사도 바울은 이것을 가장 요약적으로 설명한다. 그는 하나님의 아들 예수를 "사랑의 아들"(골 1:13)로 언급하면서 그에 대해 다음과 같이 기록(아니, 찬양)한다.

> 그는 보이지 아니하는 하나님의 형상이시요 모든 피조물보다 먼저 나신 이시니 만물이 그에게서 창조되되 하늘과 땅에서 보이는 것들과 보이지 않는 것들과 혹은 왕권들이나 주권들이나 통치자들이나 권세들이나 만물이 다 그로 말미암고 그를 위하여 창조되었고 또한 그가 만물보다 먼저 계시고 만물이 그 안에 함께 섰느니라 그는 몸인 교회의 머리시라 그가 근본이시요 죽은 자들 가운데서 먼저 나신 이시니 이는 친히 만물의 으뜸이 되려 하심이요 아버지께서는 모든 충만으로 예수 안에 거하게 하시고 그의 십자가의 피로 화평을 이루사 만물 곧 땅에 있는 것들이나 하늘에 있는 것들이 그로 말미암아 자기와 화목하게 되기를 기뻐하심이라(골 1:15-20).

1931년 스탠리 존스(E. Stanley Jones)는 "기독교 세계는 이 구절을 진지하게 다루지 않았다. 본문은 수사학적 미사여구로만 다루어졌다"[23]고 했다. 오늘날 기독교 사회도 마찬가지이다. 그러나 이보다 중요한 구절도 없다.[24] 우리가 만나는 모든 인간은 예수 그리스도에 의해 만들어졌다. 우리가 만나는 모든 사람은 예수 그리스도로 말미암아 유지되고 있다. 아직 예수를 믿지 않는 사람도 마찬가지이다. 그를 싫어하는 사람도 마찬가지이며 그를 전파하는 여러분을 미쳤다고 하는 사람도 마찬가지이다. 여러분은 여러분 앞에 앉아 있는 모든 사람에 대해 그들이 모르는 무엇인가를 알고 있을 것이다. 여러분은 그들이 하나님에 의해 창조되었기 때문에 그의 방식으로 살아야 한다는 사실을 알고 있다. 여러분은 그들이 그를 위하여 창조되었기 때문에 오직 그분만이 우리의 모든 소원을 이루어주실 수 있다는 사실을 알고 있다. 사실 여러분은 그들의 모든 소망이 실제로는 그에 대한 소망의 징표임을 알고 있다. 여러분은 그가 그들을 위한 자신의 뜻을 이루어 가실 때 그를 알고 그와 함께 행하는 것이 그들에게 가장 큰 기쁨을 준다는 사실을 알고 있다. 즉, 여러분은 예수 외에는 아무 것도 그들에게 만족을 줄 수 없다는 사실을 안다. 그들은 이러한 사실을 모를 수 있다. 그리고 여러분은 그들에게 이 모든 것을 한 번에 다 말하지 않아도 된다. 그러나 여러분은 이러한 신비에 대해 알고 있다. 그러므로 여러분은 그들에게 이 신비에 대해 말해주어야 한다.

더구나 여러분은 예수께서 모든 회중을 자신을 위해 창조하셨으며 그들을 매순간 붙들고 계시기 때문에 그들을 찾아다니신다는 사실을 알고 있다. 이것은 예수 그리스도께서 모든 신비 안에서 여러분 앞에 앉아 있는 회중을 이끌고 계신다는 뜻이다. 이러한 상황에서 실제적인 "찾는 자"는 강단 위의 목사나 교회가 아니라 예수님 자신이다.

---

23) E. Stanley Jones, *In Christ*(Nashville: Abingdon, 1961), p. 282.
24) 본문에 대한 자세한 주해는 N.T. Wright, *The Climax of the Covenant*(Minneapolis: Augsburg, 11993), p. 104를 참조하라.

이러한 사실은 삭개오의 이야기에 잘 나타난다. 그는 "예수께서 어떠한 사람인가 하여 보고자(seeking)" 나무에 올라간다(눅 19:3). 그때 그는 자신이 "찾는 자"(seeker)가 아니라는 사실을 안다. 찾는 자는 바로 예수님 자신이었던 것이다. "인자가 온 것은 잃어버린 자를 찾아 구원하려 함이니라"(눅 19:10). 이 이야기는 찾다(seek)라는 동사에 의해 앞뒤로 둘러싸여 있다. 삭개오는 그를 찾고 있는 예수를 찾고 있었던 것이다.[25] 사람들이 주일날 아침 침대에서 일어나 옷을 입고 자가용이나 버스를 타고 교회로 와서 자리에 앉아 성경을 읽고 설교에 집중하는 이유를 달리 무엇으로 설명할 수 있겠는가? 이것이 바로 우리의 설교가 사람들의 마음을 사로잡기 위해 우리 스스로 노심초사할 필요가 없는 이유이다. 누구든지 교회로 오는 수고를 하는 것은 이미 "나는 평소에 듣지 못한 무엇인가를 듣겠다. 나는 완전히 이해할 수 없을지 모르지만 내가 지금 알고 이해하는 것보다 많은 것을 찾겠다"라는 생각을 하고 있다는 것이다. 이것은 설교자가 그들이 얻으려고 온 그것을 줄 수 있어야 한다는 것을 말해준다. 우리는 그가 누구시며 무엇을 하셨고 하고 계시며 할 것인가에 관한 "진지한 이야기"를 들려주어야 한다. 설교는 어떤 이야기보다 그들이 무엇을 위해 지음을 받았는가-즉, 예수님과 그 안에서 삼위 하나님 및 그의 나라-에 대해 들려주어야 한다.

많은 사람들이 주장한 대로 찾는 자와의 이러한 유대는 문화적인 것이 아니라 창조적이다. 그들과 우리는 "나는 처음이요 마지막이라"고 말씀하실 수 있는 그분에 의해, 그리고 그를 위해 창조된 것이다.

2. 변화된 실재의 구조

우리는 다른 사람들 앞에 설 때에 우리가 선포하려는 복음이 우리가 존재하는 현실과 근본적인 다른 실재를 가지고 있음을 안다. 우리는 우리가

---

[25] 이러한 관찰은 Fuller Seminary's Wednesday chapel에서 있었던 Doug Nason의 설교에서 나온 것이다.

말하고 있는 공간에 죄와 악과 사망이 함께 역사하고 있음을 안다. 그러나 우리는 또한 이러한 죄와 악과 사망이 이 공간에서 이전의 지위를 잃었다는 사실도 안다. 우리는 복음 안에서 살 때 인간성에 배치되는 이러한 요소들이 패배-근절이 아니라 패배-한다는 사실을 안다.

두 명의 신약성경 저자는 이러한 사실을 가장 잘 보여준다.

"또 범죄와 육체의 무할례로 죽었던 너희를 하나님이 그와 함께 살리시고 우리의 모든 죄를 사하시고 우리를 거스르고 불리하게 하는 법조문으로 쓴 증서를 지우시고 제하여 버리사 십자가에 못 박으시고 통치자들과 권세들을 드러내어 구경거리로 삼으시고 십자가로 그들을 이기셨느니라" (골 2:13-15)

"자녀들은 혈과 육에 속하였으매 그도 또한 같은 모양으로 혈과 육을 함께 지니심은 죽음을 통하여 죽음의 세력을 잡은 자 곧 마귀를 멸하시며 또 죽기를 무서워하므로 한평생 매여 종 노릇 하는 모든 자들을 놓아 주려 하심이니"(히 2:14-15)

참으로 세상을 변화시키는 본문이 아닌가? 두 본문 모두 예수님의 오심이 실재의 구조를 바꾸었다는 복된 소식을 선포한다. 만물은 실로 변화하였다. 예수님의 탄생과 삶과 죽음과 부활과 승천이 있기 전 세상의 모든 실재는 한 방향으로 진행되었다. 그러나 그의 탄생과 삶과 죽음과 부활과 승천이 있은 후 세상의 실재는 달라졌다. 그가 다시 오시면 모든 것이 훨씬 더 달라질 것이다.

지하실이나 뒤뜰 헛간을 상상해보라. 수년간 거미들이 다니며 거미줄을 쳤다. 문을 열기 전 지하실이나 헛간의 "실재"는 언제나 동일한 상태였다. 그러나 문을 열고 손을 공간으로 밀어 넣는 순간 "실재"가 완전히 바뀐 것이다. 혹은 한 나라가 정치적 혁명을 거치는 과정을 생각해보라. 나는 가족과 함께 소위 1986년 필리핀 시민 혁명을 겪었기 때문에 그 의미를 잘 안다. 혁명 전 필리핀의 삶의 구조는 언제나 한결 같았다. 그러나 혁명 후 삶의 구조는 완전히 바뀌었다. 혁명 후의 과제는 어떻게 새로운 실재에 적응하느냐라는 것이었다.

예수님의 사건(탄생, 사람, 죽음, 부활, 승천) 이전의 실재는 동일하였다. 죄와 악과 사망은 세계 안에서 여전한 지위를 누렸다. 그러나 예수님의 사건 이후 실재는 새롭게 바뀌었다. 죄와 악과 사망은 한 때 누렸던 지위를 잃었다. 거미가 여전히 주변에 서성대고 있으며 여전히 새로운 구조 속에 집을 짓는 방법도 알고 있다. 또한 혁명에서 쫓겨난 세력은 여전히 압력을 행사한다(계시록 12-13장을 참조하라). 그러나 그들은 실재의 구조에서 한 때 누렸던 지위를 상실하였다. 예수님의 사건들을 통해서 모든 구조는 영원히 바뀌었다. 거미와 쫓겨난 세력들은 성금요일과 부활절과 오순절과 승천 사건 이전처럼 우리를 장악하지 못한다.[26]

우리가 다른 사람들 앞에 설 때, 우리는 죄가 여전히 우리 주변에 서성이며 여전히 간악하지만 이미 예전과 같은 힘을 잃어버렸다는 사실을 안다. 예수님은 우리를 그것으로부터 구원하셨으며 우리는 죄의 요구에 더 이상 복종할 필요가 없다. 우리는 더 이상 죄의 종이 아닌 것이다(롬 6:1-22; 요 8:31-36). 우리가 다른 사람들 앞에 설 때, 우리는 "통치자들"과 "권세들"과 "이 어둠의 세상 주관자들"과 "하늘에 있는 악의 영들"(엡 6:12)이 이미 이전과 같은 힘을 발휘하지 못한다는 사실을 알고 있다. 예수께서 돌아가시는 순간 저들은 패하였으며 우리를 고발하고 두렵게 하던 모든 무기를 박탈당한 것이다.[27] 우리는 그러한 세력에 더 이상 굴복하지 않아도 된다. 또한 우

---

26) 이들에 대해서는 앞으로 출간될 *Altered Structures of Reality: Setting the Captives Free*라는 제목의 책에서 자세히 설명할 것이다. 나는 Founder's Day, Örebro Missionsskola, Örebro, Sweden, December 16, 2002에서 제시한 일련의 강의에 대한 작업을 진행 중이다.

27) Gustav Aulen, *Christus Victor: An Historical Study of the Three Main Types of*

리는 그들의 요구를 따르지 않는 자들에 대한 사망의 위협에 대해서도 더 이상 두려워할 필요가 없다.

> 이 땅에 마귀 들끓어
> 우리를 삼키려 하나
>
> 겁내지 말고 섰거라
> 진리로 이기리로다
>
> 친척과 재물과 명예와
> 생명을 다 빼앗긴대도
>
> 진리는 살아서
> 그 나라 영원하리라
> [직역: 한 마디 말이 원수를 무너뜨릴 것이다/역자주]
> (마틴 루터, 1529년 "내 주는 강한 성이요"에서)

여기서 한 마디 말은 예수라는 이름이다. 악한 세력은 여전히 우리 주변에서 예수와 그가 창조하시고 구속하신 모든 자를 삼키려 광분하고 있다. 그러나 그것은 더 이상 예전의 권세를 갖지 못한다. 그것은 포박을 당하여 모든 지위와 권세를 내어놓았다. 우리가 다른 사람들 앞에 설 때 우리는 사망-여전히 "마지막 원수"(고전 15:26)이지만-이 예전의 권세를 상실하였다는 사실을 알고 있다. 예수님이 사망을 이기셨으며 그것의 궁극성(finality)을 제거하신 것이다. 나의 멘토 가운데 한 사람인 피터 여호수아(Peter Joshua)는 종종 이렇게 말하곤 했다. "사망이 예수 그리스도를 쏘았을 때 그는 자신을 쏘아 죽게 하였다" 그렇다면 "사망아 너의 승리가 어디 있느냐"(고전 15:55, [호 13:14 인용]).

---

the Idea of Atonement(New York: Macmillan, 1969). 우리는 예수 그리스도의 이러한 사역의 요소를 회복해야 하는 시대에 살고 있다. Robert Webber, *Ancient-Future Faith: Rethinking Evangelicalism for a Postmodern World*(Grand Rapids: Baker, 1999), esp. pp. 49-61.

이것은 우리가 어디든지 다니며 죄에 대해 "너는 예수님을 붙들 수 없다. 우리는 예수님의 것이기 때문에 너는 우리를 붙들 수 없다"고 말할 수 있다는 것을 의미한다. 우리는 어디든지 가서 악에 대해 "너는 예수님에 대해 어떤 주장도 하지 못한다. 너는 그에게 복종해야 한다. 우리는 그에게 속한 자들이기 때문에 너는 우리에게 어떤 최종적 권한도 갖지 못한다"고 말할 수 있다. 또한 우리는 어디든지 가서 사망에게 이렇게 말할 수 있다. "너는 예수님을 붙들 수 없다. 우리는 그에게 속한 자들이기 때문에 너는 우리를 결코 붙잡아두지 못한다. 우리는 더 이상 너에게 협박을 당하지 않을 것이다. 우리는 예수님의 말씀을 듣고 그가 말씀하신 대로 행할 것이다."

우리는 죄와 악과 사망 앞에 서서 말씀을 전하는 것이다. 그러나 우리는 만유의 주로 말미암아 더 이상 죄와 악과 사망이 활개 치지 못하는 신비 안에서 말씀을 전하고 있는 것이다.

3. 성령의 사역

우리가 다른 사람들 앞에 서서 우리가 설교라고 부르는 엄청난 일을 할 때에 우리는 결코 혼자 서는 것이 아니다. 그러나 우리는 때때로 혼자라는 생각을 가질 때가 있다. 때로는 이러한 생각이 우리를 두렵게 하기도 한다. 그러나 신비로 들어설 때 우리는 결코 혼자가 아니다. 우리가 다른 사람들 앞에 서서 예수의 이름으로 말씀을 전할 때 우리는 그의 영과 함께 선 것이다. 우리는 성령과 그의 사역 안에 선 것이다.

이것이 설교 시간의 위대한 신비이다. 이러한 신비와 그와 그의 사역에 관한 내용은 여러 권의 책으로도 낼 수 있는 분량이지만 여기서는 간략한 개관만 제시하겠다.

성령은 본문에서 본문과 함께 일하신다. 그는 단어와 개념과 어조와 전체적 흐름에 영감을 주셨다.[28] 그는 본문의 기록과 그것의 안전한 전수(transmission)를 감독하셨다. 그는 본문의 의미를 열 수 있다. 그는 살아 있는 말씀과 만나게 하시고 새로운 소식을 가져 오시며 우리의 세계관을 본문의 세계관으로 바꾸시며 "순종하는 믿음"을 통해 새로운 단계로 들어가게 하신다. 그는 어떤 불가해함이나 선포된 말씀에 대한 반발이나 그것에 대한 두려움도 극복하게 하신다.

성령은 설교자 안에서 그들과 함께 사역할 것이다. 그는 우리에게 본문을 여시고 우리의 마음과 생각을 열어 그것을 깨닫게 하신다. 그는 본문의 조화를 볼 수 있게 도우시며 사상의 흐름을 정리할 수 있도록 우리의 생각을 체계화 시키신다. 그는 우리에게 본문의 진리를 믿게 하시고 우리의 불신을 책망하시며 진리를 따라 살게 하신다. 그는 본문의 예수에 대한 사랑과 열정을 나누어 주신다. 그는 설교를 듣는 사람들에 대한 사랑을 나누어 주신다. 그의 이름이 복될지어다!

성령께서는 청중의 안에서 그들과 함께 사역하신다. 그는 우리가 그들 앞에 서기 전에 그들의 굳은 마음을 녹이시고 완고한 고집을 부드럽게 하시며 어수선한 생각을 정화시키시며 상한 심령을 고치신다. 그는 본문의 예수를 그들에게 실재가 되게 하신다. 그는 그들에게 본문을 따라 사는 방법-설교자도 미처 깨닫지 못한-을 제시하신다. 그는 살아계신 하나님의 생명을 그들에게 제공하신다.

성령께서는 의사소통의 역학과 함께 일하신다. 다음의 다이어그램을 참조하라. 첫 번째 다이어그램은 대부분의 화자가 설교시간에 이루어지고 있다고 생각하는 구조이다. 두 번째 다이어그램은 많은 설교자가 느끼고 있는

---

[28] 이것이 예수께서 보혜사의 오심과 관련하여 약속하신 내용이다. 요한복음 14-16장을 참조하라.

의사전달 형태이다. 세 번째 다이어그램은 일부 설교자들이 인정하는 구조이다.29) 네 번째 다이어그램은 신비를 가리킨다.

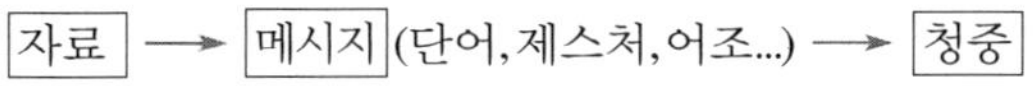

자료 → 메시지 (단어, 제스처, 어조...) → 청중

[그림 10. 1]

대부분의 화자는 자신이 메시지를 전달하고 있으며 청중은 그것을 받아들이고 있다고 생각한다. 그런 식으로 고스란히 전달된다면 바람직할 것이다.

화자가 메시지를 전하면 청중은 그것을 받아들인다. 그러나 청중 역시 화자에게 "말을 한다." (입으로 말하는 것은 아니지만 눈이나 머리 움직임 및 자세를 통해 말한다. 어떤 문화에서는 직접 말로 하는 경우도 있다. 아프리카계 미국 회중이나 중동 지역의 회중 및 필리핀 회중이 여기에 속한다.)30)

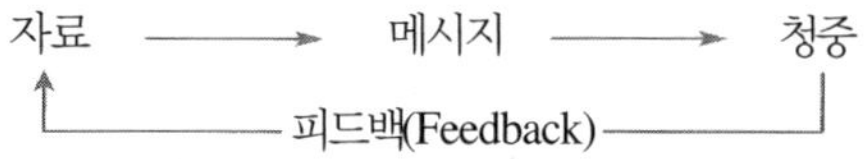

자료 → 메시지 → 청중
↑ㅡㅡㅡ 피드백(Feedback) ㅡㅡㅡ┘

[그림 10. 2]

따라서 이 경우 화자는 대부분 무의식중에 메시지가 청중과 연결되도록 조정한다. 이러한 과정은 메시지를 전달하는 시간 내내 되풀이 된다. 이것이 바로 동일한 설교가 두 개의 다른 예배에서 다른 설교가 되는 이유이다.

---

29) Gary V. Smith, *The Prophets as Preachers*(Nashville: Broadman and Holman, 1994), p. 110.
30) 예수님의 사역에서도 이러한 현상을 찾아볼 수 있다. 청중은 그가 말씀하실 때 질문이나 동의나 맞장구 또는 비난을 통해 "끼어든다."

화자가 메시지를 전하면 청중은 그것을 받아들인다. 그리고 피드백장치가 작동된다. 그러나 화자와 청중은 이 그림에서 유일한 행위자가 아니다. 하나님은 화자 및 청중과 함께 기능하신다. 이것이 바로 동일한 설교가 같은 예배 안에서 다른 설교가 되는 이유이다. 하나님이 화자의 말에 능력을 주시고 다른 사람들에게 다른 방식으로 말씀하시는 것이다.

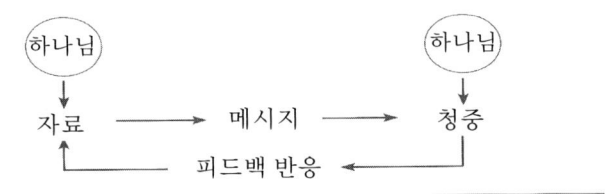

[그림 10. 3]

때때로 하나님은 화자도 인식하지 못하는 말을 하게 하신다. 이것이 바로 때때로 설교 후에 "나에게 큰 위로가 되었습니다"라는 말을 들으면서 우리가 그런 말을 한 적이 없다고 의아하고 생각하는 이유인 것이다. 이럴 때 우리는 "오늘 설교는 위로에 대한 설교가 아니라 인내에 관한 설교였습니다"라고 할 것이 아니라 "위로의 말씀을 주신 하나님께 감사합니다"라고 해야 하는 것이다.

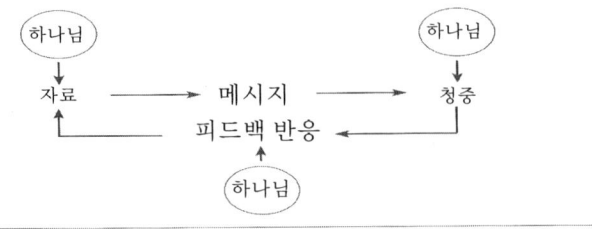

[그림 10. 4]

기쁜 소식은 전달 과정의 모든 요소에 하나님의 영이 개입하신다는 것이다. 어린이용 프로 "미스터 로저스"(Mr. Rogers)로 유명한 프레드 로저스(Fred Rogers)는 다음과 같이 말한 것으로 알려진다. "나의 입과 여러분 귀 사이의 공간은 성령의 땅입니다." 우리가 다른 사람들 앞에 서서 말씀을 전할 때 우리는 이처럼 우리의 힘이 미치지 않는 피드백 공간에 서 있는 것이다(행 10:42; 14:3; 히 2:3-4 참조).

앞서 암시하였듯이 성령은 우리와는 전혀 다른 방식으로 사역하신다. 그것은 우리가 서 있는 신비의 경이로움이다. 요한복음 15장 26절에서 예수님은 보혜사에 대해 "그가 나를 증언하실 것이요"라고 말씀하신다. 레슬리 뉴비긴(Lesslie Newbigin)이 인도에서 사역할 당시 저술한 요한복음에 대한 탁월한 주석은 나에게 예수님의 말씀을 깨닫게 하고 설교에 대한 사고를 바꾸게 하였다.[31] 우리는 설교 사건의 주역을 담당하는 자가 아니다.

뉴비긴은 "말씀하지 않은 것에 유의하는 것이 중요하다"는 말로 시작한다.[32] "말씀하지 않은 것은 바로 성령께서 제자들이 증거하는 것을 도와주실 것이라는 것이다. 이것은 제자들의 행위가 주이며 성령의 행위는 보조적인 요소가 되게 한다. 반면에 말씀된 것은 성령께서 직접 증거하신다는 것이며 따라서 제자들은 보조적인 증거를 하는 것이다."[33] 뉴비긴은 계속해서 다른 사람들에게 예수를 실재대로 받아들이게 하는 것은 우리의 몫이 아님을 상기시킨다. 그것은 언제나 하나님의 일이다(요 6:44, 아버지께서 예수께로 "이끄신다"). 다음은 이어지는 뉴비긴의 말이다.

여기서 말하는 것은 성령께서 사람들의 마음과 양심 안에서 기적을 이루시어 그들로 하여금 예수님을 실제 모습대로 받아들이게 하실 것이라는

---

31) Lesslie Newbigin, *The Light Has Come: An Exposition of the Fourth Gospel* (Grand Rapids: Eerdmans, 1982), p. 206.
32) Ibid.
33) Ibid.

약속이다. 공동체의 말과 행위와-무엇보다도-고난은 말씀 증거의 수단이 된다. 그러나 실제적인 행위자는 성령 자신이시다. 그는 성부의 영이시며 따라서 진리의 영이시기 때문이다. 주께서 이스라엘에 대해 "너희는 나의 증인"(사 43:10)이라고 했을 때 말씀선포를 위한 소명과 관련된 어떤 암시도 없다. 즉, 이스라엘은 자신이 말하거나 행한 것 때문이 아니라 여호와께서 주체가 되시고 이스라엘이 객체가 되어 행하시는 전능하신 사역 때문에 여호와의 위대하심과 영광에 대한 증인이 될 것이다. 제자들에게 증인이 될 것이라고 말씀하신 것은 모두 같은 맥락에서 나온 말이다… 따라서 그들의 삶, 그들의 말과 행위와 고난(이라는 현장)은 모두 '성령께서 사람들의 마음과 양심에 직접 증거하심으로 그들이 미움과 버림을 받아 수치스런 십자가를 지신 예수를 깨닫고 "예수는 주"라고 고백하게 하는' 현장인 것이다. 그것은 성령의 주권적 사역이다. 제자 공동체에게 주신 약속은 그들이 말씀을 선포할 때 그들의 뜻에 따라 임의로 성령의 도우심을 받게 해 주시겠다는 것이 아니다. 그러한 오해는 교회의 선교 사역을 왜곡할 뿐만 아니라 우리가 수치로 여겨 마땅한 일종의 선교 승리주의(missionary triumphalism)를 제공한다. 성령은 교회의 보조자가 아니다. 여기서의 약속은 세상적 의미에서의 강력하고 "성공적인" 교회에 대한 것이 아니다. 이것은 거짓이 지배하는 세상에서 진리를 지킴으로써 예수의 고난과 겸손에 동참하는 교회에 대한 것이다. 그의 약속은 정확히 이러한 환란과 비천을 통해 전능하신 하나님의 영이 십자가에 못박히신 예수를 생명의 주로 직접 증거하시겠다는 것이다.[34]

이것은 신비다. 우리는 성경을 들고 하나님께서 본문을 통해 말씀하신 것을 신실하게 전하기 위해 다른 사람들(진지한 사람, 지친 사람, 두려워하는 사람, 적대적인 사람) 앞에 설 때 바로 이러한 영역으로 들어서는 것이다.

물론 우리는 최선의 노력을 기울인 결과를 가지고 선다. 그러나 우리는 그 위에 서는 것이 아니다. 물론 우리는 인간성의 생태학을 가지고 선다. 그

---

[34] Ibid., pp. 207-8

러나 우리는 그 위에 서는 것이 아니다. 물론 우리는 우리가 전하려는 진리에 대한 확신을 가지고 선다. 마치 한 여인이 레이턴 포드(Leighton Ford)에게 "나는 친구들에게 자신이 설교하는 내용을 세포 차원의 수준에서 믿는 설교자의 설교를 듣게 해주고 싶습니다"라고 한 것과 같다. 그러나 우리는 그러한 확신 위에 서는 것이 아니다. 우리는 인격의 신비, 변화된 실재의 구조의 신비, 그리고 창의적이고 구속적인 성령께서 본문과 설교자와 청중에게 하시는 사역의 신비 위에 선다. 이것은 다른 어떤 것으로도 대체할 수 없고 할 필요도 없다. 우리는 세상에 대한 하나님의 이해할 수 없는 사랑의 신비 속으로 들어선 것이다.

따라서 우리는 출발지점, 즉 설교자의 어리석음과 연약함을 통해 세상을 변화시키는 신적 신비로 돌아온 것이다. 살아계신 하나님께서 말씀하시면 무슨 일인가 일어난다… 언제나 그렇다. 설교자가 하나님의 말씀을 전할 때 하나님은 말씀하신다… 언제나 그렇다. 설교자가 하나님의 말씀을 전할 때 무슨 일인가 일어난다… 언제나 그렇다.

설교자가 말씀을 전할 때 설교자는 위대하신 설교자(하나님)의 말씀전파 사역에 동참하고 있는 것이다. 이것이 설교의 영광이다.

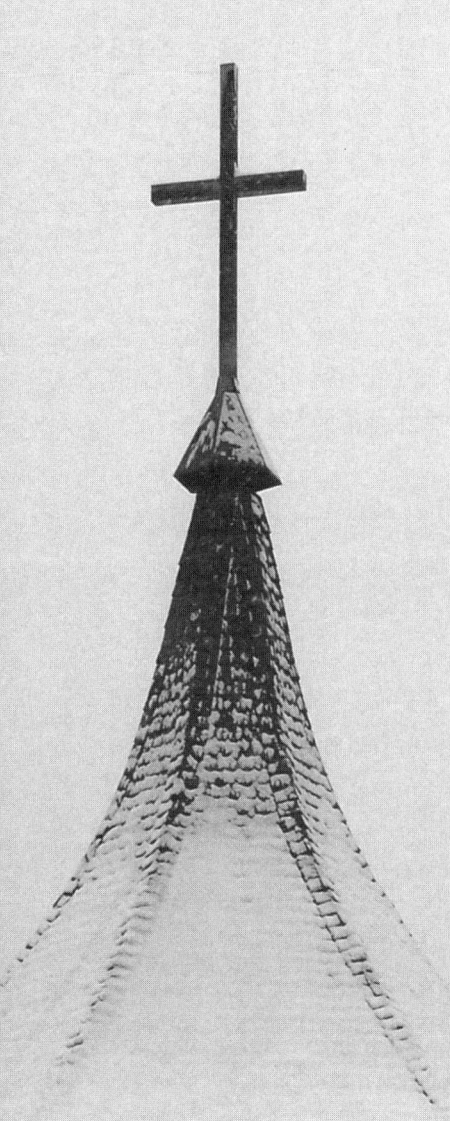

에필로그: 설교

에필로그는 하나의 문학작품을 마무리하는 결론부분이다.[1] 따라서 "지금까지 살펴본 것들을 어떻게 실제적인 강해설교로 조직하며 설교자의 삶으로 나타나는지를 보여주는 설교와 함께 본서를 마무리하는 것이 적절하다고 생각한다.

설교 본문은 마태복음 11장 25-31절이다. 이것을 본 에필로그에서 제시할 특정 설교의 본문으로 선택한 데에는 다음과 같은 세 가지 이유가 있다. 첫째로, 이 설교는 본문의 단어를 하나씩(반드시 순서를 지킬 필요는 없다) 제시하는 가장 기본적인 설교학적 틀을 제공하기 때문이다.[2]

둘째로, 본문은 나의 제자도의 핵심 구절이기 때문이다. 본문은 개인적으로 예수께서 하나님의 하나님 되심에 대해 설명하고 있는 빌립보서 2장 5-11절의 위대한 기독론적 찬양과 쌍벽을 이루는 평생의 본문이다.[3]

셋째로, 나는 지금까지 이 본문을 세계 곳곳에 다니면서 증거하였으며 성령께서 많은 사람들에게 새로운 자유와 소망과 기쁨을 주셨다.[4] 그들의 공통된 반응은 "참으로 생명의 말씀"이라는 것이었다.

---

1) "Epilogue," in *Webster's Seventh New Collegiate Dictionary*, p. 279.
2) 이것은 매우 효과적이고 본문의 흐름을 따라가기도 쉽고 기억하기도 쉽다. 요한복음 1장 29절 "보라 세상 죄를 지고 가는 하나님의 어린 양이로다"에는 네 가지의 핵심 단어가 제시된다. 하나님의 어린 양, 지고가다, 죄, 세상이 그것이다. 나는 이것을 역순으로 설교한다. 세상, 죄, 지고가다, 하나님의 어린 양. 요한복음 12장 20-33절은 요한복음의 핵심내용이다. 본문에는 네 가지의 핵심 단어가 제시된다. 때, 영광을 얻다, 한 알의 밀알, 들리면(lifted up). 이러한 순서는 복음의 핵심을 설교하기에 매우 적절한 흐름이다. 이러한 접근의 탁월한 예에 대해서는 Karl Barth의 마태복음 14장 22-31절에 대한 설교(*The Word in the World*[Vancouver, B.C.: Regent College Publishing, 2007), pp. 45-61)를 참조하라.
3) 여러분은 PreachingToday.com에서 빌립보서 2장 5-11절에 대한 필자의 설교를 들을 수 있다.
4) 나는 다음 여러 곳에서 본문을 다양한 형태로 설교하였다. 캘리포니아에 있는 글렌데일 장로교회(Glendale Presbyterian Church, Glendale, California); 프리몬트 장로교회(Fremont Presbyterian Church, Sacramento, California); 풀러 신학교(Fuller Theological Seminary, Pasadena, California); 틴데일 신학교(Tyndale Theological

본서에 제시한 내용은 설교할 때 가지고 다니던 원고 내용을 그대로 옮긴 것이다. 따라서 호흡을 고려하여 모든 문장을 짧게 끊었다. 구와 절은 읽기에 편하도록 적절히 조정(들여쓰기, 내어쓰기)하였으며 핵심 용어는 강조를 위해 대문자(본서에서는 밑줄/역자주)로 표시하였다. 또한 본문 인용은 굵은 글씨를 사용하였다. 나는 설교할 때 페이지를 오른 쪽에서 왼쪽으로 한 장씩 옮겨가며 사용하였다. 원래 원고에는 어떤 문장도 다음 페이지로 넘어가지 않는다. 또한 원래의 원고에는 핵심적인 변환 부분을 색연필로 표시해 두었다(여기서는 별도의 표시를 하지 않았다). 원래 가지고 있던 원고는 손으로 기록한 것이다. 앞서 언급한 대로 연필을 사용하면 필요시 적절한 메모가 가능하다.

주여 말씀하옵소서. 당신의 종이 듣겠나이다.

본문: 마태복음 11장 25-30절
제목: "중요한 일"(안으로 들어가는 것)
특기: 『설교의 영광』의 결론5)

두 개의 본문에 주의를 기울이시기 바랍니다.

Seminary, Toronto, Ontario); 풀러신학교의 박사과정 학생; 레바논 베이루트 제일침례교회(First Baptist Church, Beirut, Lebanon); 갈릴리 나사렛 제일침례교회(First Baptist Church, Nazareth, Galilee, 예수께서 사역하신 곳에서 말씀을 전한 경험은 생애 최고의 순간 가운데 하나였다); 아르메니아 예레반(Yerevan, Armenia)에서 300명의 대학생들; 중국장로교(Chinese Presbyterian Church, Vancouver, British Columbia); 밴쿠버 제일침례교회(First Baptist Church, Vacouver, 기회가 되면 그곳에 꼭 들러 보길 바란다); 그레이스장로교회(Toronto); 복음주의 설교학회 연차 모임(Trinity Western University, Langley, British Columbia); 성요한교회(St. John's-St. Margaret's Anglican Church, Singapore); 목회자 컨퍼런스(The Trinity Forum Academy, Osprey Point, Maryland); 목회자 부부 모임(Pastors Conference of the Christian and Missionary Alliance churches of British Columbia, Kelowna, B.C.); 그리고 리젠트 대학의 설교와 예배학(Preaching and Worship) 강의를 듣는 학생들에게 설교하였다.

5) 나는 모든 원고를 이런 식으로 작성한다. 본문, 제목, 특기사항(기억할만 한 특별한 내용).

하나는 코베이(Stephen Covey)의 시간 관리에 나오는 본문이고
또 하나는 마태복음에 나오는 내용으로
  세리가 전도자가 된 것입니다.
나는 두 본문이
  동일한 중요성을 가지고 있다거나
    동일한 권위를 가지고 있다고 말하는 것이 아닙니다.

스티븐 코베이의 본문은
  그의 책 『중요한 일을 우선하라』 34페이지에 나옵니다.
  그는 "중요한 것은 중요한 일을 중요한 일로 만드는 것이다"
    라고 말합니다.[6]

마태복음의 본문은
  11장 25-30절에 나옵니다.
  여러분은 본문에 대해 잘 알고 있으며
    설교도 몇 번쯤 했을 것이라고 생각합니다.
  우리는 본문을 통해
    중요한 일을 중요한 일로 만드는
      중요한 일로 인도함을 받을 것입니다.
(실제 설교할 때는 이 부분에서 "성경 봉독을 위해 자리에서 일어나 주시겠습니까"라고 묻는다. 사람들이 일어나면 나는 "하나님의 말씀을 들으시기 바랍니다"라고 말한다.)

그 때에 예수께서 대답하여 이르시되 천지의 주재이신 아버지여 이것을 지혜롭고 슬기 있는 자들에게는 숨기시고 어린 아이들에게는 나타내심을

---

6) 나의 설교적 상황은 대부분 스티븐 코베이와 무관하며 앞으로도 그럴 것이다. 따라서 나는 서론 부분을 다음과 같이 바꾸었다. "여러분-특히 직장에 다니시는 분은 아마도 '중요한 것은 중요한 일을 중요한 일로 만드는 것이다'라는 말을 들어보았을 것입니다. 어느 주일날 내 설교를 들은 어떤 건축가가 나에게 이 글을 새긴 돌을 선물했습니다. 그는 아마도 내가 하루 종일 그 말을 금과옥조처럼 새기고 사는 것으로 생각한 것 같습니다. 그렇습니다. '중요한 것은 중요한 일을 중요한 일로 만드는 것' 입니다." 이처럼 상황에 따라 원고의 내용은 약간씩 수정된다.

감사하나이다 옳소이다 이렇게 된 것이 아버지의 뜻이니이다 내 아버지께서 모든 것을 내게 주셨으니 아버지 외에는 아들을 아는 자가 없고 아들과 또 아들의 소원대로 계시를 받는 자 외에는 아버지를 아는 자가 없느니라

수고하고 무거운 짐 진 자들아 다 내게로 오라 내가 너희를 쉬게 하리라 나는 마음이 온유하고 겸손하니 나의 멍에를 메고 내게 배우라 그리하면 너희 마음이 쉼을 얻으리니 이는 내 멍에는 쉽고 내 짐은 가벼움이라 하시니라

기도합시다. "살아계신 하나님의 영이시여 우리는 당신이 마태에게 주님에 관한 이 말씀을 상기시키시고 우리를 위해 그것을 정확히 기록하게 하신 것을 믿습니다. 이제 당신의 자비와 은혜를 따라 본문이 말하는 실재로 들어가도록 도와주소서. 예수님의 이름으로 기도합니다. 아멘

(나는 이 시점에서 회중 가운데 한 두 사람에게 주목하게 하고 그들에게 다음과 같은 두 가지 질문에 답하게 한다.
1. "본문을 읽을 때 어떤 생각이 떠올랐습니까?"
2. "본문을 더 잘 이해하기 위해서 한 가지를 묻고 싶다면 어떤 질문을 하고 싶습니까?"
질문이 위협적이지 않기 때문에, 즉 어떤 대답도 틀린 대답이 아니기 때문에 처음 나온 사람이라도 얼마든지 쉽게 동참하는 것을 볼 수 있다.)

오라
나는 예전에 "하나님의 즐겨 쓰시는 단어는 '오라' 입니다"라는 포스터를 본적이 있습니다.
  물론, 예수님은 "가라"고 말씀하셨습니다.
   "가서 모든 족속으로 제자를 삼아"
  예수님은 "주라"고도 하셨습니다.
   "너 자신을 주어라."

또한 예수님은 "섬기라" "찬양하라" "치유하라" "말씀을 전하라"고도
하였습니다.
그러나 그가 좋아하는 단어는 "오라"는 것입니다.

나(Me)

내게로(to Me)

Me(나)라는 대명사가 중요합니다.

내게로 오라

예수님은 "종교로 오라"고 하지 않았습니다.
예수님은 "영성으로 오라"고 하지 않았습니다.
예수님은 "교회로 오라"고 하지 않았습니다.
그는 "사역으로 오라"고 하지 않았습니다.
그는 심지어 "거룩한 자에게로 오라"고 하지도 않았습니다.
이것은 그가 자신을 누구로 생각하느냐는 문제를 제기합니다.

내게로 오라

그는 우리를 자신에게 오라고 부르십니다.

리처드 핼버슨(Richard Halverson)은 미국 상원의장으로 있을 때
이 대명사와 떨어지는 것이 얼마나 쉬운지 보여주는
말을 했습니다.
그는 기독교가 팔레스타인 땅에서 한 인격과 관계하며
시작되었다고 말했습니다.
그것은 헬라 땅에 들어가 철학이 되었습니다.
그것은 로마 땅에 들어가 제도가 되었습니다.
그것은 영국 땅에 들어가 문화가 되었습니다.
그것은 미국 땅에 들어가 사업이 되었습니다.
부연설명이 필요합니까?

기독교는 하나의 철학입니다.
　그것은 가장 일관성 있고 포괄적인 철학입니다.
　기독교는 하나의 제도입니다.
　　그것은 가장 구속적이고 생명을 주는 제도입니다.
　　(또는 그렇게 되어야 합니다.)
　기독교는 하나의 문화입니다.
　　그것은 가장 포괄적이고 많은 변화를 가져오는 문화입니다.
　기독교는 하나의 사업입니다.
　　그것은 가장 위대한 상상력을 가진 사업입니다.
　　온 세계를 회복하는 사업입니다.
　그러나 기독교는 본질적으로 인격입니다.
　　그러므로 **내게로 오라**고 했던 것입니다.
"중요한 것은 중요한 것을 중요한 것으로 지키는 것입니다."
　중요한 것은 인격입니다.

"수고하고... 내게로 오라고 했습니다.
　실패한 삶에 지친 모든 자
　세상의 고통에 지친 모든 자
　불의, 고통, 슬픔 및 전쟁과 공포에 관한 이야기에 지친 모든 자
　그와 같은 사람을 알고 있습니까?

"수고하고 **무거운 짐진자**는 내게로 오라"
　영어의 동사에는 두 가지 태(voice)가 있습니다.
　　하나는 능동태이고 하나는 수동태입니다.

　그러나 헬라어에는 태가 세 가지 있습니다.
　　능동태와 수동태, 그리고 중간태라는 것이 있습니다.
　　　능동태는 "나는 씻는다"와 같습니다.
　　　수동태는 "나는 씻겼다"와 같습니다.
　　　중간태는 "나는 나를 씻었다"와 같습니다.

"무거운 짐 진 모든 자"는
　중간태입니다. 즉, 스스로 짐을 졌다는 것입니다.
　그러므로 "스스로 무거운 짐 진 자는 내게로 오라"는 것입니다.

　그런 사람을 알고 있습니까?
　　우리가 지치는 것은 대개 스스로 자초한 일입니다.

"오라... 내가 너희를 **쉬게 하리라**"
　오 주여, 정말 그렇습니까?
　문자적으로 **"너희를 쉬게 하리라(I will rest you)"**는
　　"내가 너희에게 쉼을 주리라"(I will give you rest) 보다
　　　더 나은 표현이 아니겠습니까?
　　　확실히 이 말씀은 초청하는 의미가 있습니다.
　　'쉼을 주겠다' 는 것은
　　　우리로 하여금
　　　예수께서 우리에게 "쉼"을 손에 쥐어주시는 것처럼
　　　예수님과 별도의 어떤 것이라는 생각을 하게 합니다.
　　　　마치 우리 스스로 그것을 취할 수 있는 것처럼 말입니다.

"내가 너희를 쉬게 하리라"는 말은
　쉬게하는 자(Rester)라는 인격적 함축을 가집니다.
　그러므로 "내게로 오라 내가 너희를 쉬게 하리라"고 한 것입니다.

쉬다(rest)
　이 단어는 우리를 처음으로 데려 갑니다.
　창세기 2장 3절입니다.
　　"하나님이 그 일곱째 날을 복되게 하사 거룩하게 하셨으니
　　　이는 하나님이 그 창조하시며 만드시던 모든 일을 마치시고
　　　　그 날에 안식하셨음이니라."

"하나님이 쉬셨다(안식하셨다)"는 것은 무슨 뜻입니까?
   모든 활동을 그만두셨다는 것입니까?
   말하자면 중립적이 되셨다는 것입니까?
   아닙니다.

"하나님이 쉬셨다"는 것은
   하나님께서 세상을 창조하신 이유로 들어가셨다는 말입니다.
     우리는 창세기 1장에 기록된
       창조를 기리는 노래(Song of Creation)를 통해
         다음과 같은 후렴구를 들을 수 있습니다.
         "저녁이 되며 아침이 되니"
           "저녁이 되며 아침이 되니 이는 첫째 날이니라."
             "저녁이 되며 아침이 되니 이는 둘째 날이니라."
               "저녁이 되며 아침이 되니 이는 셋째 날이니라."
              이는 넷째 날이니라
              이는 다섯째 날이니라
            이는 여섯째 날이니라.

그러나 "저녁이 되며 아침이 되니 이는 일곱째 날이니라"는
   말씀은 찾아볼 수 없습니다.
      일곱째 날은 끝이 없습니다.
      일곱째 날은 하나님께서 세상을 만드신 이유입니다.

"하나님이 쉬셨다"는 것은
   하나님이 이 이유 속에 들어가셨다는 것입니다.
   하나님은 그것을 위해 세상을 창조하셨던 것입니다.
"하나님이 쉬셨다"는 것은
   하나님이 창조로 말미암아 이루고자 하셨던 온전함 속으로
     들어가셨다는 것입니다.

수고하고 무거운 짐 진 자들아 다 내게로 오라
　　　내가 너희를 쉬게 하리라
　　　　내가 너희를 창조한 목적인 온전함 가운데로
　　　　너희를 인도하겠다는 입니다.

　　　"그리하면 **너희 마음**이 쉼을 얻으리니"
　　　　우리에게 필요한 곳은 바로 이곳입니다. 그렇지 않습니까?
　　　　중요한 것은 우리의 마음입니다.
　　　　　우리의 몸과 두뇌는 지쳐 있습니다.
　　　　　　그것은 우리의 마음이 지쳐 있기 때문입니다.
　　　　우리에게 필요한 것은 "마음의 안식" 입니다.

　　내게로 오라…내게로…내게로…
　　　내가 너희를 쉬게 하리라
　　　　주 예수여 그렇게 해 주옵소서

어떻게 말입니까? 예수님은 어떻게 우리를 쉬게 하십니까?

　　나의 멍에를 메고
　　　무슨 말입니까?
　　　멍에를 메는 것이 쉬는 것입니까?
　　　　이것이 수고하고 무거운 짐 진 자에 대한 해결방법입니까?
　　　멍에는 일을 상징합니다. [열왕기상 12장 4절을 보시면 알겠지만]
　　　　그것도 매우 힘든 일을 상징합니다.
　　　이사야 선지자는 장차 한 아이가 태어날 것이라고 했습니다.
　　　　그는 "그들이 무겁게 멘 멍에"를 꺾을 자가 아닙니까?(사 9:4).
　　　멍에를 메는 것이 마음의 무거운 짐을 벗기는 것입니까?
　　　멍에를 메는 것은
　　　　수고하고 무거운 짐 진 1세기 사람들이 전혀 예상치 않았던 일입니다.[7]
　　　　아마도 그들이 기대한 것은

요르단 강둑에서 한가로이 소풍을 즐기거나
사해에서 수영을 즐기거나
레바논 언덕에서 휴가를 보내는 모습일 것입니다.
그런데 멍에가 왠 말입니까?
멍에는 지금 있는 짐보다
　더 많은 짐을 지우기 위해
　짐승의 어깨에 메는 것입니다.

내게로 오라 내가 너희를 쉬게 하리라
　나의 멍에를 메고...
　　그러면 너희 마음이 너희 내적 존재가 쉬게 될 것이다.

무슨 말입니까? 예수님은 무슨 뜻으로 그렇게 말씀하셨습니까?
예수께서 우리에게 말씀하시는 것은
　우리가 수고하는(지친) 이유는
　　잘못된 멍에를 메고 있기 때문이라는 것입니다.
　　따라서 마음의 쉼은 "멍에를 바꿈"으로 얻을 수 있는 것입니다.[8]

이처럼 문제는 "내가 멍에를 멜 수 있는가"가 아닙니다.
　중요한 것은 "누구의 멍에를 맬 것인가"입니다.
　모든 사람은 멍에를 메고 있습니다.
　　멍에가 없는 사람은 없습니다.
　문제는 "내가 제자가 될 수 있는가"가 아닙니다.
　중요한 것은 "누구의 제자가 될 것인가"입니다.
　문제는 "내가 정신적 지배를 받고 있는가"가 아닙니다.
　중요한 것은 "나를 누르고 있는 이 시대의 많은 정신 가운데
　　어떤 정신의 지배를 받을 것인가"입니다.

---

7) F. Dale Bruner, *Christbook*(Waco, Tex.: Word, 1984), p. x.
8) George Buttrick, *The Interpreter's Bible*(New York: Abingdon, 1951), 7:390.

문제는 "내가 멍에를 멜 수 있는가"가 아닙니다.
중요한 것은 "누구의 멍에를 맬 것인가"입니다.

예수님은 우리에게 우리가 잘못된 멍에를 메고 있기 때문에
　수고하고 무거운 짐을 지게 되었다고 말씀합니다.
멍에를 바꾸어라
　나의 멍에를 메어라
　내 멍에는 "쉽고" 내 짐은 "가볍다."

정말로 쉽습니까? 정말로 가볍습니까?
　예수님께는 그럴 것입니다.
　　마치 내가 이 이야기의 나머지 부분을 읽는 것 같을 것입니다.

그러므로 천금을 주고도 바꿀 수 없는 한 가지 질문은
"예수님의 멍에가 무엇이냐"
"예수님의 짐이 무엇이냐" 라는 것입니다.

예수님은 **"나의** 멍에"라고 하셨습니다.
　이것은 그가 지고 계신 무엇이라는 것입니다.
　멍에가 무엇이든, 그것은 예수님 자신이 지고 계신 무엇입니다.
　　　이것이 열쇠입니다.
　　　　그가 우리에게 지라고 하신 멍에는 그가 지고 계신 무엇 입니다.
　"나의 셔츠"처럼 그가 입고 있는 무엇인 것입니다.
　　나의 멍에
　　　그의 주변 사람들은 그것을 볼 수 있었습니다...
　　　　그것이 그의 삶에 얼마나 큰 영향을 미쳤는지 보았습니다.
　　　그것이 "나의 멍에"인 것입니다.

또한 "나의 짐"이라고 하셨습니다.
　이것 역시 그가 지고 계신 무엇이라는 것입니다.

그것이 무엇이든, 그것은 예수님 자신이 지고 계신 무엇입니다.
그의 주변 사람들은 그것을 볼 수 있었습니다...
그것이 그의 삶에 얼마나 큰 영향을 미쳤는지 보았습니다.
"나의 멍에를 메고... 내가 지고 있는 그것을 지라"는 것입니다.

사실 그는 영원 전부터 그것을 지고 있었습니다.
그는 육신을 입으시기 전에 그것을 지고 있었습니다.
그는 베들레헴에서 갈보리까지 이 땅에 있는 날 동안
그것을 지고 있었습니다.
그는 지금도 그것을 지고 있습니다.

그렇다면 그것이 무엇입니까?
그의 새로운 법입니까?
예수님 당시 랍비들은 "율법의 멍에"에 대해 언급했습니다.
따라서 우리는 그런 결론을 내리기 쉽습니다.
나 역시 수 년 동안 그렇게 생각했습니다.
예수님의 멍에는 그의 새로운 법이라는 것입니다.
산상수훈에서 전파하셨던 것처럼
그의 새로운 "토라"라고 말입니다.

그러나 예수님의 말씀이 그런 뜻이었습니까?
특히, 마태복음의 본문이 그런 의미였습니까?
그렇다면 그의 멍에, 쉽게 하는 멍에, 그가 지고 계신 멍에는
무엇입니까?

그것은 그가 "아버지"라 부르는 분과의 관계입니다.
그것은 "아버지"와의 최종적 관계입니다.

어떻게 그것을 압니까?
그것은 마태가 예수님의 말씀을 상기시킨 방식 때문입니다.

우리는 대부분, 내가 이 설교에서 했던 것처럼
  우리를 초대하는 부분부터 시작합니다.
    즉, "수고하고... 내게로 오라"는 28절입니다.

그러나 마태는 그렇게 하지 않았습니다.
  그는 25절부터 시작합니다.
  "그 때에 예수께서 대답하여 이르시되
    천지의 주재이신 아버지여... 감사하나이다."
  그리고 계속해서 아버지의 지혜와 주권에 대한 신뢰를 표현합니다.
  그리고 살아계신 하나님의 신비에 대해 표현합니다.
    유일하신 하나님 안에 다음과 같은 것들이 있다는 것입니다.
      교제(fellowship)입니다.
      공동체(community)입니다.
      상호작용(reciprocity)입니다.
      지식과 계시의 관계적 친밀함(relational intimacy)입니다.

예수께서 "내게로 오라, 나의 멍에를 메라"고 하신 것은
그의 기도로부터 나온 것입니다.
  "아버지여, 하늘과 땅의 주시여, 당신께 기도합니다"

예수께서 "나의 멍에를 메고"라고 하신 것은
그의 예배로부터 나온 것입니다.
"천지의 주재이신 아버지여
  이것을 지혜롭고 슬기 있는 자들에게는 숨기시고
  어린 아이들에게는 나타내심을 감사하나이다

예수님의 요구는 아버지에 대한 찬양으로부터 나옵니다.
  "옳소이다 이렇게 된 것이 아버지의 뜻이니이다."

예수님의 요구는 그의 선포로부터 나옵니다.

"아버지 외에는 아들을 아는 자가 없고
　　아들과 또 아들의 소원대로 계시를 받는 자 외에는
　　　아버지를 아는 자가 없느니라
　여러분도 그렇게 생각합니까?

우리가 생각하는 본문의 모습은 다음과 같습니다.
　예수님은 나를 자신에게로 부르십니다.
　　그리고 나서
　나의 손에 무엇인가를 쥐어주시며
　이렇게 말씀하십니다.
　"나는 이 멍에를 너를 위해 지고 있다...
　　그것은 너를 쉬게 할 것이다."

그러나 실제로 본문이 나에게 제시하는 모습은 이런 것입니다.
　예수님은 기도하십니다...
　예수님은 예배드리십니다...
　예수님은 그가 "아버지"라고 부르는 분과 대화하고 계십니다.
그런 후에 그는 우리에게로 돌아서십니다.
　대화로부터 돌아서신 것입니다.
　　관계로부터 돌아서신 것입니다.
　　교제로부터 돌아서신 것입니다.
그는 우리에게고 돌아서서 "오라"고 말씀하십니다.
　"나에게 오라..."
　　지금 네가 보고 있는 나의 멍에를 메라
　　　그것이 보이느냐?
　　　나의 멍에가 보이느냐?
　　　나의 멍에는 아버지와의 관계이다.
　　　　너희도 이러한 관계에 있는 나와 함께 하라.

이러한 모습은 나의 숨을 멎게 했습니다.
본문은 성자 예수와 아버지 사이의 교제로부터 시작합니다.
　예수님은 정말로 아버지와 교제하는 것을 좋아하십니다.
　예수님은 정말로 아버지를 좋아하십니다.
　　아무리 강조해도 지나치지 않습니다.
　　그것은 예수님의 정체성과 사역의 신비입니다.
　　　우리는 아버지에 대한 사랑을 논하지 않고는
　　　　예수님을 이해할 수 없습니다.

그는 아버지를 찬양합니다.
그는 아버지를 기뻐합니다.
그는 아버지를 신뢰합니다.
　그는 결코
　　찬양하거나 기뻐하거나 신뢰할 수 없는 상황에서
　　　그렇게 하십니다.

　고라신과 벳세다와 가버나움은
　　그의 천국복음을 거절하였습니다.
　　어떤 사람들은 그가 마귀와 한패라고 정죄하였습니다.
　　어떤 사람들은 그가 미쳤다고 생각했습니다.
　　어떤 사람들은 그를 돌로 쳤습니다.

그러나 그는 그곳에서
　아버지를 찬양하고
　　아버지를 기뻐하였으며
　　아버지를 신뢰하였습니다.

그리고 제자들에게 돌아와
　이렇게 말씀하셨습니다.
　　"나에게 오라."
　이것은 나의 찬양과 기쁨과 신뢰로 들어오라는 것입니다.

나의 멍에를 메고

예수님의 멍에는 그와 아버지와의 관계입니다.

그의 짐은 무엇입니까?
그의 짐은 아버지를 기쁘게 하는 것입니다.
예수님은 아버지를 기쁘게 하는 삶을 살았습니다.
--그 이상도 그 이하도 아닙니다.
우리는 요한복음에서 그 하시는 말씀을 듣습니다.
"나는 아버지께서 일 하시는 것을 본 대로 일한다."
나는 아버지께서 말씀하시는 것을 들은 대로 말한다."
예수님의 모든 생애는
(만일 우리가 이런 표현을 그에게 적용할 수 있다면)
그를 청종하는 삶을 살았습니다.[9]
그는 우리에게도 동일한 요구를 합니다.
그를 청종하는 삶을 살라는 것입니다.

물론, 예수님은 마음 중심에서
상처받은 인간에게로 다가가실 필요성을 느낍니다.
그러나 이러한 필요성이 하나의 지표를 제시하는 것은 아닙니다.
물론, 그는 주변에서 그에게 요구하는 사람들을 돌보십니다.
그러나 이러한 요구가 그의 일상적 존재의
리듬을 형성하는 것은 아닙니다.

그는 율법 박사들이나 영성의 대가,
서기관이나 바리새인의 인정을 바라지 않습니다.
그는 지식계급이나 종교 전문가,
사두개인이나 대제사장의 복을 기대하지 않습니다.
그는 헤롯이나 빌라도를 기쁘게 할 생각이 없습니다.
권력구조가 그를 인정하느냐 마느냐는 그의 짐이 아닙니다.

---

[9] 이 구절은 InterVarsity Christian Fellowship의 Steve Hayner의 글에 나오는 말이다.

그는 제자들을 기쁘게 해야겠다거나
　　형제나 자매를 기쁘게 해야겠다거나
　　모친을 기쁘게 해야겠다는 생각을 하지 않았습니다.
　　　"내가 내 아버지 집에 있어야 될 줄을 알지 못하셨나이까?"
　　그는 겨우 12살 때 이렇게 말씀하셨습니다.
　　이 말씀은 그의 전 생애를 형성하였습니다.
　　그는 오직 아버지를 기쁘게 해야겠다는 생각밖에 없었습니다.
　　　　(잠시 쉰 후)

수고하고 무거운 짐 진 자들아 다 내게로 오라
　나의 멍에를 메고
　　나의 짐을 지라
　　　그리하면 너희 마음이 쉼을 얻으리니
　이는 내 멍에는 쉽고
　　내 짐은 가벼움이라 하시니라

쉽습니까? 가볍습니까?
　예수님 당신께는 그럴 것입니다.
　　그러나 우리는…? 우리에게도 쉽습니까? 가볍습니까?
'그렇다' 라고 그는 말씀하십니다.
　그렇습니까?
　그렇다.
　어째서 그렇습니까?
왜냐하면 우리는 그것을 위해 창조와 구속함을 입었기 때문입니다.

"나의 멍에는 쉽고"
　헬라어로 쉽다는 단어는 크레스투스(chrestus)입니다.
　　이것은 크리스토스(Christos)라는 단어와 연결됩니다.
　　　즉, 그리스도라는 말입니다.
　　따라서 크리스토스의 멍에는 크레스투스,

즉 그리스도(Christos)의 멍에는 쉽다(chrestus)는 것입니다.
크레스투스는 사물에 적용될 때 "꼭 맞는"이란 뜻을 가집니다.
"나의 멍에는 쉽다(크레스투스)"
즉, 그에게 꼭 맞는다는 것입니다.
왜냐하면 그의 모든 정체성과 존재는 아버지 안에 있기 때문입니다.

그리고 여러분에게도 꼭 맞습니다.
왜냐하면 여러분은
동일한 정체성과 존재를 위해
창조되고 구속함을 받았기 때문입니다.

"중요한 것은 중요한 일을 중요한 일로 만드는 것입니다."
중요한 일이란 우주의 중심에서 이루어지는 **관계**입니다.
그것은 아버지와 아들의 관계며
생명과 함께 요동치는 관계이기 때문에
이러한 관계 자체는
호흡이며
영이며
인격이며
성령입니다.

우리는 모두 이러한 관계로부터 창조함을 받았습니다.
우리는 그러한 관계를 위해 지으심을 받은 것입니다.

우리가 세상에 나기 오래 전에
이러한 관계가 존재했습니다.
삼위 하나님이 계셨습니다.
그는 무한히 만족한 존재이십니다.
결코 외롭지 않고
아무 것도 필요치 않았습니다.

그러나 어느 날
　-시간이 존재하기 전에도 "날"이라는 말을 사용할 수 있다면-
　아버지께서는 아들에게 다음과 같이 말씀하셨습니다.
　　"(이러한 상태가 너무 좋아 우리만 누릴 수 없으니)
　　　우리의 형상을 따라 우리의 모양대로 사람을 만들어
　　　우리가 누리는 것을 그들도 누리게 하자."
그래서 하나님은 우리를 만드신 것입니다.

그러나 인간은 어리석게도 이러한 생명의 삶을 배반하였습니다.
　그리고 스스로 달아났습니다.
　　그러나 하나님은 포기하지 않았습니다.
　　하나님은 우리를 찾아오셨습니다.
　　그는 이 땅에 오셨습니다.
　　　육신을 입으시고
　　　그 먼 길을 오셔서
　　　우리를 부르셨습니다.
　　　"나에게로 오라
　　　　아버지와 내가 너를 만든 목적으로
　　　　　너희를 회복시키겠다.

기쁜 소식이 아닙니까?
나는 수년 전에 "우연히"
　[장로교는 이런 말을 쓰지 않는다는 것을 잘 알고 있지만]
　한 권의 책을 발견하였습니다.
　　스코틀랜드의 신학자 토랜스(Thomas Torrance)가 쓴 이 책은
　　우리에게는 비교적 잘 알려져 있지 않은 저서 가운데 하나로
　　『삼위일체적 관점』(Trinitarian Perspectives)이란 책입니다.[10]
　　나는 첫 줄을 읽는 가운데
　　　나의 평생 여정에 가장 중요한 신학적 발견을 하였습니다.

---

10) Thomas F. Torrance, *Trinitarian Perspectives: Toward Doctrinal Agreement*(Edinburgh: T & T Clark, 1994). 모든 인용문은 1페이지에서 발췌한 것이다.

　　　　나는 수십 년 전에 이러한 사실을 발견했다고 생각했으나
　　　　　사실은 그렇지 않았습니다.

그 책의 첫머리에
　　토랜스는 다음과 같이 기록하고 있습니다.
　　"삼위하나님에 대한 교리는
　　　　기독교 신학의 핵심적인 도그마이며
　　　　하나님에 대한 지식의 근본적인 원리이다."
　　맞는 말이지 않습니까?
　　"왜냐하면 삼위일체에 관한 교리는
　　　　우리가 신적 존재와의 내적 관계를 통해 그를 알고
　　　　그와 신적 생명 안에서 그와 교제하도록
　　　　자신을 열어 주셨다는 사실을
　　　　보여주기 때문이다."

나는 그의 말을 좋아합니다.
　　그래서 계속하겠습니다.
토랜스는 십자가에서 성취된 화목을 통해
　　하나님께서 "자신과 우리,
　　그리고 우리와 자신 사이에
　　친밀한 상호관계를 구축하시고
　　스스로 우리에게 다가오시며
　　하나님의 생명의 내적 교제 속으로 들어오게 하셨다"고 말합니다.
얼마나 놀라운 일입니까?
참으로 "영광"이 아닐 수 없습니다.

이어지는 구절은 이렇습니다.
　　"하나님은 그를 아는 지식의 범주 안에서
　　　우리를 그에게로 이끄시는 방식으로
　　　　우리에게 다가오신다."

나는 거의 책을 놓칠 뻔 했습니다.
　나는 큰 충격에 휩싸였습니다.
　눈물이 흐르기 시작하였습니다.
　나는 일어나 춤을 추고 싶었습니다.
　　그리고 엎드려 무릎을 꿇었습니다.
　"하나님께서 우리 곁으로 다가오고 계신다."
　　그것은 너무나 놀라운 사실이었습니다.
　그 뿐이 아닙니다.
　　"하나님은 우리를 곁에 다가오게 하시는 방식으로
　　　우리 곁으로 다가오신다"는 것입니다.
　그러나 이것이 전부가 아닙니다.
　　"하나님은 그를 아는 지식의 범주 안에서
　　　우리를 곁에 다가오게 하시는 방식으로
　　　우리 곁으로 다가오신다"는 것입니다.

예수께서 말씀하신 멍에는 바로 이런 의미입니다.
　예수님의 멍에는 범주입니다.
　　그것은 삼위 하나님의 자기 계시의 범주입니다.
　무엇보다 놀라운 것은
　　예수께서 우리를 그 안에서 자신에게로 들어오라고 부르신다는
　　　것입니다.

달라스 윌라드(Dallas Willard)는 이렇게 말했습니다.
　"모든 상처를 치유하고
　　만족에 대한 추구를 그치게 하는 것은
　　　하나님의 영원한 생명 안으로 들어가는 것이다.
　여러분이 그의 안에 들어 있다면
　　다른 어떤 것도 문제될 것이 없다."[11]

---

[11] Dallas Willard, *The Divine Conspiracy*(San Francisco: HarperSanFrancisco, 1998), p. 341.

> "나의 멍에를 메라.
>   내 멍에는 쉽고...
>   가장 적합하다."

그것은 인간에게 적합한 유일한 멍에입니다.

"내 짐은 가벼움이라"

가볍습니까?
성부 하나님을 기쁘시게 하는 일이 "가볍습니까?"
물론 예수님에게는 그럴 것입니다.
그러나 우리에게도 그렇습니까?

물론입니다. 그는 말합니다.
  우리가 지상의 부모를 기쁘게 하는 것보다 훨씬 가볍다고.
정말입니까?
물론입니다.

왜 아버지를 기쁘게 해야 합니까?
  아버지를 기쁘게 하는 것이 우리 자신을 그의 아들에게 맡기는 것이기 때문입니다.
  아버지를 기쁘게 하는 것이 우리 자신을 아들이 성취하신 사역에 맡기는 것이기 때문입니다.
  아버지를 기쁘게 하는 것이 성령께 우리 자신을 여는 것이며
    성령의 교통하심과 내주하심을 받아들이는 것이기 때문입니다.

나의 멍에를 메라

여러분은 수고하며 지친 자들입니다.
  왜냐하면 잘못된 멍에를 메고 있기 때문입니다.
여러분은 무거운 짐 진 자들입니다.
  왜냐하면 잘못된 짐을 지고 있기 때문입니다.
멍에를 바꾸시기 바랍니다... 짐을 바꾸시기 바랍니다.
  나의 멍에를 메라고 했습니다. 나의 짐을 지라고 했습니다.

여러분의 마음이 쉼을 얻을 것입니다.
우리는 멍에를 메는 방법에 대해 생각할 필요가 없습니다.
성자 예수님은
성육신을 통해
인간이 되신 상태에서
아버지와의 관계를 지속하셨습니다.

내게 배우라고 예수님은 말씀하십니다.
이것은 "내가 의지하고 교제하며 사는 것을 잘 보라"는 뜻입니다.
그는 우리의 모델이 되십니다.
그는 24시간 한 주 내내 쉬운 멍에와 가벼운 짐이 어떤
것인지를 보여주십니다.
그는 일생동안
매일 매주를 이러한 리듬에 따라
어떻게 아버지의 품속으로 들어가며
어떻게 그의 품속으로부터 일하는지 보여주십니다 .

내게 배우라
이것은 "너희에게 아버지를 보여주겠다"는 의미이기도 합니다.
예수님은 우리에게,
또는 나에게 이렇게 말씀하십니다.
"너의 문제는 아버지를 모른다는 것이다.
내가 너에게 말해주겠다... 너는 내 아버지를 신뢰해야 한다.
천국 복음을 전하는 너의 사역이
어려움에 처할지라도...

"오라... 내가 아버지를 찬양하는 속으로
오라... 내가 아버지를 신뢰하는 속으로
오라... 내 안에 들어오라
내가 아버지가 하는 것을 본 대로 행하는 속으로
내가 아버지의 말을 들은 대로 말하는 속으로

나는 마음이 온유하고 겸손하니
　나는 네가 스스로 부과한 짐에 대해 꾸짖지 않겠다.
　　나는 네가 왜 그런 상태에 있게 되었는지 안다.
　　나는 왜 네가 다른 신을 택하여
　　　다른 멍에를 지게 되었는지 안다.
　　오라, 그리고 나로 하여금 너의 옛 방식을 버리게 하고
　　　나의 길을 따를 수 있도록 인도하게 하라

따라서 20세기의 버나드(Bernard of Clairvaux)는
　다음과 같이 노래할 수 있었습니다.
　　"오, 모든 짐을 가볍게 하시는 복된 짐이여!
　　　오, 짐 진 자를 지시는 복된 멍에여!"
"중요한 것은 중요한 일을 중요한 일로 만드는 것입니다."
"내게로 오라."
　거칠고 험한 인생의 실재로부터 수고하고 지친 자들과
　다른 사람을 기쁘게 하려고 스스로 짐 진 자들아
　나의 멍에를 메고..
　　나의 영역으로 들어와
　　　나와 아버지와의 친밀함 속으로 들어오라.

그리하면 여러분도
　마음의 안식 가운데
　　살고
　　　일하며
　　　　설교할 수 있을 것입니다.

　자신의 설교가 과연 애쓴 보람이 있는지 궁금해 하는 사람들에게 이 책은 큰 도움이 될 것이다. 다렐 존슨(Darrell Johnson)은 하나님의 말씀이 선포될 때 반드시 "무슨 일인가 일어난다"고 말한다. 그는 우리에게 그것이

무엇이며 왜 일어나는지 설명한다. 설교 준비를 하는 성경적 신학적 이유야 말로 이 책을 특별한 책으로 만드는 요소이다.
Kenton C. Anderson, ACTS Seminaries of Trinity Western University(트리니티 웨스턴 대학 설교학 교수)

저자는 숨 가쁠 만큼 열정적이 되라, 주의 깊게 연구하라, 겸손히 의지하라, 영적인 신학을 추구하라, 양심의 소리에 민감하라, 최선을 다해 실천하라, 기쁘게 소망하라고 말한다. 이러한 본서의 감동적인 주장에 귀를 기울여 '세상을 변화시키는 하나님의 사역에 동참' 하기를 바란다.
Mark Labberton, Lloyd John Ogilvie Prefessor of Preaching, Fuller Theological Seminary(풀러신학교 설교학 교수)

설교자는 누구나 자신의 설교가 영향력을 주기를 소망한다.『설교의 영광』은 이러한 소망을 실제적 가능성으로 바꾸어준다. 그는 하나님의 말씀을 선포하는 것은 하나님의 자신의 말씀 사역에 동참하는 것이기 때문에 설교는 세상을 바꾼다고 믿는다. 이 책은 신학과 전달에 대한 중요한 통찰력을 담고 있는 귀중한 책이다. 그러나 무엇보다도 이 책은 우리를 통해 말씀하시는 하나님의 신비에 동참하는 행위로서의 설교에 대해 제시한다. 나는 본서를 읽으면서 설교에 대한 새로운 눈을 뜨게 되었다. 독자들에게도 동일한 자극이 될 것으로 믿는다.
Leighton Ford, author of The Attentive Life(『하나님의 임재에 민감한 삶』의 저자)

17세기 시인 조지 허버트(George Herbert)는 "주여, 사람이 당신의 영원한 세계를 어떻게 전할 수 있습니까?" 라고 기도하였다. 다렐 존슨은 인간이 하나님의 말씀을 동시대의 회중에게 전달하는 문제에 대해 다룬다. 그는 설교 기법을 넘어서는 설교의 핵심으로 우리를 인도한다. 설교를 배우려는 자는 본서의 사려 깊은 목회적 음성을 통해 저자의 설교 작업 경험을 공유하고 설교에 대한 살아 있는 지식을 습득하게 될 것이다. 이 책은 단순한 설교 교재를 넘어 하나님의 신비로운 자기계시의 세계로 인도한다. 존슨은 교회에 새로운 힘을 줄 뿐 아니라 사람을 통해 영원한 말씀을 전달하시는 하나님께 설교자와 청중이 함께 감사와 영광을 돌리게 하는 책을 저술하였다.
Maxine Hancock, Ph. D., professor of interdisciplinary studies and spiritual theology, Regent College, and author of *Living on Less Liking It More and Re-evaluating Your Commitments*(리젠트 대학 교수이자 『생활은 줄이고 삶은 확대하라[검소한 생활, 만족한 삶]』 및 『자신의 사명을 재점검하라』의 저자이다)

목회자는 많은 일을 해야 하지만 '꼭 필요한 것은 오직 한 가지' 뿐이다. 그것은 설교이다. 이 한 가지가 잡다한 여러 가지 일로 인해 사장되지 않도록 설교의 영광과 신비를 통해 받은 바 소명을 재확인할 필요가 있다. 다렐 존슨은 참으로 진실한 설교의 동역자이다. 오늘날 모든 목회자에게 필요한 것은 그와 같은 설교자의 모습이다.
Eugene H. Peterson, translator of ***The Message,*** and Professor Emeritus of Spiritual Theology, Regent College, Vancouver, British Columbia(『메시지』의 저자이며 리젠트 대학 교수이다)

Darrell W. Johnson은 2000년 가을학기부터 British Columbia, 밴쿠버에 있는 리젠트대학에서 설교학과 목회신학 및 성경을 가르쳐오고 있다. 그는 캘리포니아에 있는 여러 장로교회와 필리핀 마닐라에서 목회사역을 하였으며 풀러신학교의 목회학박사과정에서 교수로 섬겼다. 그는 *Experiencing the Trinity* 및 *Discipleship on the Edge: An Expository Journey Through the Book of Revelation*의 저자이다.

제임스 M. 톰슨 지음/ 이우제 옮김/ 신국판/ 208면/ 10,000원/
크리스챤출판사

"바울처럼 설교하라"는 다소 진부하고 원론적인 토론의 대상으로 머물 수 있는 있는 "설교자 바울"의 이미지와 그의 설교 정신을 후기독교시대를 향한 설교적 대안으로 제시하는데 성공하였다. 독자들은 저자가 보여주고 있는 치밀한 논증과 과거와 현재를 넘나들면서 전 기독교시대와 후기독교시대를 멋지게 연결하는 탁월한 적용성에 놀라게 될 것이다. 이 책은 설교자 바울을 통해 현대 설교학이 나아갈 길을 소상히 밝힌 뛰어난 역작이라고 감히 말하고 싶다.

조엘 B. 그린 지음/ 이우제 옮김/ 신국판/ 256면/ 10,000원/
크리스챤출판사

본서는 우리 시대에 가장 뛰어난 신약학자들과 설교학자들은 서로 짝을 이루어 신약성경을 내러티브로 읽고 설교하는 노하우를 제시하고 있다. 이들은 신약성경을 하나님의 거대한 구속 드라마의 주인공이신 예수 그리스도를 규명하는 책으로 이해한다. 예수그리스도의 정체성을 밝히는 대안적 메시지를 전하기 원하는 사람들에게 필독을 권한다.

크레이그 블롬버그 지음/ 이우제 옮김/ 신국판/ 352면/ 12,000원
크리스챤출판사

저명한 비유 해석가로 명성을 떨치고 있는 장인의 손끝에서 "비유 설교"
거작이 드디어 완성 되었다. 제목이 암시하듯이 블롬버그의 "비유설교"
유 해석에 대한 순수한 학문적 정확성만이 아니라 현대인의 마음을 사로
적실성 있는 메시지를 제시하고자 한다. 주해와 설교라는 두 마리토끼
꺼번에 잡으려는 성공적인 시도가 돋보이는 책이다.